스캇 펙의
거짓의 사람들

People of The Lie
by M.Scott Peck, M.D

Copyright ⓒ 1983 by M.Scott Peck, M.D
Published by Simon & Schuster, Inc.
New York, NY, USA

Korean translation copyright ⓒ 1997 by Vision & Leadership
(Vision & Leadership is a division of Tyrannus Press)
95 Seobinggo-Dong, Yongsan-Gu, Seoul, Korea

This Korean edition is published by arrangement with
Simon & Schuster, Inc. through KCC, Seoul. All rights reserved.

본 저작물의 한국어판 저작권은 KCC(한국저작권센터)를 통한 Simon & Schuster, Inc. 와의 독점계약으로
한국어 판권을 '비전과리더십' 이 소유합니다.
저작권법에 의해 보호를 받는 저작물이므로 무단전재와 무단 복제를 금합니다.

거짓의 사람들

지은이 | M. 스캇 펙
옮긴이 | 윤종석
펴낸이 | 하용조
펴낸곳 | 비전과리더십
등록번호 | 03-01165호
주소 | 140-240 서울시 용산구 서빙고동 95번지 두란노서원

편집부 | 2078-3441 e-mail | juneyk@duranno.com
영업부 | 2078-3333 FAX 080-749-3705
초판발행 | 2003. 7. 8
개정 50쇄 발행 | 2025. 3. 12

ISBN 978-89-90984-34-0

잘못된 책은 바꾸어 드립니다.
책값은 뒤표지에 있습니다.

비전과리더십 은 두란노서원의 경제·경영 브랜드입니다.

스캇 펙의
거짓의 사람들

스캇 펙 지음 | 윤증석 옮김

비전과리더십

| 목차 |

추천의 말
머리말

제1장_ **악마와 계약을 맺은 남자** 강박증에 시달리는 사람들_19

조지의 문제_21 | 강박증의 근본 원인_35 | 악마와 계약하다_44

제2장_ **악의 심리학을 찾아서** 자신을 속이고 책임을 전가하는 사람들_59

의학적 모델과 신비한 영역_63 | 삶과 죽음의 문제_71 | 바비와 그 부모의 사례_81 | 누가 환자인가_104 | 악과 죄_123 | 나르시시즘과 자기 의지_139

제3장_ **일상생활 속에 숨어 있는 악** 무의식중에 다른 사람을 희생양으로 삼고 있는 사람들 _153

로저와 그 부모의 사례_157 | 악의 미묘성과 교활성_191 | 하틀리와 사라의 사례_200 | 정신질환과 악의 이름짓기_225 | 안젤라의 꿈에 나타난 부두교 의식_244 | 빌리의 거미 공포증_259

제4장_ 악의 실체에 대한 접근 **악이라는 병에 걸린 사람들**_283

    혼돈스러운 출발_285 | 유아냐 성인이냐_292 | 퇴행과정의 경험_301
자신을 가둬 버린 성(城)_308 | 꿈에 나타난 신기한 무기_321 | 이기지 못한 게임_330 | 악과 힘_338 | 다시 한 번 기회가 온다면_342

제5장_ 귀신들림의 진단과 치료 **귀신들린 사람들과 치료하는 사람들**_351

    마귀는 존재하는가_352 | 주의 : 고압선_357 | 귀신들림의 진단과 치료_365 | 과학적 연구와 교육의 필요성_385 | 거짓의 아비_389

제6장_ 영혼을 잃어버린 집단의 악 **집단의 이름으로 악을 자행하는 사람들**_407

    전범_409 | 집단 악이란 무엇인가_413 | 사다리 오르기 - 복합적인 책임의 소재를 찾아서_421 | 집단악의 예방_475

제7장_ 악의 심리학, 그 위험과 희망 **인간 악의 근원적 치료법, 사랑**_481

    악의 심리학이 지닌 위험_482 | 사랑이라는 방법론_499 |

| 추천의 말 |

"인간을 병들게 하는
거짓의 정체를 밝히는 책"

이 책은 결코 가벼운 책이 아니다. 요즈음 나오는 여느 책처럼 잠자리의 수면제쯤으로 생각했던 독자는 아마 밤을 꼬박 새워야 할 것이다. 그렇듯 이 책은 일단 한번 붙잡으면 깊이 빨려 들게 하는 진지함이 있다. 책 속에 등장하는 사례들과 그들의 이야기는 읽고 난 후에도 오래도록 독자의 사고력과 판단력을 뒤흔들기에 충분하며, 그들의 고통과 왜곡, 두려움, 소외, 편견 등이 읽는 이들의 마음에 그대로 옮겨지는 것을 느낄 것이다.

문제의 사례들을 파고드는 저자의 무섭도록 예리하고 진지한 접근 자세, 인간에 대한 깊은 애정과 관심은 우리를 깊이 있는 인간 내면의 세계로 끌고 들어간다.

저자는 자신이 치료했던 몇몇 환자들의 정신 분석 과정을 놀랍도록 생생하고도 정밀하게 묘사함으로써 독자들로 하여금 그의 인간에 대한 진지함에 감탄할 수밖에 없게끔 만든다. 그것이 얼마나 힘들고 어려운 작업인지 남달리 생생한 느낌으로 내게 와 닿는 이유는 진료실에서 항상 직면하게 되는 현실의 문제이기 때문이다.

저자는 머리말에서 '이 책은 위험한 책이다'라고 쓰고 있다. 충분히 공감이 가는 말이다. 이 책에 등장하는 인물들은 여러 다양한 종류의 정신 질환을 앓고 있다. 그들은 희생양과 같은 존재들이다. 깨진 가정, 인간관계의 갈등, 편견, 타인에 대한 분노, 적개심, 문화적 인습이라는 외적 모습을 갖고 있는 것들의 희생양인 것이다. 그러나 저자는 이들의 외적 모습 이면에 숨어 있는 악의 세력을 말하고 있다. 이 책은 인간을 병들게 하는 '거짓'의 존재에 대하여 그 정체를 밝히고자 시도한다.

저자는 이 모든 희생과 파괴의 조정자로서 '악령'을 지목하고, 그 정체를 구체적인 존재로서 형상화해 내며, 그 존재에 대하여 참을 수 없는 분노를 터뜨리고 있다. 그 분노는 너무도 강렬하여 영적 세계에 대하여 호기심을 갖고 있는 사람들을 전율케 한다. 저자가 그려 내는 악령의 정체는 성서적이든 아니든 간에 무섭도록 실체화되어 나타나는 동시에 영적 세계를 강하게 두드리고 있기 때문에 이 책은 위험한 책이 될 수밖에 없다.

이 책이 악령에 대한 저자의 개인적 체험의 차원을 넘어 현실적이고도 보편적인 체험이 될 수 있을 것인가, 또 성서를 믿는 독자들에게 영적 세계에 대한 또 하나의 참고 자료로서 가치가 있을 것인가는 독자 스스로의 판단에 맡긴다.

전 연세의대 정신과 교수
현 로뎀 신경정신과 원장
이만홍

| 머릿말 |

"악을 직접 들여다 봐야 치유를 꿈꿀 수 있다"

이 책은 위험한 책이다.

하지만 나는 이것이 필요하다고 믿기 때문에 이 책을 썼다. 이 책의 효과는 한마디로 '치료'에 있다고 생각한다. 이 책을 쓸 때 두려움이 없지는 않았다. 해롭게 받아들여질 가능성도 있기 때문이다. 읽는 사람에 따라서는 고통만 가져다주는 책이 될지도 모른다. 뿐만 아니라 이 책이 주는 정보를 오히려 다른 사람을 해치는 데 사용할 사람들이 나올지도 모른다.

그래서 나는 판단력과 통찰력에 있어서 특별히 존경받는 사람들을 미리 찾아가 이런 질문을 던졌다. "인간의 악에 대해서 책을 쓰려고 하는데 그 자체가 악이 되는 건 아닐까요?" 대답은 한결같이 "아니지요"였다. 그러나 그들 가운데 이런 말을 덧붙이는 사람도 있었다. "흔히 교회에서 '동정녀 마리아마저도 성적인 공상에 이용될 수 있다'라고 말하는 것을 기억하시지요?"

그 말은 솔직하고도 뼈가 있는 말이면서 또 현실적인 말이다. 그러나 구더기 무서워 장 못 담그겠는가? 만약 이 책이 어떤 해로운 일에 잘못 쓰인다면 그 점에 대해서는 독자들과 일반 대중에게 사과하고 싶다. 아울러 이 책을 읽는 당신에게 '취급 주의'를 간곡히 부탁한다.

주의라는 말에는 여러 가지 의미가 있겠지만 그 가운데 하나는 곧 사랑이다. 혹시 이 책의 내용이 당신에게 고통을 불러일으킨다면 당신은 스스로를 친절하게 대하고 사랑으로 대해 주어야 할 것이다. 혹 이 책을 읽다가 주변의 어떤 사람들이 악한 사람들로 여겨진다 하더라도 그들을 친절하게 대해 주고 사랑으로 대해 주기를 바란다. 첫째도 조심, 둘째도 조심, 셋째도 조심이다.

악한 사람들을 미워하기는 쉽다. 그러나 우리는 "죄는 미워하되 죄인은 사랑하라"는 성 어거스틴의 말을 기억해야 한다.* 정말 악하다 싶은 사람을 만나게 될 때도 "내가 그의 옆에 있는 이유는 오직 하나님의 은혜를 나눠 주기 위해서일 뿐이다"라는 사실을 우리는 기억해야 한다.

'누구 누구는 악하다'고 딱지 붙일 때 나는 이미 그를 판단하고 있는 것이며, 그것도 아주 딱 부러지게 비판적으로 가치 판단을 하고 있는 것이다. 나의 주님은 "비판을 받지 아니하려거든

---

* S. Augustine, The city of God, ed Bourke(Image Books, 1958 ed.), p304.

비판하지 말라"고 말씀하셨다. 이 말은 문맥과 상관없이 너무나 자주 인용되고 있다. 여기서 예수님이 말씀하시려고 했던 것은 우리가 절대로 이웃을 판단해서는 안 된다는 의미는 아니었다. 바로 다음 구절을 보면 알 수 있다. "외식하는 자여 먼저 네 눈 속에서 들보를 빼내어라 그런 후에야 네가 정확히 보고 형제의 눈 속에 있는 티를 빼낼 수 있을 것이다."* 그러니까 예수님은 다른 사람을 판단할 때는 아주 조심스럽게 해야 하고, 그 조심은 바로 자신을 살피는 일에서 시작됨을 말씀하셨던 것이다.

인간의 악을 직접 들여다볼 수 있기 전까지는 치유의 희망을 꿈꿀 수 없다. 그런데 악이란 기분 좋은 볼거리는 아니다. 나는 전에 「아직도 가야 할 길(The Road Less Traveled)」**이라는 책을 쓴 적이 있는데, 많은 사람들이 내게 아주 좋은 책을 썼다고 격려해 주었다. 사실 그것은 좋은 책이 아니다. 대부분의 지면을 인간 세계에서 가장 어두운 모습을 하고 있는 인간들 얘기에 할애하고 있기 때문이다. 그것은 인간의 어두운 면을 다룬 책이다. 솔직히 나는 그들을 악하다고 판단한다. 그들은 좋은 사람들이 못 된다. 어쨌든 판단은 행해져야만 한다. 인간의 악 일반은 물론이고 그들 특별한 사람들에 대해서도 반드시 과학적 연구가 필요한데, 그 작업의 기본 명제가 되는 것이 바로 판단을 행해야만 한다는

---

* 마태복음 7:1-5.
** M.Scotte Peck, The Rord Less Traveled, (Simon and Schuster, 1978). (「아직도 가야 할 길」, 열음사)

사실이다. 그 연구는 추상적이어서는 안 된다. 철학적이기만 해서도 안 된다. 그것은 과학적이어야만 한다. 그러려면 우리는 판단을 내릴 용의가 있어야만 한다. 그러한 판단이 지니고 있는 몇 가지 위험성들에 대해서는 이 책 마지막 장의 앞부분에서 자세히 언급할 것이다. 여러분은 일단 마음속에 한 가지만 유념하면 된다. 자신에 대한 판단과 치유에서 시작하지 않는 한 우리의 판단은 안전한 것이 될 수 없다는 사실이다. 인간의 악을 치유하려는 씨름은 언제나 나로부터 시작된다. 자기를 깨끗하게 하는 것이야말로 언제나 우리의 최대 무기가 될 것이다.

이 책은 정말 쓰기 어려웠다. 거기엔 몇 가지 이유가 있다. 그 가운데 가장 큰 이유는 아무래도 이론이 정립되지 않은 상태에서 하나의 '과정적인' 책을 써야 한다는 점일 것이다. 사실 나는 인간의 악에 대해서 따로 배운 적이 없다. 이제 막 배우기 시작했다고나 할까. 2장 제목을 '악의 심리학을 찾아서'라고 붙인 것도 정확히 말하면 악의 심리학이라고 딱히 이름 붙일 만한, 악에 대한 과학적 지식 체계가 아직은 없기 때문이다. 그렇다면 주의 사항이 여기서 한 가지 더 생긴다. 이 책에 기록된 어떤 말도 결코 최종적인 것으로 받아들이지 말라는 것이다. 어쩌면 이 책의 목적은 악이라는 문제에 우리가 현재 얼마나 무지한 상태인지 밝힘으로써 당신으로 하여금 이 문제에 대해 뭔가 미흡하다고 느끼도록 하는 데 있다고 하겠다.

나는 앞에서 예수님을 나의 주님이라고 표현했다. 예전에 나는 오랫동안 불교와 이슬람교에 관심을 갖고 뭔가를 추구해 보려 애썼으나 결과는 늘 모호했었다. 그러다가 뒤늦게서야 기독교의 본질을 깨닫고 거기에 온전히 귀의했으며, 1980년 3월 9일 마흔셋의 나이에 세례를 받았다. 이 책을 쓰기 시작한 것은 그 일이 있기 오래 전이었다.

한번은 어떤 작가가 나한테 원고를 보내 온 적이 있었다. '자신에게는 크리스천으로서의 편견이 있으니 이 점 이해해 달라'는 변명의 글과 함께였다. 나는 그런 변명을 조금도 하고 싶지 않다. 기독교가 편견이라고 생각했다면 나는 아마 거기에 귀의하지 않았을 것이다. 또한 나는 크리스천으로서의 내 모습을 이렇게 저렇게 꾸미고 싶은 마음도 없다. 또 사실 그렇게 할 수도 없다. 내가 기독교에 헌신했다는 것, 그것이야말로 인생에 있어 가장 중요한 사실이며, 또한 총체적이고 전인격적인 것이다.

하지만 가장 겉으로 드러나게 마련인 크리스천으로서의 그런 내 모습이 이 책을 읽는 사람들에게 불필요한 편견을 가져다 주지는 않았으면 좋겠다. 그래서 이 점에 있어서도 독자들이 주의를 기울여 줄 것을 부탁한다. 어느 시대를 막론하고 명목상의 크리스천들에 의해 커다란 악들이 그리스도의 이름으로 종종 자행되어 왔고 그것은 지금도 마찬가지다. 가시적인 크리스천 교회는 반드시 필요하며 세상의 구원에 이바지하고 있지만, 교회에도 잘못된 것들은 분명히 있다. 나의 죄를 포함하여 이런 교회의 죄에 대해서라면 얼마든지 진심으로 사과하고 싶다.

십자군과 종교 재판은 그리스도와 아무런 상관이 없다. 전쟁, 고문, 탄압 따위는 그리스도와 아무런 상관이 없다. 오만과 복수심은 그리스도와 아무런 상관이 없다. 그분이 말씀을 가르치고자 입을 여셨을 때, 그분의 입에서 맨 처음으로 나온 말은 "심령이 가난한 자는 복이 있나니"였다. 오만한 자라고 하지 않으셨다. 그리고 그분은 돌아가시는 순간에도 자신을 죽이는 사람들을 용서해 달라고 기도하셨다.

어떤 성인(聖人)은 자신의 여동생에게 보내는 편지에 이런 말을 남겼다. "자기 뜻을 거스리는 그 시련을 담담히 견뎌 낼 때라야 너는 비로소 예수님께서 기쁨으로 거하시는 처소가 될 것이다."*
'참된 크리스천'이란 어떤 사람인가를 규정한다는 것은 하나의 모험과도 같다. 그러나 정의를 내려야 한다면 나는 이렇게 하겠다. "참된 크리스천이란 예수님이 기쁨으로 거하시는 처소인 사람을 말한다." 오늘날 일요일이면 수천 수만의 사람들이 교회에 간다. 그러나 그들은 담담하게든 요란스럽게든 손톱만큼도 자신의 뜻을 거스르려 하지 않는다. 그러니 예수님이 기쁘게 거하실 처소가 된다는 게 말이나 되겠는가? 오히려 힌두교, 불교, 이슬람교, 유대교, 무신론자, 불가지론자들 중에 그런 시련을 견디려는 사람이 수백 수천만명이다. 이 책에는 후자를 논박하는 말은 하나도 없다. 그러나 크리스천들은 자주 논박의 대상이 된다.

* Collected Letters of St. Therese of Lisieux, trans. F. J. Sheed(Sheed and Ward, 1949), p. 303.

무슨 일이 있어도 '변명하지 않아야' 할 일이 또 하나 있다. 하나님을 지칭하는 대명사를 쓸 때 내가 남성형을 쓰는 것에 대해 이의를 갖는 독자들도 있을 것이다. 그런 이견을 나는 이해하며 또 고맙게 여긴다. 나는 그 문제를 놓고 많은 생각을 해 보았다. 사실 나는 여성 운동의 강력한 지지자이며 거기엔 남성 우월 의식의 언어 관행을 깨뜨리는 의식도 포함된다. 하지만 하나님은 좀 다르다. 우선 그분은 중성이 아니시다. 그분 안에는 생명과 사랑이 충만하며 분명한 성(性) 정체가 있다. 따라서 그분에게 중성형, 'It'을 사용하는 것은 가당치 않다.

어쩌면 그분은 양성(兩性)이신지도 모른다. 그분은 이 세상 그 어떤 여성보다도 부드럽고 친절하며 모성애가 있으시고 잘 돌보아 주신다. 그럼에도 불구하고 나는 개인적으로 그분의 본체는 여성적이기보다는 남성적이라는 것을 경험해 왔다. 문화의 영향이라고 말하지만 상관없다. 그분은 우리를 얻어 주실 뿐만 아니라 우리를 다스리기 원하신다. 우리는 심심치 않게 그분을 가볍게 알고서 반항하는 처녀처럼 그 사랑에서 도망치지만, 그분은 남성한테서나 볼 수 있는 강력한 추적으로 우리를 뒤쫓으신다.

일찍이 C. S. 루이스는 이에 대해, '하나님 앞에서는 우리는 다 여성이다'라고 했다.[※] 이에 대한 우리의 신학이나 의식이 어떠하든 그분의 사랑에 대한 반응으로써 자신 안에나 다른 사람들

[※] That Hideous Strength, Macmillan(Paperback Edition, New York, 1965), p. 316.

안에 그리스도를 낳는 일이야말로(마리아가 그러했듯이) 우리의 의무다.

한편 사탄(Satan)에 대해서는 나는 전통을 깨고 중성형 대명사를 사용하겠다. 사탄이 우리를 삼키고자 우는 사자처럼 돌아다닌다는 것은 알지만 그의 그런 욕망이 창조적이라거나, 성 정체가 있는 것이라는 경험은 해 보지도 들어 보지도 못했다. 그저 미움을 심고 파괴를 일삼을 뿐인 것이다. 뱀의 성을 감별하는 것은 어렵지 않은가.

이 책에는 많은 사례들이 나오는데, 이름이나 지명은 모두 가명을 썼고 필요할 때는 세부 사항도 많이 바꾸었다. 본래 과학이나 정신 치료는 정직과 정확을 시금석으로 삼지만 두 개의 가치가 서로 맞붙는 경우는 으레 있게 마련이다. 그래서 이 책에서도 불필요한 세부 사항을 정확하게 드러내기보다는 기밀을 유지해 준다는 차원을 더 중시했다. 그러니까 이른바 순수주의자 또는 결벽주의자들은 나의 '데이터'를 신뢰하지 못할는지도 모른다.

혹시 당신은 이 책의 사례에 나오는 인물 가운데 아는 사람이 있다고 생각할 수도 있겠지만, 그것은 잘못된 것이다. 그러나 여기 나타나는 성격 유형과 비슷한 사람들은 주변에서 많이 보았거나 볼 것이다. 세부 사항들을 많이 바꿨다 하더라도 거기 나타나는 인간 역동의 실체까지 잃어버리지는 않았을 테니까. 이 책이 쓰여질 수 있는 것도 바로 그런 역동의 보편성 때문이다. 물론 인간의 그런 역동 자체를 좀더 명확히 보고 이해할 필요도 있지만 말이다.

이 책이 나오기까지 도움을 준 사람들 이름을 일일이 밝히고 감사의 뜻을 전하자니 끝도 없을 것 같아서, 특별히 언급할 사람들만 적어 본다.

나의 성실한 비서 앤 프랫(Anne Pratt)은 5년도 넘는 세월 동안 워드 프로세서 하나 없이 끝없이 계속되는 원고(초고와 수정본들)를 모조리 타이프로 쳐 주었다. 우리 아이들 벨린다(Belinda), 줄리아(Julia), 크리스토퍼(Christopher)는 일 중독에 빠진 아버지 때문에 꽤나 고생했다. 학계 동료들은 내가 인간 악의 흉측한 실체에 직면할 수 있도록 용기를 주었고 격려를 아끼지 않았다. 편집을 맡아 준 어윈 글라익스(Erwin Glikes)는 이 책의 필요성에 대한 신념을 가지고 계속 나를 부추겼다. 나의 어설픈 사역에 기꺼이 자신들을 맡겨 준 모든 용감한 환자들, 그들은 결국 나의 소중한 스승들이 되었다. 마지막으로 인간의 악에 대한 현대의 두 위대한 학자이자 나의 조언자들인 에리히 프롬(Erich Fromm)과 말라기 마틴(Malachi Martin)을 빼놓을 수 없다. 그들에게 깊이 감사한다.

이 책을 특히 내 아내 릴리(Lily)와 나의 사랑하는 '무신론자' 친구 리처드 슬론(Richard Slone)에게 주고 싶다.

코네티컷 주 뉴 프레스턴에서
M. 스캇 펙

인간과 우주는 선의 세력과 악의 세력,
하나님과 악마 사이의 팽팽한 대결속에 끼어있다.
이 대결의 전투장은 인간개개인의 영혼이다.
인생의 의미는 전적으로 이 전투에 달려있다.

제1장
악마와 계약을 맺은 남자

강박증에 시달리는 사람들

그해 10월 어느 날 오후, 그때까지만 해도 조지는 평범한 사람이었다. 적어도 스스로는 그렇게 생각했다. 물론 그에게도 일상적인 관심사들은 있었다. 그는 세일즈맨이자 아내와 세 자녀를 둔 가장이었고, 이따금씩 물이 새는 지붕과 자주 풀을 깎아주어야 하는 마당이 있는 집도 한 채 가지고 있었다. 그는 늘 마당의 잔디가 너무 자라지 않았는지, 집 페인트는 벗겨지지 않았는지 두루 살피는 보기 드물게 깔끔한 성격의 사람이었다.

그런 그도 저녁만 되면 으레 슬픔과 두려움이 뒤엉켜 있는 것 같은 묘한 감정을 느끼곤 했다. 그는 해질 무렵을 좋아하지 않았다. 하지만 그때 잠깐뿐이었다. 업무에 바쁘거나 날씨가 흐리면 해가 지는 것조차 모르고 지내기도 했다.

조지는 뛰어난 세일즈맨이었다. 준수한 용모, 또렷한 발음, 부드러운 태도, 타고난 말솜씨로 그는 미국 남동부 지역의 모든 주를 자신의 상권으로 확보했다. 그야말로 세일즈 분야의 일인자였다. 그는 음료수 깡통 몇 개를 윗부분에서 하나로 묶어 주는 플라스틱 홀더를 팔았는데, 꽤 경쟁이 치열한 분야였다. 그의 회사는 업계에서 다섯째 안에 손꼽히는 업체였다. 자신의 무능함을 끝내 인정하지 않고 떠난 전임자로부터 그쪽 지역을 넘겨받은 지 불과 2년 만에 그는 천부적인 세일즈 능력을 발휘하여 상권을 세 곱절로 확장시켰다. 이제 나이 서른넷의 그는 별로 힘들여 일하지 않고도 6만 달러의 연봉과 커미션을 받는, 이른바 이 시대의 성공인이었다.

조지의 문제

문제는 어느 해 가을 몬트리올에서 생겼다. 조지는 그 곳에서 열리는 플라스틱 업계 회의에 참석하기 위해 출장을 갔다. 그는 아내 글로리아가 그때까지 캐나다의 단풍을 구경해 본 적이 없는 터라, 아내와 함께 출장을 가기로 했다. 그와 그의 아내 모두 재미있어 했다. 으레 그저 그런 회의를 빼놓고는 기막히게 아름다운 단풍, 우아한 레스토랑의 식사 등 모두 마음에 들었다. 특히 아내의 기분은 하늘에 둥둥 떠 있는 것만 같았다.

출장 마지막 날 오후, 성당 구경을 갔다. 종교적 의미에서 성당을 찾은 것은 아니었다. 아내는 이름뿐인 장로교인이었고, 그는 종교에 빠져 있는 엄마를 보고 자라면서 늘 못 마땅해했던 터라 교회란 말만 들어도 딱 질색이었다. 하지만 그 성당만큼은 가 볼 만한 명소인 까닭에 찾아가 본 것뿐이었다. 그러나 그의 눈에는 그 성당이 왠지 음침하고 별다른 멋이 없어 보였다. 아내가 빨리 구경을 마치기만 기다려야 할 정도였다.

마침내 구경을 끝내고 밖으로 나올 즈음, 조지는 거대한 출입문 옆에 놓여 있는 자그마한 헌금함을 발견했다. 순간 그는 어찌해야 좋을지 몰라 멈춰 섰다. 교회에는 단돈 한 푼이라도 내고 싶지 않은 것이 그의 솔직한 심정이었다. 반면 그의 마음 한켠에는 만약 교회 헌금함에 돈을 내지 않는다면 자신의 안정된 생활에 액운이 들이닥칠지 모른다는 터무니없는 두려움이 있었다. 그런 두려움을 느끼고 있는 자신이 당황스러웠다. 그동안 누가 뭐래도 합리적인 사람이라고 자부하지 않았던가.

문득 박물관이나 유원지에 들어갈 때도 입장료를 낸다, 라는 생각이 떠올랐다. 적은 액수의 지폐가 있으면 내 볼까 싶어 주머니를 뒤졌으나 그날따라 잔돈이 하나도 없었다. 할 수 없이 그는 동전을 긁어 모아 55센트를 헌금함 속에 넣었다.

바로 그때, 한 가지 생각이 조지의 머리를 강하게 스쳐 갔다. 그것은 진짜 느닷없이 다가왔고, 또 그만큼 충격적이었다. 전혀 상상도 할 수 없었던 그 생각에 그는 잠시 정신을 잃고 멍해졌다. 생각이라고 하기엔 너무도 강한 충격이었다. 마치 글자 하나하나가 그의 마음에 또렷하게 새겨지는 듯했다. 그 내용은 바로 이러했다.

'너는 55세에 죽을 것이다.'

이어 조지는 주머니에 손을 넣어 지갑을 꺼냈다. 여행자 수표

외에 갖고 있는 현금 5달러짜리 한 장과 1달러짜리 두 장을 얼른 헌금함 속에 쑤셔 넣었다. 그러고는 아내의 팔을 잡아 끌다시피 하여 출입문 밖으로 뛰쳐나왔다. 어리둥절해하는 아내에게 몸이 좋지 않다면서 호텔로 돌아가자고 했다. 성당 계단을 어떻게 내려와 어떻게 차에 올라탔는지조차 기억나지 않을 정도였다. 호텔로 돌아와 누우니 그제서야 조금씩 공포가 가라앉기 시작했다.

이튿날 노스 캐롤라이나에 있는 집으로 돌아올 즈음, 조지의 기분은 회복되어 있었다. 그렇게 그는 그 사건을 잊어버렸다.

2주일 뒤 조지는 다시 켄터키 주로 출장을 가게 되었다. 이번에는 그가 직접 차를 몰고 갔다. 얼마나 갔을까, 커브길을 알리는 표지판과 45마일 속도 제한 표지판이 나란히 다가왔다. 막 그 표지판을 지나는 순간 그의 머리를 강하게 스치는 두 번째 생각이 있었다. 예전처럼 그 생각은 굵고 선명한 글씨로 바뀌어 마음속에 새겨졌다.

'너는 45세에 죽을 것이다.'

그날 내내 그는 기분이 언짢았다. 이번에는 그 이상한 두 차례의 경험을 좀더 객관적으로 따져 보게 되었다. 그 생각은 두 차례 모두 숫자와 관련이 있었다. 그러나 숫자는 숫자일 뿐 그 밖에 무슨 의미가 있겠는가. 아무런 의미도 없는 작은 추상적 개념에 지나지 않을 것이다. 만약 어떤 의미가 있다면 왜 처음엔 55였다가 나중엔 45로 바뀌었겠는가. 그 숫자가 두 차례 모두 똑같지 않은 것으로 미루어 짐작할 때 우려할 필요가 없겠다고 생각했다. 날이 밝자 그는 완전히 예전의 자신으로 되돌아와 있었다.

일주일이 지났다. 조지는 한 작은 도시의 변두리를 지나고 있었는데 그때 업턴(Upton) 입구라는 표지판이 눈에 띄었다. 그 순간 세 번째 생각이 섬뜩하게 떠올랐다.

'너는 업턴이라는 사람한테 살해당할 것이다.'

이제 그는 심각하게 고민하기 시작했다. 이틀 뒤, 오래 전에 폐쇄한 낡은 기차역을 지나는 조지의 마음속에 다시 이런 생각이 파고들었다.

'저 건물 천장이 무너져 너는 죽게 될 것이다.'

그뒤로 그런 유의 생각들이 거의 날마다 그를 찾아왔다. 그가 세일즈를 위해 운전하며 자기 구역을 돌아다닐 때면 언제나 그랬다. 그는 점점 아침이 두려워지기 시작했다. 일을 하기 위해 또 길을 떠나야 했으니까. 일하고 있는 틈틈이 그 생각은 떠나지 않고 머릿속을 맴돌았다. 그는 유머 감각을 잃어버렸다. 밥맛도 떨어졌다. 밤에 잠자는 일까지도 그에게는 고역이었다. 그나마 그 정도는 양호한 편이었다. 다음 날 아침 로노크(Roanoke) 강을 건너고 있을 때, 아니나다를까 그 '손님'이 또 찾아왔다.

'네가 이 다리를 통과하는 것은 이번이 마지막이 될 것이다.'

조지는 이 얘기를 아내 글로리아에게 해 볼까 생각했으나 아무래도 믿을 것 같지 않았다. 오히려 자신을 이상하게 보면 더 견디지 못할 성싶었다. 그날 밤 옆에 누운 아내가 가벼운 코까지 골면서 단잠을 자는 모습을 보자, 갑자기 아내가 미워졌다. 나는 이렇게 잠도 못 자고 괴로워하고 있는데 저렇게 맘 편히 잠만 자다니…. 로노크 강의 다리는 그가 가장 자주 지나다니는 길 가운데 하나였다. 만약 그 다리를 건너지 않으려면 매달 수백 마일에 이르는 거리를 멀리 돌아가거나, 그 다리 건너에 있는 꽤 많은 고객들을 포기해야만 했다. 한밤중에 대체 이게 무슨 꼴이람!

그는 불시에 머릿속을 비집고 들어온 확인되지 않은 생각들의 지배를 받게 되었고 살고 싶은 마음도 모두 달아나 버렸다. 그 생각들이 현실성 있다는 증거가 있는가. 또 그것이 현실이 아니라는 것은 어떻게 알 수 있는가. 그는 그 생각들이 실제가 아니라는 것을 확인해 보고 싶었다. 만약 그가 로노크 강의 다리를 건넌 뒤 죽지 않고 살아 있다면 그 생각이 거짓이었음이 입증될 것이다. 그러나 만에 하나 그 생각이 사실이라면 어떻게 하나.

새벽 1시, 마침내 조지는 모험을 해 보기로 결심했다. 이렇게 고문당하면서 사느니 차라리 죽는 게 나을 것 같다는 생각에서였다. 그는 깜깜한 데서 숨죽여 옷을 입은 뒤 집 밖으로 살짝 빠져나왔다. 집에서 로노크 강의 다리까지는 73마일을 가야 했다. 그는 아주 조심스럽게 차를 몰았다. 마침내 그 다리가 어둠 속에서 어렴풋이 모습을 드러내자, 그는 갑자기 가슴이 꽉 막혀 숨조차 쉴 수 없었다. 그래도 그는 앞으로 앞으로 나아갔다. 다리를 건너고도 2마일을 더 앞으로 나아갔다. 그리고 심호흡을 크게 하고 나서 차를 돌려 다시 다리를 건넜다. 그는 해냈다! 그 생각이 잘못된 것이었음을 자신의 용기를 통해 증명해 냈던 것이다. 그러면 그렇지, 어디 말이나 될 법한 일인가. 휘파람이 절로 나왔다. 집 근처에 오자 벌써 어둠이 걷히고 있었는데, 조지는 마치 황홀경에 빠진 듯했다. 두 달 만에 처음으로 몸이 가뿐해짐을 느꼈다. 이제 더 이상 공포는 없었다.

그러나 채 사흘이 지나지 않았을 때였다. 저녁무렵 그가 집으로 돌아오는 길에 파옛빌(Fayetteville) 언저리 깊은 구덩이 옆을 지나는데 예의 그 생각이 또 찾아왔다.

'차가 구덩이에 처박혀 너는 죽을 것이다.'

처음엔 그저 웃었다. 생각은 생각일 뿐이야. 증명도 해 보았지 않은가. 그러나 그날 밤 그는 또다시 잠을 이룰 수가 없었다. 로노크 강의 다리에 대한 생각이 잘못된 것임을 증명한 것은 사실이다. 하지만 그것이 입증되었다고 해서 이번 생각마저 잘못된 것이라고 말할 수는 없을 것 같았다. 이번에는 진짜일지도 모르는 일이다. 혹시 로노크 강의 다리 건은 안전에 대한 나의 감각을 흐리게 하려는 연막은 아니었을까. 진짜 그 구덩이 속에 처박혀 죽는 것이 내 운명 아닐까. 생각하면 할수록 점점 더 불안해졌다. 잠을 잔다는 것은 이미 불가능한 일이었다.

그 구덩이에 다시 가 보면 불안이 좀 가라앉을 것 같았다. 전에 로노크 강의 다리도 그랬듯이 말이다. 사실, 그 곳에 다시 가 보는 것도 큰 의미는 없다. 오늘은 무사히 구덩이 옆을 지나 집으로 되돌아온다고 하더라도 며칠 뒤 마치 예언이 성취되기라도 하듯이, 그 곳을 지날 때 미끄러져 처박힐 수도 있으니 말이다.

불안했다. 불안을 없애기 위해서라도 가 보지 않고는 견딜 수가 없었다. 또다시 조지는 한밤중에 옷을 입고 집 밖으로 빠져나왔다. 자신이 바보같이 느껴졌다. 그러나 놀랍게도 파옛빌의 구덩이 옆을 지나서 무사히 집으로 되돌아오자, 그의 마음은 말할 수 없이 편안해졌다. 다시 확신이 생겼다. '내 운명의 주인은 나'라는 생각을 다시 한 번 확인했다. 집에 오자마자 깊은 잠에 빠져들었고, 그 뒤 몇 시간 동안은 마음이 편안했다.

이러한 조지의 증세는 갈수록 심해져 곧 수많은 위험이 다가올지도 모른다는 생각이 늘 머리에서 떠나지 않았고, 그의 가슴을 할퀴어 댔다. 그는 거의 날마다 차 안에서 자신의 죽음에 대한 새로운 생각들과 맞부딪쳐야만 했다. 그 생각 뒤에는 으레 불안이 쫓아왔고, 그 불안은 더 이상 참을 수 없을 지경에 이르렀다. 그 생각이 들었던 지점에 되돌아가 보지 않으면 안 될 것 같은 강박 관념에 사로잡혔다. 그래서 어쩔 수 없이 가 보고 나면 다음 날 다른 생각이 찾아올 때까지는 그런대로 지낼 만했다. 이런 주기가 끊임없이 되풀이되었다.

조지는 이런 상태로 6주를 더 버텼다. 이틀 걸러 한 번씩 그는 밤만 되면 노스 캐롤라이나의 어느 시골 구석으로 차를 끌고 가서 헤맸다. 잠이 점점 줄어들었고, 몸무게도 7킬로그램이나 빠졌다. 차를 타고 다니며 세일즈를 해야 하는 자신의 일이 점점 두려워졌다. 판매 실적은 갈수록 떨어졌고 고객들도 하나둘 불만을 털어놓기 시작했다. 아이들에게도 걸핏하면 화를 냈다. 드디어 때가 왔다. 2월의 어느 날 저녁, 그는 완전히 무너지고 말았다. 조지는 아내 글로리아 앞에서 눈물을 펑펑 쏟으며 사건의 전말을 털어놓았다. 마침 친구를 통해 내 얘기를 들은 적이 있었던 글로리아는 이튿날 아침 내게 전화했고, 그날 오후 나는 처음으로 조지를 만났다.

나는 조지에게 그의 병명이 전통적인 강박 신경증임을 일러주었다. 그를 괴롭히는 '그 생각들'을 정신과 의사들은 강박 관념(obsession)이라고 부르며, '그 장소에 다시 가고 싶은 욕구'는 강박증(compulsion)이라고 일컫는다는 얘기도 해 주었다. 그러자 그가 큰 소리로 말했다.

"선생님 말씀이 맞습니다! 이것은 강박증입니다. 저는 그 장소에 가고 싶지 않습니다. 그게 어리석다는 걸 저도 잘 압니다. 그냥 싹 잊어버리고 잠자리에 드는 게 제 소원입니다. 하지만 그럴 수가 없습니다. 뭔가 나를 옭아매 그 생각을 하게 만들고 한밤중에 일어나 그 곳으로 가게 만듭니다. 저도 저 자신을 어떻게 할 수가 없습니다. 강박이 저를 그 곳으로 가게 만듭니다. 이게 가장 큰 골칫덩어리입니다. 단순히 생각의 문제라면 어떻게 해 보겠습니다. 하지만 가야만 한다는 그 강박, 그것이 제 피를 말리고 잠을 앗아 가며 몇 시간이고 '가야 하나 말아야 하나'라는 생각에 몰두하게 해 제 속을 썩입니다. 저의 강박증세에 견준다면 아까 선생님이 말씀하신 그런 강박 관념 같은 것은 아무것도 아닙니다. 정말이지 미치겠습니다."

여기서 조지는 말을 멈추고 불안한 표정으로 나를 쳐다보았다.
"선생님, 제가 정말 미치고 있는 것은 아닙니까?"
"미치다니요? 제가 당신을 잘 알진 못하지만 표면에 드러난 것들로 볼 때 당신이 미치고 있다거나, 강박 신경증 이외에 또 다른 문제를 가지고 있다는 증후는 전혀 보이지 않습니다."
내 대답을 들은 조지는 다소 흥분되는 듯 이렇게 되물었다.
"그러면 나 말고도 이와 똑같은 '생각들'이나 강박증을 갖고 있는 사람들이 있다는 말입니까? 미친 사람이 아닌 사람들 중에서도요?"
"물론입니다. 강박 관념의 주제가 죽음에 관한 것이 아니라 다른 것일 수도 있지만, 원하지 않는 생각에 이끌리고 원하지 않는 행동에 사로잡히게 되는 유형은 똑같습니다."
나는 사람들이 흔히 갖고 있는 가장 보편적인 강박 관념들을 조지에게 예를 들어 가면서 설명해 주었다. 이를테면 집을 비우고 어디를 나갈 때 자기가 문을 잠갔는지 의심스러워 몇 차례나 확인을 해 봐야만 하는 사람들도 있다고 하니까, 그는 큰소리로 되받아 말했다.
"바로 제 얘깁니다. 저도 난로를 켜 두지 않았는지 서너 번씩 확인해야 하는 경우가 종종 있거든요. 정말 신기한데요? 그러니까 선생님 말씀은 제가 다른 사람들하고 다를 바가 없다는 얘기죠?"
"조지, 그렇지 않습니다. 당신은 다른 사람들과는 다릅니다. 많은 사람들이 안심하고 싶고 확실히 해 두고 싶은 욕구 때문에 적잖이 안달하는 것은 사실이지만, 그렇다고 그 강박 주위를 맴도느라 온 밤을 꼬박 지새우지는 않으니까요. 당신에게는 정상적인 생활을 불가능하게 만드는 심각한 신경증이 있습니다. 물론 치료할 수 있는 신경증입니다만 그 정신 분석적 치료는 꽤 어렵고 시간도 오래 걸립니다. 당신이 미치고 있는 것은 아니지만 퍽 심각한 문제가 있는 것만은 확실합니다. 만약 하루 빨리 치료받지 않는다면 당신의 생활 장애는 계속될 것입니다."

사흘 뒤 두 번째로 조지가 나를 찾아왔을 때 그는 완전히 다른 사람이 되어 있었다. 처음 만났을 때만 해도 그는 자신의 고통을 호소하며 눈물을 보이기도 하고 뭔가 확실한 대답을 얻어 내기 위해 자못 병적이라고 할 만큼 흥분된 상태였다. 그러나 이번에는 자신감과 침착함이 배어 나왔다. 사실 그는 세일즈를 통해 다져진 세련된 사교술과 부드러운 예절을 갖췄고, 겉모양부터 '깔끔한 남자'의 이미지를 풍겼다. 조지에 관하여 좀더 많은 것을 알아내려 했던 나의 노력에도 불구하고 그날은 별로 얻은 게 없었다.

"선생님, 이 사소한 강박 관념들을 빼고는 제게 별로 문제될 것이 없습니다. 지난번 선생님을 만난 뒤로는 그런 관념들도 별로 찾아들지 않습니다. 물론 걱정거리들이야 몇 가지 있지만 심각하게 고민할 정도는 아닙니다. 이를테면 올 여름, 집에 페인트 칠을 새로 해야 할까 아니면 한 해 그냥 더 지낼까 같은 겁니다. 하지만 그것은 관심거리지 걱정거리라고는 할 수 없습니다. 은행에 돈도 꽤 저축해 두었습니다. 아이들이 공부를 잘하고 있는지 그것도 걱정이라면 걱정입니다. 큰딸 드보라는 열세 살인데 혹시 남자 친구가 필요한 나이는 아닌지 모르겠습니다. 열한 살 난 둘째 놈은 제 이름을 따서 조지라고 부르는데 공부엔 별 흥미가 없지요. 그렇다고 지진아는 아니고, 공부보다는 운동에 관심이 더 많습니다. 막내 녀석 크리스토퍼는 이제 여섯 살, 초등 학교 1학년입니다. 그 애가 성격은 가장 좋아요. 눈에 넣어도 아프지 않을 것 같은 녀석이죠. 저는 큰아이 둘보다는 왠지 그 애한테 더 정이 갑니다. 그래도 표를 내지 않으려고 애쓰고 있고 그런대로 잘 되고 있으니 그것도 문제는 아닙니다. 이 정도면 단란한 가정 아닙니까? 결혼을 잘한 셈이죠. 아내 글로리아는 분위기가 있어요. 가끔 가다가 바가지를 긁을 때도 있지만 여자들이란 으레 그런 법 아닙니까? 그저 주절주절 할 말이 많지요.
　성생활 말입니까? 좋지요. 별 문제 없습니다. 어쩌다 아내가 바가지를 긁는 날엔 피차 욕구를 못 느끼기도 하지만 그거야 다 그런 것 아닙니까?
　제 어린 시절이 어땠느냐고요? 언제나 행복했다고는 할 수 없습니다. 제가 아홉 살 때 아버지께서 신경증을 앓은 일이 있었는데 주립 병원에 입원하셨지요. 뭐 정신 분열증이라고 하던가요? 지난번 선생님께 제가 미쳐 가고 있는 게 아니냐고 조바심을 냈던 것도 그 때문이었습니다. 선생님한테서 그렇지 않다는 말을 듣는 순간 마음에서 그 큰 짐이 사라지는 것 같았습니다. 아버지의 병은 낫지 않았습니다. 병원에서 아버지를 가끔씩 집으로 보냈지만 차도는 없었습니다. 어쩌다 보면 아버지는 완전히 제정신이 아니었습니다. 아버지에 대한 기억이 그리 많지는 않지만 병원에 면회 가야만 했던 기억은 생생합니다. 정말 싫었습니다. 병원이란 곳은 정말이지 죽기보다 싫은, 소름 끼치는 곳이었습니다. 고등학교 2학년 때부터는 아예 면회도 가지 않았습니다. 그러다 제가 대학 다닐 때 아버지께서 돌아가셨습니다. 그리 많은 나이는 아니셨지요. 그때 저는 차라리 잘됐다고 생각했습니다.

하지만 그런 일들 때문에 제가 어떤 영향을 받았다고는 생각하지 않습니다. 제 밑으로 두 살 터울의 여동생이 있는데 우린 둘 다 많은 관심을 받으며 자랐습니다. 어머니는 늘 우리 곁에 계셔 주셨지요. 정말 좋은 어머니였습니다. 아주 독실한 신자셨는데 저는 너무 지나치다고 느꼈죠. 그건 어머니는 늘 우리를 데리고 교회에 가셨는데 저는 그게 몹시 싫었습니다. 그건 어머니한테서 발견한 유일한 흠인데, 그나마 저의 대학 진학과 더불어 끝났습니다. 우리 집은 경제적으로 그다지 부유한 편은 아니었습니다. 하지만 꼭 필요한 것들은 그런대로 다 있었습니다. 외할아버지가 돈이 좀 있어서 우리 집을 많이 도와주셨습니다. 친할아버지와 친할머니는 한 번도 본 적이 없지만 외할아버지 외할머니와는 아주 친하게 지냈습니다. 아버지께서 입원하셨을 때는 우리 집에 오셔서 함께 살기도 했습니다. 저는 특히 외할머니를 좋아했습니다.

그러니까 생각나는군요. 지난번 선생님을 만난 뒤로 한 가지 새롭게 떠오른 것이 있었습니다. 강박증 얘기를 하다가 떠오른 것인데, 저는 열세 살 때쯤에도 강박에 시달린 적이 있었습니다. 어떻게 해서 그랬는지는 잘 모르겠지만, 어떤 특정한 돌을 매일 만지지 않으면 할머니께서 돌아가실지도 모른다고 생각했었습니다. 그 돌은 학교에서 돌아오는 길에 있었기 때문에 날마다 잊지 않고 그것을 만지기만 하면 됐으니까 주중에는 그다지 큰 문제가 아니었습니다. 문제는 일요일이었습니다. 매번 일부러 시간을 내서 만지고 와야만 했습니다. 그러다가 이듬해인가 그 다음해인가 나이가 더 들면서 그 일을 그만두게 되었습니다. 커 가면서 자연스럽게 그렇게 되었다고나 할까요? 한때 지나가는 일이었겠죠.

그 일을 떠올리니까 제가 요즘 겪고 있는 강박들도 곧 자연스레 없어지겠구나 하는 생각이 들더군요. 아까도 얘기했지만 지난번 선생님을 만나고 돌아간 뒤로는 한 번도 그런 일이 없었습니다. 이미 끝났는지도 모르겠다는 생각이 듭니다. 그렇게 한 번 털어놓은 것만으로도 충분했던 모양이지요? 선생님께 정말 너무너무 감사드립니다. 제가 미쳐 가는게 아니라는 것, 그리고 저 말고도 그런 우스운 생각들을 지니고 있는 사람들이 있다는 것, 이 사실들을 알게 된 것이 제게 얼마나 큰 자신감을 심어 주었는지 모릅니다. 그 자신감이 문제를 해결해 준 것 같습니다. 앞으로 이런 정신 분석인가 하는 것을 꼭 받아야 할 필요가 있는지 모르겠습니다. 물론 아직은 좀 이른 감이 있습니다만, 혼자서도 떨쳐 버릴 수 있는 문제라고 여겨지니까 왠지 시간과 비용만 낭비하는 것 아닌가 싶어서요. 그래서 말이지만 다음 번 만날 약속은 하지 않겠습니다. 한번 추이를 지켜보기로 하지요. 강박증이 되살아나면 다시 생각해 보더라도 일단 지금은 내버려둬 보고 싶습니다."

나는 조심스럽게 조지에게 경고할 수밖에 없었다. 나는 그에게 지금 그의 문제는 본질적으로 아무것도 달라진 게 없는 것 같다고 얘기했다. 곧 증상이 재발하리라는 생각이 강하게 들었다. 기다리면서 두고 보았으면 하는 그 마음도 이해되지만, 원한다면 언제든지 다시 나를 찾아왔으면 좋겠다고 얘기했다. 그는 결심이 서 있던 터라 상태가 지금처럼 괜찮은 한 치료를 받지 않겠노라고 단호하게 말했다. 그 문제를 놓고 싸울 이유가 없었기에 이제 나는 가만히 앉아 기다리는 수밖에 없었다.

그러나 그다지 오래 기다릴 필요가 없었다. 이틀 뒤 조지가 흥분된 목소리로 전화를 했다.

"선생님, 선생님 말씀이 맞았습니다. 그 강박증이 또 찾아왔어요. 어제 판촉 회의를 마치고 돌아오는 길에 급회전을 한 뒤 얼마 못 가서 갑자기 이런 생각이 마음에 와 꽂혔습니다. '너는 급**회전을 하다가 길 옆에 서 있던 사람을 치어 죽였다.**' 물론 말도 안 되는 이놈의 생각이 또 찾아 왔구나 하고 생각했지요. 만약 제가 진짜 사람을 치었다면 무슨 감촉을 느꼈거나 비명이라도 들었을 것입니다. 하지만 아무 느낌도, 아무 소리도 듣지 못했는데 그 생각을 마음속에서 지울 수가 없었습니다. 저는 차를 몰면서도 길 옆 홈통에 혹시 누가 넘어져 있지나 않은지 계속 쳐다보고 있었습니다. 혹시 아직 죽지 않고 구조해 주길 기다리고 있는지도 모른다는 생각이 들었습니다. 뺑소니 운전자로 고발당하지나 않을까 겁이 나기 시작했습니다. 역시 그대로 집으로 갈 수가 없었습니다. 더 이상 견딜 수 없어 차를 돌려 무려 80킬로미터나 되는 길을 되돌아갔습니다. 물론 그 곳에는 개미 한 마리 없었고, 사고가 났다던가 피가 흘렀다던가 하는 흔적도 없었습니다. 기분이 좀 나아지더군요. 하지만 계속 이런 식으로는 살 수 없습니다. 선생님 말씀이 옳았습니다. 정신 분석을 받아야 할 것 같습니다."

강박증의 근본 원인

이렇게 해서 조지는 치료를 시작했다. 강박 증상이 그칠 줄 몰랐으므로 치료도 계속되어야만 했다. 지난 석 달 동안 일주일에 두 번씩 나를 만나면서 조지는 그를 괴롭히는 이런저런 강박 관념에 대해 털어놓았다. 대부분이 자신의 죽음에 관한 것이었고, 그 밖에 다른 사람을 죽이거나 범죄를 저질러 고발당하는 내용들도 더러 있었다. 그리고 매번 일정 기간 동안 강박 관념에 시달린 뒤 조지는 끝내 그 생각이 처음 떠오른 장소로 가야만 했고 그렇게 확인하고서야 비로소 안심했다. 그 고통은 끊임없이 되풀이되었다.

첫 석 달의 치료 기간 동안 나는 조지에게 강박 증상 말고도 여러 고민이 있다는 사실을 알게 되었다. 우선 성생활을 꼽을 수 있는데, 자신은 별문제 없다고 얘기했지만 실은 알고 보니 최악의 상태였다. 그들 부부는 대략 6주에 한 번 꼴로 성 관계를 가졌는데, 그나마도 둘 다 취해 있을 때 마치 쫓기는 듯 거칠고 재빠르게 해치우는 동물적 행위에 지나지 않았다. 아내 글로리아를 만나 보니 아주 심각한 우울 상태에다 남편에 대한 증오심으로 불타고 있었다. 그녀는 '걸핏하면 훌쩍대기나 하는 약해 빠진 굼벵이'라고 남편에 대해 불평했다.

조지에게서 서서히 아내를 향한 엄청난 적개심이 드러나기 시작했다. 그는 아내가 자기 중심적이고 털끝만큼도 내조를 해 주지 않는 쌀쌀맞은 여자라고 말했다. 또한 그는 큰딸 드보라와 큰아들 조지로부터 완전히 소외당하고 있었는데, 그의 말에 따르면 그 애들이 자기에게 등을 돌린 것은 모두 아내 책임이라고 했다. 가족 가운데 그가 편안해 하는 사람은 막내 크리스토퍼뿐이었다. 그래서 그는 자기가 막내를 '아내의 손아귀에서 벗어나 있게 해 주기 위해' 모든 응석을 다 받아 주는 처지라고 말했다.

그가 썩 행복하진 않았다고 인정한 자신의 어린 시절에 대해서도 나는 다시 한 번 자세히 돌이켜보게 했다. 그 과정에서 그는 스스로도 받아들이고 싶지 않을 만큼 훨씬 더 나쁘고 무서웠던 일이 있었다는 것을 깨닫기 시작했다.

한 예로 그는 자신의 여덟 번째 생일날, 아버지가 여동생의 새끼 고양이를 죽였던 일을 기억해 냈다. 아침 식사를 하기 전, 그는 침대에 앉아서 오늘 받게 될 생일 선물에 대한 기대로 가슴이 부풀어 있었다. 그때 새끼 고양이가 방 안으로 뛰어들어왔다. 화가 머리끝까지 난 아버지가 뒤이어 빗자루를 들고 고양이를 따라 들어왔다. 고양이가 거실 카펫 위에 똥을 싸 놓았던 모양이다. 침대에서 몸을 움츠리고 있던 그가 제발 그러지 말라고 소리를 질렀으나 아버지는 사정없이 고양이를 두들겨 패서 결국 죽게 하고 말았다. 아버지가 주립 병원에 입원하기 일 년 전의 일이었다.

조지는 그의 어머니 역시 아버지 못지않게 제정신이 아니었다는 사실을 떠올리게 되었다. 열한 살 때였다. 어머니는 조지에게 심장 발작을 일으킨 교회 목사님을 살려 달라는 기도를 하라고 강요하면서 조지를 무릎 꿇린 채 밤새도록 자지 못하게 했다. 조지는 그 목사를 미워했고, 어머니가 일 년 내내 요일에 상관없이 자기를 끌고 다녔던 그 오순절 교회를 증오했다. 그는 예배 때마다 어머니가 방언을 외치고 "주여, 주여"를 큰소리로 떠들며 무아지경에 빠져 몸부림치는 것을 보면서 얼마나 당혹스럽고 창피했었는지 그 몸서리쳐지는 기억들을 하나하나 떠올렸다.

외할아버지 외할머니와의 생활도 자기가 기억하고 있는 것처럼 그렇게 아름다운 것은 아니었다. 물론 외할머니가 그를 따뜻하고 부드럽게 감싸 주었던 것은 사실이다. 그러나 두 사람의 관계도 언제 어떻게 될지 모르는 위험에 처해 있었다. 아버지가 입원하고 외할아버지 외할머니가 집에 와서 살던 2년 동안, 외할아버지는 매주 거르지 않고 외할머니에게 손찌검을 했다. 그럴 때마다 조지는 외할머니가 죽지나 않을까 겁이 났다. 그래서 그는 집을 비우는 것을 두려워했다. 혹시 자기가 없는 사이에 일이 벌어지면 외할머니의 죽음을 막을 수 없을지도 모른다는 이유에서였다.

나는 조지에게 문제의 발단이 될 수 있는 모든 기억들을 계속 떠올리게 했다. 그는 현재 자신이 해결하기 어려울 듯한 문제들 속에서 살아가고 있다는 것을 여태껏 몰랐다는 것과, 과거의 고통스러운 기억들을 자꾸만 떠올려야만 한다는 점에 대해 끊임없이 불평했다.

"이런 생각들과 강박증에서 벗어나게만 해 주십시오. 다 지나간 일들, 그것도 불쾌한 일들을 놓고 이러쿵 저러쿵하는 것이 이 증상을 없애는 데 무슨 도움이 된다는 것인지 알다가도 모르겠습니다."

그런 와중에도 조지는 자신의 이런저런 강박 관념들에 대해 끊임없이 보고해 왔다. 새로운 '생각'이 찾아온 사건을 보고할 때마다 그는 있는 그대로 자세하게 모두 얘기했다. 강박에 이끌려 그 곳으로 가 볼 것인지 말 것인지를 결정해야 할 때의 심정을 묘사하노라면, 마치 그때의 고통을 다시 고스란히 느끼는 듯이 보였다.

곧 나는 한 가지 명확한 사실을 깨달았다. 조지가 자기 인생의 실체들과 맞부딪치는 것을 피하기 위하여 그러한 증상들을 이용한다는 것이다. 그에게 나는 이렇게 설명했다.

"당신이 이런 증상들을 계속 갖고 있게 되는 이유 가운데 하나는 이 증상들이 연막 구실을 해 주기 때문입니다. 당신은 자신의 강박 관념들에 대해서 생각하고 말하는 데만 몰두한 나머지 원인이 되는 보다 근본적인 문제들에 대해서는 생각해 볼 겨를조차 없습니다. 당신이 이 연막을 거두지 않으려 하고, 당신의 왜곡된 결혼 생활과 얼룩진 어린 시절에 맞서 해결하고자 노력하지 않는다면, 이 증상들로 인한 고문과도 같은 삶은 언제까지나 계속될 수밖에 없습니다."

여기에 분명한 사실이 하나 더 있었다. 조지는 죽음의 문제에 있어서도 똑같이 미온적이었다.

"저도 언젠가는 죽겠지요. 하지만 왜 지금 그런 생각을 해야 합니까? 병적인 것 아닙니까? 게다가 죽음에 대해서는 어느 누구도 달리 무슨 수가 없지 않습니까? 미리 죽음을 생각한다고 그 문제가 해결될 것 같지는 않습니다."

나는 조지에게 그의 그런 태도는 이치에 맞지 않는다는 것을 되풀이해 얘기했지만 별 성과가 없었다. 나는 말했다.

"실은 당신은 언제나 죽음에 대해 생각하고 있습니다. 당신의 강박 관념들이 죽음에 관한 것이 아니라면 도대체 무엇에 관한 것이라고 생각합니까? 해가 질 때마다 생기는 불안은 또 무엇에 관한 것입니까? 일몰은 하루의 죽음을 뜻하고 나아가 자신의 죽음을 떠올리는 까닭에 당신은 해질 무렵을 싫어하는 것 아닙니까? 당신은 죽음을 두려워하고 있습니다. 그건 좋습니다. 나도 마찬가지니까요. 하지만 당신은 그 공포와 맞서 해결하려 들지 않고 피하려 하고 있습니다. 당신이 죽음을 생각한다는 것이 문제는 아닙니다. 죽음을 생각하되 어떤 방식으로 하느냐에 문제 해결의 열쇠가 있습니다. 아무리 두렵더라도 당신이 자발적으로 죽음에 관해 생각할 수 있게 될 때까지, 당신에겐 스스로 원치 않아도 강박 관념이라는 형태로 죽음이 계속해서 찾아오게 될 것입니다."

아무리 잘 알아듣게끔 얘기를 해도 조지는 이 문제엔 전혀 솔깃해 하지 않았다.

그는 오직 강박 증상으로부터의 탈출에 대해서만 몸이 바싹 달아 있었다. 따라서 조지는 죽음 문제나 가족으로부터의 소외 문제는 제쳐 두고 늘 강박 관념에 대해서 얘기했지만 그로 인한 그의 극심한 고통은 조금도 가실 줄 몰랐다. 그는 이제 길을 가다가도 그런 강박 관념에 빠져들면 그 자리에서 즉시 나한테 전화를 걸었다. 말은 늘 비슷했다.

"펙 선생님, 여기는 롤리(Raleigh)인데요. 지금 막 또 한 가지 생각이 찾아왔습니다. 오늘은 아내에게 저녁 시간에 맞춰 집에 들어가겠다고 약속했는데 그 생각이 났던 곳으로 되돌아가자니 아내와의 약속을 지킬 수 없을 것 같습니다. 어찌해야 좋을지 모르겠습니다. 집에도 가야겠고, 그 곳에도 가 봐야겠고,... 선생님 저를 도와주십시오. 어떻게 해야 할까요. 그 곳으로 되돌아가선 안 된다고 얘기해 주십시오. 강박 증상에 져서는 안 된다고 말씀해 주십시오.”

그럴 때마다 나는 조지에게 참을성 있게 설명하곤 했다. 내가 당신에게 어떻게 하라고 얘기해 줄 수는 없다, 나에게는 그런 말을 해 줄 능력이 없다, 당신의 문제를 해결할 수 있는 능력은 오직 당신에게만 있다, 당신이 자신의 문제를 나더러 결정해 달라고 하는 것은 건강한 것이 못 된다 등등. 하지만 나의 이런 대답이 그에게는 아무런 의미가 없었다. 나를 보러 올 때마다 그는 이렇게 투덜대기 일쑤였다.

“선생님, 선생님이 저더러 다시는 가지 말라고 한 번만 말씀해 주신다면 저도 가지 않으리라는 것을 알고 있습니다. 그러면 상태는 훨씬 좋아질 것입니다. 왜 저를 도와주려고 하시지 않는 건지 이해가 안 됩니다. 고작 하시는 얘기라는 게, 이래라저래라 하는 건 선생님 소관이 아니라는 그 말뿐 아닙니까? 하지간 선생님의 도움을 받을 생각이 아니라면 제가 왜 여기 오겠습니까? 그런데도 도와주시질 않겠다니 어쩌면 그렇게 잔인할 수 있는지 이해가 안 됩니다. 아예 도와주실 마음이 없으신 것은 아닙니까? 선생님은 저보고 제 문제는 스스로 결정하라고 하시지만 바로 제가 그것을 못해서 이렇게 고통당하고 있는 것 아닙니까. 도와주기 싫으신 겁니까?”

1주일 2주일… 시간은 계속 흘러갔다. 조지는 눈에 띄게 야위어 갔다. 설사병마저 앓게 되어 몸무게가 점점 줄더니 나중에는 해골 같아 보이기 시작했다. 조지는 얘기하는 내내 눈물을 흘리며 훌쩍거렸다. 급기야는 다른 정신과 의사를 만나 보는 게 어떨까 갈등하기 시작했고, 나 역시 내가 그의 문제를 제대로 다루고 있는 건지 스스로 회의가 들기 시작했다. 그의 상태를 봐서는 조만간 입원시켜야만 할 것 같았다.

별안간 그때 뭔가 변화가 일어나는 듯한 일이 생겼다. 치료를 시작한 지 넉 달이 채 안 된 어느 날 아침, 조지는 휘파람을 불면서 아주 흥겨운 모습으로 병원에 나타났다. 나는 즉각 그 변화에 대해 물었다.

"예, 오늘은 정말 기분이 좋습니다. 왠지는 저도 잘 모르겠습니다. 오늘까지 꼬박 나흘 동안, 아무런 강박 증상이나 그 장소에 가 봐야 한다는 욕구가 일지 않았습니다. 아마 그 때문일 겁니다. 어쩌면 이제야 터널 끝이 보이기 시작하는 건 아닌지 모르겠습니다."

그러나 조지는 이제 더 이상 그 증상에 신경 쓰지 않게 되었다고 말하면서도 여전히 자신의 가정 생활이나 어린 시절의 고통스러운 실체들과 맞부딪치는 일에는 조금도 열의가 없었다. 워낙 '깔끔한 남자'인 터라 내가 부추길 때마다 예의상 그런 얘기들을 털어놓기는 했지만, 느낌은 조금도 없어 보였다. 그날 면담이 다 끝나갈 무렵 그는 느닷없이 이렇게 물었다.

"펙 선생님, 선생님은 악마의 존재를 믿습니까?"

"좀 엉뚱한 질문인데요, 매우 복잡한 질문이기도 하고요. 그런 건 왜 물으시지요?"

"뭐 특별한 이유랄 게 있겠습니까, 그저 호기심이죠."

"당신은 피하고 있어요. 틀림없이 이유가 있을 겁니다."

나는 한껏 몰아붙였다.

"요즘 여기저기서 사탄을 숭배한다는 사이비 종교가 얼마나 많습니까? 이유는 그뿐입니다. 샌프란시스코에 전위 그룹들이 꽤 있다는 얘기는 선생님도 잘 알고 계시지 않습니까? 요사이 신문을 보면 그런 얘기들이 참 많습니다."

"예, 그건 맞습니다. 하지만 왜 지금 그런 생각을 하게 되었죠? 왜 오늘 아침, 바로 지금, 이 면담 시간에 갑자기 그런 생각을 하게 되었느냐는 말입니다."

"그걸 제가 어떻게 압니까?"

되묻는 그의 말투가 꽤 귀찮다는 식이었다.

"그냥 떠올랐어요. 마음에 떠오르는 건 모두 얘기하라고 그러시지 않았습니까? 그래서 얘기한 겁니다. 그저 할 말을 한 것뿐이지요. 그냥 떠오르기에 얘기했을 뿐, 그것이 왜 떠올랐는지는 저도 모르겠습니다."

더 이상 밀고 나갈 수 없었다. 면담은 끝났고 그 얘기는 잊혀졌다. 다음 시간에도 여전히 그의 상태는 좋았다. 몸무게도 1, 2킬로그램쯤 늘어 야위어 보이지도 않았다.

"이틀 전에 그런 생각이 한 번 찾아오기는 했습니다. 하지만 더 이상 저를 괴롭히지는 못했습니다. 저는 스스로 이렇게 말했습니다. '이 멍청이 같은 생각이 더 이상 나를 괴롭히지 않게 하리라.' 그런 생각들은 실제로 아무 의미도 없는 것들입니다. 설령 내가 이삼 일 안에 죽는다고 칩시다. 그래서 어쨌다는 겁니까? 그 장소에 가 보고 싶은 욕망도 이젠 일지 않습니다. 이젠 제 마음을 사로잡지 못하는 거죠. 그 멍청이 같은 생각이 뭐가 좋다고 그 곳엘 돌아가 봅니까? 드디어 이 문제가 저한테 두 손을 드는 것 같습니다."

조지가 이 증상에 더 이상 눌리지 않았기 때문에 나는 다시 한 번 그의 부부 관계에 좀더 깊이 있게 초점을 맞춰 보려고 유도했다. 그러나 이 '깔끔한 남자'는 도대체 뚫고 들어갈 틈이 없었다. 그의 반응은 피상적이기만 했다. 그의 상태가 나아지고 있었으니까 정상적으로 말하자면 내 마음이 기뻐야 할 터인데 실제는 그 반대였다. 기뻐해야 할 이유를 조금도 찾을 수 없었다. 그의 삶이나 그가 삶을 다뤄 가는 방식에서 달라진 것이 아무것도 없었기 때문이다. 그렇다면 그는 왜 나아지고 있었을까?

악마와 계약하다

다음 번 면담은 저녁 시간에 있었다. 방안으로 들어오는 조지는 좋아 보였고 그 어느 때보다도 한결 '깔끔한 남자' 냄새를 풍겼다. 언제나처럼 나는 그로 하여금 먼저 얘기를 시작하게 했다.

잠시 침묵이 흘렀다. 아무런 불안의 조짐도 없이 일상적인 말투로 그가 입을 열었다.

"선생님, 고백할 게 있습니다."

"예?"

"지난 시간인가 지지난 시간인가, 제가 악마의 존재를 믿느냐고 물어본 날 말입니다. 그때 제가 왜 그런 생각을 하게 되었는지 알고 싶어하셨지요. 솔직히 저는 그때 정직하지 못했습니다. 그 이유를 알고 있으면서도 왠지 말하는 게 좀 이상해서 그냥 피해 버렸거든요."

"그러셨군요."

"지금도 쑥스럽긴 합니다. 하지만 아시다시피 선생님도 저를 도와주려 하지 않으셨습니다. 문득문득 그런 생각이 들었던 장소에 가 보고 싶은 욕구에 휩싸여 있을 때 선생님은 어떻게든 제가 그러지 못하도록 막아 줄 수도 있었지만 그러시지 않았습니다. 저는 제가 강박 증상에 지는 것을 막기 위해 혼자서라도 뭔가를 해야만 했습니다. 그래서 그렇게 한 겁니다."

"그렇게 하다니요?"

"악마와 계약을 맺었습니다. 그렇다고 제가 악마를 진짜 믿는 것은 아닙니다. 그러나 저도 뭔가를 해야만 했습니다. 그래서 이런 계약을 맺었지요. '만약 내가 강박 증상에 이끌려 다시 그 곳으로 간다면 악마가 무슨 수를 써서라도 내 생각이 실제로 이뤄지게 만들 것이다.' 이해가 되십니까?"

"글쎄요…."

"예를 들어 보지요. 지난번 채플 힐(Chapel Hill) 언저리에서 이런 생각이 들었습니다. '다음 번에 올 때는 네 차가 저 둑을 들이받아 너는 죽을 것이다.' 물론 다른 때 같으면 그 생각을 두고 몇 시간을 곱씹다가는 끝내 그 생각이 사실이 아니라는 것을 확인하기 위해 둑에 가 보고 말았을 것입니다. 그렇죠? 그러나 이제 계약을 맺었으니까 그럴 수 없지요. 그 계약 내용대로라면, 만약 제가 둑에 가 본다면 악마가 무슨 수를 써서라도 제가 진짜 그 둑을 들이받아 죽도록 만들 것 아닙니까? 죽을 걸 뻔히 알고 있는데 어떻게 그 짓을 할 수 있겠습니까? 그럴 이유가 없지요. 이제 제게는 가지 말아야만 할 강력한 동기가 생긴 것입니다. 이제 이해가 되십니까?"

"무슨 말인지는 알겠군요."

내가 애매하게 대답하는 반면 그는 신이 나서 얘기했다.

"그것 참 효험이 있더군요. 그 뒤로도 두 번 그런 생각이 들었는데 두 번 다 가 보지 않았습니다. 약간 죄책감이 들긴 했지만…."

"죄책감요?"

"예, 죄책감요. 악마나 뭐 그런 거랑 계약을 맺으면 안 되는 것 아닙니까? 그것도 악마를 진짜 믿지도 않으면서요. 하지만 효험만 있다면야 뭐 어떻겠습니까?"

나는 할 말을 잃었다. 도대체 무슨 말을 해야 할지 몰랐다. 이번 경우의 복잡성, 그리고 스스로의 감정마저 얽혀들면서 나는 완전히 질리고 말았다. 조용하고 아늑한 내 사무실 안에 함께 앉아 있는 우리 둘, 그 사이에 놓여 있는 탁자와 그 위의 부드러운 불빛, 멍하니 그 불빛만 바라보고 있는 나, 그런 내 머릿속엔 오만가지 생각들이 오가고 있었으며, 그 생각들은 모두 제각기 따로따로였다. 강박이라는 미로는 도대체 어떻게 생긴 것인가? 나는 탈출구를 찾는 일에 무력감을 느꼈다. 강박을 떨쳐 버리기 위해서, 즉 자체가 현실이 아닌 생각들에서 벗어나기 위해서, 존재하지도 않는 악마와 계약을 맺고 또 거기서 효험을 보고 있다니 나는 더 이상 이 문제와 씨름할 수 없을 것만 같았다. 그랬기에 그저 앉아서 불빛만 바라보고 있었다. 시계의 초침 소리가 유난히 크게 들려 왔다. 드디어 조지가 물었다.

"선생님 생각은 어떻습니까?"

"조지, 내 생각이 어떤지 나도 모르겠습니다. 좀더 두고 생각해 봐야겠습니다. 지금은 뭐라고 말씀 못 드리겠습니다."

나는 다시 눈길을 불빛 쪽으로 돌렸다. 시계 소리는 계속 이어졌다. 그렇게 다시 5분 가량이 지났다. 조지는 그 침묵에 몹시 당황하는 것 같았다. 마침내 그가 침묵을 깼다."참, 아직 얘기하지 않은 게 또 있군요. 제가 죄책감을 갖는 데는 사실 또 다른 이유가 있습니다. 선생님도 느끼셨겠지만 제가 악마와 맺은 계약엔 한가지 문제가 있습니다. 제가 악마를 믿지 않기 때문에 만약 그 장소로 돌아갈 경우 악마가 정말 나를 죽게 할 것인지 확실히 믿을 수가 없었습니다. 그것을 해결하려면 일종의 보험이 있어야만 합니다. 말하자면 제가 돌아가는 것을 틀림없이 막아 줄 수 있는 뭔가가 필요했습니다. 그것이 무엇일까 생각해 보았습니다. 제가 세상에서 가장 사랑하는 것은 막내아들 크리스토퍼라는 생각이 순간 떠올랐습니다. 그래서 그 계약에 만약 내가 강박에 져서 그 장소로 되돌아간다면, 악마는 어떻게 해서든지 크리스토퍼를 죽게 만들 것이라는 내용을 덧붙였습니다. 나만 죽는 게 아니라 크리스토퍼도 죽는 거지요. 이제는 제가 도저히 그 장소로 되돌아갈 수 없는 이유가 뭔지 아셨을 겁니다. 설령 악마가 존재하지 않는다 하더라도 저는 제가 가장 사랑하는 크리스토퍼의 생명을 놓고 모험하고 싶은 생각은 조금도 없습니다."

"그러니까 당신은 크리스토퍼의 생명도 그 협상에 내던진 셈이군요?"

나는 아연실색하여 그렇게 되물었다.

"예, 별로 듣기 좋은 얘기는 아니죠. 그게 바로 제가 죄책감을 갖는 부분입니다."

나는 다시 할 말을 잃은 채 지금까지 들은 얘기를 마음속으로 천천히 정리하고 있었다. 면담 시간이 끝나 가고 있었다. 조지는 떠날 준비를 하기 시작했다. 나는 그를 말렸다.

"아직 가지 마십시오, 조지. 오늘은 이 시간 이후로 면담 약속이 없습니다. 이제 당신에게 내 생각을 말해 주고 싶습니다. 거의 준비가 됐으니 급히 가야 할 일이 없으면 잠시만 더 앉아서 기다려 주십시오."

그는 기다리는 내내 안절부절못했다. 나는 그를 그렇게 불안하게 만들려는 생각은 없었다. 나는 정신과 의사로서 사람을 판단하지 않는 법을 훈련받았고 또 스스로도 그렇게 훈련해 왔다. 치료란 환자 자신이 치료자에게 받아들여지고 있다고 느낄 때만 일어나는 법이다. 수용의 분위기 속에서만 환자는 자신의 가치관과 비밀을 털어놓게 된다. 나는 오랫동안 환자를 봐 오면서 다음 사실을 배우게 되었다. 치료자는 종종 치료 과정의 어느 시점에서 어떤 특정한 이슈에 대해 환자에게 반대 의견과 비판적인 판단을 제시할 필요가 있으며, 심지어는 반드시 그래야만 한다는 사실이다.

그러나 동시에 나는 그런 시점은 치료 과정의 후반, 즉 치료 관계가 확고하게 다져진 뒤에 계획하는 것이 이상적이라는 사실도 알고 있었다. 조지가 나한테 치료를 받은 것은 아직 넉 달밖에 되지 않았고, 관계라는 면에 있어서도 아직 우리는 그리 깊은 부분까지 들어가지 못한 상태였다. 나는 이런 기본적인 차원의 관계에서 그에게 이렇게 일찍 판단을 내려 주는 모험을 강행할 생각은 조금도 없었다. 그것은 매우 위험한 일이 될 것 같았다. 그렇다고 그렇게 하지 않는 것도 위험해 보이기는 마찬가지였다.

조지는 침묵 속의 기다림을 더 이상 견디지 못했다. 내가 결정의 문턱에서 마지막 진통을 겪고 있을 때 끝내 그는 터뜨리고 말았다.

"언제 얘기해 주실 겁니까?"

나는 그를 바라보았다.

"조지, 당신에게 죄책감이 든다니 참 다행인 것 같습니다."

"무슨 말씀이십니까?"

"마땅히 죄책감을 느껴야 한다는 뜻이지요. 당신은 죄책감을 느낄 만한 일을 했습니다. 만약 당신이 그 일에 대한 죄책감을 갖지 않았다면 나는 무척 걱정스러웠을 것입니다."

그는 금방 신중해졌다.

"정신 치료가 저를 그 죄책감에서 해방시켜 줄 것으로 알고 있습니다만…."

"부적합한 죄책감에 대해서는 그렇습니다. 나쁜 일이 아닌데도 죄책감을 갖는다면 그건 불필요한 것이고 건강치 못한 것입니다. 또 뻔히 나쁜 일인데도 죄책감이 없다면 그 역시 건강치 못한 것입니다."

"선생님은 제가 나쁘다고 생각하십니까?"

"악마와 계약을 맺은 것은 틀림없이 나쁜 일이라고 생각합니다. 악한 일이지요."

"하지만 전 실제로는 아무런 일도 하지 않았습니다. 안 그렇습니까? 모두 생각뿐이었습니다. 지난번에 선생님께서 생각이나 바람이나 감정에는 나쁜 것이 없다고 말씀하시지 않았습니까? '실제로 행하는 것만이 나쁜 것이다'라고 말씀하셨습니다. 그게 '정신 치료의 제1법칙'이라면서요? 저는 진짜 아무것도 하지 않았습니다. 손가락 하나 까딱하지 않았다고요."

"조지, 하지만 당신은 뭔가를 했습니다."

"뭘 했다는 말입니까?"

"악마와 계약을 맺었습니다."

"글쎄 그것은 뭔가를 행한 것이 아니라니까요."

"아니라고요?"

"아니고 말고요. 아직도 모르시겠습니까? 그것은 모두 머릿속에서 일어난 생각의 조각들일 뿐입니다. 저는 악마를 믿지조차 않아요. 하나님을 믿지 않는데 어떻게 악마를 믿을 수 있겠습니까? 제가 실존하는 어떤 사람과 진짜 계약을 맺었다면 그건 또 별개의 문제입니다. 그러나 그러질 않았잖습니까? 악마는 실체가 아닙니다. 그러니 그 계약이 실체가 될 수 있겠습니까? 존재하지도 않는 대상과 어떻게 실제 계약을 맺을 수 있단 말입니까? 그것은 정말이지 행동은 아니었습니다."

"그러면 악마와 계약을 맺지 않았다는 말입니까?"

"아휴, 답답해. 아, 했다니까요. 했다고 얘기했잖습니까? 하지만 진짜 계약은 아니라고요. 지금 말장난으로 저를 걸고 넘어지려는 겁니까?"

"무슨 말씀이십니까? 말장난을 하고 있는 것은 바로 당신입니다. 나 역시 악마에 대해서는 당신 이상 아는 것이 없습니다. 그게 남자인지 여자인지 아니면 물건인지조차도 모릅니다. 도대체 악마에게 육체가 있는지 하나의 추상적인 영향력인지, 아니면 그저 개념에 지나지 않는지, 전혀 모릅니다. 하지만 그것은 중요하지 않습니다. 중요한 것은 그게 어떤 존재든 당신이 그것과 계약을 맺었다는 사실입니다."

조지는 방침을 바꾸었다.

"그렇긴 해도 그 계약은 유효한 게 못 됩니다. 무효입니다. 협박 때문에 어쩔 수 없이 맺은 계약은 법적 효력이 없다는 사실은 세상 변호사라면 다 아는 사실 아닙니까. 누가 뒤에서 총을 겨누고 있기 때문에 계약서에 사인을 했다면 거기엔 법적 책임이 전혀 없습니다. 제가 협박 때문에 계약을 맺었다는 사실은 하나님도 아실 겁니다. 제가 얼마나 고통을 당했는지는 선생님도 보셔서 아시지 않습니까? 몇 달 동안 선생님께 절 좀 도와 달라고 애원했어도 선생님은 손가락 하나 까딱하지 않았습니다. 저에게 관심이 있으신 것 같으면서도 무슨 까닭에선지 저를 그 고통에서 건져 주려고는 하지 않았습니다. 선생님이 도와주지 않으시겠다는데 제가 그럼 어떻게 해야 합니까? 지난 몇 달 동안은 정말이지 저에게는 고문과도 같은 시간이었습니다. 고문도 고문도 그렇게 지독스러울 수 있을까요? 바로 그런 것이 협박이 아니라면 뭐가 협박이겠습니까?"

나는 의자에서 일어나 창 쪽으로 걸어갔다. 잠시 동안 그 곳에 서서 텅 빈 바깥 어둠을 쳐다보고 있었다. 드디어 때가 왔다. 나는 돌아서서 그의 얼굴을 바라보았다.

"좋습니다, 조지. 당신께 몇 가지를 말씀드려야겠습니다. 매우 중요한 것들이니 잘 들어 주시기 바랍니다. 이보다 더 중요한 것은 없습니다."

나는 다시 자리에 앉아 그의 얼굴을 쳐다보면서 말을 이었다.

"당신은 성격에 결함이 있습니다. 약점이랄 수도 있겠지요. 그것은 아주 기본적인 약점이긴 하지만 바로 당신의 모든 문제의 원인이기도 합니다. 결혼 생활이 원만치 못한 원인도 바로 그 점에 있습니다. 당신의 증상, 그 강박증의 원인도 바로 그것입니다. 당신이 악마와 계약을 맺은 것도 그 때문이고, 그 계약에 대한 당신의 어설픈 변명도 모두 그 때문입니다.

조지, 한마디로 말해서 당신은 겁쟁이입니다. 일이 좀 어려워진다 싶으면 내빼지요. 자신이 빠른 시일 안에 죽을 것이라는 생각이 들면 당신은 재빨리 거기서 도망칩니다. 당신은 '병적'이라는 이유 때문에 그것에 대해 생각하기를 꺼립니다. 자신의 결혼 생활이 형편없는 것이라는 괴로운 생각에 부딪히게 되면 당신은 거기서도 도망칩니다. 그것에 맞서 뭔가 조치를 취하는 것이 아니라 아예 생각조차 하지 않는 것입니다. 당신이 이렇게 피할 수 없는 것들을 피하려 드니까 그것들은 강박 관념이라는 증상의 옷을 입고 당신의 뒤를 쫓아다니는 것입니다. 사실은 이 증상이 오히려 당신에게 구원이 될 수 있습니다. '이 증상이 유령처럼 나를 따라다닙니다. 도대체 이 유령이 어디서 온 것인지 알고 싶습니다. 그리고 그것을 집 밖으로 몰아내고 싶습니다.' 만약 당신이 이렇게만 말할 수 있다면 말입니다. 그러나 당신은 그렇게 말하지 않습니다. 그렇게 하는 것은 뭔가 고통스러운 것에 직면하는 것이 될 테니까요. 그래서 그 증상으로부터 도망치려 하는 겁니다. 증상 자체와 그 증상이 의미하는 것에 정면으로 부딪치려 하지 않고 무조건 그것을 없애려고만 합니다. 당신은 그것이 쉽게 되지 않자 무엇이든 거기서 자신을 건져 줄 수 있겠다 싶으면 붙잡고 싶어합니다. 그것이 얼마나 악하고 파괴적인 것인가는 생각조차도 하지 않습니다.

아까 그 계약은 협박 때문에 맺은 것이니까 당신은 그에 대해서 책임이 없다고 했지요? 물론 그것은 협박 때문에 한 것입니다. 고통을 떨쳐 버리기 위해서가 아니라면 무엇 때문에 악마와 계약을 맺겠습니까? 만약 누구 말대로 악마가 매복을 하고 앉아서 자기한테 영혼을 팔 사람들을 노리고 있다면, 여러 가지 협박으로 고통당하고 있는 사람들이야말로 과녁으로 삼을 좋은 대상들이라고 생각합니다. 문제는 협박이 아닙니다. 자신이 협박을 어떻게 받아들이냐 하는 것이 문제입니다. 그것을 견뎌 내 극복하는 사람들이 있는가 하면, 와르르 무너져 내리는 사람들도 있습니다. 당신은 후자의 경우인데다가 그것도 아주 쉽게 그렇게 하는 사람입니다.

맞아요, 아주 쉽습니다. 조지, 당신에게는 쉽다는 단어가 딱 들어맞아요. 당신은 자신을 아주 안일하게 대충 사는 사람으로 취급합니다. 깔끔한 남자, 쉽게 사는 사람, 하지만 그렇게 쉽게 살다가는 도달할 곳이 지옥밖에 더 있겠습니까? 조지, 당신은 언제나 쉬운 탈출구만을 찾아다닙니다. 옳은 길이 아니라 쉬운 길 말입니다. 옳은 길과 쉬운 길 가운데 하나를 선택하라면, 당신은 언제나 쉬운 탈출구를 찾기 위해 무슨 일이라도 마다하지 않을 것입니다. 자기 영혼을 파는 일이든, 아들의 목숨을 희생하는 일이든 말입니다.

아까도 말했지만 당신에게 죄책감이 있다는 건 참으로 다행스러운 일입니다. 만약 당신이 쉬운 탈출구를 선택하는 것에 대해 전혀 불편해 하지 않는다면 그때는 나도 당신을 도울 수 없을 것입니다. 당신은 정신 치료라는 것이 쉬운 탈출구가 아니라는 것을 알았을 것입니다. 바로 이것이 고통이 뒤따를지라도, 그리고 그 고통이 만만한 것이 아닐지라도 결국 사태와 맞서 나가는 방법입니다. 도망가는 방법이 아닙니다. 이것은 옳은 길이지 쉬운 길이 아닙니다. 만약 당신이 자기 인생의 고통스러운 실체들 즉 공포스러웠던 어린 시절, 비참한 결혼 생활, 죽을 운명, 자기 내부의 겁쟁이 등과 기꺼이 맞닥뜨리려 한다면 그때는 나도 어떻게든 도움을 줄 수 있을 것입니다. 그때는 우리가 성공하리라는 확신이 있습니다. 하지만 당신이 원하는 것이 단지 무조건 고통으로부터의 손쉬운 탈출에 지나지 않는다면, 내가 보기에 당신은 악마의 사람이며, 정신 치료도 별도움이 안될 것입니다."

이번엔 조지가 침묵할 차례였다. 다시 초침 소리만이 빈 공간을 가득 메웠다. 면담이 시작된 지 두 시간이 넘어서고 있었다. 마침내 그가 입을 열었다.

"언젠가 만화책에서 본 건데, 어떤 사람이 한 번 악마와 계약 관계에 들어가더니 다시는 거기서 빠져나오지 못하더군요. 한

번 영혼을 팔면 악마가 절대로 되돌려 주지 않는다는 겁니다. 저도 돌아서기엔 너무 늦은 건 아닐까요?"

"조지, 나도 잘 모릅니다. 아까도 말했듯이 이런 일들에 대해서는 나도 아는 게 많지 않습니다. 이렇게 구체적으로 계약을 맺은 사람을 만나 본 것은 당신이 처음입니다. 당신과 마찬가지로 나 역시 악마의 존재 여부조차 잘 모릅니다. 하지만 당신을 쭉 만나 온 것을 바탕으로 해서 지금 일이 어떻게 되어가고 있는지에 대해서는 나름대로 꽤 타당한 추측을 할 수 있을 것 같습니다. 내 생각에 당신은 악마와 정말 계약을 맺었습니다. 따라서 적어도 당신에게는 악마의 존재가 실제가 되었습니다. 내가 보기에 당신은 고통을 피하려는 열망 때문에 악마를 실존으로 불러들였습니다. 당신에게 악마를 실존으로 불러들일 수 있는 힘이 있다면, 동시에 당신에게는 그의 실존에 종지부를 찍을 수 있는 능력도 있다고 생각합니다. 과정은 뒤집을 수 있다는 게 나의 직관이요 지론입니다. 당신은 분명히 이전의 당신으로 되돌아갈 수 있습니다. 만약 당신이 마음을 바꿔 먹고 기꺼이 협박을 이겨 내고자 한다면, 그 계약은 곧 무효가 되고 악마도 자기를 받아 줄 다른 사람을 찾아 다른 데로 가 버리고 말 것입니다."

조지는 매우 침울해 보였다.

"지난 열흘 동안 저는 그 동안 잃어버렸던 평안함을 누렸습니다. 몇 번 그런 생각들이 떠오르긴 했지만 더 이상 저를 괴롭히지 못했습니다. 만약 제가 과정을 뒤집는다면 그 말은 곧 제가 열흘

전의 그 고통의 상태로 되돌아가야 한다는 말이 됩니다."

"나도 그렇게 생각합니다."

"그러니까 선생님이 저한테 요구하는 것은 자발적으로 그 고문의 상태로 되돌아가라는 것입니다."

"조지, 맞습니다. 나는 당신이 그렇게 해야 된다고 생각하는데, 그것은 나를 위해서가 아니라 바로 당신 자신을 위해서입니다. 내가 당신에게 요구하는 것이 당신에게 도움이 된다면 나는 얼마든지 요구하고 싶습니다."

그러자 조지는 생각에 잠기는 듯하다 얘기를 계속했다.

"고통의 상태를 다시 선택한다? 글쎄요, 잘 모르겠습니다. 할 수 있을지 잘 모르겠군요. 아니 제가 그것을 원하는지조차 잘 모르겠습니다."

"조지, 월요일에 다시 나를 보러 와 주시겠습니까?"

"예, 오지요."

나는 일어서는 조지에게로 다가가 악수를 청했다.

"그럼 월요일에 봅시다. 안녕히 가십시오."

그날 밤이 조지의 치료에 전환점이 되었다. 월요일까지 그의 증상은 온갖 기승을 다 부렸다. 그러나 달라진 게 있었다. 그는 더 이상 내게 그 곳에 가지 말게 해 달라고 요청해 오지 않았다. 또한 그에게는 죽음에 대한 두려움과 아내와의 사이에 존재하는 이해와 대화의 장벽에 대해 깊이 있게 살펴보려는 마음이 아주 조금씩 생겨났다. 날이 갈수록 그의 그런 마음은 점점 커져 갔다.

그러다가 나의 도움을 받아 자기 아내에게 함께 치료에 참여하자는 요청도 할 수 있게 되었다. 나는 그녀를 다른 치료자에게 의뢰할 수 있었고 그녀는 거기서 큰 성과를 보였다. 조지의 결혼 생활은 좋아지기 시작했다.

이제 아내 글로리아도 치료에 동참하게 된 만큼 우리 치료의 초점은 조지의 여러 가지 부정적인 감정들, 이를테면 분노, 좌절감, 불안, 우울 그리고 무엇보다도 슬픔과 비탄 따위가 되었다. 그는 자신이 무척 민감한 사람이라는 사실을 알게 되었다. 그는 계절의 변화나 자녀들의 성장 또는 존재의 무상함 등에 대해 깊이 느끼고 생각하는 그런 사람이었다. 그는 자신의 부정적인 감정들과 더불어 고통에 대해 못 견뎌 하는 민감한 성격 속에 자신의 인간성이 들어 있음을 깨닫게 되었다. 그는 '깔끔한 남자'의 옷을 조금씩 벗는 한편 고통을 견뎌 내는 힘을 점점 키워 갔다. 일몰을 보면 여전히 가슴이 아프긴 했지만 더 이상 전처럼 불안해 하지는 않았다.

악마와의 계약에 대해 입씨름했던 그날 밤 이후 몇 달 새 그의 강박 증세는 기복을 보이면서 서서히 강도가 떨어지기 시작했다. 그러던 것이 이듬해 말쯤에 가서는 완전히 사라져 버렸다. 시작한 지 2년 만에 조지의 치료는 끝났다. 이제 그는 최고로 강한 남자는 아닐지라도 분명히 전과 비교할 수 없을 정도로 강한 사람이 되었다.

제2장
악의 심리학을 찾아서
자신을 속이고 책임을 전가하는 사람들

사물을 바라보는 데는 여러 가지 방법이 있을 수 있다. 정신과 의사들이 인간을 이해하는 데 가장 익숙한 방법은 건강과 질병의 차원에서 보는 것이다. 이러한 견해를 이른바 '의학적 모델'이라고 한다. 사람을 파악하는 데 있어서 아주 유용하고 효과적인 방법이다.

이런 관점에서 본다면 조지는 이른바 강박 신경증이라고 하는 구체적인 질병을 앓고 있는 사람이었다. 이 질병은 비교적 널리 알려져 있다. 조지의 경우는 여러 면에서 무척 전형적인 것이다. 예를 들면 강박 신경증의 원인은 어린 시절의 부적절한 배변 훈련(toilet-training)에 있는 경우가 대부분이다. 그는 자신의 배변 훈련이 어떠했는지조차 기억이 없다. 그의 아버지가 마루에 똥을 싼 고양이를 때려 죽게 만들었다는 사실로 미루어 볼 때 그 역시 대소변을 확실히 가려야만 했을 것으로 짐작된다. 그가 여느 강박증 환자들과 마찬가지로 유난히 깔끔하고 정리 정돈이 철저한 어른으로 성장한 것은 결코 우연이 아니다.

강박 신경증 환자들의 또 다른 전형적인 특징은 정신과 의사들이 '마술적 사고'라고 부르는 생각을 하는 성향이 있다는 점이다. 마술적 사고는 다양한 형태로 나타날 수 있으나 기본적으로 자기 생각이 어떤 사건을 일어나게 할 수 있다는 신념 면에서는 모두 똑같다. 어린아이들은 대개가 이처럼 마술적으로 생각한다. 예를 들어 다섯 살짜리 남자 아이가 이런 생각을 한다고 치자.

'여동생이 죽었으면 좋겠어.'

그러면서 그는 자기가 그렇게 생각하기 때문에 정말 동생이 죽지나 않을까 마음이 불안해지고 두려워진다. 혹시 동생이 아프기라도 하면 그는 자기 생각이 동생을 아프게 만들었다는 죄책감에 사로잡히게 된다.

대개 우리는 자라면서 점점 이런 마술적 사고의 성향을 벗어버리며, 사춘기쯤 되면 생각만으로 외부 사건을 통제할 수 있는 힘이 자신에게 없다는 사실을 확실히 터득한다.

그러나 어떤 뜻하지 않은 상처를 입은 아이들의 경우는 이 마술적 사고의 단계를 영영 벗어나지 못하는 때가 종종 있다. 강박 신경증 환자들이 바로 그 대표적인 경우다. 조지도 그로부터 벗어나지 못한 사람 가운데 하나였다. 생각이 현실로 될 것이라는 신념이야말로 그의 신경증의 핵심 요소였다. 그가 자기 생각을 없었던 것으로 하고 그 세력으로부터 벗어나기 위해 되풀이해서 아무리 멀더라도 그 장소까지 되돌아가야만 했던 이유도 바로 생각이 현실로 나타날 것이라는 자신의 강박적 신념 때문이었다.

이런 측면에서 볼 때 조지가 악마와 맺었다는 계약도 실은 또 하나의 마술적 사고에 불과하다. 그 계약이 조지에게는 고통에서 벗어나기 위한 그럴싸한 전략으로 보였겠지만, 사실은 그것은 자기가 그렇게 되리라는 신념을 가졌기 때문이다. 비록 그 계약이 '모두 마음속에서 일어난 것뿐'이라고는 하지만 그는 계약 규정에 따라 실제로 자신과 자기 아들이 둘 다 죽게 될 것이라고 믿었다.

우리의 시각을 단순히 의학적 모델에만 국한시킨다면 우리는 조지가 맺은 악마와의 계약에 대하여 이렇게 말할 수 있을 것이다. 그의 마술적 사고야말로 그가 앓았던 정신 질환의 가장 전형적인 특징이라고 말이다. 그러면 이 현상은 그러한 차원에서 확실히 이해될 수 있기 때문에 더 이상의 분석은 필요 없다.

문제는 이런 관점에서는 조지와 악마의 관계가 대수롭지 않은 것으로 취급된다는 데 있다. 만약 이 문제를 전통 기독교의 종교적 모델에서 본다면 어떻게 될까?

이 모델에 따르면 인간과 우주는 선의 세력과 악의 세력, 하나님과 악마 사이의 팽팽한 대결 속에 끼어 있다. 이 대결의 전투장은 인간 개개인의 영혼이다. 인생의 의미는 전적으로 이 전투에 달려 있다. 결국 하나님 편에 서게 되느냐 악마 편에 서게 되느냐가 궁극적인 문제다. 조지는 악마와 더불어 계약 관계에 들어감으로써 자신의 영혼을 이른바 우리가 보기에 가장 위험한 상태 속으로 들이밀게 되었다. 틀림없이 이것은 그의 인생에 가장 중요한 부분이었다. 어쩌면 모든 인간의 운명도 조지와 같은 결정에 따라 달라지게 되었는지 모른다. 천사들의 합창대와 귀신들의 군대가 그의 생각을 하나하나 붙잡고 늘어지면서 똑같이 그를 감시하고 있었다. 서로 자기 편이 이기게 해 달라고 쉬지 않고 기도했으리라. 마침내 조지는 계약 관계를 파기함으로써 자신의 영혼을 지옥으로부터 하나님의 영광과 인류의 희망 쪽으로 구출하게 되었다.

의학적 모델과 신비한 영역

조지의 계약이 갖는 의미는 과연 무엇인가? 단지 또 하나의 신경증적 증상으로 봐야 하는가, 아니면 그의 존재 의미까지 바꾸는 일대 전환점으로 봐야 하는가?

의학적 모델을 비난하는 것이 이 책의 의도는 아니다. 그것은 정신 질환을 이해하는 데 쓰이는 모델 가운데 가장 유용한 모델로 아직까지 받아들여지고 있다. 그러나 특정한 때 특정한 경우에는 다른 모델이 더 적절할 수도 있다.

그럴 때 우리는 어떤 하나의 관점을 선택해야만 한다. 조지로부터 악마와 계약을 맺었다는 얘기를 들었을 때 나는 그것을 또 하나의 신경증적 증상으로 볼 것인지 아니면 도덕적 위기의 순간으로 볼 것인지를 결정해야 했다. 만약 앞의 것을 택한다면 나는 아무런 즉각적인 행동도 취할 수 없게 될 터이고, 뒤의 것을 택한다면 조지와 함께 세상에 대해 내가 할 수 있는 힘을 총동원하여 그 도덕적 싸움 속에 뛰어들어야 한다는 책임을 지게 될 것이다. 어느 쪽을 택할 것인가?

나는 비록 그것이 마음속에서 이뤄졌을 뿐이라 할지라도 결국 조지의 계약을 부도덕한 것으로 보고 그에게 자신의 부도덕성을 정면으로 지적해 줌으로써 보다 극적인 노선을 택하기로 하였다. 이것은 내가 보기에 어느 정도는 주먹구구식이기도 하다. 만약 우리가 특정한 때 특정한 모델을 선택해야만 하는 상황에 처하게 된다면 우리는 아마 가장 극적인 것, 다시 말하면 그 경우를 통해 가능한 한 가장 중대하고도 새로운 의미를 연구해 볼 수 있는 그런 모델을 선택해야 할 것이다.

그렇다고 해서 하나의 모델만 선택할 필요는 없다. 그것은 별로 바람직하지 않다. 예를 들면 미국 사람들은 달 속에서 사람을 보지만 아시아와 남미 사람들은 토끼를 발견한다. 누가 옳은가? 물론 둘 다 옳다. 각자는 문화적으로나 지리적으로나 서로 다른 관점을 갖고 있는 까닭에서다. 우리가 모델이라고 부르는 것들도 서로 다른 관점에 지나지 않는다. 만약 달을 최대한 잘 알기 원한다면 가능한 한 여러 다양한 관점에서 들여다보는 것이 좋을 것이다.

이 책 역시 다각도의 접근을 시도하고자 한다. 간단한 것을 좋아하는 독자들에게는 좀 귀찮을지도 모르겠다. 그러나 이 주제는 대충 넘어갈 수 없는 문제다. 인간의 악이라는 문제는 한쪽 면에서만 이해하기에는 너무나 중요하다. 또 단 하나의 사고틀로 비춰 보기에는 그 실체가 너무 크기도 하다. 그것이 본질적으로 신비함을 품고 있다는 사실도 기본적으로 감안하고 살펴보아야 한다. 근본적인 실체는 얻어 낼 수 있는 성질의 것이 아니다. 우리는 다만 거기에 접근해 갈 뿐이다. 그리고 놀랍게도 접근하면 할수록 우리는 자신의 무지를 확인하게 될 뿐이다. 그로써 우리는 새삼 그 신비의 영역 속에 서 있게 되는 것이다.

그렇다면 왜 시도를 하는가? 이러한 언어는 허무주의의 언어이며 옛날부터 내려온 악마의 목소리다.▪ 우리는 왜 뭔가를 하고 뭔가 새로운 것을 배우는가? 그렇게 함으로써 우리 자신에 관해 희미하게나마 파악해 가는 것이 아예 칠흑 같은 어둠 속에서 계속 허우적거리는 것보다 훨씬 나은 까닭에서다. 또 그것이 보다 발전적이고 건설적인 까닭에서다. 우리는 모든 현상을 이해하거나 통제할 수 없다. 이에 대해 톨킨(Tolkien)은 다음과 같이 말했다.

"세상 현상을 모조리 알게 되는 것이 우리가 할 바는 아닐지라도, 우리 안의 현상들을 이해하고 우리가 처해 있는 이 시대의 구조를 규명하며 우리가 알고 있는 분야 속의 악을 뿌리 뽑는 일은 바로 우리의 몫이다. 그렇게 함으로써 우리 후세들이 지구를 보다 쾌적하게 가꿔 갈 수 있을 것이다. 아무튼 그때 그들이 어떤

▪ 축사(逐邪)에 대한 여러 기사들을 보면 귀신의 음성들은 여러 다양한 형태의 허무주의를 유도한다고 한다.

기후를 갖게 될 것인지는 우리 소관이 아니다."■

그런 까닭에 과학자들은 가능하면 세상의 신비를 모두 파헤치려고 한다. 과학자들은 그 어느 때보다도 점점 더 다각적 모델을 수용하는 일에 익숙해져 가고 있다. 물리학자들은 빛을 놓고 분자로도 보고 파장으로도 보는 일에 더 이상 난감해 하지 않는다. 심리학에도 모델은 얼마든지 있다. 생물학적 모델, 심리학적 모델, 심리·생물학적 모델, 사회학적 모델, 사회·생물학적 모델, 프로이트 모델, 합리·정서적 모델, 행동적 모델, 실존적 모델 등등. 과학 분야에서 새로운 모델을 들고 나와 그것을 가장 진보한 모델로 입증시키는 혁신가들을 끊임없이 필요로 하는 것과 마찬가지로, 환자들 역시 인간의 영혼이라는 신비를 다양한 각도에서 접근해 들어가는 능력을 갖춘 그런 치료자를 찾을 수 있는 권리가 있다.

그러나 아직 과학은 그렇게 넓은 마음을 갖고 있지 못하다. 이 두 번째 장의 제목을 '악의 심리학을 찾아서'라고 붙인 것도 정확히 말하면 아직은 '악의 심리학'이라고 부를 만한 인간의 악에 대한 정립된 과학적 지식 체계가 없는 까닭에서다. 그렇다면 왜 없는가? 악이라는 개념은 지난 몇천 년 동안 종교에서나 중요한 것으로 취급되었기 때문이다. 심지어 심리학 분야에서도 이 문제는 쏙 빠져 있었다. 일이 이렇게 이상하게 된 주요 이유는 지

■ J.R.R. Tolkien, The Return of the King(Ballantine Books, 1965), p. 190. (「반지의 제왕3 '왕의 귀환'」, 씨앗을 뿌리는 사람들)

금까지 과학적 모델과 종교적 모델은 서로 섞일 수 없다고 생각했기 때문이다. 물과 기름처럼 서로 밀어내 양립할 수 없다는 것이다.

17세기 갈릴레오 사건이 종교나 과학 쪽 모두에게 해를 끼친 것으로 끝난 이후, 과학과 종교는 일종의 불문율적 무관(無關) 조약을 체결해 왔다. 세상은 결코 맞닿을 수 없는 '자연'과 '초자연'으로 양분되어 버렸다. 종교는 오직 '자연 세계'만이 과학의 영역이라고 하고, 과학은 정신적인 것 또는 가치와 관련된 것에는 간섭하지 않겠노라고 했다. 과학은 스스로 '가치 중립'을 선언한 것이다.

이렇게 해서 지난 3세기 동안 종교와 과학 사이에는 골 깊은 단절 상태가 계속되었다. 이러한 단절로 인해 악의 문제는 종교 사상가들의 보호 아래 남아 있어야 하는 것으로 규정지어진 것이다. 사실 '악'이라는 단어 자체는 이미 가치 판단을 담고 있다. 그러므로 이 문제를 엄격하게 가치 중립적으로 다루려 하는 과학은 벌써 이 문제에의 접근 자격을 박탈당한 것으로 보는 게 옳다.

그러나 이제 이 모든 것이 다 바뀌어 가고 있다. 종교적 가치와 진리를 잃어버린 과학은 전면 핵전쟁 추진론자들이 광적으로 군비(軍備) 경쟁을 하는 사태를 몰고 왔고, 과학적 회의와 탐구가 빠진 종교는 존스타운(Jonestown: 남미 가이아나의 지명으로 1978년 '인민 사원[People's Temple]' 신자의 집단 자살이 있었음 – 역주)의 카리스마적 탈이성(脫理性) 광증을 가져왔다. 이제 너무나 많은 변인(變因)

들에 따라 종교와 과학의 분리는 더 이상 의미가 없게 되었다. 이들이 재통합되지 않으면 안 될 설득력 있는 이유들이 숱하게 등장하고 있다. 즉 이제는 더 이상 가치 중립을 고수하지 않는 과학이 탄생된 것이다. 이러한 재통합 작업은 지난 10년 전부터 이미 진행되어 왔다. 사실 그것은 금세기 말 지성사(知性史)의 가장 박진감 넘치는 사건이었다.

그래도 과학은 여전히 악의 문제만큼은 제쳐 두고 종교와 만나고자 했다. 거기 개입되어 있는 신비가 그만큼 엄청났던 까닭에서다. 사실 과학이라고 신비에 관심이 없는 것은 아니다. 그러나 신비에 접근하는 그들의 태도와 방법론은 대부분 환원주의적(생명 현상은 물리학적·화학적으로 모두 설명된다는 주장—역주)이다. 그들은 주로 '왼쪽 뇌'를 사용하는 분석적 스타일의 주인공들이다. 그들의 표준 방법은 우선 문제를 잘게잘게 나눠놓은 다음 하나씩 따로 떼어 낸 채 분석해 들어가는 것이다. 그들은 큰 신비보다는 작은 신비를 더 좋아한다.

한편 신학자들은 조금도 주저하지 않고 악의 문제로 고민한다. 그들의 신비에 대한 욕구는 하나님만큼이나 크다. 하나님이 항상 자신들의 소화 능력보다 크다는 사실 앞에서도 그들은 조금도 움츠러들지 않는다. 종교를 신비로부터의 도피처로 생각하는 사람들도 더러 있긴 하지만 그들은 오히려 종교를 신비에 다가가는 통로로 생각한다. 그들은 과학의 환원주의적 방법들도 굳이 마다하지 않고 쓰기도 하지만, 동시에 보다 통합적 기능을 갖고 있는 '오른쪽 뇌' 탐구법, 예를 들면 묵상·직관·느낌·믿음·계시 등도 기꺼이 활용한다. 그들에게 있어서 신비란 크면 클수록 더 좋은 것이다.

악의 문제가 무척 커다란 신비인 것만큼은 사실이다. 그것은 환원주의적 접근으로는 쉽사리 풀리지 않는다. 물론 우리는 인간의 악에 대한 어떤 문제들은 적절한 과학적 연구를 통해 다룰 수 있을 정도로 잘게 쪼개질 수 있다는 것을 발견하게 된다. 그럼에도 불구하고 그 잘게 쪼개진 조각들은 서로 꼬여 있어서 그것을 따로 떼어 낸다는 것이 어렵기도 하거니와 오히려 사태를 더 악화시킬 수도 있다는 사실도 깨닫게 된다. 게다가 이 문제는 너무 커서 전체를 한꺼번에 뚜렷하게 파악한다는 것은 아예 기대조차 할 수 없을 정도다. 과학적 탐구의 초기 시도들이 그랬듯이 이 경우에도 해답보다는 더 많은 질문들만 안고 끝나게 될 공산이 큰 것이다.

예를 들어 보자. 악의 문제는 선의 문제와 분리해서 따로 떼어 놓고 생각하기는 어렵다. 만약 이 세상에 선이 없다면 우리는 악의 문제 역시 생각조차 하지 않았을 것이기 때문이다. 정말 이상한 일이 아닐 수 없다. 내가 많은 환자들 및 이웃으로부터 끊임없이 받는 질문이 있다.

"펙 선생님, 세상엔 왜 악이 존재하는 겁니까?"

하지만 아직까지 나에게 "세상엔 왜 선이 존재하는 겁니까?"라고 물어 온 사람은 단 한 명도 없었다.

마치 세상은 원래 선한 곳인데 어찌어찌하여 악으로 오염됐다는 것을 전제로 하고 있는 듯하다. 그러나 우리가 알고 있는 한 과학이라는 영역에서는 악을 설명하기가 훨씬 더 쉽다. 사물이 파괴되어 가는 사실은 물리학의 자연 법칙에 의해서 충분히 설명이 가능하다. 그러나 인생이 점점 더 복잡한 형태로 진보해 가야 한다는 사실을 설명하기란 그렇게 쉽지 않다. 거짓말을 하고 물건을 훔치고 커닝을 하는 아이들은 이제 어디서나 흔히 볼 수 있다. 그런 아이들이 참으로 정직한 어른으로 자란 경우는 그보다 훨씬 찾아보기 힘들다. 사람들은 대부분 부지런하기보다는 게으르다. 이렇게 볼 때 오히려 본래 악하던 세상이 어찌어찌하여 신비스럽게 선에 의해 나아지고 있다고 가정하는 것이 더욱 타당성 있는 생각일지도 모르겠다. 선의 신비는 악의 신비보다 훨씬 타당성이 있을지도 모른다. 선의 신비는 악의 신비보다 훨씬 더 크다.*

그리고 이 신비에 관한 설명은 불가능하다. 어쩌면 '악의 심리학을 찾아서' 라는 제목 그 자체가 잘못된 것일지도 모른다. 그보다는 오히려 '선과 악의 심리학을 찾아서' 라고 하는 쪽이 더 적절할지도 모르겠다. 우리는 선과 악을 떼어 놓고서 인간의 악의 문제만을 제대로 연구할 수는 없다. 앞으로 마지막 장에서 이에 대해 밝히겠지만, 오로지 악의 문제에만 초점을 맞추는 것은 연

---

* 나의 책 「아직도 가야 할 길(The Road Less Traveled)」에 나오는 엔트로피, 게으름, 원죄 등에 관한 대목을 참고하기 바람.

구자의 영혼에 극도로 위험한 일인 까닭에서다.

악의 문제가 필연적으로 악마의 문제를 제기하듯이 선의 문제도 필연적으로 하나님과 창조의 문제를 제기한다는 사실 또한 염두에 두길 바란다. 우리는 신비를 조각조각 잘라 내어 그것을 과학의 기능으로 하나하나씩 파악해 갈 수 있으며 또 그렇게 해야 한다고 나는 생각한다. 그러나 그와 동시에 우리가 우리의 이해를 초월하는 광대하고 숭고한 문제들에 접근하고 있다는 사실도 알아야 한다. 알고 있든 모르고 있든 간에 우리가 거룩한 땅을 밟고 있는 것은 사실이다. 마땅히 경외심을 가져야 한다. 이 거룩한 신비 앞에서 우리는 두려움과 사랑이 동시에 빚어 내는 그러한 조심스런 마음을 지닌 채 그 길을 걸어야 할 것이다.

삶과 죽음의 문제

여기서 우선 최소한의 정의를 내려 둘 필요가 있다. 악이라는 단어에 대한 일반적으로 용인된 정의가 없다는 사실은 그 문제의 신비가 얼마나 광대한 것인지를 잘 반영해 주고 있다. 그렇더라도 내 생각에 우리에겐 이미 악의 본질에 대한 어느 정도의 이해가 있으리라고 본다. 여기서 잠깐 여덟 살짜리 내 아들의 말을 인용해 보겠다. 아주 단순하고도 독특한 시각이다.

"아빠, '악(evil)'이라는 말은 '산다(live)'라는 말의 철자를 거꾸로 늘어놓은 거예요."

그렇다. 악은 삶을 거스르는 것이다. 그것은 생명력을 역류하는 것이다. 한마디로 그것은 죽음과 관련이 있다. 더 구체적으로 말하면 살인과 관련이 있다. 불필요한 살상, 즉 생물학적 생존에 전혀 보탬이 되지 않는 그러한 죽임과 관련이 있는 것이다.

이 사실을 잊지 말기 바란다. 악에 대해서 아주 지적인 책들을 쓴 사람들이 더러 있는데, 그들은 악의 문제를 정도 이상으로 추상적으로 다루고 있다. 살인은 추상적인 것이 아니다. 실제로 조지는 바로 자기 아들의 목숨을 희생시키려 했다는 사실을 잊지 말아야 한다.

악이 살인과 관련이 있다고 할 때 그것이 꼭 육체의 살인에만 국한되는 것은 물론 아니다. 악은 또한 영혼을 죽이는 것이기도 하다. 생명 특히 인간의 생명에는 여러 가지 필수적인 속성들이 있다. 지각, 운동, 인식, 성장, 자율, 의지 따위가 그런 것이다. 실제 몸은 죽이지 않더라도 이런 속성들 가운데 그 어떤 것을 죽이거나 죽이고자 하는 일은 얼마든지 있을 수 있다. 그러니까 우리는 말 한 마리나 어린아이 한 명을 털끝 하나 만지지 않고도 '파괴시킬' 수 있다.

에리히 프롬도 이 사실에 매우 민감하였다. 그는 시간(屍姦: 시체를 간음하는 일)의 개념에 다른 사람을 통제하고 싶은 욕망 즉 다른 사람을 순순히 말 잘 듣게 만들려는 욕망, 의존심을 조장시키려는 욕망, 스스로 사고할 수 있는 능력을 저하시키려는 욕망, 순발력과 독창성을 가로막으려는 욕망, 판에 박힌 사람이 되게 하려는 욕망 등을 포함시킴으로써 그 의미를 확장했다.

그는 이것을 '생명을 존중하는' 사람과 분리시켜서 '시간자(屍姦者)형 성격 유형'으로 제시하였다. 앞의 것은 다양한 인생 유형과 개인의 독특성을 인정하고 키워 주려는 사람인 반면, 뒤의 것의 목표는 다른 사람을 복종적인 기계로 바꾸고 그들로부터 인간성을 박탈함으로써 생명의 불편한 요소를 모두 회피하려는 데 있다.*

이로써 악이란 인간의 안 또는 밖에 존재하는 생명이나 생명성을 죽이고자 하는 힘이라고 말할 수 있다. 그러나 선은 그 반대다. 선은 생명과 생명성을 늘어나게 하는 것이다.

요즘 나는 강연과 설교를 자주 하고 있다. 최근 나는 진짜 내가 말하고 싶어하는 것이 무엇인지를 스스로에게 물어보았다. 나의 강연과 설교는 주제가 있는가? 진정으로 전하고자 하는 메시지가 있는가?

그렇다, 있다. 그런 생각을 쭉 하면서 깨달은 것은, 어떤 화제를 갖고 어떤 식으로 얘기하든지 나는 항상 가능한 한 최대로 사람들이 하나님과 그리스도와 자기 자신을 훨씬 더 진지하게 대할 수 있게끔 돕고자 한다는 사실이다.

우리는 태초에 하나님이 우리를 그분의 형상대로 지으셨다는 사실을 알고 있다. 우리는 그것을 과연 진지하게 받아들이고 있는가? 우리는 신을 닮은 존재로서의 책임을 받아들이고 있는가? 인

---

* Erich Fromm, The Heart of Man: Its Genius for Good and Evil(Harper & Row, 1964), (「인간의 마음」, 문예출판사)

간의 삶에는 성스러운 의미가 있다는 사실을 받아들이고 있는가?

예수님은 인간들에 대한 당신의 관계를 얘기하면서 이렇게 말씀하셨다.

"내가 온 것은 양들이 생명을 얻게 하되 더욱 풍성하게 얻게 하려는 것이라." [*]

더 풍성한 삶, 이 얼마나 놀라운 단어인가! 결혼 잔치와 포도주를 즐기고 아름다운 향유와 멋진 우정을 누렸으면서도 스스로가 죽임을 당하도록 내버려 두었던 이 이상한 남자는 인생의 길이에는 하등 관심이 없고 오직 인생의 생명력에만 관심이 있었다. 예수님은 생명을 잃어버린 부동(不動) 인간들에게 관심이 없었는데, 이렇게 말씀하신 적이 있다.

"죽은 사람들에게 죽은 사람을 묻게 하고" [**]

그가 관심이 있었던 것은 생명의 심령이요, 생명성이었다. 악의 영 그 자체인 사탄에 대하여 예수님은 이렇게 말씀하셨다.

"그는 처음부터 살인자 였다." [***]

물론 악은 자연사와는 상관없고, 다만 자연사가 아닌 육체와 영혼의 살인하고만 상관 있다.

이 책의 목표는 우리가 인간의 생명을 심각하게 취급하도록, 그리하여 인간의 악에 대해서도 훨씬 더 심각하게 여기도록 독

---

[*] 요한복음 10:10.
[**] 마태복음 8:22.
[***] 요한복음 8:44.

려하는 데 있다. 그 심각함이란 어느 정도를 가리키는가 하면, 과학의 방법까지 포함한 사용 가능한 모든 방법들을 동원하여 그것을 연구할 수 있을 만큼의 심각함을 말한다.

우리가 악을 있는 그대로의 모습, 그 무시무시한 실체 그대로 인식할 수 있도록 격려하는 것이 나의 의도다. 나의 목표에 병적인 것은 아무것도 없다. 반대로 나의 목표는 '더 풍성한 삶'을 위해 바쳐진 목표다. 인간의 악을 인식하려는 단 하나의 타당성 있는 이유는 우리가 할 수 있는 부분에서는 그것을 치유하고, 할 수 없는 부분에서는 현재 대부분의 경우들이 그러하듯 조금이라도 더 연구하여 어떻게 그것을 치유할 수 있으며 궁극적으로는 그 흉측한 존재를 어떻게 지구상에서 없애 버릴 수 있는지를 찾아내는 것이다.

우선 한 가지 확실히 밝혀 둘 것은 악의 심리학 연구에 관한 이야기를 전개함에 있어서 나는 추상적인 개념으로서 악을 연구하자는 것도 아니고, 또 생명이나 생명성의 가치로부터 동떨어진 추상적 심리학을 연구하자는 것도 아니라는 점이다. 나치 당원이 아닌 다음에야 치료의 목표 없이 질병을 연구하는 사람은 하나도 없다. 악의 심리학은 치유의 심리학이 되어야만 한다.

치유란 사랑의 열매다. 그것은 사랑의 한 기능이다. 사랑이 있는 곳엔 어디나 치유가 함께 있다. 그리고 사랑이 없는 곳에서는 치료 또한 찾아보기 어렵다. 역설적이지만 악의 심리학은 사랑의 심리학이 되어야만 한다. 거기엔 생명에의 사랑이 가득 흘러

넘쳐야 한다. 그 방법론은 단계마다 진리를 향한 애정뿐 아니라 생명을 향한 사랑에 귀속되어야만 한다. 즉 빛과 웃음과 훈훈함, 기쁨과 자발성과 섬김과 돌봄 등을 향한 사랑에 제약을 받아야 하는 것이다.

어쩌면 나는 이미 과학을 오염시키고 있는지도 모르겠다. 그렇더라도 좀더 '오염'을 시켜야겠다. 내가 말하려는 과학적 심리학은 흔히 말하는 '과학적'이라는 의미보다 훨씬 더 통합적이어야만 한다. 적어도 그것이 황폐하고 죽은 학문, 심지어는 악 자체인 학문이 되려 하지 않고, 풍성하고 기름지며 인도적이고 생산적인 학문이 되려 한다면 말이다.

이를테면 그것은 문학, 특히 신화(神話)에 깊은 관심을 기울여야 한다. 아주 오랜 옛날부터 인간은 악과 싸워 온 만큼, 의식적·무의식적으로 자신들이 배우는 교훈들을 신화와 결합시키려는 성향이 있다. 신화야말로 그러한 교훈들이 나오는 거대한 창고이며 인간은 지금도 새로운 신화들을 보태 가고 있다.

예를 들어 영국 작가 톨킨이 쓴 유명한 책 「호빗(The Hobbit)」과 「반지의 제왕(The Lord of the Rings)」에 나오는 인물 골룸이야말로 그 어느 책에서보다도 잘 묘사된 악의 화신이 아닌가 싶다. ▪ 저자인 문학 교수 톨킨은 그 어느 심리학자나 정신과 의사 못지않게 인간의 악에 대하여 확실한 이해를 갖고 있었다.

▪ J.R.R Tolkien, The Load of the ring, The Hobbit, (Ballantine Books, 1965.) (「반지의제왕」,「호빗」, 씨앗을 뿌리는 사람들)

다른 한편으로 악의 연구에는 '하드웨어적' 과학의 방법들도 사용할 필요가 있다. 거기엔 로샤 테스트를 비롯해서 최신 생화학 지식이나 유전자 모형에 관한 복잡한 통계 분석들도 모두 포함된다.

책의 초고를 검토한 한 편집자는 이 문장을 보고 나에게 이렇게 말했다.

"이봐, 펙. 자네 설마 악이 유전적이라든지 생화학적이라든지 신체적인 것이라든지 하는 식의 얘기를 하려는 것은 아니겠지?"

그러나 그 편집자는 대부분의 질병에는 신체적 원인과 심리적 원인이 함께 있다는 사실을 잘 알고 있었다. 좋은 과학, 좋은 심리학은 마음을 좁혀서는 안 된다. 모든 거리를 다녀 보아야 하며 모든 돌들을 들춰 보아야 하는 것이다.

마지막으로, 말할 것도 없이 악의 심리학은 종교적인 심리학이 되어야만 한다. 이는 악의 심리학이 꼭 어떤 구체적인 신학을 품고 있어야만 한다는 말은 아니다. 악의 심리학은 모든 종교적 전통들로부터 타당한 통찰을 받아들여야 할 뿐만 아니라 '초자연'의 실체를 인식해야만 한다는 말이다. 그리고 아까도 말했듯이 악의 심리학은 사랑과 생명의 존엄성에 종속되는 과학이어야 한다. 단순히 세속적인 심리학이 되어서는 안 된다.

악에 대해서는 신학적으로 여러 가지 모델들이 있는데, 그 모델들의 한 가지 공통점은 살인과 같은 인간의 악과 죽음이나 화재·홍수·지진 등으로 인한 파괴와 같은 자연적인 악을 제대로 구분짓지 못한다는 점이다. 내가 악에 대한 책을 쓴다는 말을 들은 한 친구가 이렇게 말했다.

"내 아들의 뇌성 마비에 대해서 더 잘 이해할 수 있게 해 주게."

유감스럽지만 난 그럴 수 없다. 자연적인 악의 문제는 쿠시너 (Harold S. Kushner) 박사의 책 「When Bad Things Happen to Good People」(선한 사람들에게 왜 불행이 찾아오는가)에 잘 다뤄져 있다.* 이 책은 인간의 악이라는 주제만을 다룬 것이며 그 일차적인 초점은 '나쁜' 사람들이다.

그렇다고 이 책이 그 주제를 속속들이 다 파헤치는 책이 되게 하려는 생각은 없다. 지나치게 학술적이거나 빈틈없이 완벽하려는 것이 나의 바람은 아니다. 오로지 나의 바람은 할 수 있는 만큼 이 문제의 핵심을 찌르는 것이다. 그리하여 우리가 과학적 학술성과 빈틈없는 완전함으로 나아가도록 다리를 놓는 것이다. 다른 종교적 전통들에도 악의 심리학에 관련되는 여러 모델들이 있지만, 나는 악의 심리학을 향해 나아갈 때 구체적으로 크리스천으로서 나의 목소리를 갖고 이야기를 풀어 나갈 것이다.**

---

* Harold S. Kushner, when Bad Thing Happen to Good People, (Schocken Books, 1981).

** 현재 사용되는 악에 대한 신학적 모델은 크게 세 가지가 있다. 첫 번째 모델은 힌두교와 불교의 비(非)이원론으로서, 여기서는 악을 단지 동전의 한쪽 면으로 본다. 생명이 있으려면 죽음이 있어야 한다. 성장이 있으려면 쇠퇴가 있어야 하고 창조가 있으려면 파괴가 있어야 한다. 따라서 선과 악의 구분은 이 비이원론에서는 하나의 환상일 뿐이다. 이런 입장은 크리스천 사이언스(Christian Science)나 최근에 인기 있는 코스 인 미라클 (Course in Miracles) 같은 크리스천 분파들에도 비집고 들어왔으나 신학자들은 이것을 이단으로 규정하고 있다. 두 번째 모델은 악은 선과 구분은 되지만 악 역시 하나님의 창조물이라고 보는 입장이다. 하나님은 우리에게 자유 의지를 주시기 위하여(이것은 우리를 하나님의 형상대로 창조하는 데 있어서는 필수적인 요소이다) 잘못된 선택을 할 수

마찬가지로 내게는 이 주제에 관한 현존하는 심리학적 이론들을 모두 섭렵하려는 의도 역시 없다. 그저 여기서는 비록 우리에게 인간의 악에 대해 아직은 '심리학' 이라는 이름을 붙일 만한 인간의 과학적 지식 체계가 없긴 하지만, 몇몇 행동 과학자들이 악의 심리학의 전개를 가능하게 할 만한 기초를 마련해 두었다는 사실을 알아 두는 것만으로 충분하다. 프로이트가 발견한 무의식의 개념과 융이 말한 섀도(shadow:사람의 성격을 이루는 요소가 되나 표면상으로 드러나지 않는 집단 무의식-역주)의 개념도 기본이 된다.

그러나 한 심리학자의 작업만큼은 좀더 주의 깊게 살펴볼 필요가 있다. 히틀러 정권 당시 유대인 박해로부터 도망쳐 나온 장본인인 정신 분석학자 에리히 프롬은 대부분의 여생을 나치즘의 악을 연구하는 일에 바쳤다. 그는 악한 사람의 성격 유형을 확실히 규명해 낸 최초의 과학자요 유일한 과학자로서, 악한 사람들을 계속해서 심도 있게 연구할 필요가 있음을 시사해 주는 공헌을 남겼다.*

도 있는 가능성을 허락하셨고, 그 말은 곧 최소한의 의미에서 악을 '허용하신' 것이다. 나는 이 모델을 '통합된 이원론' 이라고 부르는데, 이 모델은 마르틴 부버(Martin Buber)에 의해 지지되었다. 그는 악에 대하여 말하기를 "그것은 빵의 누룩이다. 하나님이 인간의 영혼에 심어 놓은 효소다. 그것 없이는 인간이라는 빵은 부풀지 않는다"고 했다 (Good and Evil, Charles Scribner's Sons, New York, 1953, p. 94). 마지막 모델은 전통적인 기독교 모델로서, 나는 그것을 '악마의 이원론' 이라고 부른다. 여기서는 악을 하나님의 창조물이 아니며, 하나님의 통제 영역 바깥에 있는 무시무시한 암이라고 생각한다. 이 모델에도 몇 가지 함정은 있지만(6장에서 자세히 살펴볼 것이다), 그래도 살인과 살인자의 문제를 제대로 다루고 있는 것은 세 가지 모델 가운데 이것 하나뿐이다.

* Eeich Fromm, The Heart of Man: Its Genius for Good and Evil.(「인간의 마음」으로 문예출판사 간(刊)) 좀더 자세하면서도 쉬운 책을 보려면 The Anatomy of Human Destructiveness(Holt, Rinehart &예Winston, 1973)를 보기 바람.

프롬의 작품은 당시 나치당의 몇몇 지도자들 및 대학살 집행의 주인공들에 대한 자신의 연구에 기반을 두고 있다. 그의 책은 나의 책과 비교할 때 좋은 점이 있다. 그가 다룬 피험자들이 역사의 심판에 의해 틀림없는 악으로 규정될 수 있는 사람들이라는 점이다. 그러나 그의 연구는 바로 이런 점 때문에 힘이 약해지기도 한다. 그가 자신의 피험자들을 실제로는 한 번도 만나 본 적이 없다는 이유, 또 그 사람들이 다 특정한 시대의 특정한 문화 통치체제 속에 있던 고위 정치 권력자들이였다는 이유 때문에, 사람들은 그의 연구를 통하여 '인간의 악이란 그때에 거기 있었던 것이구나' 하는 인상을 갖게 되는 까닭에서다. 그의 책을 읽은 독자들은 인간의 악이란 옆집에 사는 세 아이의 엄마나 저 앞 교회의 집사와는 아무 상관없는 문제라고 생각한다. 그러나 나의 경험에 따르면 악한 사람은 어디에나 있으며 대부분은 그냥 피상적으로만 관찰하더라도 그다지 어렵지 않게 발견된다.

위대한 신학자 마르틴 부버(Martin Buber)는 악에 대한 신화를 두 가지 유형으로 구분했다. 악으로 '미끄러져 들어가는' 과정 중에 있는 사람들과 이미 미끄러져 들어가 '본질적인' 악에 먹혀 버린 '추락한 피해자들' 두 가지다.*

조지의 경우는 첫 번째 유형의 신화에 해당한다. 그는 아직 악해지지는 않았지만 그렇게 될 수 있는 지점에 와 있었다. 악마에

---

* Martin Buber, Good and Evil, pp. 139-140.

대한 조지의 태도는 그의 인생에서 도덕적 전환점의 열쇠를 쥐고 있었다. 만약 그가 계약을 깨뜨리지 않았다면 그는 결국 악해지고 말았을 것이다. 그러나 그는 아직 악해지지 않았고, 죄책감이 계기가 되어서 가까스로 거기서 벗어날 수 있었다.

이번에는 프롬의 피험자들과 마찬가지로 두 번째 유형의 신화에 해당하는 한 부부의 경우를 살펴보기로 하자. 그들은 넘지 못할 선을 넘어 도저히 탈출할 수 없을 것처럼 보이는 '본질적인' 악의 상태에 떨어져 버린 사람들이다.

바비와 그 부모의 사례

정신과 의사 수련 과정을 반년쯤 지낸 2월 어느 날이었다. 나는 입원 환자들을 살펴 보고 있었다. 열다섯 살짜리 남자 아이 바비는 우울증 진단을 받고 전날 밤 응급실에서 옮겨 왔다. 바비를 처음 만나기 전 나는 그를 의뢰해 온 정신과 의사의 기록을 먼저 읽어 보았다.

바비의 형 스튜어트(16세)는 지난 6월 22구경 소총으로 머리를 쏘아 자살했다. 바비에게 하나뿐인 형제였다. 바비는 처음에는 형의 죽음을 그럭저럭 잘 받아들이는 것 같았다. 그러나 9월에 개학을 하자 성적이 뚝 떨어졌다. 평소엔 평균 B 정도 했는데 전과목 모두 낙제였다. 11월 말에 접어들면서 그는 눈에 띄게 우울해졌다. 바비의 부모는 몹시 염려되어 그에게 계속 말을 걸어 보았으나 그는 날이 갈수록 점점 말을 잃어 갔고 크리스마스 이후에는 중세가 매우 심각해졌다. 지금까지 일탈 행동 같은 건 한 번도 보인 적이 없던 그가 어제는 차를 훔쳐 몰고 다니다가 경찰에 붙잡혔다. 더군다나 그는 한 번도 운전을 해 본 적이 없었다. 나이 탓에 재판에서 무죄로 풀려 나긴 했지만 부모에게는 즉시 아이를 정신과 의사에게 데려가 진단을 받아 보라는 권유가 있었다.

조수가 바비를 내 사무실로 데려왔다. 그는 전형적인 열다섯 살 남자 아이의 신체를 하고 있었다. 이제 막 사춘기 초기의 급성장을 지낸 아이답게 팔은 가늘면서 길었고 다리는 막대기 같은 데다가 윗몸은 아직 발육이 덜 되어 뼈만 남아 있었다. 잘 맞지 않는 옷들은 도무지 모양을 알아보기가 힘들 정도였다. 감지 않은 머리가 눈을 내리 덮고 있어서 얼굴을 제대로 보기 어려웠는데, 이것은 그가 마루에만 시선을 고정하고 있어서 더욱 그랬다. 나는 그의 가냘픈 손을 잡고 악수한 뒤, 몸짓으로 앉으라고 권했다. 그리고 말했다.

"바비, 난 펙 박사다. 이제부터 내가 너의 의사란다. 기분이 어떠니?"

바비는 대답이 없었다. 그는 그저 마룻바닥만 쳐다보고 있었다.

"어젯밤 잠은 잘 잤니?"

다시 한 번 물었다.

"예, 그런 것 같아요."

바비는 중얼거리듯 말하면서 손등에 있는 작은 상처를 자꾸 만지기 시작했다. 그러고 보니 그의 팔과 손에는 그런 상처들이 많이 있었다.

"이렇게 병원에 와 있는 것이 별로 기분 좋지 않지?"

역시 대답이 없었다. 바비는 다시 상처를 후비고 있었다. 그가 자기 몸을 자꾸 해롭히는 모습을 보면서 나는 속으로 움찔 놀랐다.

"누구나 병원에 처음 오면 기분이 좋지 않단다. 하지만 여기가 안전한 곳이라는 것을 곧 알게 될 거야. 어떻게 여기 오게 됐는지 얘기해 줄 수 있겠니?"

"엄마 아빠가 데려왔어요."

"왜 데려오셨을까?"

"제가 차를 훔쳤는데, 경찰이 여기 와야 한다고 말했기 때문이에요."

"내 생각에 경찰이 네가 병원에 가야 한다고 말했을 것 같지는 않구나. 아마 네가 의사를 한 번 만나 보는 게 어떨까 하고 생각했겠지. 그런데 어젯밤 너를 치료한 의사가 네가 꽤 우울해 보였기 때문에 너를 병원에 있게 하는 것이 좋겠다고 생각했겠지. 그런데 차는 어떻게 해서 훔치게 되었지?"

"저도 모르겠어요."

"차를 훔친다는 것은 사실 좀 무서운 일 아니니? 특히 네가 혼자 있을 때나 운전이 미숙하거나 아니면 아예 운전 면허도 없을 때에는 더욱더 말이다. 뭔가 아주 강한 것이 너를 부추긴 것이 틀림없을 것 같은데? 바비, 그 뭔가가 무엇인지 혹시 알고 있니?"

대답이 없었다. 사실 대답을 기대하지도 않았다. 문제가 있어 처음 정신과 의사 앞에 오게 된 열다섯 살짜리 남자 아이라면 거의 말을 하지 않는 것이 지극히 정상이며 특히 우울할 때에는 더욱 그렇다. 말할 것도 없이 바비는 심한 우울 상태에 빠져 있었다. 그가 자신도 모르게 마루에서 시선을 뗀 틈을 타서 짧은 순간이나마 몇 차례 그의 얼굴을 쳐다볼 기회가 있었다. 아무 표정도 없이 멍해 보였다. 그의 눈이나 입에도 생기라고는 전혀 찾아 볼 수 없었다. 천재지변으로 집과 가족을 잃어 집단 대피소에 있는 사람들에게서 볼 수 있는 얼굴이었다. 아무런 감정도 없고 희망도 없는 그 멍한 얼굴이라니….

"슬프니?"

내가 조용히 물었다.

"잘 모르겠어요."

슬프지 않으리라고 나는 생각했다. 사춘기 아이들은 이제 막 감정에 눈을 뜨는 시기에 접어들고 있기 때문이다. 그들은 감정이 강할수록 거기에 놀라 그 감정이 어떤 것이라고 이름 붙일 힘을 잃고 만다. 나는 그에게 말했다.

"내가 보기엔 슬퍼질 만한 충분한 이유들이 있는 것 같구나. 형 스튜어트가 지난 여름 자살했다는 얘기는 들어서 알고 있다.

형이랑 친했니?"

"예."

"어떻게 친했는지 얘기해 줄 수 있겠어?"

"할 얘기가 없어요."

"형이 죽었을 때 마음이 아프고 혼란스러웠지?"

대답이 없었다. 그저 팔에 난 상처들 가운데 하나를 자꾸만 후벼 더 큰 홈집으로 만들고 있을 뿐이었다. 이 첫 면담에서는 형의 자살에 대해서 얘기하기가 무척 어려워 보였다. 나는 화제를 현재의 문제로 돌리기로 했다.

"좋아. 그럼 부모님 얘기를 해 볼까? 부모님에 대해서 좀 얘기해 보겠니?"

"저한테 잘해 주세요."

"그래? 어떻게 잘해 주시는데?"

"보이 스카웃 캠핑 같은 데 갈 때에도 부모님이 직접 차로 태워다 주세요."

"아주 좋겠구나. 사실 그 정도는 능력만 된다면 부모로서 당연히 해 줄 수 있는 일이라고도 볼 수 있지. 부모님과의 사이는 어떠니?"

"좋아요."

"아무 문제 없니?"

"가끔 제가 말을 안 들을 때가 있어요."

"그래? 어떻게?"

"속을 썩이죠."

"어떻게 속을 썩이는데?"

"차를 훔친 것도 속을 썩이는 일이죠 뭐."

바비는 하나도 재미없다는 듯이 그저 마지못해 대답했다.

"혹시 속을 썩이기 위해서 차를 훔쳤다는 생각은 안 해 봤니?"

"아니요."

"그러니까 부모님의 속을 썩이고 싶지는 않았구나. 혹시 다른 식으로 속을 썩였던 일들을 말해 줄 수 있겠니?"

바비는 대답하지 않았다. 한참 있다가 다시 한 번 물었다.

"생각나?"

"제가 부모님 속을 썩인다는 것밖에는 잘 모르겠어요."

"하지만 그걸 어떻게 알지?"

"모르겠어요."

"부모님이 벌을 주시니?"

"아뇨. 저한테 잘해 주신다니까요."

"그러면 네가 부모님의 속을 썩인다는 것을 어떻게 아니?"

"나한테 호통 치시니까요."

"그래? 부모님이 호통을 치실 만한 그런 일들이 있었니?"

"모르겠어요."

바비는 이제 상처를 결사적으로 잡아뜯고 있었고, 그의 머리는 처질 대로 축 처져 있었다. 중립적인 것으로 화제를 바꾸는 게 좋을 것 같았다. 그러면 그가 좀더 마음을 열어 우리 관계가 나아질지도 모르리라. 그래서 나는 이렇게 물었다.
"집에 애완 동물 같은 것 있니?"
"개 한 마리요."
"어떤 종류인데?"
"독일 셰퍼드예요."
"이름이 뭐니?"
"잉게, 암놈이에요."
"독일 이름 같구나."
"예."
"독일 셰퍼드에 독일 이름이라..."
질문만 하는 것을 좀 늦추어 볼 심산으로 나는 그렇게 말을 받았다. 그리고 다시 물었다.
"잉게랑 보내는 시간이 많니?"
"아뇨."
"치다꺼리는 네가 하니?"
"예."
"잉게를 별로 좋아하지 않는 모양이구나."
"아버지 개예요."
"아아. 그런데 치다꺼리는 네가 한다고? 불공평한 것 같은데 화나지 않니?"
"화 안 나요."
"혹시 네 애완 동물은 없니?"

"없어요."

애완 동물 얘기에서도 별 진전이 없자 나는 다시 화제를 바꾸기로 했다. 그 또래 아이들에게 흔히 관심거리가 되는 주제였다.

"크리스마스가 지난 지 얼마 되지 않았는데, 이번 크리스마스에는 어떤 선물을 받았니?"

"별로 못 받았어요."

"그래도 부모님이 뭔가 주셨겠지. 무엇을 주시든?"

"총이요."

"총?"

나는 멍청하게 되물었다.

"예."

"어떤 총인데?"

이번엔 천천히 물었다.

"22구경이요."

"22구경 권총?"

"22구경 소총요."

한참 동안 침묵이 흘렀다. 나는 순간 상담의 방향을 잃어버린 것 같았다. 면담을 그만 끝내고 집에 가고 싶었다. 나는 마지못해 한 번만 더 얘기해 보기로 마음을 먹었다.

"형도 22구경 소총으로 자살했다고 들었는데?"

"예."

"네가 그걸 크리스마스 선물로 달라고 했니?"

"아뇨."

"뭘 사 달라고 그랬니?"

"테니스 라켓요."

"그랬는데 총을 받았단 말이지?"

"예."

"형이 가졌던 것하고 똑같은 종류의 총을 받았을 때 기분이 어땠니?"

"똑같은 종류가 아니었어요."

나는 이 대답에 마음이 조금 편해졌다. 어쩌면 나도 뭐가 뭔지 모르고 있었는지도 모르리라. 나는 말을 이었다.

"미안하다. 나는 같은 종류인 줄 알았어."

"그건 같은 종류가 아니라 바로 형 총이었어요."

"형의 총?"

"예."

"그게 스튜어트의 총이었단 말이야?"

이제 나는 당장 일어나 집으로 가고 싶은 마음밖에는 없었다.

"예."

"그래 그 총을 받았을 때 기분이 어땠니?"

"모르겠어요."

순간, 잘못 물어보았다는 생각이 들었다. 바비가 그걸 어떻게 알겠는가? 그가 이런 물음에 어떻게 대답할 수 있겠는가? 나는 바비를 쳐다보았다. 총에 대한 얘기를 하고 있는 동안에도 그의 표정은 하나도 달라지지 않았다. 그저 연신 상처만 건드리고 있었다. 차라리 바비는 죽은 사람 같다고 표현하는 게 옳았다. 눈은 풀어지고 의욕은 없는데다가, 생기라고는 조금도 찾아볼 수 없을 만큼 무감각할 뿐만 아니라 이제 아예 두려움조차 느끼지 못하는 것 같았다. 나는 말했다.

"됐어. 꼭 알아야 하는 건 아니야. 그건 그렇고, 할머니 할아버지는 가끔 만나게 되니?"

"아뇨. 할머니 할아버지는 사우스 다코타 주에 살아요."

"혹시 만나는 친척들이 있어?"

"몇 명요."

"누가 젤 좋지?"

"헬렌 이모요."

나는 이 대답에서 미약하나마 의욕의 징표를 찾아냈다고 생각했다.

"헬렌 이모가 너를 보러 병원에 온다면 좋겠니?"

"아주 먼 데 사는걸요."

"하지만 온다면?"

"이모가 원한다면요."

나는 다시 한 번 그 아이 안에서 그리고 내 안에서 실낱 같은 희망의 빛을 보았다. 나는 헬렌이라는 사람에게 연락해 보리라 마음먹었다. 이제 면담을 끝내야 했다. 나 또한 더 이상은 견디기 힘들었다. 나는 바비에게 이제 끝내고 내일 또 봐야겠다는 것과 간호사들이 곁에서 잘 보살펴 주고 밤에는 수면제도 줄 것이라는 것 등 몇몇 병원 규칙에 대해 말해 주었다. 그리고 간호사들 방으로 데려다 주었다. 그의 상태를 기록한 뒤 나는 병원 마당으로 나갔다. 눈이 오고 있었다. 눈을 맞으니 기분이 좋아졌다. 얼마 동안인지 눈을 맞으며 그대로 서 있었다. 다시 사무실로 돌아온 나는 단조롭고 일상적인 서류 업무들로 몹시 바빴다. 바쁜 것도 기분이 좋았다.

다음 날 나는 바비의 부모를 만났다. 그들은 스스로를 가리켜 아주 열심히 일하는 사람들이라고 말했다. 바비의 아버지는 공구 제작 일을 하고 있었는데, 정확하고 수준 높은 자신의 기술에 대해 꽤 자부심을 갖고 있는 전문 기술자였다. 어머니는 보험 회사의 비서인데, 집을 깨끗이 하고 산다는 것에 자부심이 대단했다. 그들은 루터 교회에 나갔다. 아버지는 주중에는 정도껏 맥주를 마셨다. 어머니는 목요 볼링 클럽에 속해 있었다. 잘생기지도 않고 못생기지도 않은 그들은 조용하고 규모 있고 기반이 잘 다져진, 블루 컬러 계급의 상류층에 속하는 사람들이었다. 그들에게는 이런 비극이 찾아올 만한 그 어떤 조짐이나 이유가 없어 보였다. 큰아들이 자살하더니 이제 작은 아들까지 우울증이라니.

어머니가 말했다.

"선생님, 생각만 해도 몸서리가 처져요."

"스튜어트의 자살 때문에 깜짝 놀라셨지요?"

이번엔 아버지가 대답했다.

"물론이죠. 굉장한 충격이었습니다. 스튜어트는 말을 아주 잘 듣던 아이였습니다. 성적도 좋았구요. 보이 스카웃 대원도 했었는데, 집 뒤쪽 야산에 가서 오소리 사냥 하는 것을 무척 좋아했습니다. 다들 좋아하는 무척 얌전한 아이였는데…."

"혹시 자살하기 전에 우울해 보인다든가 그런 조짐은 없었습니까?"

"아뇨. 전혀 없었습니다. 보통 때와 하나도 틀리지 않았습니다. 워낙 얌전한 애라서 속에 있는 얘기를 잘 하지 않았습니다."

"유서를 남겼나요?"

"아뇨."

"혹시 두 분 집안 중에서 정신 질환이나 심한 우울증을 앓았다든가, 자살한 사람은 없었습니까?"

먼저 아버지가 대답했다.

"우리 집안엔 없습니다. 부모님이 독일에서 이민 왔기 때문에 그 쪽에 친척이 꽤 있습니다만 그들에 대해서는 저도 아는 것이 별로 없습니다."

이번엔 어머니가 얘기했다.

"저희 할머니가 노망이 들어 병원에 입원한 적은 있었지만 정신 장애를 겪은 사람은 아무도 없어요. 자살한 사람은 더더구나 없고요. 선생님, 혹시 우리 바비도… 우리 바비도 일을 저지를 가능성이 있다는 얘기를 하시려는 것은 아니겠지요?"

"아니, 그럴 가능성이 충분히 있습니다."

내 대답에 어머니는 흐느끼기 시작했다.

"오 하나님, 더는 견딜 수 없을 것 같아요. 선생님, 이런 자살 같은 것도 혈통과 관련이 있다는 말입니까?"

"물론입니다. 통계에 따르면 자살한 형제나 자매가 있는 경우에는 그 위험성이 가장 높은 것으로 나타나 있습니다."

"오 하나님!"

어머니는 다시 한 번 흐느꼈다.

"그러니까 바비가 정말 그 일을 할 수도 있다는 말입니까?"

나는 물었다.

"바비에게 그런 위험이 올 수도 있으리라는 것에 대해 한 번도 생각해 보지 못했습니까?"

아버지가 대답했다.

"예, 지금까지는요."

"하지만 제가 알기로 바비는 한동안 우울한 상태에 빠져 있었습니다. 그게 걱정되지는 않았습니까?"

역시 아버지가 대답했다.

"물론 걱정이야 됐습니다. 그렇지만 형이 죽어서 그러겠거니 하고 대수롭지 않게 여겼습니다. 그리고 시간이 지나면 벗어나리라고…."

"혹시 정신과 의사에게 바비를 한번 데려가 봐야겠다, 그런 생각이 들지는 않았습니까?"

"아뇨. 절대로요."

아버지는 이제 아주 짜증스럽다는 듯이 대답했다.

"곧 벗어날 줄 알았다고 얘기하지 않았습니까? 이렇게까지 심각하게 될 줄은 정말 몰랐다고요."

"바비의 학교 성적이 많이 떨어진 것으로 알고 있는데요?"

이번엔 어머니가 대답했다.

"예. 창피한 일이지요. 늘 공부를 잘 했었는데…."

"그렇다면 학교에서도 뭔가 바비에게 신경을 썼을 것 같은데, 혹시 학교 쪽에서 이 문제로 무슨 연락이 있었습니까?"

어머니는 조금 불편해 하며 얘기했다.

"예, 있었어요. 물론 저도 신경이 쓰였고요. 그때 일부러 직장을 빠지면서까지 학교에 가서 선생님을 만났으니까요."

"필요하다면 제가 바비 문제로 학교 쪽과 대화를 가져도 좋다는 허락을 받고 싶습니다만…. 꽤 도움이 될 것입니다."

"얼마든지 좋습니다."

"학교에 가셨을 때 혹시 누구라도 바비를 정신과에 데려가 보는 게 어떻겠느냐고 권한 사람이 있었던가요?"

"아뇨."

이렇게 대답하는 그녀는 이제 급속히 안정을 되찾은 것 같았다. 언제 불안해 했느냐는 듯 말이다.

"상담을 해 보는 게 좋을 것 같다는 얘기는 했어요. 하지만 정신과 얘기는 없었어요. 물론 누군가 그런 제안을 했더라면 우리는 아마 그렇게 했을 거예요."

아버지가 말을 이었다.

"맞습니다. 그랬다면 우리도 이것이 심각한 문제라는 것을 알았을 겁니다. 상담 얘기만 하길래 우리는 그저 성적 때문에 그러나 보다 했지요. 물론 우리도 바비의 성적 문제에 신경을 안 쓴 건 아닙니다만, 꼭 필요한 때가 아니면 아이들을 다그치는 것은 좋지 않은 일 아닙니까, 선생님?"

"바비를 상담가에게 데려가는 것이 그 애를 다그치는 일이라고는 생각되지 않는데요?"

내가 반문했다. 그러자 어머니는 방어적이라기보다는 꽤 공격적이랄 수 있는 말투로 대꾸했다.

"거기엔 또 다른 문제가 있었어요, 선생님. 주중에 걔를 데리고 병원에 간다는 것은 저희로선 힘든 일입니다. 아시다시피 저희는 맞벌이를 하고 있거든요. 그런데 대개 상담가들은 주말에는 사람을 받지 않잖아요? 그렇다고 날마다 직장을 빠질 수도 없는 노릇이고, 먹고 살아야 하니까요."

저녁 시간이나 주말에 상담할 수 있는 곳을 찾아볼 수도 있지 않았겠느냐는 논쟁으로 그들과 입씨름을 벌여 봐야 아무 소득이 없을 것 같았다. 나는 헬렌 이모의 문제를 꺼내 보기로 하였다.

"동료 의사들과 의논해 보겠지만, 바비에게는 단기 입원 이상의 것이 필요하다는 결론이 나올 수도 있다는 점을 말씀드리고 싶습니다. 당분간 생활 환경을 완전히 바꿀 필요가 있을지도 모른다는 말입니다. 바비가 가서 좀 머물러 있을 만한 친척 집이 혹시 있겠습니까?"

그러자 아버지가 얼른 대답했다.

"없는 것 같습니다. 사춘기 아이를 선뜻 맡으려는 친척이 있겠습니까? 자기들도 다 생활이 있을 텐데."

"바비가 저한테 헬렌 이모 얘기를 하더군요. 어쩌면 그분이 바비를 맡아 주려 할지도 모르겠습니다만…."

이 말을 듣더니 어머니가 펄쩍 뛰었다.

"걔가 우리하고 함께 살고 싶지 않다고 하던가요?"

"아닙니다. 바비한테 그 문제에 대해서는 아직 얘기도 꺼내지 않았습니다. 저는 그저 가능한 대안들을 떠올려 보고 있는 겁니다. 헬렌 이모는 어떤 사람입니까?"

어머니가 대답했다.

"걘 제 동생이에요. 하지만 걔는 안될 거예요. 여기서 걔가 살고 있는 곳까지는 적어도 몇백 킬로미터는 될 테니까요."

"그렇게 멀지는 않군요. 지금 우린 바비의 생활 환경을 바꿔 볼 생각을 하고 있습니다. 그 정도의 거리는 오히려 필요하다고 봅니다. 바비가 부모님을 찾아뵐 수 있을 만큼은 가깝고 형이 자살한 곳으로부터 벗어날 수 있을 만큼은 멀고, 아주 좋습니다. 어쩌면 바비가 이 곳에서 받은 여러 압력으로부터도 벗어날 수 있지 않을까요?"

"왠지 잘될 것 같지가 않군요."

어머니의 말이었다.

"예?"

"저는 헬렌과 별로 친하지 않아요. 아니, 전혀 친하지 않아요."

"왜요?"

"우린 한 번도 사이좋게 지내 본 적이 없었어요. 걔는 잘난 척 하기 선수예요. 원래 그런 애예요. 도대체 자기한테 뭐 그렇게 잘난 구석이 있다는 건지 알다가도 모르겠어요. 또 얼마나 깔끔을 떠는데요. 별로 똑똑하지도 않은 남편하고 죽이 맞아서는, 그저 하는 일이라는 게 집안을 쓸고 닦는 것밖에 없어요. 어쩌면 그렇게 항상 고자세로 다닐 수 있는지, 도대체 뭘 믿고 그러는지 모르겠어요."

"예, 두 분 사이가 별로 좋지 않으시다는 건 알겠습니다. 그러면 바비가 가서 살 만한 다른 친척 집이 혹시 없겠습니까?"

"없어요."

"당신이 동생을 좋아하지 않을지 몰라도 바비는 이모에 대해서 긍정적인 감정을 갖고 있는 것 같았어요. 그게 가장 중요합니다."

그러자 아버지가 끼어들었다.

"여보세요 선생님, 도대체 무슨 일을 꾸미시려는 건지 모르겠군요. 마치 경찰이라도 되는 것처럼 온갖 질문들을 다 해 대시는데, 우린 아무것도 잘못한 것이 없습니다. 혹시 선생님이 제 아들을 부모로부터 떼어 놓을 권리를 갖고 있다고 생각하신다면 그건 오산입니다. 선생님께서는 그럴 권리가 없습니다. 우리도 걔 문제로 할 만큼은 하고 있어요. 우리 같은 부모가 어디 있습니까?"

나는 점점 속이 느글거리기 시작했다. 나는 그런 마음을 누르며 말했다.

"당신들이 바비에게 준 크리스마스 선물에 자꾸 마음이 걸립니다."

"크리스마스 선물이라뇨?"

그들은 둘 다 갑자기 무슨 뚱딴지 같은 얘기냐는 듯한 표정이었다.

"예. 바비에게 총을 주셨다고요?"

"예, 맞습니다."

"바비가 총을 달라고 하던가요?"

"걔가 뭘 달라고 했는지 제가 어떻게 압니까?"

아버지는 당장이라도 달려들 듯이 되물었다. 그러더니 또 금방 태도가 수그러들었다.

"걔가 뭘 달라고 했는지 기억 나지 않습니다. 무슨 일들이 그리 많은지 정신이 없었어요. 정말이지 올 한 해는 지긋지긋했습니다."

"그러셨군요. 하지만 왜 총을 주셨지요?"

"왜냐고요? 왜 안 됩니까? 총은 그 또래 남자 애들한테는 좋은 선물인데요. 걔네들에겐 최고입니다."

나는 천천히 말했다.

"글쎄 제 생각에는 큰아이가 총으로 자살을 했으니까 총에 대해서 그렇게 좋은 기분은 아니었을 것 같은데요."

"선생님, 총기 소지 반대론자이십니까?"

아버지가 다시 싸울 듯한 기세가 되어 묻고는 이렇게 덧붙였다.

"하긴 그것도 좋지요. 그러실 수 있습니다. 저는 총기 예찬론자는 아닙니다. 하지만 제가 보기에 문제는 총이 아니라 총을 사용하는 사람들입니다."

"그 점은 저도 같은 생각입니다. 스튜어트가 총으로 자살을 한 것은 단지 그 애한테 총이 있었기 때문만은 아니었을 겁니다. 분명히 더 중요한 다른 이유가 있었을 것입니다. 혹시 짐작 가는 데 없습니까?"

"전혀 없습니다. 걔가 우울한지조차도 우리는 몰랐다고 말씀드리지 않았습니까?"

"맞아요. 말씀하셨지요. 하지만 스튜어트는 틀림없이 우울한 상태에 빠져 있었습니다. 사람은 우울한 상태에 빠지지 않고는 절대로 자살하지 않습니다. 당신들은 스튜어트가 우울한 상태라는 것을 몰랐으니까 걔가 총을 갖고 있다는 걸 걱정할 만한 이유도 자연히 없었겠지요. 그럴 수 있습니다. 그러나 바비의 경우는 다릅니다. 당신들은 바비가 우울한 상태에 있다는 것을 알고 있었습니다. 크리스마스가 되어 그 애에게 총을 선물하기 전부터 그 애가 우울 상태에 있다는 것을 익히 잘 알고 있었습니다."

남편의 뒤를 이어 이번에는 바비의 어머니가 약간 애교를 부리듯 말했다.

"왜 자꾸 이러세요, 선생님. 아직도 잘 이해를 못하시겠나 봐요. 글쎄 우리는 일이 이렇게 심각하게 될 줄은 몰랐다니까요. 형이 없어 기운이 축 처져 있겠거니 그렇게만 생각했죠."

"그래서 형이 자살한 총을 주었다는 말씀이지요? 다른 총도 아니고 바로 그 총을요?"

다시 아버지가 말을 받았다.

"새 총을 사 줄 여유가 없었어요. 그런데 왜 그렇게 꼬치꼬치 따지시는 겁니까? 우리 딴에는 가장 좋은 선물을 준 겁니다. 아, 땅만 파면 돈이 마구 솟아나는 겁니까? 오죽하면 맞벌이를 하고 있겠습니까? 사실 다만 몇 푼이라도 받고 그 총을 팔아야 할 형편이었는데도 그렇게 하지 않은 겁니다. 그래도 바비한테 괜찮은 선물 하나는 주어야 하지 않겠나 싶어서요."

"바비가 그 선물을 어떻게 받아들일까에 대해 생각해 보았습니까?"

"무슨 뜻이죠?"

"형이 자살한 총을 준다는 것은 해석하기에 따라 '너도 형의 길을 따라가라', 다시 말하면 '너도 나가서 이 총으로 죽어라' 하는 의미로 해석될 수도 있지 않을까요?"

"우린 그 따위 소리는 입 밖에 꺼내지도 않았습니다."

"물론 하지 않으셨겠지요. 하지만 혹시 바비에게 그렇게 받아들여질 수도 있다는 생각은 해 보지 않으셨느냐는 겁니다."

"안 했습니다. 우린 그런 생각 안 했습니다. 우리는 당신처럼 많이 배운 사람이 아닙니다. 대학은 문턱에도 못 가 봤기 때문에 그런 식으로 희한하게 생각할 수 있다는 것은 애시당초 들어 본 적도 없습니다. 우린 그저 일해서 먹고 살아가는 사람입니다. 일일이 그런 것들까지 다 생각할 수가 없다구요."

"그럴 수도 있겠지요. 하지만 저는 그게 마음에 걸립니다. 그런 점은 한 번쯤 생각해 봐야 할 문제 아닙니까?"

우리는 한참 동안 말없이 서로 쳐다보기만 했다. 지금 그들이 어떤 생각을 하고 있는지, 나는 너무너무 궁금했다. 죄책감을 느끼지 않는 것만큼은 분명해 보였다. 화가 났을까? 무서운 상태일까? 아니면 피해를 입었다는 느낌일까? 알 수 없었다. 그들에겐 그 어떤 것도 공감되는 것이 없었다. 오직 내 느낌만을 알 수 있었는데, 바로 그들로부터 느껴지는 저항감이었다. 그리고 그와 함께 심한 피로가 몰려왔다.

나는 어머니에게 말했다.

"제가 바비 건으로 당신의 여동생 헬렌과 이야기를 나눠도 좋다는 뜻으로 여기다 사인 좀 해 주셨으면 좋겠습니다."

아버지에게도 똑같이 말했다. 그러자 아버지가 얘기했다.

"제 사인은 기대하지 않는 것이 좋을 것 같습니다. 선생님은 자꾸 집안 문제를 집 밖으로 터뜨리려 하는데, 어쩌시려는 거죠? 그리고 솔직히 말씀드려 너무 고자세이십니다. 우리 집 문제의 재판관이라도 되십니까?"

나는 이성을 가다듬고 침착하게 설명했다.

"실은 그 반대입니다. 나는 할 수 있는 한 최선을 다하여 이 문제를 집 안에서 해결하려 하고 있습니다. 지금 현재 이 문제에 개입되어 있는 사람은 부모님과 저와 바비뿐입니다. 여기에 한 사람 더, 헬렌 이모가 함께 할 필요가 있다고 생각합니다. 최소한 우선 그녀가 이 문제에 도움이 될 수 있는지 정도는 알아봐야 한다고 생각합니다. 만약 당신들이 제가 그렇게 하는 것을 막는다면, 저로서는 저의 동료 의사들에게 이 문제를 처음부터 끝까지 털어놓고 조언을 구할 수밖에 없습니다. 그리고 바비의 문제를 주립 아동 보호 센터에 보고해야 할 의무가 있는 것은 아닌가 함께 얘기해 봐야 할 것입니다. 만약 그렇게 된다면 그때야말로 당신들은 확실한 재판관을 두게 되는 셈입니다. 어쨌든 우리는 어떻게든 조치해야만 합니다. 하지만 제가 보기에는 만약 헬렌 이모가 우리를 도울 수만 있다면 그것이야말로 우리가 이 문제를 주 정부에 알리지 않아도 되는 좋은 방법이라고 생각합니다. 그러나 이 모두가 두 분에게 달려 있습니다. 저와 헬렌 이모의 접촉을 허락하느냐 하지 않느냐는 완전히 당신들에게 달려 있습니다."

그러자 바비의 어머니는 환하게 애교 있는 미소를 지으면서 다급하게 말했다.

"선생님, 저희 집 양반이 지금 정신이 없나 봐요. 사실 아들이 정신 병원에 와 있다는 것이 그렇게 간단한 문제는 아니잖아요? 게다가 저희는 선생님같이 많이 배운 분하고는 얘기해 볼 기회가 별로 없었거든요. 물론 사인을 해 드려야지요. 헬렌하고 얼마든지 연락하세요. 반대하지 않겠습니다. 도움이 된다면 뭘 못하겠어요? 다만 우리 바비, 그 애만 좀 잘되게 해 주세요."

결국 그들은 사인을 하고 돌아갔다. 다음 날 나는 헬렌 이모에게 연락했다. 헬렌은 즉시 남편과 함께 나를 만나러 왔다. 그들은 금방 상황을 이해했으며 아주 마음을 많이 쓰는 것 같았다. 그들 역시 맞벌이 부부였지만 바비의 정신 치료에 필요하기만 하다면 기꺼이 그를 데리고 있겠노라고 말했다. 그들의 도움을 받게 됨에 따라 바비의 부모는 다행히도 보험 적용을 받을 수 있는 기회를 얻었다. 헬렌 부부가 흔치 않은 무척 좋은 정신 치료 보험에 가입해 있었던 까닭이다. 나는 헬렌이 사는 지역에서 가장 유능한 정신과 의사를 택해 연락했다. 그는 바비를 인계받아 장기 외래 치료를 해 주겠노라고 흔쾌히 허락했다. 바비는 왜 자신이 이모, 이모부와 함께 살아야 하는지 이해하지 못하고 있었고, 나 역시 그가 아직은 설명을 해 주어도 잘 모를 것이라고 생각했다. 우선 그냥 거기 가 있으면 모든 게 잘될 것이라고만 얘기해 주었다.

며칠 지나지 않아 바비는 곧 다가올 변화에 잘 순응하게 되었다. 사실 그는 헬렌 이모가 여러 번 방문해 준 것만으로도 빠른 진전을 보였다. 새로운 생활 환경에서의 삶에 대한 좋은 징조였다. 또한 간호사들이나 곁에서 도와주는 사람들의 돌봄도 큰 도움이 되었다. 드디어 그가 헬렌 이모 집으로 떠나는 날이었다. 그날은 바비가 우리 병원에 입원한 지 3주째 되던 날이었다. 그의 손과 팔의 상처도 다 나아 흉터만 남아 있었고, 이제 그는 치료진들과 곧잘 농담도 주고받을 정도로 좋아져 있었다.

그 뒤 6개월이 지나서 헬렌으로부터 편지가 왔는데 바비는 잘 지내고 있으며 성적도 많이 올랐다고 했다. 그를 맡은 정신과 의사로부터도 연락이 왔는데, 이제 서로 믿는 치료 관계는 형성되었으나 아직도 바비는 자기 부모나 그들이 자기를 대해 온 태도에 대한 심리적 실체에 직면하는 일만큼은 꺼리는 상태라고 말했다.

그 뒤로는 더 이상 소식을 듣지 못했다. 바비의 부모도 그날 그 첫 면담 뒤로 두 번밖에 더 보지 못했고, 그나마 두 번 모두 2~3분밖에 함께 있지 못했다. 그때는 바비가 아직 우리 병원에 있을 때였다.

누가 환자인가

우리는 흔히 누구네 아이가 정신 치료를 받으러 병원에 갔다 하면 더 생각할 것도 없이 그 아이를 '미친 사람' 이른바 '정식 환자'로 취급하는 경향이 있다. 이 말의 의미는 부모나 주위 사람들이 그를 하나의 환자 즉 뭔가 대단히 잘못돼 있어서 치료받아야만 하는 사람으로 낙인 찍는다는 것이다. 우리 정신과 의사들이 '정식 환자'라는 용어를 사용하는 이유는, 그토록 '미친 사람'으로 낙인 찍는 주위 사람들의 태도가 과연 타당성이 있겠느냐는 것에 대해 우선 회의적이어야 한다는 것을 알고 있기 때문이다.

사실 그 문제에 제대로 파고들어가 보면 문제의 진짜 원인은 자녀에게 있는 것이 아니라 부모, 가정, 학교, 사회에 있는 경우가 너무도 많다는 사실을 발견하곤 한다. 한마디로 말해서, 아픈 아이 뒤에는 아픈 부모가 있다는 것이다. 부모 생각에는 아이들을 고쳐야 한다고 판단할지 몰라도 대개 서둘러 고쳐야 할 사람들은 바로 그런 판단을 내리고 있는 부모 자신들이다. 진짜 환자는 부모들인 것이다.

바비의 경우가 가장 대표적인 예다. 그가 심각한 우울 상태에 빠져 있었고 아주 절박한 도움을 필요로 하고 있었던 것은 사실이다. 그러나 바비가 우울 상태에 빠진 진짜 원인은 그 때문이 아니라 그를 대하는 부모의 태도였다. 바비는 우울했지만 그의 우울은 하나도 병적인 것이 아니었다. 그 나이 또래의 아이들은 환경의 영향을 받아 곧잘 우울해지곤 한다. 정작 병적인 것은 그의 우울이 아니라 그의 가정 분위기였다. 그런 분위기 속에서 우울한 상태에 빠진다는 것은 너무도 자연스러운 반응이었다.

자녀들에게 있어서 부모란 하나님과도 같은 존재다. 그것은 사춘기 아이들에게도 마찬가지다. 그들은 자기 부모가 살아가는 방식 그대로 자기들도 살아가야 한다고 생각한다. 아이들에게는 자기 부모와 다른 아이들의 부모를 객관적으로 비교할 수 있는 능력이 거의 없다. 그들에게는 부모의 행동을 현실성 있게 평가할 수 있는 능력도 없다. 부모에게서 나쁜 아이라는 말을 들으며 자라는 아이는 자신도 모르는 사이에 스스로를 나쁜 사람이라고 생각하게 된다. 못생긴 아이로 취급되면 자신은 진짜 못생긴 사람이라는 자아상을 갖게 되며, 멍청해서 늘 남에게 뒤처지는 아이로 취급되면 역시 그대로의 자아상을 키워 가게 된다. 사랑 없이 자란 아이는 자신을 사랑받을 수 없는 사람으로 생각한다.

이것을 아동 발달의 일반 원칙으로 표현해 보면 다음과 같다. 자녀를 향한 부모의 사랑에 결손이 있게 되면 아이는 십중팔구 그 결함의 원인이 자기 자신이라고 생각하며, 그로 말미암아 비현실적인 부정적 자아상을 갖게 된다.

병원에 처음 오던 날 바비는 자신의 피부에 상처를 내면서 스스로를 조금씩 조금씩 파괴하고 있었다. 마치 자신의 피부 밑, 자신의 내부에 뭔가 나쁜 것, 악한 것이 있어서 그걸 빼내 없애기 위해 계속 후벼 내기라도 하는 듯했다. 그는 왜 그렇게 해야만 했을까?

만약 주위 사람들 가운데서 누군가 자살했을 때 우리가 양심을 지닌 건강한 사람이라면 그 충격스러운 사건에 대해 '혹시 내 잘못은 아닐까?'라는 생각을 먼저 하게 된다. 바비도 전혀 예외일 수 없었다. 형이 죽고 난 뒤 바비는 자기와 형 사이에 있었던 사소한 사건 모두가 시시때때로 떠올랐을 것이다. 일주일 전에 형한테 바보라고 욕을 했었는데, 한 달 전 같이 싸우다가 형을 발로 찼었는데, 형이 힘으로 눌러 올 때마다 형이 사라져 버렸으면 하고 여러 번 생각했는데…. 바비는 형의 죽음에 대해서 최소한 어느 정도의 책임을 느꼈을 터이다.

이 상황에서 필요한 것, 건강한 가정이라면 마땅히 해 줬어야 하는 것은 부모가 바비를 잘 다독거려 주는 일이었다. 바비의 부모는 형의 자살에 대하여 바비와 함께 얘기했어야 한다. 그들은 바비에게 그들도 모르는 사이 형이 정신적으로 좀 문제가 있었던 게 분명하다는 식으로 설명해 줬어야 한다. 또한 형제간의 싸움이나 흔해빠진 말장난 같은 것 때문에 자살하는 사람은 없다는 것도 얘기해 줬어야만 했다. 스튜어트의 삶에 가장 큰 영향을 미친 사람들은 부모인 자신들이며, 따라서 그의 죽음에 누군가의 책임이 있다면 그것은 바로 자신들이라는 얘기를 그들은 바비에게 들려줬어야만 했던 것이다. 그러나 이제껏 내가 알아본 바에 따르면, 바비는 단 한마디의 다독거림도 들어 보지 못했다.

부모가 자신을 안심시켜 주지 않는 걸 보면서 바비는 눈에 띄게 우울해져 갔고, 성적이 떨어졌다. 그러면 부모는 눈치를 채고 무슨 수를 쓰거나, 스스로 그럴 자신이 없으면 전문가의 도움을 받아 보기라도 했어야 했다. 그러나 학교 쪽에서 전문적인 도움이 필요한 것 같다고 연락해 주었음에도 불구하고 그들은 아무런 조치도 취하지 않았다. 자신의 우울에 대해서도 부모가 이렇다 할 관심을 보이지 않자 바비는 자신의 죄책감이 '정말 마땅히 느껴야 할 것'이라고 믿게 되었다. 아무도 자기가 우울하다는 사실에 신경을 써 주지 않으니 그렇게 생각하게 된 것은 너무도 당연하다. '나는 이렇게 돼 마땅해'라고 생각하다 보니 점점 더 자신이 비참하게 느껴질 수밖에 없었다. 그렇게 해서 그는 죄책감에 사로잡히게 되었다.

그렇게 시간이 흘렀다. 크리스마스가 되었다. 이때쯤이면 바비가 자신을 완전히 악한 살인범으로 못을 박아 놓는 상태가 되기에 충분한 시간이었다. 바로 이때, 요구하지도 않았는데 형의 그 '자살' 무기가 자기에게 턱 주어졌던 것이다. 이 '선물'의 의미를 그가 어떻게 받아들여야 했을까. 그가 혹시 '우리 엄마 아빠는 악한 사람들이야. 그래서 저번에는 형을 죽게 하더니 이번에는 자신들의 그 악으로 말미암아 내가 죽기를 바라는 거야'라고 생각했겠는가? 천만의 말씀이다. 아니면 이제 열다섯 살 난 아이가 '엄마 아빠는 바쁜 데다가 돈도 없고 조금은 생각도 짧고 하니까 그냥 이 총을 나한테 주신 거야. 엄마 아빠는 원래 그렇게 정이 많은 분들이 아니잖아. 뭐 어때?'라고 생각했겠는가? 물론 아니다. 그는 이미 스스로를 악한 사람이라고 굳게 믿고 있었고 또 부모를 객관적으로 바라볼 수 있는 그런 성숙에도 미처 이르지 못한 상태였기 때문에, 이 총에 대하여 그가 할 수 있는 해석은 한 가지밖에 없었을 터이다. "자, 형이 자살한 총이야. 이걸 갖고 너도 똑같이 해. 너는 그래 마땅한 놈이야." 바로 이 말을 전해 주려는 수단으로 자신에게 총이 주어졌다고 말이다.

다행히 바비는 즉시 형처럼 하지 않았다. 그는 다른 방법을 택했다. 어쩌면 그것은 그의 심리 상태가 택할 수 있는 유일한 대안이었는지도 모르겠다. 즉 그는 공식적으로 스스로에게 범죄자라는 딱지를 붙여 자신의 악에 대해 벌을 받고 감옥에 들어감으로써 더 이상 사회에 해악을 끼치지 않으리라고 생각했던 것이다. 그래서 그는 차를 훔쳤다. 어떤 의미에서 그는 살기 위해서 차를 훔쳤는지도 모르겠다.

물론 이것은 모두 나의 추리일 뿐이다. 사실 바비의 마음속에서 정확히 어떤 일들이 일어났는지에 대해서 알 길은 없다. 무엇보다도 우선 사춘기 시절이야말로 가장 비밀이 많을 때다. 그들은 자기 마음속에 있는 것들을 털어놓는 것을 별로 좋아하지 않는다. 게다가 모르는 사람, 특히 하얀 가운을 입은 사람 앞에서는 지레 겁이 나 더욱더 입을 다물고 만다.

설령 그가 나한테 모든 걸 털어놓을 마음이 있고 또 그럴 능력이 있다 하더라도, 그가 자신의 내면 세계를 이야기한다는 것은 여전히 불가능한 일이었을 것이다. 아무리 자신의 내면이라고 하더라도 본인조차도 그것을 확실하게 의식하지 못하고 있었을 것이다. 어른의 경우에는 의식적인 수준에서 진행되는 '사고 활동'의 비율이 무의식적인 수준에서 진행되는 그것보다 높다고 할 수 있다. 그러나 사춘기 안팎의 아이들인 경우에는 정신 활동의 대부분이 무의식적인 것들이기 십상이다. 그들은 자신이 어떤 사람인가에 대한 정확한 인식을 거의 못한 상태에서 느끼고 결정하고 행동한다. 그러므로 우리는 행동으로 미루어 그들의 내면 세계를 추론해 들어가야만 한다. 그리고 학습과 경험을 통해 우리는 그런 추론이 놀랄 만큼 정확할 수 있다는 사실을 알고 있다.

이러한 추론들에 힘입어 이제 우리는 아동 발달의 또 다른 법칙 하나를 이끌어 낼 수 있다. 이것은 특히 악의 문제와 관련된 법칙이다. 부모에게서 어떤 악을 보게 되면 아이는 진짜 악한 사람은 자신이라고 생각하는 경향이 있다는 것이 바로 그것이다.

아무리 지혜롭고 안정감 있는 어른이라 할지라도 악과 마주치게 되면 일단 혼돈을 경험하는 것이 정상적인 모습이다. 하물며 자기가 가장 사랑하고 가장 의지하는 사람, 즉 부모에게서 악을 보게 된 천진한 아이의 반응은 어떠하겠는가? 그와 동시에 정작 악한 사람은 자신의 잘못을 인정할 줄 모르고 자신의 악을 다른 사람 탓으로 투사하려는 욕구를 갖고 있다는 사실도 생각해 보라. 아이가 상황을 잘못 해석해 스스로를 미워하게 된다는 것은 전혀 이상한 일이 아니다. 그러니 바비가 자꾸 피부에 상처를 내고 있었던 것도 놀랄 만한 일은 아니다.

그렇다면 이제 우리는, 이 '정식 환자' 바비는 그가 보였던 반응만큼 그렇게까지 심각한 증상을 갖고 있지는 않았다는 사실을 알 수 있다. 그의 이런 반응은 부모의 괴상하고 악한 '질병'에 대하여 그 또래 아이들에게서는 흔히 볼 수 있는 것으로 받아들여야 한다. 정식으로 문제가 있는 사람으로 지목된 것은 바비였지만, 전체 상황 속에서 정작 악이 뿌리를 내린 곳은 바비 쪽이 아니라 그의 부모 쪽이었다. 바비에게 가장 시급하게 필요했던 것이 치료가 아니라 보호였던 것도 다 그 때문이었다. 참된 치료는 그 후에야 가능할 것이다. 치료엔 언제나 현실에 부응하지 않는 자아상을 바로잡는 작업이 포함되는 까닭에, 바비의 경우에도 치료는 장기적이면서 여러 어려움이 따르게 될 것이다.

자, 이제 초점을 문제의 근원인 바비 부모에게로 돌려 보자. 결론부터 말하자면 그들이야말로 진즉 '정식 환자'로 판정받았어야 할 사람들이다. 그들이야말로 치료를 받았어야만 했다. 그러나 그들은 그러지 않았다. 왜 그랬을까? 거기엔 세 가지 이유가 있다.

첫 번째 이유이자 가장 강력한 이유는 그들에게 치료를 원하는 마음이 없었다는 것이다. 치료를 받으려면 우선 당사자가 조금이라도 그것을 원해야만 한다. 또 치료를 원할 수 있으려면 지금 자신이 뭔가 도움이 필요한 상태에 있다는 것을 인정해야만 한다. 즉 눈곱만큼이라도 자신의 불완전을 인정해야만 한다는 말이다.

이 세상에는 정신과 의사가 보기에는 시급히 치료를 받아야 할 중증의 정신 질환자들이 엄청나게 많이 있다. 그들은 쉽게 치료받을 수 있는 기회가 주어져도 치료를 마다한다. 물론 그 사람들이 모두 악하다는 것은 아니다. 대부분은 악하지 않은 사람들이다. 그러나 정신 치료를 가장 완강히 저항하는 사람들 무리에는 반드시 악으로 똘똘 뭉쳐진 사람들이 끼어 있게 마련이다.

바비의 부모는 내가 어떤 유형의 치료를 제안하더라도 그것을 거부할 만한 성향이 아주 짙었다. 그들은 심지어 스튜어트의 죽음에 대한 죄책감이라고는 갖고 있는 척조차도 하지 않았다. 바비 건으로 좀더 일찍 전문적인 도움을 찾지 않았다는 것은 태만이었으며, 크리스마스 선물로 총을 택한 것은 어찌 됐든 잘못한 것이라는 나의 암시에 대해서마저도 그들은 합리화와 적대적 공격으로 일관했다. 그들은 내가 보기에는 바비를 낫게 해 주려는 마음은 전혀 없으면서, 그를 다른 곳으로 잠시 보내는 게 좋겠다는 제안에 대해서는 노골적으로 반감을 나타냈다. 그런 조치가 부모로서 자신들의 능력에 대한 비난을 암시하는 것은 아닐까 싶어서 그랬을 것이다. 자신들의 부족함을 인정하는 구석이라고는 조금도 없이 오직 그들은 '맞벌이 부부'라는 이유만을 내세워 실오라기만큼의 책임도 지려 하지 않았다.

그래도 나는 그들에게 최소한 치료를 제의라도 했어야 했는지 모른다. 제의를 거절할 가능성이 높다는 이유 때문에 아예 제의조차 하지 않았다는 것은 이유가 되지 못한다. 그들에게 문제를 이해시키고 해결하려는 마음을 갖게 해주기 위해 최소한 시도는 해 봤어야 하는지도 몰랐다는 말이다. 그러나 설령 어떤 기적이 일어나 그들이 기꺼이 정신 치료를 받으려는 마음을 갖게 되었다 할지라도, 이 부부의 경우는 실패로 돌아갈 확률이 크다는 사실을 느낄 수 있었다.

좀 슬픈 사실이긴 하지만 정신 치료를 가장 쉽게 받을 수 있고 그것을 통해 가장 큰 효과를 얻을 수 있는 사람은 바로 가장 건강한 사람이다. 가장 정직하고, 사고 유형이 가장 덜 왜곡돼 있는 사람이 치료 효과가 크다는 것이 정론이다. 반대로 환자의 병세가 심하면 심할수록, 행동이 부정직하고 사고의 왜곡된 정도가 크면 클수록 그들을 성공적으로 돕는다는 것은 그만큼 어려워진다. 만약 그들의 부정직과 왜곡의 정도가 아주 심하다면 치료는 아예 불가능할 것이다.

정신 치료를 하는 의사들 사이에서도 어떤 환자의 특정 정신 병리 현상을 놓고 '치료 불가'라는 진단을 내리는 경우가 이따금씩 있다. 이것은 조금도 과장하지 않은 사실이다. 우리는 미로와도 같이 뒤얽힌 환자의 거짓말들, 배배 꼬인 동기들, 자꾸만 왜곡해서 말하는 표현들 등에 글자 그대로 불가항력을 느낀다. 정신 치료라는 친밀한 관계 속에서 그런 환자들과 함께 작업해 나가기 위해서는 그런 부정직과 왜곡은 필연적으로 부딪치지 않을 수 없다.

우리는 종종 그런 치료 관계 속에서는 환자들을 그 병리 현상의 곤경 속에서 건져 내려는 시도가 실패로 돌아갈 뿐만 아니라 자칫하면 치료자마저도 그 속으로 같이 빠져 들게 될 수도 있다는 것을 느끼곤 하는데, 대개 그런 느낌은 아주 정확하게 맞아떨어진다. 우리는 그런 환자들을 돕기에 너무 약하다. 우리를 휘감아 버릴 그 미로에서 끝을 찾아내기에는 우리의 시력이 그다지 좋지 못하며, 그들의 증오를 직면하면서도 여전히 사랑을 지키기에는 우리의 그릇은 너무나 작다. 이것이 바로 바비 부모 경우였다. 그렇지 않아도 그들은 나의 제의를 거절했겠지만, 나 역시 그들을 제대로 치료할 힘이 부족하다는 것을 스스로 알고 있었다.

  내가 바비의 부모를 치료하지 않기로 했던 두 번째 이유를 밝힌다. 나는 그들이 싫었다. 아니 그 이상이었다. 정말이지 그들을 쳐다보기도 싫었다. 정신 치료로 사람을 돕기 위해서는 적어도 환자를 향한 최소한의 긍정적인 감정, 그 아픔을 향한 동정심, 그가 처한 곤경에 대한 공감, 인간으로서의 기본적 존중, 인간으로서 그들의 잠재력에 대한 최소한의 희망 따위가 있어야 한다.

  그런데 내겐 이런 것들이 전혀 없었다. 아니 그들 부부와 몇 시간, 몇 주, 몇 달을 함께 앉아서 그들이 하고 싶은 대로 하도록 나를 내준다는 것은 생각조차 할 수 없는 일이었다. 같은 공간에 함께 서 있기조차 견디기 어려울 지경이었다. 그들이 있으면 왠지 나까지 더러워지는 것만 같았다. 당장이라도 그들을 내 사무실 밖으로 몰아내고만 싶었다. 때때로 나는 전혀 가망이 없어 보이는 경우일지라도 어쩐지 내 판단이 잘못된 것일지도 모른다는 생각이 들어서 치료를 시도하는 때가 있다. 그 경우 설령 아무런 진전이 없다 할지라도 그것을 통해서 소중한 교훈을 배울 수 있을 것 같은 생각을 갖곤 한다. 그러나 이들 부부의 경우에는 그것도 아니었다. 그들만 나의 치료를 거절할 상태에 놓여 있었던 것이 아니었다. 나 역시 그들을 거부했던 것이다.

  사람들은 제각각 상대방에 대한 어떤 느낌들을 갖고 있다. 정신 치료자가 환자에 대해 그런 느낌을 가질 때 우리는 그것을 '역전이(counter-transference)'라고 부른다. 역전이는 가장 강렬한 애정으로부터 가장 강렬한 증오에 이르기까지 인간이 느끼는 감정이면 어떤 것이든 그 내용으로 삼을 수 있다. 미국에는 역전이라는 주제에 대해서만도 많은 책들이 나와 있다.

역전이는 치료 관계에 놀랍게 큰 도움이 될 수도 있고 가장 해로운 것이 될 수도 있다. 만약 치료자의 감정이 부적절한 것이라면, 역전이는 치료 과정을 왜곡시키고 혼란시키며 궤도를 이탈하게 할 것이다. 그러나 역전이가 적절하기만 하다면 환자의 문제를 이해할 수 있는 가장 쓸모 있는 도구가 될 수 있다.

정신 치료자가 해야 할 가장 중요한 과제는 자신의 역전이가 적절한지 부적절한지를 가려내는 일이다. 그렇게 하기 위해서 치료자는 환자뿐 아니라 동시에 자기 자신을 끊임없이 분석해야만 한다. 만약 역전이가 적절하지 못한 것이라면 이제 치료자는 둘 중 하나를 택할 책임이 있다. 하나는 자신을 치료하는 일이고, 다른 하나는 이 경우를 좀더 객관적으로 다룰 수 있을 만한 다른 치료자에게 환자를 연결시켜 주는 일이다.

일반적으로 건강한 사람이 악한 사람과의 관계 속에서 자주 경험하게 되는 감정은 혐오감이다. 만약 마주치게 된 악이 아주 심한 것이라면 혐오감은 거의 즉각적으로 발동할 수 있고, 악이 보다 미묘한 것이라면 혐오감은 악한 사람과의 관계가 점점 더 깊어져 감에 따라 천천히 늘어날 수도 있다.

혐오감은 잘만 다루면 치료자에게 큰 도움이 될 수 있다. 그 어느 것보다도 유용한 진단의 도구가 될 수 있는 것이다. 지금 치료자가 한 악한 인간 앞에 있다는 사실을 그 어떤 방법보다도 더 사실적이고 신속하게 알려 주는 역할을 해 주는 것이다. 그러나 날카로운 메스와 마찬가지로 혐오감도 주의를 기울여 다루지 않으면 안 되는 도구다. 만약 혐오감이 환자 쪽의 요인으로 말미암아 생기는 것이 아니라 치료자 자신의 병적인 부분 때문에 비롯되는 것이라면, 치료자가 겸손하게 그것을 자기 문제로 인정하지 않는 한 엄청난 해악을 가져올 수 있기 때문이다.

그렇다면 혐오감이 건강한 반응이 될 수 있게 해 주는 것은 무엇인가? 치료자가 정서적으로 건강한 경우 어떻게 해서 혐오감이 적절한 역전이가 될 수 있다는 것인가? 혐오감이란 싫은 대상을 즉각적으로 피하게 만드는 아주 강력한 감정이다. 그것은 건강한 사람이 평범한 상황 속에서 악한 대상을 만났을 때 으레 나타내 보일 수 있는 가장 적절한 감정이기도 하다. 즉 거기서 벗어나고 싶은 마음인 것이다.

악이 혐오감을 주는 이유는 그것이 위험한 까닭에서다. 악과 너무 오래 마주하게 되면 그 악은 반드시 사람을 오염시키거나 파괴시키게 되어 있다. 만약 우리가 악과 마주치게 되었는데 그 상황에서 특별히 어떻게 해야 할지 모른다면 그저 다른 길로 내빼는 것이 가장 현명한 방법이다. 혐오감이라는 역전이는 하나의 본능인 동시에 다르게 표현하면 하나님이 주신 조기 경보 혹

은 구조 레이더인 셈이다.*

역전이라는 주제에 대한 전문 서적은 참 많이 있으나 구체적으로 혐오감에 대하여 얘기하고 있는 책은 아직 한 권도 보지 못했다. 거기엔 몇 가지 이유가 있다. 혐오감이라는 역전이는 특별히 악과 깊이 맞물려 있어서 어느 하나 없이 다른 하나만을 다루는 것은 거의 불가능한 까닭에서다. 악이라는 것 자체가 일반적으로 정신과 연구에서 접근을 꺼려하는 주제이므로, 그에 딸린 혐오감 역전이도 자연스레 연구 대상에서 제외된다.** 뿐만 아니라 정신 치료자들은 대부분 인정이 많은 사람들이어서 자기 안에서 그렇게 심한 부정적 반응이 일어난다는 것은 그들의 자아상에 대한 하나의 위협이 아닐 수 없다. 혐오감이라는 반응에 담긴 그 강렬한 부정성 때문에 정신 치료자들은 악한 환자들과 지속적인 관계 맺기를 꺼리는 경향이 짙다.

끝으로 앞서도 말했듯이 악한 사람들 가운데 처음부터 순순히

---

* 여기서 우리는 어떤 악한 사람이 다른 악한 사람을 마주할 때 과연 혐오감을 느끼겠는가 하는 의문을 제기해 볼 수 있다. 그건 아직 나도 모른다. 그러나 연구해 볼 만한 중요한 문제라고 생각한다. 그 질문에 대한 대답이 인간 악의 본질 및 기원에 대하여 많은 것을 얘기해 줄 수 있다. 이론적으로 말해서 어떤 아이가 악한 가정에서 자라나 악하게 되었을 경우, 그 아이에게는 자기 부모의 모습이 너무 정상적으로 보여 혐오감이라는 조기 경보 레이더 장치가 발동하지 못한다고 볼 수 있다. 또는 어린 시절 어쩔 수 없이 그런 악한 부모와 오랫동안 붙어 있음으로 말미암아 기존의 건강한 반응 기전이 두고두고 아예 파괴돼 버린다고 볼 수도 있을 것이다.

** 혐오감은 신체적인 질병을 마주할 때도 생겨날 수 있다. 예컨대 나환자들을 보면 사람들은 대부분 혐오감을 느낀다. 수족이 절단된 사람이나 그 밖의 다른 지체 부자유자들에 대한 사람들의 반응을 연구한 자료들도 있다. 정신과 의사들도 이런 반응들에 대해 알고 있기는 하지만 지속적인 치료 관계의 문제와 관련시켜서 발표한 자료는 아직 없다.

정신 치료를 받겠다고 하는 사람은 거의 찾아보기 힘들다. 어쩔 수 없는 상황을 제외하고는 그들은 자신에게 조명등을 들이대며 들어오는 치료 과정을 무슨 수를 써서라도 피하려 들 것이다. 이런 여러 이유들로 말미암아 이제껏 정신 치료자가 악한 사람과 더불어 충분히 관계를 맺으면서 그들과 또 치료자로서의 자신의 반응을 깊이 연구한다는 것은 결코 쉽지 않은 일이었다.

악이 사람의 마음에 불러일으키는 반응에는 혐오감 말고도 또 하나가 있다. 바로 혼돈이다. 이는 내가 바비의 부모를 치료하지 않았던 세 번째 이유이기도 하다. 어떤 사람은 악한 사람과 만났던 일을 묘사하면서 이렇게 기록했다.

"나는 마치 한순간에 사고력을 잃어버린 것 같았다."[*]

이것은 딱 들어맞는 표현이다. 거짓은 사람을 혼돈시킨다. 악한 사람들은 '거짓의 사람들'이다. 자기 기만을 켜켜이 쌓아 올릴 뿐만 아니라 다른 사람들 또한 속이는 사람들이다. 만약 치료자가 환자에 대한 반응으로 혼돈감을 느낀다면, 치료자는 그 혼돈이 혹시 자신의 무지에서 비롯된 것이 아닌지를 먼저 살펴보아야 한다. 하지만 동시에 "환자가 나를 혼돈케 만들고 있는 것은 아닌가?" 하는 질문도 던져야 한다. 나는 이 질문을 던질 줄 몰라서 몇 달 동안 제자리걸음을 했던 경험이 있는데, 바로 4장에 제시한 사례가 그것이다.

---

[*] The New Yorker, 1978. 7. 3, p. 19.

나는 계속해서 혐오감 역전이는 악한 사람에 대한 타당한 반응, 심지어 치료자를 구해 주는 반응이라고 얘기했다. 그런데 거기에 한 가지 예외가 있다. 만약 혼돈이 통찰될 수 있다면, 만약 악이 식별될 수 있다면, 만약 치료자가 자신이 지금 하고 있는 일이 무엇인지를 아는 상태에서 그 악한 사람과 치료 관계를 맺어 가기로 결정한 것이라면, 바로 그때 혐오감 역전이는 해결될 수 있고 또 해결되어야만 한다. 참으로 많은 '만약'들이 걸려 있다. 악한 사람을 치유하려는 시도는 결코 가볍게 취급되어서는 안 된다. 심리적·영적 힘을 충분히 갖춘 사람에 의해서만 실시되어야 한다.

그런 힘을 갖춘 치료자가 악한 사람에 대한 두려움을 여전히 가졌으면서도 그가 또한 연민의 대상이기도 하다는 사실을 깊이 깨닫고 있다는 것, 그것만이 악한 사람을 치유하려고 시도하는 유일한 이유가 될 수 있다. 악한 사람들은 그 누구보다도 가장 겁이 많은 사람들이다. 그들은 자기 모습이 빛 가운데 드러나는 것을 끊임없이 피하면서 자신의 목소리 듣기를 거부한다. 그들은 완전한 공포 속의 삶을 살아간다. 그들은 더 이상 지옥에 갈 필요가 없다. 이미 그 안에 들어가 있기 때문이다.■

그러므로 악한 사람들을 그 생생한 지옥으로부터 건져 내려는 노력은 단지 사회를 위해서뿐만이 아니라 그들 자신을 위해서도

■ 하나님은 우리를 벌하시지 않는다. 우리를 벌하는 것은 우리 자신일 뿐이다. 지옥에 있는 사람들은 자기가 그것을 선택해서 거기 있는 것이다. 사실 그들은 그들 자신이 원하기만

반드시 필요하다. 하지만 우리는 악의 본질에 대해 거의 잘 모르고 있는 까닭에 그것을 치유하는 기술에 대해서는 더더군다나 무지하다. 그러나 우리가 아직도 악을 하나의 특별한 질병으로 구분짓는 것조차 하지 못하는 점을 생각한다면 치료책이 아직 개발되지 않았다는 것은 차라리 덜 중요한 일일지도 모른다. 악도 특정한 형태의 한 정신 질환으로 규정될 수 있다는 것, 그리고 우리가 다른 정신 질병들에 대한 과학적 연구와 똑같이 악이라는 질병에 대해서도 연구해야 한다는 것, 바로 그것이 이 책에서 말하고자 하는 점이다.

보통 상황에서라면 독사 굴에는 손을 넣지 않는 것이 자연스럽고 또 현명하다. 그러나 때에 따라서 과학자들, 즉 경험 있는 파충류 학자들은 독사 굴에 손을 넣어야만 한다. 예를 들어 독사 자체를 연구하려 한다거나, 인류에게 도움이 될 해독제를 만들기 위해서 우선 그 독액을 추출하려 한다거나, 아니면 뱀의 품종을 개량하려 한다거나 할 때가 그런 경우이다. 뱀도 날개를 달아 주면 용이 될 수 있고, 그 용을 또 잘 길들이면 힘이 세면서도 말 잘 듣는 하나님의 종이 될 수도 있는 것이다. 만약 우리가 악을

하면 거기서 나와 올바른 길을 걸어갈 수 있다. 다만 그들의 가치관이 그 지옥에서 탈출하는 것을, 죽기보다 위험하고 견딜 수 없이 고통스러우며 너무 어려워 불가능한 일일 것이라고 생각한다는 점이 문제다. 그들은 그 곳이 더 안전하고 지내기 쉬워 보여 그냥 지옥에 남아 있다. 그들에게는 그 쪽이 더 편하다. 이런 심리 역동은 C. S. 루이스의 명저 The Great Divorce(Macmillian Publishing Company — 역주)에 아주 잘 나타나 있다. 사람들이 자기가 선택하여 지옥에 가 있게 된다는 개념은 그렇게 널리 알려져 있지는 않지만 사실 심리학적으로나 신학적으로나 건전한 개념이다.

우선 질병으로 보고 동시에 불쌍한 것으로 볼 수 있다면, 그렇다면 혐오감을 사려 깊은 동정심으로 바꾸어 치유를 목적으로 악에 접근하는 일이야말로 참으로 필요한 일이 될 것이다.

20년이라는 세월이 흐른 지금 바비와 그 부모의 경우를 되돌아보면서, 나는 그 후의 경험들을 바탕으로 지금이라면 그 경우를 그때와는 아주 다르게 취급할 것 같은 생각이 든다. 물론 바비를 부모로부터 건져 내는 것을 우선적인 일로 생각하는 것은 그때나 지금이나 똑같을 것이다. 그렇게 하기 위해서 당분간 강권력을 사용하는 것도 그때나 지금이나 다를 바가 없을 것이다. 솔직히 지난 20년 동안 강권력 말고 악한 사람들을 신속하고 영향력 있게 통제하는 다른 방법이 있다는 얘기는 어디서도 들어 보지 못했다. 그들은 부드러운 친절에도 반응할 줄 모르고 내게 익숙한 방법인 영적인 설득에도 반응할 줄 모른다. 최소한 한동안은 그렇다.

그러나 20년 새에 달라진 것이 하나 있다. 바비의 부모가 악했다는 것을 나는 후에야 알았다. 그때는 그것을 몰랐다. 물론 그들의 악을 느끼긴 했지만 구체적으로 이름이 무엇인지 몰랐다. 나를 지도해 주던 분들도 내 앞에 닥친 바비의 병명을 찾아내지 못했다. 그 이름은 우리가 갖고 있는 정신 의학 사전에는 나와 있지 않았다. 우리는 성직자가 아니라 과학자이기 때문에 악이니 뭐니 하는 용어를 쓴다는 것은 있을 수 없는 일이었다.

어떤 일이든 일단 이름을 정확히 붙이고 나면 어느 정도의 통제력은 확보한 셈이다." 바비 부모를 만나고 있을 당시만 해도 나는 내 앞에 다가온 그 힘의 본질이 무엇인지를 몰랐다. 그저 혐오스러웠을 뿐 더 이상 알고 싶은 호기심도 없었다. 내가 그들을 치료하는 것을 거부한 것은 단순히 그 힘을 있는 그대로 존중했기 때문만은 아니었다. 사실 나는 그것이 두려웠다. 그냥 이유 없이 두려웠다. 물론 지금도 악이라면 두렵지만 그때와 같은 맹목적인 두려움은 아니다. 그 이름을 알고 난 후에야 나는 그 힘의 여러 다양한 차원들을 파악하게 되었다. 이만큼 디디고 설 안전지대를 확보했으니 이제는 그 본질에 대한 호기심을 충분히 가질 수 있게 되었다. 이제는 뭔가 다르게 해 볼 수 있게 된 것이다.

다시 한 번 그런 일이 주어진다면, 일단 바비를 집에서 빼내는 일은 성공했으니까 됐고 이번에는 부모에게 가장 완곡한 표현으로 부드럽게 사실을 말해 줄 것이다. 즉 그들은 지금 일종의 파괴적인 힘에 의해 움직이고 있으며 그것은 아이들뿐 아니라 그들 자신에게도 똑같이 행해지고 있다는 사실을 말이다. 그리고 충분한 시간과 건강만 따라 준다면, 함께 그 힘을 물리쳐 보자고 제의해 볼 것 같다.

천만다행으로 그들이 동의해 준다면 치료 작업을 시작하리라. 그들 부부를 좀더 좋아하게 되어서라든가 이제는 그들을 치료하는 데 자신감이 생겨서는 아니다. 이유가 있다면 이제 그 병명을

" 이름 붙이는 일의 위력에 대해서는 우르술라 르 귄 (Ursula Le Guin)의 「A Wizard of Earthsea」(Parnassus Press, 1968)에 아주 잘 나와 있다.

안 사람으로서 내가 충분히 그 경우에 뛰어들고 그것을 통해 배울 수 있을 만큼 자랐고 강해졌다는 것, 그것이다. 그리고 그런 분야가 있다는 것을 깨달은 이상 이제 그 분야의 치료의 길을 열어 가는 것이 우리의 과제이기도 하다.

악과 죄

바비 부모 및 그와 같은 사람들을 더 깊이 이해하려면 우선 그 악과 죄를 구분할 수 있어야 한다. 악한 사람들의 특징은 그들의 죄 자체에 있는 것이 아니라 그들이 지은 죄의 난해성, 완고성, 경직성에 있다. 악한 사람들의 핵심적인 결함은 죄에 있는 것이 아니라 죄를 인정하는 것을 거부하는 마음에 있다.*

바비의 부모나 3장의 사례에 나오는 사람들은 악하다는 것만 빼놓고는 아주 평범한 사람들이다. 우리가 사는 동네 저 골목에서 우리는 그들을 쉽게 만날 수 있다. 그들은 부유할 수도 있고 가난할 수도 있으며, 유식할 수도 있고 무식할 수도 있다. 그들이라고 해서 유별난 요소는 결코 없다. 그들은 게시판에 나붙은 지명 수배자들이 아니다. 오히려 그들은 교회 학교 교사로서, 경찰로서, 금융인으로서, 사회 단체 회원으로서 활동하고 있는 '건실한 시민'일 가능성이 많다.

어떻게 그럴 수 있을까? 어떻게 지명 수배자가 되지 않으면서

---

* 융(Jung)은 악이란 섀도우(Shadow)를 '충족시키지' 못하는 것에서 기인한다고 정확히 짚어 냈다.

도 악한 사람일 수 있단 말인가? 해답은 '지명'이라는 단어에 있다. 생명과 생명성을 역류하여 '범죄를 저지른다'는 차원에서 그들도 범죄자다. 그러나 정치적 권력이 주어졌다든가 해서 자신의 제약된 힘을 뛰어넘을 수 있게 된 히틀러처럼 몇몇 드문 경우를 제외하고는 그들의 '범죄'는 너무 미묘하고 가려져 있어서 내놓고 범죄로서 지명되는 경우가 거의 없다. 은폐와 위장이라는 주제는 이 책에서 앞으로도 계속 쉬지 않고 되풀이해 나올 것이다. 이 책의 제목을 「거짓의 사람들」이라고 한 것도 그러한 배경에서 나온 것이다.

나는 오랫동안 교도소에서 범죄자들을 상대로 일한 경험이 있다. 그들을 겪으면서 그들이 악하다고 생각한 적은 한 번도 없었다. 물론 그들은 파괴적이고 대개는 반복적인 범행자들이다. 그러나 그들의 파괴성에는 일종의 임의성(任意性)이 있다. 뿐만 아니라 그들은 당국자들 앞에서는 일반적으로 자신들의 악한 행위에 대한 책임을 부정하지만 그래도 마음속으로는 자신들의 악함을 솔직히 시인하는 사람들이다. 정확히 말해 그들은 자신들이 "정직한 범인인 까닭에 잡혀 온 것"이라고 말하면서도 한편으론 주저하지 않고 자신들의 잘못을 스스로 인정한다. 그들은 아마도 "진짜 악한 사람들은 언제나 감옥 바깥에 있는 법"이라고 말할 것이다. 물론 이러한 말들 속에 자기 정당화의 요소가 없는 것은 아니지만 그래도 나는 그들의 말이 대체로 정확하다고 믿는다.

감옥에 갇힌 사람들을 검사해 보면 대부분 최소한 한 가지씩은 정신과적인 진단거리를 갖고 있다. 그 진단 내용은 천차만별이다. 비전문 용어로 표현한다면 그들이 얼마나 제정신을 잃었는지, 제멋대로 사는지, 걸핏하면 싸우려 드는지, 양심이 마비되었는지 따위에 따라 그 진단은 달라진다. 바비의 부모나 내가 앞으로 제시하려고 하는 사례 인물들에게서는 그렇게 눈에 보이는 결함을 하나도 찾을 수 없다. 그들은 우리의 통상적인 정신과적 질병 유형들에는 어디에도 속하지 않는다. 그들의 악이 아무런 문제가 없다는 의미는 결코 아니다. 다만 우리가 그들의 질병을 아직 정확히 병으로 정의 내리지 못했기 때문이다.

지금까지는 악한 사람들과 일반적인 범죄자들을 구분해 보았다. 나는 또한 인격 특성으로서의 악과 악한 행동 사이에도 뚜렷한 구분을 짓는다. 다시 말하면 행동들이 악하다고 해서 사람도 악해지는 것이 아니라는 것이다. 만약 그렇다면 우리는 모두 악한 사람이어야만 한다. 우리는 누구나 악한 일들을 하기 때문이다.

죄에 대해서 가장 많이 알려진 정의는 '표적을 빗나간다' 는 것이다. 그렇게 볼 때 우리는 과녁의 중심을 맞추지 못할 때마다 죄를 범하는 셈이다. 죄란 계속적인 완전 상태에 미치지 못하는 것, 그 이상도 그 이하도 아니다. 계속적으로 완전한 상태에 있다는 것은 우리로서는 불가능한 까닭에 우리 모두는 죄인들이다. 우리는 최선의 상태에 미치지 못하는 일들을 끊임없이 되풀이한다. 그렇게 못 미치기 때문에 우리는 이런저런 범죄를 저지르게 된다. 꼭 율법에 위배되지 않는다 하더라도 그것은 하나님과 이

옷과 우리 자신을 거스르는 범죄다.

물론 범죄(crime)에는 좀 큰 것도 있고 작은 것도 있다. 그렇다고 해서 죄(sin)나 악까지도 정도의 문제로 생각한다면 그것은 잘못이다. 가난한 사람보다는 부자를 사기치는 것이 좀 덜 미워 보일지 모르지만 사기는 사기다. 물론 거래처에 대한 사기 조작, 의도적인 축소 납세, 시험 중의 부정 행위, 딴짓 하면서 야근한다고 아내를 속이는일, 전화통을 붙잡고 한 시간이 넘게 시시한 얘기를 하면서도 남편에게는 옷 다려 줄 시간이 없다고 말하는 것 등은 그 적용받는 법이 다 다르다. 또 분명히 이 사람이 저 사람보다 더 많은 책임을 져야 하는 상황이 있을 수 있고 어떤 때는 한 사람이 아주 많은 책임을 혼자 지게 되는 경우도 있다. 그러나 그래도 바뀌지 않는 사실은 그들 모두 다 거짓말을 했으며 배신했다는 점이다.*

* 죄에 대한 기독교 교리가 너무 자주 악한 뜻으로 오용되는 것은 사실이지만 그래도 기독교 교리의 가장 큰 매력은 그것이 죄 문제에 대하여 포괄적으로 타당하게 접근한다는 사실이다. 그 접근에는 양면성이 있다. 한편 기독교 교리는 인간의 죄성을 강조한다. 그러므로 참된 크리스천이라면 누구나 자신을 죄인으로 여긴다. 겉으로는 헌신적이지만 사실은 명목뿐인 많은 '크리스천들'이 마음속으로 자신을 죄인으로 여기지 못하는 게 사실인데, 문제는 교회가 아니라 그 사람 개인이 그 교리를 내면화하지 못하는 것이다. 크리스천이라는 가면 속에 가려진 악에 대해서는 뒤에 더 상세히 말할 것이다. 기독교 교리가 강조하는 또 다른 한 측면은 우리의 죄가 용서되었다는 사실이다. 최소한 진심으로 회개했을 경우에 말이다. 만약 기독교가 하나님의 자비로우시고 용서하시는 성품을 동시에 믿지 않는다면 우리는 우리의 구제 불능의 죄성 앞에서 철저한 무력감을 느끼며 허물어져 버리고 말 것이다. 그러므로 이제 바른 정신을 가진 기독교 교회가 강조하게 되는 또 하나의 사실은 우리 자신이 지은 사소한 죄들 하나하나에 끊임없이 착념하는 것이 그 자체로서 죄라는 점이다. 자신의 작은 죄에 착념하는 것을 '지나친 내성(內省)'이라고 부른다. 하나님이 용서하신 우리를 우리가 용서하지 못한다면 그것은 자신을 하나님보다 더 높은 위치에 두는 행위이며, 바로 다른 모습으로 가장하고 있는 교만의 죄를 범하는 행위다.

만약 당신이 아주 양심적으로 살아서 최근에 그런 일들을 하나도 저지르지 않았다면, 혹시 당신이 어떤 식으로든 자신을 속였을 가능성은 없었는지 한번 스스로에게 물어보기 바란다. 아니면 더 잘할 수 있는데도 하지 않음으로써 스스로를 배신하지는 않았는지 생각해 보라. 정직해진다면 자기가 죄를 짓고 있다는 것을 깨달을 것이다. 만약 당신이 그것을 깨닫지 못한다면 당신은 자신에게 솔직하지 않은 것이며, 그 자체가 또 하나의 죄다. 그러므로 피할 수 없는 사실 하나는 우리는 모두 죄인이라는 것이다.

만약 우리가 행위의 불법성이나 중대성으로 악한 사람을 가려낼 수 없다고 한다면, 그들을 가려내는 참 기준은 무엇인가? 바로 죄의 일관성이다. 그들의 파괴성은 정도는 미미할지라도 참으로 놀라울 만큼 일관성이 있다. '넘지 못할 선을 넘어 버린' 사람들이 하나같이 자신들의 죄성을 어떻게든 인식하지 않으려는 것도 모두 그 때문이다.

죄책감이 있어 천만다행이었던 조지에게 나는 어떻게 해서든 악해지는 것만은 막아야 한다고 말했었다. 아주 미미한 정도나마 조지가 기꺼이 자신의 죄성을 인식하는 일을 감내하려 했기 때문에 그는 악마와의 계약을 깨뜨릴 수 있었다. 만약 그가 자신이 맺은 계약에 대해서 '죄책감'이라는 고통을 지니고 있지 않았다면 그의 도덕적 붕괴는 나락까지 치닫고 말았을 것이다. 결론적으로 말해서 우리의 도덕적 붕괴를 막아 주는 것은 곧 자신의 죄성에 대한 인식이라 할 수 있다. 내가 다른 책에 발표했던 글의 일부를 인용해 보겠다.

"심령이 가난한 자는 복이 있나니." 때가 차매 드디어 무리 앞에서 입술을 여신 예수님은 이렇게 당신의 말씀을 시작하셨다. 이 말씀이 뜻하는 바는 과연 무엇일까? 자신에 대해서 비참하게 느끼는 것, 자신이 죄인임을 인식하는 것, 그것이 뭐 그리 대단한 일인가? 이 물음에 대해서는 바리새인들을 한번 생각해 보면 도움이 될 것이다. 그들은 예수님이 오셨을 당시의 특권층이었다. 그들은 심령이 가난하지 않았다. 그들은 자신이 모든 것을 다 갖고 있고, 모든 것을 다 알고 있으며, 팔레스타인과 예루살렘에서 문화의 지도급들이 되기에 충분한 자격이 있는 사람들이라고 생각했다. 그런 그들이 예수님을 죽인 장본인이 되었다.

심령이 가난한 자는 악을 행하지 않는다. 자신을 스스로 깨끗하다고 여기지 못하는 사람, 자신의 동기에 자주 마음이 걸리는 사람, 자신의 본성이 드러나게 될까 봐 마음 졸이는 사람, 이런 사람들에 의해서는 악은 결코 저질러지지 않는다. 이 세상의 악은 영적인 특권층에 의해 저질러진다. 이 시대의 바리새인들, 그들은 자기 성찰의 불쾌감을 눈곱만큼도 견뎌 낼 마음이 없으면서 그걸 핑계삼아 자기는 죄가 없는 깨끗한 존재라고 스스로 치부한다.

자신의 죄를 인식한다는 것이 듣기 좋은 얘기는 아니지만 그것이야말로 죄가 제멋대로 우리를 갖고 놀지 못하도록 막아 주는 유일한 방패다. 비록 적지 않은 고통이 따른다 하더라도 역시 죄의식은 참으로 소중한 축복임에 틀림없다. 악을 향하려는 본능적 성향에서 우리를 건져 줄 유일한 유효 안전 장치이므로. 성 테레사는 특유의 부드러운 필치로 이를 아주 멋있게 표현하였다. "자신을 거스르는 수고를 묵묵히 감내하려는 자만이 예수님께서 기쁘게 거하시는 처소가 될 수 있다."[*]

악한 사람들은 자신을 거스르는 수고를 묵묵히 감내할 마음이 조금도 없다. 실제로 그들은 감내하지도 않는다. 바비의 부모만 하더라도 그들이 그 문제가 자신들 잘못이라고 생각하리라는 가능성은 털끝만큼도 찾아볼 수 없었다. 그들이 악하게 된 것은 바로 그 수고를 감내하지 않으려 하는 데서 비롯되었던 것이다.

악의 모습은 사람마다 가지각색이다. 자신의 죄성에 대한 인식을 매번 그렇게 거절해 온 결과, 이제 악한 사람들은 구제 불능의 죄악 덩어리가 되고 만다. 우선 한 가지 경험을 통해 알 수 있는 것은 그들은 지독히도 탐욕이 많은 사람들이라는 사실이다. 참 저속하다. 어찌나 저속한지 심지어 살인을 '선물할' 정도다. 「아직도 가야 할 길」에서 나는 '가장 근본적인 죄는 태만'이라고 얘기한 적이 있다. 이제 다음 중간 단락에서는 '그것은 교만'이

---

[*] Marilyn von Waldener and M. Scott Peck, What Return Can I Make?(Simon & Schuster, 1985)

라는 얘기를 하게 될 것이다. 모든 죄는 바로잡을 수 있으되 자신이 죄가 없다고 믿는 죄만큼은 방도가 없기 때문이다. 물론 어떤 죄가 가장 큰 죄냐를 따진다는 것은 어느 면에서 보면 말이 안 되는 얘기다. 죄는 어느 것이나 모두 하나님과 동료 인간 및 삼라만상을 저버리는 행위이며, 죄는 그것이 어느 것이든 우리를 하나님과 동료 인간 및 자연으로부터 분리시킨다. 한 종교 사상가는 말하기를 "어느 죄든지 사람을 지옥에 대해 무감각하게 만들 수 있다"고 했다. 그의 말을 좀더 들어 보자.

… 사랑 자체도 무력해지고 마는 그런 영혼 상태가 있을 수 있다. 오랫동안 스스로의 사랑에 마음을 무뎌지게 하는 경우다. 지옥은 본질상 우리가 스스로 만들어 내는 존재 상태다. 그것은 하나님과의 최종적인 분리 상태로서, 하나님이 우리를 거절하셨기 때문이 아니라 우리가 하나님을 거절했기 때문에 비롯된 것이다. 우리의 거절은 그 자체가 요지부동이어서 그냥 그 상태가 영원히 계속되게 된다. 인간은 누구나 비슷한 모습들을 갖고 있다. 어찌나 맹목적이고 암울한지 사랑조차도 그것을 더 격렬하게 만들어 줄 수밖에 없는 '미움'이 있고, 어찌나 꼿꼿한지 겸손조차도 그것을 더 기고만장하게 만들어 줄 수밖에 없는 '교만'이 있으며, 어찌나 성격 전체에 푹 배어들었는지 어떤 위기, 어떤 호소, 어떤 자극으로도 움직이거나 활동하게 만들 수 없으며, 오히려 그 속에 더 깊이 파묻힐 수밖

에 없는 '무력증'이 있다. 우리 영혼과 하나님과의 관계도 마찬가지다. 교만이 굳어져 지옥이 될 수 있고, 미움이 굳어져 지옥이 될 수 있으며, 어떤 형태의 악이든 굳어져 지옥이 될 수 있다. 신(神)에 관한 것에는 도통 흥미를 잃어버린 '태만', 회개하고는 담을 쌓은 것 같은 '무력증'도 아주 중요한 것이다. 자기 영혼이 지옥으로 떨어지고 있는 것을 설령 보게 된다 하더라도 우리는 어쩔 수 없다. 이때까지 우리 영혼은 무슨 수를 써서라도 거절하는 데만 길들여져 있었기 때문이다. 하나님께서 당신의 은혜로 우리를 거기서 건져 주시기를 간구할 뿐이다.[■]

그러나 내가 악한 사람이라고 부르는 이 사람들의 행동에 있는 가장 지배적인 특징은 곧 남에게 죄를 덮어씌우는 책임 전가다. 그들은 마음속으로부터 스스로를 비난의 대상에서 제외시키는 까닭에 자연히 자신을 비난하는 상대에게 손가락을 겨누게 된다. 아주 간단한 예를 하나 들어 보자.

여섯 살 난 아이가 아버지에게 묻는다.

"아빠, 아빠는 왜 할머니를 암캐라고 불러?"

그러자 아버지는 다짜고짜 고함을 지른다.

"귀찮게 굴지 말라고 했지? 그리고 방금 뭐라고 했어? 누가 그

[■] Gerald Vann, The Pain of Christ and the Sorrow of God(Temple Gate Publishers, Springfield, Illinois, copyright by Aquin Press, 1947), pp. 54-55.

런 더러운 소리를 입에 담으랬지? 이리 와. 주둥아리를 비누로 칠해 놓을 거야. 한번 맛을 봐야 입을 다물고 있겠지."

그러더니 아이를 끌고 목욕탕으로 데려가 예의 그 벌을 가한다. '훈육'이라는 미명 아래 악이 저질러지는 장면이다.

이 책임 전가는 정신과 의사들이 투사(projection)라고 부르는 방어기제의 모습으로 나타나게 된다. 악한 사람들은 밑바닥에서부터 자신들에게는 잘못이 없다고 생각하는 까닭에 혹시 무슨 갈등이라도 생기면 그 갈등을 일관되게 세상 탓으로 돌린다. 이것이 그들에게는 너무나 당연하고 불가피한 것이다. 자신들의 악함을 거부해야만 되는 까닭에 그들은 언제나 다른 사람들을 악하게 본다. 그들은 자신들의 악을 세상에 투사한다. 자신은 털끝만큼도 악하다고 생각하지 않으면서 다른 사람들 속에서는 끝도 없이 악을 찾아내는 것이 바로 그들이다. 위에서 예로 든 아버지도 무례함과 더러움이 자기 아이 안에 있는 것으로 간주해 버리고 아이를 처벌하지만, 실은 누가 보아도 알 수 있듯이 정작 무례하고 더러운 것은 바로 자기 자신이다. 즉 그는 자신의 더러움을 아이에게 투사하고는 '아버지의 훈육'이라는 이름을 빌어 아이를 괴롭히고 있는 것이다.

이렇듯 악이 자행되는 가장 잦은 이유는 자신의 책임을 남에게 덮어씌우기 위해서다. 내가 악하다고 보는 그 사람들은 만성적인 책임 전가자들이다. 「아직도 가야 할 길」에서 나는 악을 이렇게 정의했다.

"악은 정신적 성장을 피하기 위해서 행해지는 정치적인 힘의 구사, 즉 공개적이거나 은폐적인 압력을 통하여 자신의 의지를 다른 사람에게 부과하는 것이다."

다른 말로 하면 악한 사람들은 자신의 잘못을 직면하는 대신 다른 사람들을 공격한다. 정신적 성장에는 자신이 성장을 필요로 하는 사람이라는 사실에 대한 인정이 선행되어야 한다. 만약 그것을 인정하지 못한다면 자신의 불완전함의 증거를 없애 버리려 드는 일 외에는 아무것도 할 일이 없다.*

좀 이상하게 들릴지 모르지만 악한 사람들이 파괴적인 이유는 종종 그들이 악을 퇴치하려는 데 있다. 문제는 그들이 악의 소재지를 잘못 파악하고 있다는 것이다. 그들은 다른 사람들의 악을 퇴치하려는 일을 그만두고 자신 속의 질병부터 막아야만 한다. 인생이라는 것이 종종 자신의 완전한 자아상을 위협해 오는 까

---

* 어네스트 베커(Ernest Becker)는 그의 마지막 저서 Escape from Evil(Macmillian, 1965)에서 인간의 악의 시작에 있어서 책임 전가가 가졌던 본질적 역할을 지적하였다. 그런데 내가 보기에 오직 죽음에 대한 두려움만을 그런 책임 전가의 유일한 동기로 보았다는 면에서 그는 약간 오류를 범한 것 같다. 사실 나는 자기 비난에 대한 두려움이 더 강력한 동기라고 생각한다. 베커가 비록 이 점을 명시하진 않았지만 어쩌면 그도 자기 비난에 대한 두려움과 죽음에 대한 두려움을 똑같은 수준의 것으로 보았을지도 모른다. 자기 비난은 성격 개조의 대전제다. 내가 나 자신의 일부를 비난하게 되면 그 즉시 나는 그 부분을 개조해야 된다는 부담을 갖게 된다. 성격 개조의 과정은 고통스러운 작업이다. 죽음과도 같다. 낡은 성격 유형은 죽고 새 성격 유형이 그 자리에 들어서야만 한다. 악한 사람들은 병적이리만큼 현 상태의 성격 유형에 집착한다. 즉 그들은 나르시시즘에 빠져 자신들은 완전하다는 것을 드러내 놓고 주장한다. 자신의 그 알량한 자아에 손톱만큼이라도 변화가 일어난다는 것은 곧 완전한 파멸이라고까지 생각할 수도 있다. 이런 의미에서 자기 비난의 위협이 악한 사람들에게는 소멸의 위협과 같은 뜻의 말로 들릴 수도 있을 것이다. 그것이 구체적으로 왜 그렇게 되는지에 대해서는 조금 뒤에서 나르시시즘에 대해 좀더 깊이 얘기할 때 뚜렷이 드러나게 될 것이다.

닭에 그들은 그 인생을 미워하고 파괴하려는 일에 이따금씩 반사적으로 뛰어들게 된다. 대개는 의(義)라는 이름으로 그렇게 한다. 그러나 문제는 그들이 인생을 미워하는 데 있다기보다는 자신의 죄된 부분을 미워하지 '않는다'는 데 있다. 나는 바비의 부모가 스튜어트와 바비 형제를 의도적으로 죽이려 하지 않았을까 하는 의혹이 든다. 내가 만약 그들을 충분히 알게 되었다면 나는 그들의 그런 살인적 행동이 전적으로 한 극단적인 형태로 나타난 자기 방어에 의해 조종된 것이라는 사실을 밝혀 냈으리라 생각한다. 그런 극단의 자기 방어는 언제나 자신보다는 남을 희생시키게 마련이다.

자신을 미워할 줄 모르는 것, 자신을 거스르지 못하는 것, 그것이야말로 내가 악하다고 부르는 책임 전가 행위의 뿌리요 핵심적인 죄라고 생각한다. 그렇다면 그런 모습은 도대체 어디서 생겨나는가? 양심 기능이 모자라서 그러는 것이라고는 생각되지 않는다. 재소자 또는 일반 사람들 중에는 양심이나 초자아가 심하게 결손된 사람들이 있긴 하다. 정신과 의사들은 그들을 정신병 환자 또는 반(反)사회적 이상 성격자라고 부른다. 그들에겐 죄책감이 없다. 죄를 지을 뿐만 아니라 무분별하게 닥치는 대로 범행을 저지르는 것이 그들의 특징이다. 그들의 범죄 행위에는 어떤 일관된 유형도 없고 이렇다 할 의미도 별로 없다. 그것은 특히 책임 전가로도 특징지을 수 없는 범죄성이다. 양심이 없는 그들 반사회적 이상 성격자들은 그 어느 것에 의해서도 마음의 부담을 느끼거나 걱정하지 않으며, 그것은 자신의 범죄 행위에 대해서도 마찬가지다. 그들은 감옥 안에 있어도 바깥에 있을 대와 똑같이 마냥 신나 보이기만 한다. 그들은 자신의 범행을 애써 숨기려고 하지만, 그 노력은 대개 미약하고 허점이 많으며 계획성도 거의 없다. 그들은 때로 '도덕적 백치(白痴)'라고도 불리는데, 그럴 때 나타나는 아무런 염려도 신경 쓰는 것도 없어 보이는 그들의 모습은 가히 천진스럽다고까지 할 정도다.

내가 악하다고 부르는 사람들의 모습은 그 경우와는 다르다. 그들에겐 자신의 자아상을 완전하게 지켜야겠다는 생각단 꽉차 있어서 어떻게든 외형상의 도덕적 순결을 유지하고자 갖은 애를 다 쓴다. 이 문제에 관한 한 그들은 아주 세심한 신경을 쓴다. 사회적 규범이랄지, 이런 것들에 대해 그들은 꽤 민감하다. 바비의 부모처럼 그들은 옷도 잘 입고, 출근 시간도 잘 지키고, 세금도 잘 내는 등 겉으로 보기에는 흠잡을 데 없는 삶을 살아가는 것 같다.

악한 사람들의 도덕성을 이해하는 데는 '이미지', '외형상', '겉으로 보기에는' 같은 말들이 퍽 중요하다. 그들은 선해지려는 생각은 눈곱만큼도 없으면서 겉으로 선해 보이려는 욕망은 불처럼 강하다. 그들의 '선함'이란 모두 가식과 위선의 수준에서 선함일 뿐이다. 한마디로 그것은 거짓이다. 그들이 '거짓의 사람들'인 이유가 바로 여기에 있다.

사실 이 거짓은 남을 속이려는 것이기보다는 자기 자신을 속이려는 것일 때가 훨씬 많다. 그들은 자기 비난의 고통이라면 절대 참지 못하며 참으려 하지도 않는다. 그들이 거느리고 살아가는 예의와 매너는 자신들을 의로운 것처럼 보이게 하는 거울의 역할에 지나지 않는다.

그런데 만약 악한 사람들에게 옳은 것과 그른 것에 대한 의식이 없다면 이런 자기 기만도 필요하지 않을 것이다. 즉 우리는 스스로 뭔가 잘못됐다고 생각하는 것을 덮으려고 하지 않는 이상 거짓을 행하지 않는다는 말이다. 거짓 행위에는 아무리 발달이 덜 된 것이라 할지라도 반드시 양심이 선행된다. 먼저 숨겨야 할 필요가 있다고 생각되지 않는 것을 숨기려 드는 사람은 없지 않겠는가?

이제 우리 앞에는 하나의 역설이 놓여 있다. 나는 앞서 악한 사람들은 자기가 완전하다고 생각한다고 말했다. 또 자신의 악한 본성에 대한, 겉으로는 내비치지 못하는 숨은 의식이 있다고도 말했다. 실은 그들이 그토록 미칠 듯이 피해 달아나려고 하는 것도 바로 이 의식이다. 악의 본질적 구성 요소는 자신의 죄나 불완전을 의식하지 못하는 것이 아니라 바로 그 의식을 받아들이지 않으려 드는 점이다.

악한 사람들은 자신의 악을 의식하는 동시에 그 의식을 피하고자 결사적으로 노력한다. 이들은 반사회적 이상 성격자들처럼 차라리 도덕성에 대한 아무런 의식도 없이 마냥 신나 할 수 있는 자들이 아니다. 이들은 자신의 분명한 의식의 구들장 밑에 자신의 악의 증거들을 꾹꾹 쑤셔 넣는 일에 끊임없이 매달리는 사람들이다.

바비의 부모는 자신들이 하는 일이라면 그 어떤 것에 대해서든 그에 걸맞는 자기 합리화가 있었다. 그것은 나에게 하는 것이기도 했겠지만 그보다는 자신들 스스로를 위한 하얀 회칠이었다. 문제는 양심의 결손이 아니라 양심을 공정하게 다루기를 거부하려는 태도다. 우리는 자신으로부터 숨으려 할 때 악하게 된다. 악의 사악성은 직접 드러나게 자행되는 것이 아니라 이런 은폐 과정의 하나로서 간접적으로 나타나게 된다. 악은 죄책감의 결손에서가 아니라 그것을 회피하려는 시도에서 비롯된다.

따라서 악 자체보다는 그 악의 위장된 모습을 그대로 보게 되는 경우가 종종 있다. 거짓이 감추고자 하는 악한 비행보다는 그 거짓 자체를 볼 수 있으며, 실상보다는 은폐를 보게 될 수 있다. 우리 앞에 나타나는 것은 증오를 덮고 있는 미소, 분노의 탈을 쓴 부드러운 매너, 그리고 불끈 쥔 주먹을 감싸고 있는 비단 장갑이다. 악한 사람들은 위장 전문가들인 까닭에 그들의 사악성을 꼭 꼬집어 낸다는 것은 거의 불가능하다. 그들의 위장은 대개 판독이 불가능하다. 우리는 그저 다음과 같은 어렴풋한 추측을 할 뿐이다.

"가려진 영혼 속에서 벌어지는 섬뜩한 숨바꼭질 놀이, 단 하나뿐인 인간의 영혼은 그 속에서 혼자서 치고 박다 스스로 피하여 숨는다."

■ Martin Buber, Good and Evil, p. 111. 악한 사람들의 주된 동기는 위장인 까닭에 악한 사

「아직도 가야 할 길」에서 나는 "모든 정신 질환의 바닥에는 태만 또는 '온당한 고생'을 회피하려는 욕망이 도사리고 있다"고 얘기한 적이 있다. 여기서도 역시 우리는 고통의 회피에 대해 얘기하고 있다. 그러나 악한 사람들을 정신 질환으로 죄를 지은 나머지 모든 사람들과 확연히 구별해 주는 것은 그들이 특정한 유형의 고통으로부터 부득부득 피하여 달아나려 한다는 사실이다. 그들은 근본적으로 고통 회피자나 태만한 사람들은 아니다. 오히려 그 반대로 그들은 고도의 존경스러운 이미지를 얻어내고 유지하려는 노력에 그 누구보다도 자신들을 끊임없이 헌신하는 사람들이다. 그러한 지위의 추구 과정에서 어떠한 어려움이 따른다 하더라도 그들은 기꺼이 아니 그보다 더 열정적으로 견뎌 낼 것이다. 그들이 참을 수 없는 고통은 특정한 고통 하나뿐이다. 자신의 양심을 직시하는 고통, 자신의 죄성과 불완전함을 인정하는 고통이다.

    자기 성찰에서 오는 이 특정한 고통을 피할 수만 있다면 거의

람들이 가장 흔히 발견되는 장소들 가운데 하나가 바로 교회다. 우리 문화에서 교회의 집사나 눈에 띄는 다른 높은 직분자가 되는 것보다 자신의 악을 잘 숨길 수 있는 길이 또 있을까? 그것은 다른 사람에게는 물론 자기 자신에게까지 자신의 악을 숨길 수 있는 최상의 길이다. 인도 같은 나라에서도 악한 사람들은 똑같은 성향을 나타내, '괜찮은' 힌두교도, '괜찮은' 회교도가 되고자 할 것이다. 그렇다고 나는 지금 종교인들 거개가 그런 악한 사람들이라든가 사람들의 종교적인 동기가 대부분 그렇게 겉 다르고 속 다르다고 말하려는 것은 아니다. 다만 악한 사람들에게는 종교가 보장하는 위장과 은폐를 찾아 그 경건 속으로 숨어 들어가려는 성향이 있다는 얘기를 하려는 것이다.

못할 일이 없는 게 그들이고 보면, 일반적인 상황에서 정신 치료를 가장 완벽하게 거부하는 사람들이 바로 악한 사람들이다. 악한 사람들은 빛을 미워한다. 자기 모습을 비춰 주는 착한 선의 빛, 자신을 드러내는 성찰의 빛, 자신의 기만을 들춰내 버리는 진리의 빛을 그들은 죽도록 싫어하는 것이다.

정신 치료야말로 가장 앞서가는 '빛 비추기' 작업이다. 악한 사람들은 그 동기가 최악의 상태로 얽히고설켜 있어서 아무튼 세상의 어떤 다른 길을 찾으면 찾았지 정신과 의사와의 만남만큼은 한사코 피할 것이다. 정신 분석에서 요구되는 자기 관찰의 훈련에 복종한다는 것은 사실 그들에게는 자살이나 마찬가지다. 우리가 이처럼 인간의 악에 대해 과학적으로 아는 것이 별로 없게 된 으뜸 요인은 악한 사람들이 정신과 의사들의 연구 대상이 되기를 그만큼 극단적으로 꺼린다는 점에서 비롯된다.

악한 사람들에게 가장 부족한 면이 양심의 상실이 아니라면 도대체 그것은 어느 구석에 숨어 있는 것인가? 내가 보기에 인간의 악에 있어서 가장 본질적인 심리 문제는 바로 여러 가지 특정한 형태로 나타나는 나르시시즘이다.

나르시시즘과 자기 의지

나르시시즘 또는 자아 도취는 여러 다른 형태로 나타난다. 정상적인 수준의 나르시시즘도 있다. 어린이로서는 정상이지만 어른으로서는 정상으로 보기 힘든 나르시시즘도 있다. 특히 눈에 띠게 병적인 나르시시즘도 있다. 이 주제는 무척 중요하면서도 그만큼 복잡하다. 그러나 이 주제에 관한 견해들을 모두 살펴보는 것이 이 책의 목표는 아니다. 우리는 여기서 에리히 프롬이 '악성 나르시시즘'이라고 불렀던 한 특정한 병적 변이(變異) 형태로 바로 들어가려고 한다.

악성 나르시시즘의 특징은 복종할 줄 모르는 자기 의지에 있다. 정신적으로 건강한 사람들은 뭔가 자기보다 높은 존재에 대해서 그것이 하나님이든 진리든 사랑이든 아니면 다른 이상(理想)이든 스스로를 굴복시킬 줄 안다. 그들은 자기 욕망보다는 하나님이 원하시는 바를 행하고자 한다. "내 뜻대로 마옵시고 아버지 뜻대로 하옵소서." 이것이 하나님께 굴복하는 사람들의 바람이다. 그들은 자신이 옳다고 생각하는 것을 믿기보다는 진리 자체를 믿는다. 바비의 부모와는 달리 이들에게는 자기 욕심보다는 사랑하는 자녀들의 필요가 더 중요하다. 이를테면, 어느 정도 차이는 있겠지만, 정신적으로 건강한 사람들은 자기 양심의 요구에 스스로를 굴복시킨다. 그러나 악한 사람들은 그렇지 않다. 죄책감과 자기 의지 사이에 갈등이 일어날 때, 사라져야 하는 것은 언제나 죄책감이고, 이기고 마는 것은 언제나 자기 의지다.

악한 사람들이 그렇게까지 자기 의지가 대단한가 하는 생각이 들지도 모르겠다. 그렇다. 틀림없이 그들은 유난히 의지가 강한 사람들이다. 자기 길로밖에 갈 줄 모르는 사람들이다. 그들이 다른 사람들을 지배하려고 드는 방식을 잘 살펴 보면 그 안엔 엄청난 힘이 있다.*

신학자들에 따르면 '악은 자유 의지의 결과'다. 인간을 당신의 형상에 따라 창조하신 하나님께서 우리에게 자유 의지를 주실 때 동시에 악을 선택할 수 있는 자유도 주셨다는 것이다. 한편 이 문제를 진화론의 관점에서 바라보는 사람들도 있다. 진화가 덜된 생물일수록 그 '의지'가 대체로 본능의 통제를 받는다. 인간이 원숭이로부터 진화될 때 인간은 본능적 통제에서 벗어나 자유 의지를 가진 존재가 되었다. 이 진화로 말미암아 이제 인간은 완전히 자기 의지를 좇아 사느냐 아니면 보다 높은 원리에의 복종을 통해 자기 통제라는 새로운 양식을 구해야 하느냐의 기로에 서게 된다. 그러나 이런 이론은 아직도 우리에게 왜 어떤 사람들은 복종을 성취할 수 있었는데 다른 사람들은 그럴 수 없었는지에 대해 설명해 주지 못한다.

---

* 악의 과다 지배 성향은 몰몬교의 한 신화에 아주 잘 나타나 있다. 그 신화에 따르면 그리스도와 사탄은 무지한 인류에게 하나님을 제시해 주라는 똑같은 과제를 받았다. 사탄의 방법은 간단하다(이것은 오늘날 대부분의 경제계 및 군대 지도자들이 따르고 있는 방법이다). 즉 하나님께는 그 휘하에 천사들로 이뤄진 군대가 있으니 천사 하나당 사람 하나를 할당해 주고 상당한 징벌의 권한을 준다면 사람들을 뜻대로 휘어잡기란 식은 죽 먹기라는 것이다. 그리스도의 방법은 이와는 완전히 다르며 선택의 폭이 훨씬 넓다(그리고 생명을 존중하는 방법이기도 하다). 그리스도의 제안은 이렇다. "그들에게 자유 의지를 주어 그들 마음대로 하게 하십시오. 그러나 저로 그들의 일부가 되어 살고 또 죽게 하십시오. 그로써 저는 그들에게 어떻게 살아야 하는지에 대한 모본과 아울러 아버지께서 그들을 얼마나 사랑하시는지에 대해서도 분명한 예시가 되고자 합니다." 물론 하나님은 그리스도의 방법을 더 창조적인 것으로 보시고 그것을 택하신다. 그러자 사탄은 이 하나님의 선택에 반항한다. 악의 지배성에 대해서 또 하나 자세히 다루고 있는 자료로는 마거리트 서스터(Marguerite Shuster)의 박사 학위 논문 "Power, Pathology and Paradox" (Fuller Theological Seminary, 1977)가 있다.

사실 악의 문제가 의지 자체에 뿌리를 두고 있다는 생각은 거의 올바르게 느껴질 만큼 유혹적이다. 어쩌면 악한 사람들은 태어날 때부터 의지가 드세게 태어나서 그 의지를 뭔가에게 굴복한다는 것이 불가능할지도 모르겠다. 그러나 나는 그런 극도로 강한 의지야말로 모든 '위대한' 사람들의 공통된 특징이라고 생각한다. 선한 쪽으로 위대했든 악한 쪽으로 위대했든 간에 말이다. 아우슈비츠 수용소에서 히틀러의 강한 의지가 가치를 드높이듯, 갈릴리 호숫가에서는 예수님의 권세와 능력이 빛을 발한다. 그러나 히틀러의 의지가 자기 자신의 의지였던 반면 예수님의 의지는 그의 아버지의 의지였다. 이 두 의지(will)의 결정적인 차이는 '고집의 의지(willfulness)'냐 '순종의 의지(willingness)'이냐 하는 데 있다.*

　이 복종할 줄 모르는 고집의 의지가 바로 악성 나르시시즘의 특성이다. 그것은 사탄의 이야기와 가인과 아벨의 이야기에 아주 잘 나타나 있다. 사탄은 그리스도가 자기보다 우월하다고 하는 하나님의 판단에 굴복하기를 거부했다. 그리스도가 우월하다는 얘기는 자기는 그렇지 못하다는 얘기다. 하나님이 보시기에 사탄은 그리스도보다 열등했다. 사탄이 이러한 하나님의 판단을 받아들인다는 얘기는 곧 자기가 자신의 불완전함도 받아들여야 한다는 얘기가 된다. 그는 그렇게 할 줄도 모르고 또 그렇게 하지

---

* Gerald G. May, M.D., Will and Spirit(Harper & Row, 1982).

도 않았다. 자기가 불완전하다는 것은 있을 수 없다고 생각했다. 이리하여 복종은 불가능이 되고 반항과 타락은 필연이 된다.

가인과 아벨의 경우도 그렇다. 하나님이 아벨의 제사를 받으셨다는 얘기는 곧 가인의 제사는 마음에 들어하시지 않았다는 말이다. 하나님 보시기에 가인은 아벨보다 열등했다. 그러나 가인은 자신의 불완전함을 거부했다. 그러니 사탄이 그랬던 것처럼 가인이 자기 스스로 법이 되어 살인을 저지르는 것은 불가피한 결과다. 악한 사람들도 마찬가지다. 대개 이보다는 미묘한 형태로 나타나긴 하지만 속은 다 비슷하다. 즉 그들도 스스로가 법이 되어 제멋대로 생명과 생명성을 파괴하면서 오직 자신의 나르시시즘 속의 자아상만을 빙빙 싸고 도는 것이다.

"교만은 넘어짐의 앞잡이니라"고 했다. 생소한 정신 의학 용어 '악성 나르시시즘'을 흔히 우리는 '교만'이라고 부른다. 교만은 악의 뿌리다. 일반적으로 교회가 교만을 첫째가는 죄로 치는 것도 우연은 아니다. 교만의 죄라 했을 때 그들이 일반적으로 의미하는 바는 어떤 일을 잘 이루고 난 뒤에 누릴 수 있는 온당한 성취감이 아니다. 그런 교만은 정상적인 나르시시즘과 마찬가지로 약간의 함정은 있을지 몰라도 건강한 자신감의 일부이자 현실성 있는 자기 가치의 일부인 것은 분명하다. 교만이 진짜 의미하는 바는 자신의 내적 죄성과 불완전함을 터무니없이 부정하는 그런 교만, 날마다 뻔히 보이는 자신의 불완전한 모습에 근거하여 판단을 내려 주어도 그것을 극구 부인하고 심지어 반격까지

하려 드는 그런 파렴치하고 하늘 높은 줄 모르는 교만이다. 결과가 뻔히 드러났는데도 바비의 부모는 자신들의 자녀 양육에 조금도 잘못이 없다고 우기고 있다. 부버의 표현에 따르면 악성 나르시시즘 환자들은 '일을 그르쳐 놓고도 잘했다고 우겨 대는' 사람들이다.[*]

이 지나친 교만, 자신을 완벽하다고 여기는 오만한 자아상, 유난히 악성으로 도진 나르시시즘의 원인은 과연 무엇인가? 대부분의 사람들이 그 마수 같은 손길에서 벗어나려 하는데도, 소수의 사람들은 왜 늘 거기에 걸려 시달리게 되는 건가? 우리는 모른다. 지난 15년 동안 정신과 의사들이 나르시시즘이라는 현상에 특별히 많은 주의를 기울여 왔던 게 사실이다.

그러나 이 분야에 대한 우리의 이해는 아직도 걸음마 단계에 머물러 있다. 예를 들어 우리는 지나친 자기 도취의 여러 다양한 형태들을 분류하는 일조차 아직 해내지 못하고 있다. 이런 저런 모양으로 틀림없이 나르시시즘에는 빠져 있으면서도 악하다고는 할 수 없는 사람들도 많이 있는 것이다.

여기서 내가 확실히 말할 수 있는 것은 악한 사람들이 한 특징으로 보여 주고 있는 그들 특유의 나르시시즘은 특히 의지에 타격을 주는 나르시시즘인 것 같다는 점뿐이다. 어느 한 사람이 왜 하필 다른 유형의 것이 아닌, 또는 어느 유형과도 상관없이, 바로

---

[*] Martin Buber, Good and Evil, p. 136.

이 유형의 피해자가 되어야만 하는가에 대해서는 그저 어렴풋이 추측할 수 있을 따름이다.

나는 경험에 의해 악은 후손에게 이어지는 것 같다는 결론을 얻었다. 4장에서 예로 들게 될 그 사람에겐 악한 부모가 있었다. 하지만 그런 대물림 현상이 사실이라 하더라도 그것이 오랜 '유전이냐 환경이냐'는 논쟁의 해결과는 아무런 상관이 없다. 악이 후손에게 내려가는 것은 그것이 유전자를 통하여 전달되기 때문인가 아니면 아이가 부모를 보면서 배우고 따라하기 때문인가? 아니면 부모에 대해 자신을 방어하려다 그렇게 되는 것인가? 악한 부모를 둔 많은 자녀들이 상처는 받으면서도 악한 사람이 되지는 않는다는 사실은 또 어떻게 설명할 것인가? 우리는 모른다. 그리고 엄청난 고통이 따르는 과학적인 연구 작업이 지속되지 않는 한 우리는 여전히 모를 것이다.

이런 모호함에도 불구하고 병적인 나르시시즘의 기원에 대해서는 보다 우세한 듯한 이론이 있다. 바로 방어 현상이라는 것이다. 대부분 어린아이들이 하나부터 열까지 놀랄 만큼 나르시시즘적 특성을 보인다는 점을 생각할 때, 우리는 나르시시즘이란 부모의 충분한 사랑과 이해를 받으며 건강한 어린 시절을 보내는 동안 정상적인 발달 과정을 통해, 즉 '크면서 벗어 버리게 되는' 일반적인 현상이라고 가정할 수 있다.

그러나 만약 부모가 난폭하고 사랑이 없거나 아이가 다른 충격적인 경험을 했다면, 유아기의 나르시시즘은 참기 어려운 인생의 고뇌들에 대하여 자신을 보호하기 위한 일종의 심리적 요새가 되어 그대로 남아 있게 될 것이다. 이 이론은 인간 악의 기원을 아주 잘 설명해 주는 것 같다. 중세의 교회 건축가들은 악령들을 물리치기 위해서 부벽(扶壁) 위에 괴물 모양의 홈통 주둥이(gargoyles)를 붙였는데, 아이러니컬하게도 그 자체가 악의 상징이었다. 이렇듯 아이들도 악한 부모의 공격으로부터 자신들을 방어하려다가 악하게 될 수 있다. 이런 의미에서 인간의 악을, 또는 그 일부를 일종의 가고일리즘(gargoylism, 골격 대사에 장애를 일으키는 질병)이라 생각할 수도 있을 것이다.

물론 인간 악의 기원에 대한 다른 견해들도 있다. 다만 틀림없는 사실은 사람들의 일부는 아주 착하고, 일부는 아주 악하며, 나머지 대부분은 그 중간 어딘가에 있다는 점이다. 그렇다면 우리는 인간의 선과 악을 일종의 연속선(continuum)으로 이해할 수도 있다. 우리 각자는 그 연속 선상에서 이동이 가능하다. 그러나 세상엔 빈익빈 부익부의 경향이 있으므로 여기서도 선익선 악익악(善益善 惡益惡)의 경향이 있을 수 있다. 에리히 프롬은 이 점에 대해 꽤 자세하게 말하고 있다.

우리의 선택 능력은 인생 경험과 더불어 끊임없이 변화했다. 오랫동안 계속해서 잘못된 결정을 내려왔을수록 우리 마음은 그만큼 딱딱해져 가고, 더 자주 옳은 결정을 내릴수록 우리 마음도 그만큼 부드러워진다. 인생의 단계 가운데 자신감,

인격, 용기, 확신 등이 늘어나는 단계일수록 바람직한 대안을 선택할 수 있는 능력도 같이 늘어나, 마침내는 바람직하지 않은 행동을 선택한다는 것 자체가 생각하기 어려운 수준에 이른다. 반대로 일단 비굴하고 비겁한 행동을 하게 되면 그것들은 계속 나를 약하게 만들어 점점 더 비굴한 행위를 하게 되며 결국 내게서 자유를 빼앗아 가 버리고 만다.

더 이상 잘못된 행동을 할 수 없는 이쪽 극단과 옳은 행동을 할 자유를 상실해 버린 저쪽 극단 사이에는 셀 수 없이 많은 선택의 자유의 수준들이 놓여 있다. 실제 삶의 현장에서 이 선택의 자유의 폭이 넓다면 그리 힘들이지 않고 선을 택할 수 있겠지만, 만약 폭이 좁다면 선의 선택에는 커다란 노력과 다른 사람의 도움과 순조로운 환경 모두 필요하다.

많은 사람들이 삶의 기술(技術)에서 실패하는 이유는 그들이 본질적으로 악한 까닭도 아니고 의지가 부족해 더 나은 삶을 이끌어 갈 수 없기 때문도 아니다. 그들이 선택의 갈림길에 서게 될 때 깨어나서 바라보지 않기 때문이다. 인생이 자신에게 질문을 던져 와도 그들은 그것을 알아차리지 못한다. 실제로 자기 안에는 여러 대답들을 지니고 있으면서도 말이다. 그렇게 잘못된 길에 들어서 있다는 사실을 인정하기조차 어려워지는 상황에 이르게 된다. 그것은 종종 자신들이 그 동안 시간과 에너지를 허비했다는 사실을 받아들이고 다시 맨 처음 잘못 들어섰던 지점으로 되돌아가야만 한다는 것을 인정하기 어려운 까닭에서다.*

프롬은 인간 악의 기원을 하나의 발달 과정으로 보고 있다. 즉 우리는 악하게 지음받았거나 어쩔 수 없이 악해져 가는 것이 아니라, 일련의 오랜 선택들을 통하여 오랜 시간 서서히 악해져 간다는 것이다. 나는 그의 견해를 적극 지지한다. 특히 선택과 의지를 강조하는 면에서 더욱 그러하다. 그에 관한 한 정확한 이론이라고 생각한다. 그러나 그 이론이 이 문제에 관해 모든 사실을 말해 주고 있지는 않다. 아이가 진정한 선택의 자유 안에서 의지를 펼칠 기회를 갖게 되기 이전에 그의 존재를 형성해 주는 엄청난 세력들에 대해서는 언급하지 않으면서, 다른 한편으로는 의지 자체의 힘도 과소 평가하고 있다.

나는 지금껏 특별한 다른 이유가 없는데도 오직 자기 의지의 자유를 써 보고 싶은 단순한 욕망 때문에 악한 선택을 하는 사람들을 몇 번 보았다. 그 사람들은 마치 자신에게 이렇게 말하는 것 같다.

"나는 이 상황에서 뭐가 옳은지를 알지. 하지만 양심이나 도덕에 묶인다는 것은 바보나 하는 짓이야. 내가 만약 선한 일을 한다면 그 이유는 그저 그것이 선하기 때문이야. 하지만 내가 나쁜 일을 한다면 그거야말로 내가 원하기 때문에 그렇게 하는 것이지.

---

* Erich Fromm, The Heart of Man: Its Genius for Good and Evil, pp. 173-178. (「인간의 마음」, 문예출판사)

그러니까 난 나쁜 쪽을 택할 거야. 그것이 내 자유대로 하는 거니까."

말라기 마틴(Malachi Martin)은 소유로부터 자유로워지려는 한 인간의 고뇌를 얘기하면서, 삶 속에서 구사되는 인간의 자유 의지에 대해 그 어느 것보다도 훌륭한 묘사를 남겼다.

어느 순간, 그는 그 힘이 무엇인지를 알아차렸다. 자신의 의지였다. 자신의 자율 의지였다. 그는 자신이 자유로이 선택하는 존재임을 깨달았다. 자신의 마음을 엿보듯 들여다보면서 그는 심리적 동기, 행동 자극, 이론적 해석, 유심론적 장애물, 상황 윤리, 사회적 책임, 단체의 구호 등에 관한 얼기설기 엮은 정신적 환상의 조각들을 단번에 깨끗이 집어치웠다. 다 쓸데없는 것들이고 이미 질릴 대로 질렸으며 마치 자신을 태워 버릴 것만 같은 이번 경험의 불꽃 속에 완전히 녹아 버렸다. 남은 것은 오직 자신의 의지뿐이었다. 오직 선택할 수 있다는 정신적 자유만이 … 그는 그날 밤 이전의 자신의 인생에서 자기가 자유롭게 선택했던 것들이 과연 얼마나 되었을까에 대하여 오랫동안 천천히 돌이켜보았다.

그러나 이제 완전히 자유로운 선택의 고뇌가 그의 것이 되었다. 그야말로 선택 자체를 위한 선택이다. 어떤 외적인 자극도 없는 선택이다. 어떤 기억 속의 배경도 없는 선택이다. 어떤 기존의 취향이나 설득의 강압도 없는 선택이다. 선택을 결정하는 어떤 이유나 원인이나 동기도 없는 선택이다. 살고 싶은 욕망, 죽고 싶은 욕망에서 비롯되는 어떤 불평 불만도 없는 선택이다. 사실 이 시점에서 그는 중세의 당나귀와도 같다. 양쪽으로 똑같은 거리에 건초더미가 있으나 어느 쪽으로 가서 먹어야 할지를 결정할 수 없어서 굶어 죽을 수밖에 없도록 되어 있다는, 중세의 철학자들이 공상 속에 그렸다는 그 '움직임을 잃은 무력한 당나귀' 말이다. 완전히 자유로운 선택. … 그는 선택해야만 했다. 받아들일 수도 거절할 수도 있는 자유, 어둠 속으로의 작정된 걸음. 모든 것은 오로지 그의 다음 걸음에만 달려 있는 것 같았다. 오직 자신에게만.*

나 자신의 견해로 볼 때, 자유 의지의 문제는 다른 많은 위대한 진리들이 그러하듯이 하나의 패러독스다. 한편으로 자유 의지는 하나의 실체다. 우리는 '단체 구호의 제약'이나 조건화나 어떤 다른 요소의 간섭 없이 자유롭게 선택할 수 있다. 그러나 다른 한편으로 우리는 자유를 선택할 수 없다. 오직 두 가지의 존재 유형, 즉 하나님과 선(善)에 복종할 것인가 아니면 자신의 의지를 넘어서는 그 어떤 것에도 굴복하기를 거부할 것인가밖에 없는 것이다.

그런데 후자의 선택은 그 사람을 자동적으로 악의 노예가 되게 만든다. 궁극적으로 우리는 하나님 아니면 악마 둘 가운데 하나에 속하지 않으면 안 된다. 물론 패러독스는 그리스도의 말씀

---

* Malachi Martin, Hostage to the Devil(Bantam Books, 1977), pp. 192-193.

에도 잘 나타나 있다.

"자기 목숨을 얻으려는 사람은 그 목숨을 잃을 것이요 나를 위해 자기 목숨을 잃은 사람은 그 목숨을 얻을 것이다."[*]

그것은 또한 피터 셰퍼(Peter Shaffer)의 희곡 「에쿠우스」의 종결 부분에서 주인공 디세르트의 입을 통해서도 표현되고 있다.

"나는 그것을 하나님이 정해 주신 것이라고 부를 수는 없어. 그렇게까지는 못해. 하지만 깊은 경의를 표하겠어. 지금 내 입 안에는 뾰족한 족쇄가 있어. 그래서 그것이 더 이상 나오지 않아."[**]

C. S. 루이스도 다음과 같이 말했다.

"이 우주에 중립적인 것이라곤 단 하나도 존재하지 않는다. 한 뼘의 땅, 1초의 시간도 다 하나님의 소유이며 사탄은 그것을 공격하고 있다."[***]

내가 생각하는 진정한 자유의 상태는 하나님과 악마 사이의 정중앙에 서는 것, 선도 아니고 이기심도 아닌 것에 자신을 바치는 것이다. 그러나 그런 자유는 이내 양쪽으로 갈라져 버리게 마련이다. 그대로는 지탱이 안 된다. 마틴이 지적했듯이 우리는 선택해야만 한다. 이쪽이든 저쪽이든 아무튼 한쪽의 종이 되어야

---

[*] 마태복음 10:39, 16:25, 마가복음 8:35, 누가복음 9:24.
[**] Peter Shaffer, Equus (Avon Books, 1974.)
[***] C.S. Lewis, Christianity and Culture contained in Christian Reflections, edited by Walter Hooper, (Wm. B. Eerdmans Publishing Co.: Grand Rapids, 1967), p. 33.

한다.

   심리학과 관련된 여러 개념들에 대해 논의한 이 장도 이제 막바지에 이르렀다. 이렇게 의지의 문제를 마지막으로 다루면서 이 장을 마무리하는 것이 적절하다는 생각이 든다. 우리는 인간 악의 기원에 대해서 가능성 있는 요인들을 두루 생각해 보았다. 그 가운데 어떤 것은 옳은 것으로 취하고 나머지도 버릴 필요는 없다고 본다. 정신 의학에는 모든 중요한 심리 문제들은 복합적 요인에 의해 결정된다는 규칙이 있다. 즉 식물에 뿌리가 여러 개인 것처럼 심리 문제에도 하나 이상의 여러 다른 원인들이 개입되어 있다는 규칙이다. 악의 문제도 예외는 아니다. 하지만 그 여러 요인들 가운데 인간의 자유 의지라는 신비스러운 개념도 들어 있다는 것을 잊지 않았으면 좋겠다.

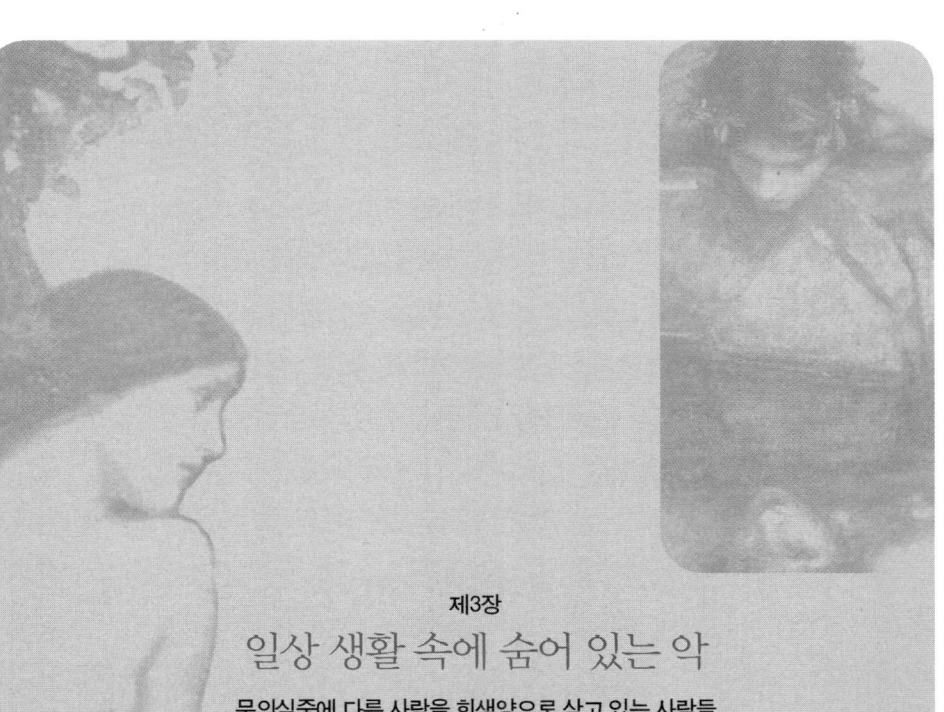

제3장
일상 생활 속에 숨어 있는 악

무의식중에 다른 사람을 희생양으로 삼고 있는 사람들

조지의 경우를 통하여 우리는 악하지 않으면서도 악하게 될 수 있는 위험성이 농후한 사람의 예를 살펴보았다. 이어 2장에서는 이유야 어찌 됐든 간에 이미 한계선을 넘은 한 부부의 경우를 소개했다. 이제 3장에서는 이미 악해져 버린 몇몇 경우를 더 살펴보고자 한다. 이와 더불어 바비처럼 악한 사람들의 희생자가 된 사람들의 치유 문제에 대해서도 말하고자 한다.

여기서 예로 드는 사람들이 내가 정신 치료의 현장에서 만났던 사람들이라는 이유로 독자들은 자신의 주변에서는 흔히 일어나지 않는 특별한 경우라고 생각할지도 모른다. 우리에겐 정신병원에 가는 사람은 비정상적이며 보통 사람들과 비교할 때 뭔가 근본적으로 다른 점이 있다고 생각하는 경향이 있다. 그러나 그것은 그렇지 않다. 어떻게 들릴지 모르지만 정신과 의사들은 자신의 진료 사무실에서만 아니라 칵테일 파티나 회의 석상 또는 그 밖의 모임들에서도 숱한 정신병 증상들을 보게 된다. 그렇다고 정신 병원에 오는 사람과 오지 않는 사람 사이에 전혀 차이가 없다는 얘기는 아니다. 사실 그 차이는 아주 미묘하며 대개의 경우 그것은 '정상적인' 사람들에게 불리하게 작용한다. 살아간다는 것은 아무리 좋은 조건 속에서라 할지라도 어렵고 복잡한 일이다. 우리는 누구나 문제를 갖고 있다.

사람들이 정신과 의사를 찾아오는 것은 그들의 문제가 보통 사람보다 더 심각하기 때문인가, 아니면 그들에게 자신의 문제에 직면할 만한 보다 큰 용기와 지혜가 있기 때문인가? 앞의 이유인 사람도 있을 것이고 뒤의 이유인 사람도 있을 것이며 둘 다 해당되는 사람도 있을 것이다. 여기서 제시하는 데이터가 나의 정신 치료 현장에서 얻어진 것이기는 하지만, 앞으로 하고자 하는 얘기의 대부분은 정신과 환자들에 대한 얘기가 아니라 언제 어디서나 볼 수 있는 보통 사람에 관한 것이다.

사실 바비와 그의 부모의 경우는 한 가지 면에서만은 진짜 특이했다. 그것은 곧 그 경우가 어느 정도 성공적인 결과로 끝났다는 점이다. 바비가 자동차를 훔치는 데서 멈추고 자살을 실행하기 전에 치료받게 되었다는 것은 참으로 다행이었다. 그리고 보험을 통하여 그의 치료가 경제적으로 가능했다는 것 역시 다행이었다. 악의 희생자들은 대부분 그런 행운들을 누리지 못한다.

하지만 다른 측면에서 본다면 바비의 경우는 하나도 특이한 것이 못 된다. 내 작은 진료실 안에서만도 나는 거의 매달 바비의 부모와 똑같은 또 다른 부모들을 만나게 된다. 그것은 다른 정신과 의사들도 마찬가지다. 우리는 살아가는 동안 한두 번만 악에 부딪치는 게 아니다. 인간의 위기들과 맞닥뜨리게 되는 것은 거의 우리의 일상이다. 그래서 나는 악이라는 이름이 정신과 병명의 하나로 확실히 포함되어야 한다고 주장한다. 물론 그렇게 한다면 실제적인 위험들이 뒤따르는 것도 사실이다. 그 점에 대해서는 맨 마지막 장에서 자세히 다룰 것이다. 하지만 그런 병명조차 없다면 우리가 이런 경우들을 통해 무엇을 하려 하는지 결코 알 수 없다. 그저 악의 희생자들이나 도와준다는 수준의 능력에 안주하게 될 뿐, 악한 사람 당사자들을 어떻게 다뤄야 할지에 대해서는 조금도 희망을 가질 수 없게 된다. 아예 연구조차 되지 않고 있는 사람들을 어떻게 치료할 수 있겠는가?

이제 독자들은 바비의 부모에게 뭔가 악한 요소가 있었다는 것을 인정할 수 있을 것이다. 그러나 대개의 사람들은 그 경우 일시적인 정신 이상 상태였다고 생각하고 싶어할 것이다. 악에 일상적으로 부딪친다는 나의 말이 아직 현실로 와 닿지 않기 때문이리라. 사실 크리스마스 선물로 아이에게 자살 무기를 주는 부모는 분명히 그리 많지 않다.

그래서 지금부터는 또 다른 열다섯 살 남자 아이의 경우를 소개하고자 한다. 그는 환자이자 동시에 악의 희생자였다. 이번 경우는 바비의 경우와 견줄 때 몇몇 차이점들에 그 가치가 있음을 미리 밝혀 둔다. 사실 겉으로는 그 어떤 죽일 의도도 내비치지 않았지만, 실제로는 아이의 영혼을 죽이고자 결심한 듯이 보이는 돈 많은 부부와 그 아들의 얘기는 그 자체로는 그리 유쾌한 얘기가 못 되는 까닭에서다.

로저와 그 부모의 사례

나는 한때 정부 행정직에서 일한 적이 있는데, 거기서는 일반 치료는 전혀 할 수 없었다. 그래도 이따금씩 사람들을 만나 간단한 자문을 해 주곤 했는데, 대개 그들은 고위급 정치가들이었다. 그 가운데 한 명이 R씨였다. 그는 부유한 사설 변호사였는데 잠시 공백기를 이용하여 한 거대한 연방 정부 부서에 일반 자문으로 와서 근무하고 있었다.

그해 6월, R씨는 자기 아들 로저 일로 나를 찾아왔다. 로저는 한 달 전에 열다섯 살이 된 남자 아이였다. 교외의 공립 학교에서 공부를 썩 잘하는 학생이었는데 중학교 3학년이 되면서부터 성적이 계속 떨어지고 있었다. 학년말 고사가 끝났을 때 생활 지도 선생님으로부터 R씨 부부에게 연락이 왔다. 로저가 진학은 할 수 있지만 성적이 떨어지는 원인에 대해서는 정신과 진단을 한번 받아 보는 것이 좋겠다는 내용이었다.

늘 그러하듯이 나는 정식 환자인 로저를 먼저 만나 보았다. 그는 생활 수준만 상류층일 뿐이었지 바비의 모습 그대로였다. 멋진 정장에 넥타이까지 매고 있었지만 아직도 사춘기를 벗어나지 못한, 키만 껑충하고 어딘가 어설픈 모습이 남아 있었다. 로저는 말없이 마룻바닥만 내려다보고 있었다. 자기 손을 만지작거리지는 않았다. 바비 정도의 우울 상태에 빠져 있는 것 같아 보이지는 않았지만 눈은 똑같았다. 그 생기 없는 눈동자, 로저는 분명 행복한 아이는 아니었다.

바비와 마찬가지로 어디서부터 얘기를 꺼내야 할지 몰랐다. 그는 왜 성적이 떨어졌는지 스스로도 잘 모르고 있었다. 또 자신이 지금 우울한 상태라는 것도 인식하지 못하고 있었다. 그의 말로는 자신의 삶은 다 "괜찮다"고 했다. 할 수 없이 나는 어린아이들한테 곧잘 사용하는 게임의 방법을 써 보기로 했다. 나는 책상에서 장식용 병 하나를 집어 들고서 그에게 얘기했다.

"이것이 마술 병이라고 해 보자. 이것을 문지르면 요정이 나와서 아무것이나 원하는 것 세 가지를 들어주는 거야. 이 세상의 것이면 다 되지. 너는 무엇을 주문하겠니?"

"스테레오를 주문할 것 같아요."

"그래? 아주 멋있는 걸 골랐는데? 아직도 두 가지가 남아 있지? 이번엔 좀 큰 걸 주문해 보면 어때? 불가능한 것이라고 빼지 말고. 이 요정은 무엇이든 다 할 수 있으니까. 자, 어디 네가 진짜로 원하는 것을 한번 말해 볼까?"

"오토바이도 되나요?"

그는 아무런 감정 변화 없이, 그래도 지금껏 보여 왔던 무감각보다는 좀더 나아진 듯한 표정으로 그렇게 물었다. 최소한 지금까지의 어떤 접근보다도 이 게임을 좋아하는 것 같아 보였다.

"물론이지. 아주 멋있는 건데? 자, 이제 하나가 더 남아 있다.

큰 걸로 한번 생각해 봐. 너한테 진짜 중요한 것으로 말이야."

"기숙사가 있는 학교로 가고 싶어요."

나는 너무 놀라 그를 쳐다보았다. 갑자기 얘기의 수준이 뭔가 현실적이고 개인적인 것으로 튀어 올랐던 것이다. 나는 마음속으로 일이 잘돼 나가기를 빌었다.

"정말 재미있는 걸 선택했구나? 그것에 대해 좀더 자세히 말해 줄 수 있겠니?"

"할 얘기가 없어요."

그는 웅얼대듯 말했다.

"지금 다니는 학교가 맘에 들지 않아서 딴 학교로 가고 싶은 것 같은데?"

"지금 학교도 괜찮아요."

"그러면 집에서 나가고 싶을 수도 있겠지. 집에 너를 괴롭히는 뭔가가 있다든가 해서 말이야."

"집도 괜찮아요."

이 말을 하는 그의 목소리에는 약간의 공포가 스며 있는 것 같았다.

"혹시 엄마 아빠에게 기숙사 학교로 가고 싶다는 얘기를 해 봤니?"

"지난 가을에요."

거의 속삭이는 듯한 목소리였다.

"용기가 필요했을 것 같구나. 그래 뭐라고 말씀하시든?"

"안 된대요."

"안 돼? 왜?"

"모르겠어요."

"안 된다고 하셨을 때 기분이 어땠어?"

"괜찮았어요."

나는 첫 면담에서는 이 정도만 해도 되겠다 싶었다. 로저가 치료자에게 마음을 활짝 열게 될 만큼 충분한 신뢰감이 형성되는 데는 오랜 시간이 걸리는 까닭에서다. 나는 그에게 잠깐 부모님과 얘기를 나눈 뒤 다시 만나자고 말했다.

R씨 부부는 40대 초반의 아주 세련된 부부였다. 표현도 명확하고 차림새도 흠잡을 데가 없으며 집안 형편도 아주 부유한 것 같았다.

"박사님, 이렇게 만나 주셔서 정말 감사합니다."

부인이 하얀 장갑을 우아하게 벗으면서 말했다.

"박사님 명성이 아주 자자하시더군요. 무척 바쁘실 줄로 압니다."

나는 그들에게 로저의 문제를 어떻게 보고 있는지 얘기해 달라고 말했다. 그러자 부인이 세련된 미소를 지으며 얘기했다.

"그것 때문에 이렇게 박사님을 뵈러 왔지요. 그 문제를 어떻게 봐야 할지 저희도 잘 모르겠어요. 무엇 때문에 그러는지를 알았다면 적절한 조치를 취했을 것이고, 이렇게 박사님한테 찾아올 필요도 없었을 것입니다."

재빠르고 유창하면서도 스스럼없이 쉽게 반응을 바꿔 가면서 그들은 서서히 로저와 관련된 얘기를 들려주었다. 로저는 문제의 3학년이 시작되기 직전 테니스 캠프에 가서 여름을 재기있게 보냈다고 한다. 집에 돌아와서도 별로 달라진 것이 없었다. 그는 언제나 정상적인 아이였다. 그 아이를 가졌을 때 임신 상태도 정상이고 출산도 정상이었다. 어렸을 때 먹는 것 갖고 문제를 일으킨 적도 없었다. 배변 훈련도 정상이었다. 친구 관계도 정상이었다. 집에서 긴장할 일도 별로 없었다. 결혼 생활도 둘 다 행복했다. 물론 어쩌다가 말다툼은 있었지만 아이들 앞에서는 한 번도 그런 적이 없었다. 로저에게는 열 살짜리 여동생이 있는데 공부를 아주 잘했다. 그들 남매는 서로 투닥거리기는 했지만 보통을 벗어나는 정도는 아니었다. 로저가 오빠 노릇을 한다는 것이 쉬운 일은 아니었지만 그것이 이 일과 직접 관련되지는 않았을 터이다. 다만 그의 성적 문제는 하나의 미스터리였다.

지적이고 세련된 사람들과 면담하는 일은 참 재미있었다. 그들은 묻기도 전에 미리 알아서 얘기했다. 그러나 내 마음에는 아직 뭔가 불편한 구석이 있었다.

"무엇이 로저를 괴롭히고 있는지는 잘 모른다 해도, 그래도 몇 가지 짚이는 것들은 있으실 것 같은데요?"

계속해서 부인이 대답했다.

"학교에 문제가 있어서 그러는 걸까 하는 생각도 물론 해 봤죠. 하지만 지금까지 아무 소리 없이 잘 다닌 걸로 봐서는 그것도 아닌 것 같아요. 그래도 원래 애들이란 하도 잘 바뀌니까 그 애가 지금 다니는 학교를 마음에 안 들어 할지도 모르지요."

R씨도 거들었다.

"예, 저희는 그 애를 가까운 가톨릭 학교로 전학시켜 볼까 하는 생각도 해 봤습니다. 그 학교는 교외에 있는데 학비가 무척 비쌉니다."

"두 분은 가톨릭 신자신가요?"

"아뇨, 저희는 성공회에 나갑니다. 그저 로저가 가톨릭 학교의 규율 밑에서 공부하는 것이 도움이 될 것 같았습니다."

R씨의 말이었다. 거기에 부인도 덧붙였다.

"아주 명성이 자자한 학교죠."

"혹시 로저를 기숙사가 있는 학교로 보내면 어떨지 생각해 보신 적 있습니까?"

R씨가 대답했다.

"아뇨, 없습니다. 물론 박사님이 그렇게 하라고 하시면 하겠습니다. 하지만 비용이 무척 많이 들 겁니다. 요즘 기숙사 학교의 학비 책정이 정말 지나칩니다."

잠시 짤막한 침묵이 있은 뒤 내가 입을 열었다.

"로저가 저한테 지난 가을 엄마 아빠에게 기숙사 학교로 가도 되느냐고 물어 봤다고 하더군요."

"그래요?"

R씨는 잠깐 동안 멍하니 있었다. 그때 R씨 부인이 부드럽게 끼

어들었다.

"여보, 기억 나지 않으세요? 그때 당신과 나는 그것을 아주 심각하게 고려해 봤었잖아요."

R씨가 고개를 끄덕거리며 말했다.

"그랬지. 맞아. 박사님, 박사님이 저희한테 이 문제를 생각해 본 적이 있느냐고 물으실 때 저는 요즘을 말씀하신 줄 알았어요. 로저에게 성적 문제가 생긴 이후 말입니다. 그때 저희는 꽤 신중하게 생각했었습니다."

"그때 아마 안 된다고 하셨지요?"

이번에는 R씨 부인이 말을 받았다.

"글쎄요, 편견일지 모르지만 남편과 저는 애들은 어렸을 때 집을 떠나서는 안 된다고 생각하거든요. 사실 많은 아이들이 기숙사 학교로 가는 이유는 부모가 애들이 집에 없기를 원하기 때문 아니에요? 제 생각에는, 애들이란 안정된 좋은 가정 안에 있을 때 가장 건강해지는 것 같아요. 아닌가요, 박사님?"

다시 R씨가 끼어들었다.

"하지만 여보, 박사님께서 그게 좋다고 하신다면 이제라도 다시 생각해 봐야잖아? 어떻습니까, 박사님. 로저를 기숙사 학교로 보내면 문제가 해결되겠습니까?"

혼란스러워졌다. R씨 부부에게는 틀림없이 근본적으로 잘못된 뭔가가 있다는 생각이 들었다. 하지만 그것은 아주 미묘한 문제였다. 어떻게 부모가 자기 아들이 기숙사 학교로 보내 달라고 했었다는 사실을 잊어버릴 수 있을까? 그러면서도 그들은 잊지 않고 있었노라고 말했다. 내가 보기에 그것은 거짓말이요 위장이었다. 하지만 그것도 확실치는 않았다. 그러면 어떻게 할 것인가? 이 경우 전체를 그 조그만 거짓말에 초점을 맞춰 끌고나가야 하는가? 나는 그 가정에는 로저가 집을 나가기를 그렇게 간절히 원할 만큼 뭔가 확실히 잘못된 것이 있다고 짐작되었다. 그게 바로 로저가 기숙사 학교를 원하는 이유라고 생각했다. 물론 그것은 아직 생각에 지나지 않았다. 로저는 집에 대해서 나쁜 얘기는 한마디도 하지 않았다. 드러난 것으로만 본다면 R씨 부부는 매우 지적이고 책임감 있고 또 아이에게 관심이 많은 부모였다. 나는 기숙사 학교가 로저에게 가장 안전한 장소가 될 것이라는 예감이 들었다. 하지만 증거는 하나도 없었다. 그렇다면 이 부부에게 어떻게 그것을 정당화시켜 말해 줄 수 있을까? 게다가 그들은 부유함에도 불구하고 기숙사 비용이 많이 든 다는 것을 의식하고 있는 터였다. 그들은 왜 그렇게 돈 드는 걸 의식하고 있을까? 그들 부부에게 아들 로저가 집을 나가 기숙사에 있게 되면 성적도 오를 것이고 상태도 좋아질 것이라는 보장을 해 줄 수 있는 길이 내게는 전혀 없었다. 그렇다고 여기서 그냥 얼버무리고 넘어가면 로저에게 상처만 주는 것은 아닐까? 나야말로 이 상태에서 벗어나 어디론가 떠나고 싶은 심정이었다.

내 대답을 기다리던 R씨가 다시 물었다.

"해결되겠습니까?"

"첫째, 로저는 지금 우울한 상태입니다. 왜 우울한지 저도 모릅니다. 그 또래의 애들은 대개 자기가 왜 우울한지를 잘 말하려 들지 않지요. 그 이유를 찾아내는 데는 보통 오랜 시간과 많은 작업이 요구됩니다. 어쨌든 성적이 떨어졌다는 것은 그가 우울하다는 것을 나타내는 증상 중 하나이고, 그가 우울하다는 것은 뭔가 제대로 되지 않고 있다는 징표입니다. 뭔가 변화되어야 할 필요가 있는 것입니다. 이건 저절로 없어지는 문제가 아닙니다. 어른이 되려면 반드시 거쳐 가야 할 문제입니다. 뭔가 조치를 취하지 않는다면 문제는 더 악화될 것입니다. 여기까지 말씀드린 것 중에서 물어보실 것 있습니까? 없으면 계속하겠습니다.

둘째, 로저를 기숙사 학교로 보내는 것이 그 조치나 또는 적어도 조치들 가운데 하나가 되리라고 생각합니다. 물론 이 시점에서 꼭 그렇다고 장담하기는 어렵습니다만 어디까지나 본인의 바람을 존중해 주는 것이 지금으로선 가장 중요하다고 봅니다. 사실 그건 굉장히 중요한 것입니다. 그 또래의 아이들은 절대로 그냥 한번 해 보는 소리로 그런 요구를 하지 않습니다. 이유는 잘 말하려 들지 않지만 그들에게는 무엇이 자기에게 가장 옳은 일이겠는가에 대해 본능적인 직감이 있는 경우가 많습니다. 6개월 전에 부모님께 말씀드렸다는 그 기숙사 학교에 가고 싶어하는 마음, 지금도 로저의 마음은 그때와 똑같습니다. 그의 이 바람을 부모님께서는 아주 진지하고 중요하게 생각하셔야 될 줄로 압니다. 여기까지의 이야기에 대해 묻고 싶은 것이 있습니까? 혹시 이해가 잘 안 되시는 것이 있습니까?"

그들은 다 이해된다고 말했다. 나는 계속했다.

"만일 부모님께서 당장 결정을 내릴 것이라면 저는 지금이라도 로저를 기숙사 학교로 보내라고 말씀드리고 싶습니다. 그렇다고 꼭 당장 결정해야 된다는 말은 아닙니다. 좀더 깊이 생각해 보는 시간을 갖는 것도 좋을 것 같습니다. 사실, 이 시점에서는 로저가 기숙사 학교로 가면 훨씬 나아질 것이라는 보장을 할 수 있는 상황이 아닙니다. 만약 그것이 옳은 일이겠는가에 대해서 틀림없는 확신을 갖기 원한다면 좀더 시간을 두고 생각해 보시기를 권하고 싶습니다. 그리고 맨 처음 저에게 전화 주셨을 때 말씀드렸듯이 저는 현재 간단한 자문만을 하도록 되어 있기 때문에 이 이상은 드릴 도움이 없을 것 같습니다. 또 사실 저는 이런 문제에는 그리 적격자도 못 됩니다. 감정의 문제를 갖고 오는 십대 아이들을 면담할 때 우리가 사용하는 가장 좋은 도구들 가운데 하나로 심리 검사라는 것이 있습니다. 저는 부모님과 로저에게 마셜 레븐슨 박사를 소개해 드리고 싶습니다. 그분은 심리학자인데 심리 검사에 능할 뿐만 아니라 청소년 진단 및 정신 치료를 전문으로 하십니다."

그러자 R씨가 물었다.

"레븐슨이라고 하셨습니까? 혹시 유대인 이름 아닙니까?"

나는 놀라서 그를 쳐다보았다.

"글쎄요, 잘 모르겠습니다. 그런 것 같기도 하군요. 사실 이 분야 사람들의 반 정도가 유대인이니까요. 그런데 그걸 왜 물으시죠?"

"특별한 이유는 없습니다. 편견이 있다거나 뭐 그런 건 아닙니다. 그냥 궁금해서요."

이번엔 부인이 물었다.

"그분이 심리학자라고 하셨죠? 그분에게 정신 치료 자격증이 있나요? 정신과 의사가 아닌 사람한테 우리 로저를 맡긴다는 것은 왠지 꺼림칙하군요."

"레븐슨 박사의 자격증은 나무랄 데 없습니다. 어느 정신과 의사 못지않게 믿을 만합니다. 이왕이면 저도 정신과 의사를 소개해 드렸으면 좋겠습니다만 솔직히 말씀드려서 이 지역에는 그런 문제를 믿고 의뢰할 만한, 제가 아는 정신과 의사가 없습니다. 또 사실 정신과 의사라면 심리 검사를 위해 로저를 심리학자에게 보내야겠다고 누구나 생각할 수 있는 일입니다. 심리 검사는 심리학자들만이 할 수 있으니까요."

그러고 난 뒤 나는 고개를 R씨 쪽으로 향하면서 말을 이었다.

"끝으로 말씀드리자면 심리학자를 만나는 것이 정신과 의사를 만나는 것보다 비용이 적게 듭니다."

R씨가 대답했다.

"아이들 일이라면 돈은 문제가 안 됩니다."

부인이 장갑을 끼기 시작하면서 말했다.

"그 레븐슨 박사라는 분, 괜찮을 것 같군요."

나는 처방전 위에다 레븐슨 박사의 이름과 전화 번호를 적어 R씨에게 주면서 말했다.

"더 이상 물어 볼 게 없으시다면, 저는 다시 로저를 만나 보겠습니다."

그러자 R씨가 놀란 표정으로 물었다.

"로저를 보신다고요? 왜 다시 만나시려는 겁니까?"

"부모님을 만난 뒤에 다시 로저를 볼 것이라고 미리 말씀드리지 않았습니까? 청소년 환자들한테는 으레 그렇게 합니다. 부모님께 권한 것을 본인에게도 일러주는 거지요."

갑자기 R씨 부인이 일어섰다.

"이제 가 봐야겠어요. 이렇게 오래 걸릴지 몰랐어요. 박사님, 저희에게 이렇게 많은 시간을 내주셔서 정말 고맙습니다."

그러더니 장갑 낀 손을 내밀어 악수를 청했다. 손을 내밀어 그녀의 손을 잡으면서 나는 그녀의 눈을 들여다보며 이렇게 말했다.

"아드님을 꼭 봐야겠습니다. 2~3분이면 됩니다."

R씨는 서두르는 것 같지 않았다. 그는 그대로 앉은 채 이렇게 말했다.

"왜 그 애를 다시 봐야겠다는 건지 모르겠군요. 박사님이 저희에게 권해 주신 것이 그 애와 무슨 상관이 있다는 겁니까? 결국 그건 저희가 결정할 문제 아니겠습니까? 그 애는 아직 어린애라고요."

"결국은 부모님의 결정이지요. 부모이자 부양자니까요. 그러나 이것은 그 아이의 인생입니다. 여기서 진행된 얘기에 가장 관련이 깊은 사람은 바로 로저입니다. 저는 로저에게 제가 기숙사 학교와 레븐슨 박사를 권한 것은 단지 저의 권유일 뿐이며 그것을 결정할 사람은 부모님이라고 얘기할 것입니다. 부모님은 그 아이와 15년을 함께 지내셨지만 저는 그를 만난 지 1시간도 채 안 되니까요. 그래도 로저는 자신에게 일어나고 있는 일을 알아야 할 권리가 있고, 또 부모님이 로저를 레븐슨 박사에게 데리고 갈 경우 그것에 대해서도 자신이 무엇을 기대해야 할지를 미리 설명해 주는 것이 바람직합니다. 그렇게 하지 않는다면 그것은 비인간적인 것입니다. 그렇지 않겠습니까?"

부인이 남편에게 말했다.

"여보, 그냥 로저를 만나게 해 드려요. 여기서 이런 철학적인 토론을 하고 앉아 있다가는 약속에 늦겠어요."

그렇게 해서 나는 다시 로저를 만나게 되었다. 그에게 나는 내 권유의 요지를 설명해 주었다. 그리고 만약 그가 레븐슨 박사를 만난다면 거기서 심리 검사를 받게 될 것이라는 얘기도 해 주었다. 이어서 나는 심리 검사는 하나도 겁낼 것이 아니다, 누구나 재미로 해 볼 만한 검사라는 얘기도 덧붙였다. 로저는 자기는 괜찮노라고 말했다. 더 이상 물어볼 것도 없다고 했다. 끝날 때 나는 평상시 잘 하지 않는 행동을 거의 본능적으로 하게 되었다. 내 명함을 주면서 필요할 때 언제든지 전화하라고 했던 것이다. 로저는 지갑을 꺼내더니 명함을 아주 조심스럽게 집어넣었다.

그날 밤 나는 마셜 레븐슨에게 전화를 걸어서 로저와 그의 부모에게 그를 추천했다는 것을 알려 주었다. 그리고 그들이 찾아가게 될지는 확실히 모르겠다고 말했다.

한 달 뒤 어느 회의 석상에서 마셜을 만났다. 나는 로저의 일을 물어보았다. 로저의 부모는 찾아오지 않았다고 했다. 그리 놀랄일은 아니었다. 로저 소식을 다시는 듣지 못하겠구나라고 생각했을 뿐이다. 그러나 내 짐작이 틀렸다.

이듬해 1월 말이었으니까 첫 만남 후로 7개월이 지나서였다. R씨로부터 두 번째 자문 요청이 들어왔다.

"녀석이 드디어 일을 저질렀습니다. 지금 아주 심각한 상태에 빠져 있습니다. 로저의 학교 교장 선생님이 이 '사건'에 대하여 박사님께 편지를 쓰겠다고 하셨으니 이제 며칠 있으면 도착할 것입니다."

나는 다음 주중의 하루를 잡아 R씨와 다시 만나기로 약속했다. 그 편지는 이튿날 오후에 도착했다. 발신인은 성 토마스 아퀴나스 고등학교의 교장 메리 로지 수녀로 되어 있었다. 그 학교는 로저가 살고 있는 교외에 있었다.

펙 박사님께

제가 R씨 부부에게 로저를 데리고 정신과 의사를 한번 만나 보라고 권했더니 그렇잖아도 전에 박사님을 한번 뵌 적이 있다면서 저한테 박사님께 경위를 좀 설명해 달라고 부탁하더군요.

로저는 지방 공립 학교에 다니다가 성적이 떨어져서 지난 가을에 저희 학교로 전학왔습니다. 여기 와서도 성적은 그다지 좋지 못해서 지난 학기에도 평균 C선에 머물렀습니다. 하지만 사회성은 아주 뛰어났습니다. 학생들이나 교사들 모두 로저를 좋아합니다. 특히 두드러지는 것은 우리 학교의 지역 사회 지원 프로그램에서 그가 보여 준 적극성입니다. 이 프로그램에 대한 참여의 하나로써 그는 학교가 끝난 뒤 지진아들을 돌봐 주는 일을 자진해서 맡았습니다. 그는 이 활동에서 제가 보기에도 눈에 띄는 열의를 보여 주었을 뿐만 아니라 담당 교사들도 보고서를 통해서 그의 비상한 공감 능력과 헌신적 참여를 극구 칭찬하곤 했습니다. 심지어는 크리스마스 휴가 기간 중에 뉴욕에서 열리는 정신 장애 주제 회의에 로저를 보내기로 선출하고 그것을 위해 기금 모금까지 하기에 이르렀습니다.

이 편지를 쓰게 만든 사건이 일어난 것은 1월 18일이었습니다. 학교에서 사시는 연로한 은퇴 신부님이 한 분 계신데, 로저가 반 아이 하나와 함께 글쎄 그 제롬 신부님의 방에 몰래 들어가 시계와 그 밖의 몇 가지 개인 소유물을 훔쳤던 것입니다. 규칙상 이것은 퇴학 사유가 되며 실제로 다른 한 아이는 이미 퇴학을 당했습니다. 그러나 로저가 그런 일을 했다는 것은 정말 누가 봐도 그답지 않은 일이었습니다. 결국 심각한 성적 부진에도 불구하고 교사 회의에서는 로저를 우리 학교에 남겨두기로 결의가 되었는데 단 조건이 하나 있습니다. 바로 박사님으로부터 로저가 학교에 남는 것이 그에게 가장 바람직한 길이라는 확증을 얻는 것입니다. 우리 모두 로저를 무척 아끼고 있으며, 우리가 그에게 뭔가 해 줄 수 있지 않겠는가 생각하고 있습니다.

이 얘기도 털어놓는 것이 박사님께 도움이 되겠군요. 교사 회의에서 몇몇 선생님들이 한 얘기인데, 로저는 이 사건이 있기 전 크리스마스 휴가를 지내고 돌아왔는데 그 이후 줄곧 우울해 보였다고 합니다.

그럼 좋은 말씀 기다리고 있겠습니다. 혹시 더 알고 싶은 게 있으시다면 주저하지 말고 연락 주시기 바랍니다.

성 토마스 아퀴나스 고등 학교장
메리 로즈 드림

약속한 날이 되어 로저 가족이 찾아왔다. 나는 이번에도 로저를 먼저 만났다. 전과 똑같이 그는 우울했다. 그때와 달라진 것이 있다면 이번엔 좀더 무표정해 보였다는 것이다. 그의 태도에는 뭔가 쓸쓸한 것 같으면서도 꾸며 낸 듯한 허세가 함께 어우러져 있었다. 로저는 자신이 왜 노신부의 방을 몰래 들어갔었는지에 대해서 스스로도 그 이유를 모르고 있었다.

"제롬 신부님은 어떤 분이니?"

로저는 다소 놀라는 듯하더니 이렇게 말했다.

"할 말 없어요."

나는 계속 밀고 나갔다.

"좋은 분이니, 좋지 않은 분이니? 그분이 좋으니, 싫으니?"

"괜찮은 분이라고 생각해요."

마치 이전에 한 번도 그런 문제에 관해 생각해 본 적이 없다는 듯 말했다.

"방에 우리를 초대해서 과자도 주고 차도 끓여 주곤 했으니까요. 나도 그분을 좋아하는 것 같아요."

"좋아하는 사람의 물건을 훔친다? 좀 납득이 가지 않는데?"

"왜 그랬는지 나도 모르겠다고 아까 말씀드렸잖아요?"

"혹시 과자가 더 없나 하고 찾아본 것 아니야?"

"예?"

당황하는 표정이었다.

"어쩌면 너는 정(情)이 그리웠는지도 몰라. 더 많은 정을 찾아 거기에 들어갔을 수도 있지 않겠니?"

"말도 안 돼요."

로저는 거칠게 내뱉었다.

"우리는 훔칠 걸 찾고 있었다고요."

나는 화제를 바꾸었다.

"로저, 지난번에 너한테 심리학자 레븐슨 박사를 찾아가 보라고 권했던 기억이 나는데, 혹시 가 보았니?"

"아뇨."

"왜?"

"모르겠어요."

"거기에 대해서 엄마 아빠로부터 혹시 무슨 얘기가 있었니?"

"아뇨."

"정말 이상하구나. 의사의 권고를 듣고 갔는데 너나 너의 엄마 아빠는 그것에 대해선 다시 입 밖에도 얘기를 꺼내지 않았다니 정말 이상하지 않니?"

"모르겠어요."

"또 그때 네가 기숙사 학교로 갈 수 있는 가능성에 대해서도 얘기했었는데, 그에 대해서는 너와 엄마 아빠 사이에 좀더 자세한 얘기가 있었니?"

"아뇨, 엄마 아빠는 나더러 그냥 성 토마스 고등학교로 가게 될 것이라고만 말씀하셨어요."

"그 말을 들을 때 기분이 어땠니?"

"괜찮았어요."

"지금도 기회가 온다면 기숙사 학교로 가고 싶니?"

"아뇨. 지금은 이 학교에 그냥 있고 싶어요. 펙 박사님, 제가 이 학교에 남아 있을 수 있도록 좀 도와주세요. 꼭이요."

이 급작스런 로저의 자기 표현에 나는 깜짝 놀랐다. 그 학교가 그에게 중요한 존재가 된 것이 분명했다. 나는 물었다.

"왜 남아 있기를 원하니?"

그는 순간 갈피를 못 잡는 것 같더니 한참 생각에 잠겼다가 이윽고 입을 열었다.

"잘 모르겠어요. 그 곳 사람들이 저를 좋아해요. 거기서는 사람들이 저를 좋아한다는 걸 느낄 수 있어요."

"내 생각에도 그런 것 같다. 로즈 교장 선생님이 나에게 편지를 보내셨는데 거기에도 자기들이 너를 좋아하고, 네가 그 학교에 머물기를 원한다고 쓰셨더구나. 너도 남아 있기를 원한다니 교장 선생님께나 부모님께나 나도 그렇게 권고하게 될 것 같다. 그런데 교장 선생님 말씀에 네가 지진아들과 아주 좋은 시간들을 보내고 있다고 하던데, 뉴욕 여행은 어땠니?"

"여행이라뇨?"

로저는 멍한 표정으로 물었다.

"정신 장애 주제 회의 때문에 뉴욕을 다녀오지 않았어? 교장 선생님이 그러시는데 네가 기금 후원을 받아 가게 됐다던데? 그 나이에 그런 데 뽑혔다니 내가 보기에는 적잖은 영광이라고 생각하는데, 그 회의는 어땠니?"

"난 가지 않았어요."

"안 갔다고?"

얼떨결에 그렇게 되묻고 나니 불현듯 불안한 느낌이 들기 시작했다. 사태가 어떻게 돌아간 것인지 직감적으로 와 닿았다.

"왜 안 갔는데?"

"엄마 아빠가 가지 말라고 했어요."

"그건 또 왜?"

"나는 집에서 방 청소 하나 못하는 애래요."

"그래? 그 말을 들을 때 기분이 어땠니?"

로저는 한참 뒤에야 대답했다.

"괜찮았어요."

나는 약간 화난 목소리로 말했다.

"괜찮았다고? 뉴욕에 갈 수 있는 멋진 기회가 생겼어. 그것도 다 네가 평소에 잘한 덕분에. 그런데 부모님이 못 가게 했어. 그런데도 넌 지금 나한테 괜찮다고 얘기하고 있어. 허튼 소리도 정도가 있지."

이 말에 그는 몹시 기분이 언짢아 보였다.

"제 방은 정말 지저분했어요."

"그래, 네 생각에는 여행을 못 가게 하는 것이 방이 지저분했던 것에 대해 걸맞는 벌인 것 같니? 방 청소를 하지 않은 것이 그런 멋진 여행을 거부당할 충분한 이유가 된다고 생각해? 그 여행은 네가 따낸 여행이고, 좋은 배움과 경험이 될 여행이었어."

"잘 모르겠어요."

그는 그저 말없이 앉아 있을 뿐이었다.

"실망스럽지 않든? 화나지 않았어?"

"잘 모르겠어요."

"혹시 그때 네가 몹시 실망스럽고 화가 나서, 나중에 제롬 신부님의 방에 물건을 훔치러 들어간 것과 상관이 있을지도 모른다는 생각이 들진 않니?"

"모르겠어요."

물론 모를 수밖에. 그가 그것을 어떻게 알겠는가? 그것은 모두 무의식적인 것을. 나는 다시 부드럽게 물어보았다.

"로저, 혹시 한 번이라도 부모님께 화내 본 적이 있니?"

그는 마룻바닥만 내려다보고 있었다. 그리고 대답했다.

"엄마 아빠는 좋은 분이에요."

로저의 우울에 별 변화가 없었던 것과 마찬가지로 그의 부모의 세련된 태도 역시 조금도 변화가 없었다. 로저를 만난 뒤 그들 부부를 사무실로 들어오게 하자 부인이 격식을 차려 말했다.

"박사님, 이렇게 다시 폐를 끼치게 되어 죄송합니다."

자리에 앉아 장갑을 벗은 그녀가 미소를 머금으면서 말을 이었다.

"저희야 여기 오는 게 아무렇지도 않지만, 로저를 위해서 다시는 이런 데 오지 않게 되기를 간절히 바랐지요. 교장 선생님 편지는 받으셨겠죠?"

나는 그렇다고 대답했다. R씨가 말을 받았다.

"집사람과 저는 얘가 혹시라도 길거리에 나가 무슨 사고라도 치는 게 아닌가 싶어 무척 걱정스럽습니다. 아무래도 그때 박사님 권고를 받아들여 그 소개해 주신 심리학자를 찾아갔어야 했나 봅니다. 이름이 뭐였죠? 좀 이국적인 이름이었던 것 같았는데…."

"레븐슨 박사입니다."

"맞아요. 그때 얘를 레븐슨 박사에게 보내는 거였는데…."

"왜 보내시지 않았죠?"

나는 당연히 대답이 준비되어 있으리라고 생각했다. 나한테 다시 올 때는 그 얘기가 반드시 나오리라는 것쯤은 생각해 봄직하지 않겠는가? 그리고 그들은 먼저 이 얘기를 아무 주저없이 꺼냈다. 그들의 대답이 몹시 궁금했다. R씨는 대수롭지 않다는 듯 대답했다.

"그때 박사님은 저희들에게 그것은 로저 본인에게 달린 문제라는 인상을 주셨던 것 같습니다. 이것은 로저의 인생이다, 뭐 대충 그런 얘기를 들었던 기억이 납니다. 그러고 나서 박사님께서 로저한테 직접 얘기하는 시간을 가지셨죠? 저희는 그 애가 아무런 말이 없길래 '아, 가고 싶지 않은 거로구나' 하고 생각했습니다. 그러고는 일부러 다그쳐서 보내지는 않는 게 좋을 것 같다고 결론을 내렸습니다."

이번엔 부인이 말을 이었다.

"저희는 로저의 자존심도 신경 쓰지 않을 수 없었어요. 그 애는 그때 이미 성적이 형편없었기 때문에 다시 심리학자를 만나 보는 것이 로저의 자존심에 어떤 영향을 줄지 고려해 봐야만 했던 거지요. 박사님, 어린아이들한테 자존심이라는 건 아주 중요한 것 아닙니까?" 그녀는 매력적인 미소로 한마디 덧붙였다.

"… 하지만 … 저희가 잘못한 것일 수도 있습니다."

아주 교묘하게 책임을 회피했다. 이제 이 간단한 몇 마디 말로, 자기들이 나의 권고를 따르지 않았던 일은 나와 로저의 잘못으로 돌려지게 된 것이다. 이 문제를 가지고 논쟁을 벌인다는 것은 아무런 의미가 없을 성싶었다. 나는 이렇게 물었다.

"로저가 물건을 훔친 사건과 관련될 만한 이유에 대해서 뭔가 짚이는 것이라도 있습니까?"

R씨가 대답했다.

"전혀 없습니다, 박사님. 물론 로저하고 함께 얘기를 해 보려고 애도 써 봤습니다만, 잘 얘기하려 들지를 않아서요. 저희는 짚이는 게 전혀 없습니다. 아닌 밤중에 홍두깨 격이죠."

"훔치는 것은 대개 화가 났을 때 하는 행동입니다. 혹시 최근에 로저를 화나게 할 만한 일이 있었을까요? 세상에 화가 났다든가 학교에 화가 났다든가, 아니면 부모님께 화가 났을 수도 있겠지요."

부인이 대답했다.

"저희가 알고 있는 한 없습니다, 박사님."

"그 사건이 있기 전 한 달 사이에 부모님과 로저의 관계 속에서 혹시 로저가 화를 낼 만했다거나 적개심을 품을 수도 있겠다 싶은 일이 있었다고는 생각되지 않습니까?"

다시 부인이 대답했다.

"없었습니다, 박사님. 아까 말씀드렸듯이 저희도 한 대 얻어맞은 기분이에요."

"특별히 크리스마스 휴가 중에 정신 장애 주제 회의로 뉴욕에 간다니까 부모님께서는 그 시기가 탐탁지 않게 여겨졌으리라는 생각도 드는군요."

부인이 언성을 높였다.

"예? 로저가 그것 때문에 화가 났던가요? 그때 저희가 가지 말라고 말할 때는 조금도 화를 내는 것 같지 않았단 말이에요."

"로저는 분노를 표현하는 데 큰 어려움을 갖고 있는 아이입니다. 그것이 로저가 가진 문제의 커다란 부분입니다. 하지만 부모님은 어땠습니까? 못 가게 하면 로저가 화를 낼 것이라고 생각했었습니까?"

부인은 다소 적의를 품고 대답했다.

"그걸 저희가 어떻게 알겠습니까? 저희는 그 따위 일은 예측하지 못해요. 저희가 어디 심리학자입니까? 저희는 다만 옳다고 생각하는 일을 했을 뿐이에요."

R씨가 숱한 각료 회의에 참석하여 정치가들과 더불어 그런 예견들을 제시했을 것이 그림처럼 선명히 눈앞에 떠올랐으나, 여기서 싸우는 것은 역시 별 이득이 없을 것이라는 생각이 들었다. 그래서 나는 이렇게 물었다.

"왜 로저를 뉴욕에 보내지 않는 것이 옳은 일이라고 생각했습니까?"

R씨가 대답했다.

"가 봐야 제 방 정돈 하나 못할 것 아닙니까? 방 청소 좀 잘하라고 귀가 따갑게 얘기해도, 로저는 생전 하는 법이 없습니다. 그래서 저희는 제 방 청소도 못하는 사람이 외국에 대사로 파견된다는 것은 앞뒤가 맞지 않는다고 얘기했습니다."

나는 은근히 부아가 났다.

"주말에 다녀오는 뉴욕 여행이 해외 대사 파견하고 무슨 상관이 있다는 건지 모르겠군요. 그리고 정리 정돈에 대한 그 기대도 제가 보기엔 썩 현실적이지 못한 것 같습니다. 그 또래 남자 아이들 중 방을 깨끗이 해 두고 사는 아이들은 거의 찾아보기 힘듭니다. 저라면 오히려 깨끗이 해 두고 사는 아이들을 걱정스럽게 생각할 것 같습니다. 한 젊은이가 매우 가치 있는 분야에서 순전히 자신의 노력을 통하여 소중한 회의 참석의 기회를 얻게 된 마당에, 그런 이유 때문에 참석을 막는다는 것은 아무리 봐도 적절한 처사가 아니었다고 생각됩니다."

부인이 이번에는 부드럽게, 심지어 애교까지 부리면서 말했다.

"박사님, 실은 몇 가지 의문점이 있습니다. 로저가 그런 지진 아들과 함께 있는 것이 본인한테 좋은 것인지 저는 정말 모르겠습니다. 그런 아이들 중에는 정신적으로도 약한 애들이 으레 있는 것 아닙니까?"

힘이 쭉 빠졌다. R씨가 말을 이었다.

"이렇게 왈가왈부하는 것도 좋지만 지금은 뭔가 행동을 취해야만 합니다. 뭔가 조치를 취하지 않는다면 그 녀석은 이제 공공

연한 범죄자가 될 판입니다. 여름에 왔을 때 그 아이를 기숙사 학교로 보내는 얘기를 하지 않았습니까? 지금도 그렇게 권하고 싶으십니까, 박사님?"

"아닙니다. 지난 6월에도 저는 그것에 대해서 마음이 썩 편하지 않았기 때문에, 결정을 내리기 전 로저를 데리고 레븐슨 박사를 한번 찾아가 보라고 권했었습니다. 지금도 기숙사 학교의 가능성을 완전히 배제하고 싶지는 않지만, 지금은 마음이 훨씬 더 불편합니다. 로저는 지금 다니는 학교를 맘에 들어합니다. 그 곳 사람들이 자기를 좋아한다고 느끼고 있습니다. 만약 지금 로저를 거기서 나오게 한다면 그 애에게 퍽 큰 상처가 되리라고 생각합니다. 갑작스런 조치를 취할 필요는 전혀 없다고 봅니다. 그보다도 로저를 데리고 레븐슨 박사를 찾아가 보라고 한 번 더 권해드리고 싶습니다."

R씨는 짜증난다는 듯이 말했다.

"그러면 내내 맨 처음 그 자리가 아닙니까? 박사님, 그보다 더 결정적인 권유 사항은 없습니까?"

"다른 게 하나 더 있습니다만…."

"그게 뭡니까?"

"부모님 두 분 다 치료를 받아 보시기를 강력히 권유합니다. 로저도 시급한 도움이 필요하지만, 제가 보기엔 두 분도 마찬가지입니다."

잠깐 죽음 같은 침묵의 시간이 흘렀다. 그러더니 R씨의 얼굴에 재미있다는 듯한 엷은 미소가 피어 올랐다.

"왜 저희에게 치료가 필요하다고 생각하셨는지 무척 궁금하군요."

"궁금해하신다니 다행입니다. 화를 내실지도 모른다고 생각했거든요. 제가 두 분에게 정신 치료가 필요하다고 생각한 까닭은 두 분이 로저에 대해 전혀 공감하지 못하고 있는 것 같아 보이기 때문입니다. 두 분이 먼저 정신 치료를 받는 것만이 로저를 더 잘 이해하게 될 수 있는 유일한 길이 아닌가 싶습니다."

R씨가 계속하여 침착하고 세련되게 얘기했다.

"박사님, 박사님의 그 권유가 제게는 정말로 흥미롭군요. 자랑은 아니지만 저는 지금까지 직업 면에서는 성공했다고 봅니다. 집사람 역시 성공한 편입니다. 로저만 빼고는 아무런 문제가 없습니다. 아시다시피 집사람은 지역 사회 지도자입니다. 교회에서도 구역 위원회 위원이고 매우 많은 활동을 하고 있습니다. 박사님이 왜 저희를 정신적으로 문제가 있다고 생각하셨는지 정말 흥미롭지 않을 수 없습니다."

"그러니까 지금 그 말씀은 아픈 사람은 로저이고 두 분은 건강하다는 말씀이시군요. 물론 문제가 가장 눈에 띄게 드러난 사람이 로저인 것은 사실입니다. 그러나 무엇보다도 중요한 점은 로저의 문제는 바로 두 분의 문제라는 사실입니다. 저의 견해로 볼 때 과거부터 지금까지 로저의 문제들을 다루기 위해서 두 분이 한 행동들은 모두 잘못된 것들입니다. 로저가 기숙사 학교로 가고 싶어했을 때 두 분은 일언지하에 거절하고 더 이상 생각해 보지도 않았습니다. 제가 레븐슨 박사를 찾아가 보라고 했을 때도 두 분은 그 충고를 거절했습니다. 그리고 이제 로저가 지역 사회 활동에서 그간 쏟아 온 노력에 대해 좋은 보상을 받게 되자 두 분은 그가 그 보상을 누리는 것을 거절해 버리고선 그 거절이 그에게 어떤 영향을 줄 것인지에 대해서는 생각조차 하지 않고 있습니다. 두 분이 로저를 의도적으로 해치려 했다는 얘기는 아닙니다. 다만 심리학적 견해로 볼 때 두 분의 행동은 그 무의식 수준에 로저를 향한 깊은 적의가 있음을 보여 주고 있다는 얘기를 하는 것뿐입니다."

R씨는 예의 그 부드러운 변호사의 태도를 갖춰 이야기했다.

"박사님, 박사님의 견해를 듣게 되어 기쁩니다. 그건 물론 박사님의 견해겠죠? 하지만 그 밖에 다른 많은 의견도 있을 수 있겠죠? 요즘 로저에게 공공 범죄자가 될 것 같은 기미가 엿보이면서부터 그 애한테 잠깐 잠깐 적의를 느끼곤 한다는 사실은 인정하겠습니다. 그리고 박사님의 그 심리학적 견해라는 게, 로저가 저지르는 모든 사소하고 지저분한 일들에 대해 부모인 저희에게 책임이 있다고 지적하는 것도 이젠 알 것 같습니다. 박사님으로서도 저희 탓을 하기는 쉬운 일이겠지요. 저희야 걔한테 가장 좋은 교육, 가장 안정된 가정을 베풀어 주려고 땀 흘리며 애썼지만 박사님은 그렇게 땀 흘리지 않았으니까요. 그럼요. 박사님은 한 방울도 흘리지 않았지요."

부인이 거들 듯 얘기했다.

"박사님, 지금 우리 이이가 하려는 얘기는 그러니까 다른 견해가 있을 수도 있다는 얘기예요. 예를 들면 삼촌이 알콜 중독자였거든요. 혹시라도 로저의 문제는 피를 타고 유전이 된 것인지도 모르지요. 그러니까 어떤 결함이 있는 유전자가 걔한테 전해져서, 저희가 아무리 잘해 줘도 결과는 언제나 나쁘게 나올 수 있는 것 아니겠어요?"

나는 그들을 쳐다보았다. 섬뜩한 기분이 들었다.

"그러니까 두 분의 말은 로저의 문제가 치료 불능이란 그런 얘깁니까? 맞죠? 지금 그 말을 하고 있는 거지요?"

부인이 냉정하게 말했다.

"저희도 로저가 불치라고 생각하고 싶지는 않아요. 사실 약이 됐든 뭐가 됐든 그 애를 고쳐 줄 수 있는 것이 있기를 바라지요. 하지만 의사라고 해서 모든 병을 고칠 수는 없잖아요. 안 그런가요?"

내가 더 이상 무슨 말을 하겠는가. 정신과 의사로서 내 입장을 설명해 줄 수밖에.

"정신 질환의 증상들 가운데는 전체 또는 부분에 있어서 근본적으로 유전 인자와 상관 있는 것들도 많이 있습니다. 하지만 현재 로저의 문제가 거기에 해당된다고 볼 만한 증거는 아무것도 없습니다. 두 분의 아들에 대한 저의 진단은 이렇습니다. 로저는 우울증이며 그것은 유전적인 것도 치료 불능도 아닙니다. 오히려 나는 우리가 로저 스스로 자신의 감정을 잘 이해할 수 있도록 도와주고 또 당신들이 그를 대하는 방식을 바꾸기만 한다면 그의 문제는 얼마든지 고칠 수 있다고 믿습니다. 물론 제 진단이 정확하다는 보장은 없습니다. 다만 저의 경험과 판단력에 바탕을 둔 최선의 진단일 뿐입니다. 그래도 저는 이 진단이 98퍼센트 정확하다고 봅니다. 100퍼센트라고는 말씀드릴 수 없습니다. 만약 잘 믿어지지 않는다면 다른 정신과 의사들한테 따로 자문을 구하셔도 됩니다. 원한다면 제가 얼마든지 그런 분들을 소개해 드릴 수 있고 또 두 분 스스로 찾아볼 수도 있을 것입니다. 그러나 분명히 말씀드려야 할 것은 지금 시간이 많지 않다는 사실입니다. 당장 적절한 도움을 받으면 로저의 치유가 가능하다고 생각하지만, 만약 늦어진다면 그것도 확신할 수 없습니다."

R씨는 전형적인 재판석의 변호사 자태를 풍기면서 내 얘기가 지루하다는 듯한 태도로 대답했다.

"박사님, 어디까지나 그것은 박사님의 견해시겠죠? 그렇죠?"

"그렇습니다. 저의 견해입니다."

"물론 과학적인 증거도 없겠죠? 추리일 뿐이겠죠? 하지만 박사님은 로저의 문제가 무엇인지를 정확히는 모르고 계십니다. 맞죠?"

"예, 맞습니다."

"그러니까 박사님이 지금 진단할 수 없는 요소 가운데 로저의 문제가 유전적이고 불치일 수도 있다는 가능성은 얼마든지 있는 것입니다."

"가능성은 있지요. 하지만 매우 희박합니다."

나는 말을 끊고 담배에 불을 붙였다. 손이 떨렸다. 다시 그들을 쳐다보았다.

"저에게 가장 충격적인 사실은 두 분께서 자신들에게 치료가 필요할 수도 있다는 사실을 믿으려는 마음보다는 로저의 문제가 치유 불가능한 것이라고 믿으려는, 그래서 여기서 두 분의 아들을 단념해 버리려고 하는 마음이 훨씬 더 강해 보인다는 사실입니다."

순간적으로 내가 그들한테서 볼 수 있었던 것은 공포에 찬 눈동자가 전부였다. 그것은 가히 동물적이라 할 수 있는 공포였다. 그러나 이내 그들은 그 세련됨을 되찾았다. R씨가 말했다.

"박사님, 저희는 그저 사실을 있는 그대로 알려고 하는 것뿐입니다. 저희가 사실과 허구를 구별하려 한다는 것 때문에 저희를 비난하실 수는 없는 것 아닙니까?"

그때 내 심정은 마치 예전의 공산국가 소비에트 연방 크렘린에서 성경을 팔려고 하는 사람이 된 것 같았다.

"누구나 정신 치료 받기를 두려워합니다. 그 거부는 자연스러운 것입니다. 자신의 숨은 생각과 감정이 드러나게 되는 것을 달가워할 사람은 아무도 없습니다. 그러나 일단 시작하면 그것도 그렇게 무서운 것은 아닙니다. 그것이 두 분에게 조금이라도 더 편하게 느껴질 수 있도록 저도 최선을 다해 협력하고 싶습니다.

간단한 자문만 하게 되어 있는 규정을 어기더라도, 두 분과 로저가 필요한 도움을 얻을 수 있게 하기 위해 능력이 닿는 한 무엇이든 다해 보도록 하겠습니다."

그들이 내 제안을 받아들이지 않으리라는 것을 나는 잘 알고 있었다. 실은 마음 한구석에서는 그렇게 되기를 은근히 바라고 있었다. 그래도 왠지 일단 그렇게 제안해야만 할 것 같은 생각이 강하게 들었다. 그들이 내 마음에 내키지 않는다는 이유만으로 쉽게 그들을 다른 의사에게 의뢰할 수는 없었다. 바비의 경우를 체험한 지 적어도 7년이 흐른 만큼 나도 이제 내가 어디서 걸리는지 웬만큼 알고 있었던 것이다.

부인이 애교스럽게 말했다. 마치 우리가 파티 석상에서 한담이라도 나누고 있다는 투였다.

"그럼요, 박사님. 맞는 말씀이지요. 사실 누군가에게 기댈 수 있고 자기 얘기를 할 수 있다는 것은 즐거운 일 아니에요? 하지만 시간도 많이 걸리고 돈도 엄청나게 들 것 같아요. 아닌가요? 저희 수입이 상류층 정도만 돼도 어렵지 않을 텐데요. 애들도 둘이나 가르치고 있고… 아무튼 그런 예술 작업에 몇 년이고 쏟아 부을 만한 그런 돈은 아직 갖고 있질 못해서요."

나는 대답했다.

"두 분의 수입이 상류층인지 아닌지 저는 잘 모릅니다. 하지만 연방정부 보험제도의 혜택을 받고 계시다는 것은 압니다. 그 정도면 외래 정신 치료엔 최상의 혜택입니다. 현금으로 직접 내는 돈은 총 치료비의 5분의 1밖에 안 될 것입니다. 그래도 비용이 걱정되신다면 가족 치료를 받을 수도 있어요. 가족 치료는 치료자가 두 분과 로저를 함께 만나기 때문에 비용이 그만큼 절감됩니다."

R씨가 자리에서 일어났다.

"박사님, 대화가 아주 재미있었습니다. 배운 것도 많았고요. 박사님의 시간을 뺏는 것은 이 정도 해야 될 것 같습니다. 사무실에 돌아가야 할 시간이 돼서요."

"로저는 어떻게 하실 겁니까?"

"로저요?"

R씨가 멍한 얼굴로 나를 쳐다보며 물었다.

"예, 로저요. 로저는 훔친 사건에 대해서 죄책감을 느끼고 있습니다. 성적은 형편없이 떨어져 있습니다. 또 우울해하그 두려워하고 있습니다. 문제에 빠져 있다는 얘기입니다. 로저는 어떻게 됩니까?"

R씨가 대답했다.

"음, 로저 문제로 많이 생각해야 될 것 같군요. 아주 많은 생각을요. 그리고 박사님도 오늘 많은 생각거리를 주시지 않았습니까? 정말 많은 도움이 되었습니다."

나 역시 자리에서 일어나면서 말했다.

"그랬기를 바랍니다."

싫든 좋든 이제 면담은 완전히 끝났다.

"그리고 제가 권해 드린 사항에 대해서도 신중하게 생각해 보시기 바랍니다."

R씨 부인이 만족한 듯한 목소리로 말했다.

"물론이죠, 박사님. 박사님 말씀이라면 뭐든 신중히 생각해 봐야지요."

R씨 부부는 지난번과 마찬가지로 이번에도 내가 로저를 다시 만나는 것을 막으려고 했다. 그러나 나는 주장을 굽히지 않았다.

"로저에게도 진행 사항을 알아야 할 권리가 있습니다."

결국 마지막 몇 분을 로저와 함께 보낼 수 있었다. 로저는 아직도 지갑 안에 내 명함을 가지고 있었다. 나는 메리 교장 선생님께 전화를 걸어서 로저가 성 토마스 고등학교에 계속 남아 있는 것이 좋겠다고 말하겠다고 로저에게 전했다. 또 부모님에게 그를 데리고 레븐슨 박사를 찾아가 보라고 다시 권해 드렸다는 얘기도 해 주었다. 나는 계속 말했다.

"로저, 내가 보기에 이것은 전적으로 네 문제만은 아니야. 너의 부모님께도 네 문제 못지않은 심리적 문제가 있다고 본다. 나는 부모님이 너를 이해하기 위해 애쓰고 있다고는 생각하지 않는다. 너의 부모님과 네가 필요로 하고 있는 그 도움을 부모님이 잘 받으려 할지는 나도 모르겠구나."

예상했던 대로 로저는 헤어질 때도 처음처럼 아무런 표정 변화가 없었다.

3주 후 내겐 수표 한 장이 배달되었는데 쪽지가 동봉돼 있었다. 아주 분위기 있는 편지지 위에 쓴 R씨 부인의 편지였다.

박사님께

지난 달 저희의 청을 듣고 즉시 다시 만나 주신 것에 대해 깊은 감사를 드립니다. 남편과 저는 박사님이 로저에게 보여 주신 관심에 대해 진심으로 감사드립니다. 박사님의 권유에 따라 로저를 기숙사 학교로 보냈다는 것을 알려 드립니다. 노스 캐롤라이나 주에 있는 청소년 사관 학교인데 행동에 문제가 있는 아이들을 잘 지도하기로 평판이 자자한 학교입니다. 이제부터는 일이 잘 되어가리라고 확신합니다. 다시 한 번 감사드립니다.

—R씨 부인으로부터

10년 전에 있었던 일이다. 그 후 로저가 어떻게 됐는지 모른다. 지금은 25세가 되었을 것이다. 가끔 그를 생각하며 기도하곤 한다.

악의 미묘성과 교활성

악을 논할 때 따라다니는 한 가지 어려운 요소는 그 미묘성 또는 교활성이다. 조금은 그 악의 명확성 때문이기도 하다. 형이 자살한 바로 그 총기를 동생에게 준다는 것은 누가 생각하더라도 말도 안 되는 괴상망칙한 행위다. 그것은 분명 악한 행위다.

그러나 로저의 부모한테는 그런 말도 안 되는 이상한 행동은 눈 씻고 찾아볼 수 없었다. 그저 여행 허락의 문제와 학교 전학의 문제뿐인데 그거야 학부모라면 얼마든지 내리게 되는 평범한 종류의 결정들이랄 수밖에 없다. 이 문제들에 대한 그들의 판단이 나의 판단과 달랐다는 이유만 갖고 그들이 악하다고 규정하기에는 근거가 불충분하다. 만약 환자가 나의 의견에 동의하지 않고 또 내 충고를 받아들이지 않는다는 이유로 그를 악하다고 규정한다면 그렇게 생각한 나야말로 악하다는 판단을 받아야 하는 것 아니겠는가? 그것은 그저 악이라는 개념을 나의 판단에 거스르는 사람들에게 안이하게 적용함으로써 그것을 잘못 사용하는 것 아니겠는가?

이처럼 악의 개념이 잠재적으로 잘못 사용되는 것은 대단히 실제적인 문제다. 이에 대해서는 맨 마지막 장에서 자세히 다룰 것이다. 여기서는 로저가 악의 피해자였다는 나의 결론을 충분히 설명하는 것이 치료자로서의 도리라고 생각한다. 그것은 나에겐 특히 중요하다. 바비의 경우와 로저의 경우 둘 중에서 특별히 로저의 경우가 더 전형적인 까닭에서다. 악이란 바비의 경우에서와 마찬가지로 그 정체가 저절로 뚜렷하게 드러날 수도 있지만 사실 그런 경우는 아주 드물다. 악은 평범하고 정상적이며 심지어는 합리적인 것처럼 나타나는 경우가 훨씬 더 많다. 전에도 말했듯이 악한 사람들은 위장술의 도사이다. 그들은 다른 사람들에게든 자기 자신에게든 자신의 참된 색깔을 있는 그대로 열어 보이지 못한다. 뱀이 교활함으로 유명한 것도 알고 보면 모두 이유가 있는 것이다.

그러므로 행동 하나만 보고 사람을 악하다고 판단할 수 있는 경우는 극히 드물다 하겠다. 우리의 판단은 그 사람의 행동 방식 또는 양식은 물론 전체적인 행동 유형까지 근거해서 내려져야 하는 것이다. 그러니까 로저의 부모가 로저의 바람이나 나의 권유와 어긋나게 학교를 선택했다는 사실 그 자체만으로는 아직 미흡하다. 중요한 것은 그들이 1년이라는 기간 동안에 그런 선택을 계속하여 세 차례나 되풀이했다는 사실이다.

또 그들이 어떤 특정한 경우에 로저의 감정을 무시했다는 것도 그리 큰 문제가 되지 않는다. 문제는 그들이 기회가 생길 때마다 그렇게 하고 있었다는 사실이다. 한 인간으로서의 로저를 향한 그들의 관심 부족은 완전히 일관성 있는 하나의 유형이었다.

이것으로써 그들이 악하다고 할 수 있을까? 그저 R씨 부부를 유별나게 둔감한 사람이라고 말하고 그냥 거기서 끝낼 수도 있지 않을까? 그러나 그들은 결코 둔감한 사람들이 아니었다. 그들은 높은 수준의 지성인이었으며, 미묘한 뉘앙스를 담아 뜻을 전달하는, 이른바 사회성이라는 것이 놀랍도록 발달되어 있는 사람들이었다. 우리는 지금 애팔래치아 산맥에서 온 가난하고 볼품없는 농사꾼 얘기를 하고 있는 것이 아니라, 교육 수준이 높고 교양이 있으며 정치에도 식견이 뛰어난 지식인 부부 얘기를 하고 있는 것이다. 이들은 그룹 회의나 칵테일 파티에도 아주 익숙해 있는 사람들이다. 만약 그들에게 인간성이 부족했다면 지금의 위치에 이르지도 못했을 것이다. R씨는 분명 법률상의 결정을 경박하게 내릴 사람이 아니었고, R씨 부인도 때 맞추어 여기저기에 꽃다발을 보낼 수 있는 사람이었다. 그러나 그들은 유독 로저만큼은 기억하지도 생각하지도 않았다. 그들의 둔감성은 선택적으로 로저에게만 나타났다. 의식적이든 무의식적이든 아무튼 그것은 사실이었다.

왜일까? 왜 그들은 그렇게 선택적이 되어야만 했을까? 단지 로저가 자신들을 귀찮게 하기를 원치 않았기 때문일까? 그래서 그들은 로저의 필요에 따라서가 아니라 그저 가장 값싸고 편한 방식으로 늘 그를 대해 온 것이란 말인가? 아니면 그들은 진짜 무슨 괴상한 방법으로 로저를 없애 버리기 원했을까? 나는 알지 못한다. 앞으로도 알 수 없을 것이다. 사실 악이라는 것에는 기본적으로 이해할 수 없는 부분이 있는 것 같다. 설령 이해할 수 없다 하더라도 그것은 특성상 수수께끼 같은 주제다. 악한 사람들은 언제나 자신의 참된 동기를 거짓 뒤에 감춘다.

앞에 소개한 R씨 부부와의 면담 장면들을 훑어보면 수없이 많은 거짓말들을 발견하게 된다. 그리고 그것의 두드러진 일관성을 또 한 번 보게 된다. 한두 번의 거짓말이 문제가 아니다. 로저의 부모는 나에게 밥 먹듯이 반복적으로 거짓말을 했다. 그들은 거짓의 사람들이었다. 하지만 대단한 거짓말들은 아니었다. 법에 저촉될 만한 그런 거짓말은 하나도 없다. 그러나 그들의 거짓은 전체에 쫙 깔린 하나의 유형이었다. 실은 나를 보러 왔다는 것 자체도 하나의 거짓이었다.

로저한테 아무런 관심도 없고 내 충고에도 전혀 흥미가 없으면서도 그들은 도대체 왜 나에게 도움을 청하러 왔을까? 결론은 그것 자체가 위장의 한 부분이라는 것이다. 그들은 자신들이 로저를 돕고자 하는 것처럼 보이기를 원했다. 매번 학교로부터 그런 권고를 들은 터이니 만약 그렇게 하지 않는다면 그들은 태만한 부모로 드러날 것이었다. 혹시 누가 그들에게 "로저를 정신과 의사에게 데리고 가 보셨나요?"라고 물어 올 경우 이제 그들은 "예, 그것도 여러 번요. 하지만 아무런 도움이 안 되더군요"라고 말할 수 있는 위치에 서게 된 것이다.

그들이 로저를 두 번째로 병원에 데리고 왔을 때 왜 다시 나에게로 왔을까 나는 한동안 의문을 가졌었다. 사실 나와의 첫 만남이 그들에게는 썩 기분 좋은 것이 아니었는데다가, 또 자신들이 나의 권유 사항을 따르지 않았었다는 사실이 다 드러나게 되리라는 것을 자신들도 알았을 터인데 말이다. 아무래도 그들이 다시 나를 택한 것은 좀 이상한 처사인 것 같았다. 그러나 그때 내게 뭔가 짚이는 것이 있었다. 당시 나는 아주 간단한 자문을 하도록 되어 있었다는 사실, 그리고 내가 그 사실을 그들에게 매우 분명히 해 두었다는 사실이다. 이 말은 곧 환자로 하여금 내 권고 사항에 따르도록 하는 비중 있는 압력이 전혀 없을 것이라는 얘기도 될 수 있다. 즉 그들에게는 피할 길이 활짝 열려 있었던 셈이다. 내 위치가 그들의 위장 의도에 꼭 들어맞았던 것이다.

위장이란 흔히 정반대의 것을 숨기는 까닭에 악한 사람들은 대부분 사랑이라는 위장을 취한다. R씨 부부가 주장하고 싶었던 메시지는 바로 이것이었다.

"우리는 좋은 부모, 사랑 많은 부모이기 때문에 로저의 문제에 깊은 관심을 갖고 있습니다."

앞 장에서 말했듯이 악한 자들의 위장은 다른 사람들 못지않게 자기 자신들을 속이려는 것이기도 하다. 내가 보기에 R씨 부부는 자신들이 로저를 위해서 할 수 있는 모든 일을 다 하고 있다고 믿고 있었다. 이제 그들은 틀림없이 "로저를 데리고 정신과 의사한테도 여러 번 가 봤는데요, 뭐 별 도움을 주지 않더군요"라고 말하고 다닐 것이고, 그러노라면 자세한 세부 사항들은 다 잊어버리고 말 것이다. 그러나 사실 진상은 그 세부 사항들 속에 들어 있다.

경험이 조금 있는 정신과 의사들이라면 이 세상엔 사랑 없는 부모가 많이 있다는 사실과 그들 중 대부분이 최소한 어느 정도는 사랑을 위장하는 자세를 고수한다는 사실을 알고 있다. 물론 그들 부부가 모두 악하다고는 볼 수 없다. 적어도 나는 그렇게 생각한다. 분명 정도의 차이는 있을 것이다. 마르틴 부버가 말한 두 가지 유형의 신화로 얘기한다면 '타락하고 있는' 사람들과 '이미 타락한' 사람들이 있다고 하겠다. 물론 둘 사이의 경계선을 정확히 어디에다 그어야 할지는 나도 잘 모른다. 그러나 R씨 부부가 이미 그 경계선을 넘어섰다는 것은 알고 있다.

첫째, 그들의 정도는 자신들의 나르시시즘적인 자아상을 보전하기 위해서라면 능히 로저도 희생시킬 수 있을, 그러기를 원하는 만큼까지 가 있었다. 그들이 가지 못할 제한선은 전혀 없었다. 로저를 '유전적인 범죄 인물'로 부르는 것도 그들에게는 전혀 문제가 되지 않았다. 그들 자신들에게 치료가 필요하다는 나의 제안을 방어하기 위해서라면 로저를 가망 없고 치료가 불가능한 악성 환자로 은근히 밀어붙이는 것도 그들에게는 쉬운 일이었다. 필요하다면 언제든지 로저를 희생양으로 이용할 수 있다는 그들의 태도에는 실로 아무런 제한선이 없었다.

둘째, 그들이 한 거짓말의 정도를 들 수 있다. R씨 부인은 쪽지에 이렇게 썼다. '박사님의 권유에 따라 로저를 기숙사 학교로 보냈다는 것을 알려 드립니다.' 얼마나 기막힌 말인가! 오히려 로저를 성 토마스 고등 학교에서 다른 학교로 전학시켜서는 안 된다고 각별히 주의를 주었는데도 내가 그를 전학 보내라 했다고 말하고 있는 것이다. 나의 권유에 따라서라고? 말도 안 되는 소리다. 내가 가장 강력하게 권유한 것이 무엇인가? 그들이 치료를 받으라는 것이었다. 그러나 그들은 끝까지 거기에 따르지 않았다. 게다가 이 문장 속에는 그들이 실제로는 내 권유를 부적절하다고 생각하지만, 그래도 내가 권유했기 때문에 큰맘 먹고 따른다는 암시가 들어 있다.

거짓말은 하나가 아니다. 둘이 아니다. 셋도 아니다. 이 짧은 한 문장 안에 그야말로 온통 거짓들이 단단히 또아리를 틀고 있는 것이다. 그 왜곡에 있어서 그들은 가히 천재적이다. 내가 보기에 R씨 부인은 쪽지에 '박사님의 권유에 따라서'라고 썼을 때 자기가 실제로 그렇게 하고 있다고 믿는 것 같았다. 부버는 그것을 다음과 같은 말로 아주 잘 표현하고 있다.

"가려진 영혼 속에서 벌어지는 섬뜩한 숨바꼭질 놀이, 단 하나뿐인 인간의 영혼은 그 속에서 혼자서 치고 받다 스스로 피하여 숨는다." ▪

악의 피해자로서 가장 전형적인 사람은 어린아이다. 그도 그럴 것이 아이들은 우리 사회에서 가장 연약하고 상처받기 쉬운 구성원들이다. 뿐만 아니라 부모들에게는 자녀들의 생활 전반에 걸쳐 마음대로 휘두를 수 있는 절대적인 권력이 주어져 있는 까닭에서다. 아이들에 대한 부모의 지배는 노예들에 대한 주인의 지배와 크게 다르지 않다. 아이의 미성숙과 그로 인한 의존성은 부모가 거대한 능력을 장악하는 것을 불가피하게 만든다. 그러나 모든 권력과 마찬가지로 부모의 권력 역시 다양한 모습으로 악하게 잘못 사용될 수 있다는 사실도 결코 부인할 수 없다. 게다가 부모와 자녀 사이는 친밀할 수밖에 없는 관계다. 주인은 노예가 마음에 들지 않으면 언제든지 팔아 버릴 수 있다. 그러나 아이들이란 부모로부터 노예처럼 자유로운 존재가 아닌 까닭에 부모

▪ Martin Buber, Good and Evil(Charles Scribner's Sons, 1953), p. 111.

는 아이들과 그들이 부과해 오는 압력에서 벗어나기가 어렵다.*

바비와 로저의 경우에서 또 하나의 전형적인 호기심을 자아내는 특징은 부모들이 보여 준 단합의 모습이다. 두 경우 모두 부모 둘이서 완벽한 팀으로 활동하고 있다. 바비의 경우 아버지는 악하지만 어머니는 아니다라든가 어머니는 악하지만 아버지는 별로 그렇지 않다고 말할 수 없는 상황이다. 나는 그 부부는 둘이 똑같이 악하다고 본다.

R씨 부부도 마찬가지다. 둘이 똑같이 진실돼 보이지 않았고, 둘이 똑같이 파괴적인 결정을 내리는 데 가담했으며, 둘이 똑같이 자신들이 로저의 문제에 연루될 듯싶자 로저를 불치의 환자로 몰아세우려 들었다.**

그러나 매일매일 정신 치료의 현장에서 만나게 되는 악의 희생자들이 언제나 어린아이들인 것은 아니다. 이번에는 하틀리와

---

* 악한 사람을 찾아보기 원할 때 가장 간단한 방법은 그 악의 피해자를 통해서 추적해 나가는 방법이다. 우선 들여다볼 수 있는 가장 쉬운 대상은 바로 정서 장애 어린이들의 부모이다. 그렇다고 모든 정서 장애 어린이들이 다 악의 희생자라거나 그런 어린이들을 둔 부모들이 다 악한 사람들이라는 얘기는 결코 아니다. 악의 모습은 그런 사람들 가운데 몇몇 경우에서만 찾아볼 수 있다. 그래도 그 적은 수가 아주 중요한 것임은 물론이다.

** 이러한 부부의 단합은 정신과 의사들에게는 이상한 것이 아니다. 자녀 구타의 경우들을 조사해 보면 부모 둘 다가 자녀를 똑같이 때리는 것이 하나의 규칙임을 알게 된다. 심지어 상습적인 부녀간 근친 상간의 경우에서도 어머니 쪽에서의 어느 정도의 공모는 흔히 있는 일이다. 다시 한 번 말하지만 나는 지금 구타를 하거나 근친 상간을 하는 부모들이 모두 악하다는 말을 하려는 것은 아니다. 단지 자녀의 정신 질환 생성에는 거의 언제나 부모 양쪽이 연루된다는 사실의 한 예로 이 현상들을 인용하고 있는 것뿐이다. 플로라 슈라이버(Flora Schreiber)의 「Sybil」(Warner Books, 1974)을 읽어 본 사람은 이 원리가 사실이라는 것을 잘 알고 있을 것이다.

사라의 경우를 살펴보고자 한다. 이들은 40대 후반의 부부로서 자녀는 없다. 그들의 첫 면담 내용을 여기에 옮겨 적는다. 여기서 우리는 성인이 악으로부터 입는 피해는 어린아이들이 입는 피해와는 근본적으로 다르다는 사실을 알게 될 것이다. 이 사례는 또한 우리가 지금까지 얘기해 왔던 '악한 부부'의 현상을 더 잘 이해하는 데에도 좋은 단서를 제공해 주고 있다. 무엇보다도 이 경우는 인간의 악을 정신 의학적으로 규명하는 문제가 얼마나 생소하고 곤혹스러운 차원의 문제인지를 아주 잘 보여 준다.

하틀리와 사라의 사례

내가 그들을 처음 만난 것은 하틀리가 주립 병원에서 퇴원한 바로 다음 주였다. 한 달 전 일요일 오전 11시, 하틀리는 이발소용 면도칼로 자기 목을 앞에서 뒤로 죽 그었다. 그리고 나서 그는 웃통을 벗은 채로 욕실에서 거실로 걸어 들어갔다. 거실에서 가계부를 정리하고 있던 사라를 보면서 그는 이렇게 말했다.

"다시 자살을 시도했어."

사라가 고개를 돌려 보니 하틀리의 상체에 피가 줄줄 흘러내리고 있었다. 사라는 급히 경찰에 전화를 했고, 이내 앰뷸런스가 도착했다. 하틀리는 지방 병원 응급실로 옮겨졌다. 상처는 비교적 얕았다. 목 부분의 경동맥과 경정맥 중 어느 것도 다치지 않았던 것이다. 상처를 꿰맨 후 하틀리는 주립 병원으로 이송되었다. 그것은 지난 5년 새에 일어난 세 번째 자살 시도이자 세 번째 주립 병원 입원이었다.

이들 부부는 이 지역으로 이사 온 지 얼마 되지 않았기 때문에 주립 병원에서는 하틀리를 퇴원시키면서 바로 우리 클리닉에 가서 추후 조리를 하라고 처방해 주었다. 그의 퇴원 진단에는 '복합 우울증적 반응을 보임' 이라고 쓰여 있었다. 그는 항우울제와 신경 안정제를 다량 복용하고 있었다.

내가 그를 맞이하기 위해 응접실에 나갔을 때 하틀리는 아내 옆에 조용히 앉아 있었다. 다소 왜소해 보이는 보통 키의 중년 남자였는데, 멍한 눈으로 허공을 쳐다보고 있는 것이 마치 좁은 방 안에 갇혀 있는 사람이 하는 태도 처럼 보였다. 보고 있노라니 짜증부터 났다. 속으로 생각했다. '아니, 주립 병원에서는 사람을 보낼 때 좀더 나은 상태로 만들어서 내보내야 하는 것 아닌가?'

그는 캘커타의 블랙 홀(Black Hole, 인도 캘커타의 작고 음울한 감방 – 역주)만큼이나 우울했다. 그래도 일단 환영했다.

"펙 박사라고 합니다. 사무실로 들어오시지요."

"집사람도 들어가도 되나요?"

하틀리가 애원하는 듯한 말투로 중얼거렸다. 나는 사라를 쳐다보았다. 그녀는 호리호리하고 깡마른 체구로 키는 하틀리보다 작았는데도 보기에는 훨씬 커 보였다.

"박사님이 괜찮으시다면요."

사라는 예쁘게 미소 지으면서 말했다. 그 미소는 조금도 내 기분을 좋게 해 주지 않았다. 어쩐지 그 미소는 입가에 번진 촘촘한

주름살에서 풍기는 약간 쓸쓸한 표정과는 어울리지 않아 보였다. 철테 안경을 끼고 있는 그녀의 모습은 마치 선교사 부인 같았다. 나는 그들을 사무실로 들어오라고 했다. 그리고 하틀리에게 물었다.

"왜 아내가 함께 들어오기를 원하셨습니까?"

"집사람이 옆에 있으면 마음이 편하니까요."

그는 담담하게 대답했다. 그 말 속에 무슨 따뜻한 느낌 같은 건 전혀 없었다. 그저 사실을 표현하는 말일 뿐이었다. 내 표정이 약간 이상해 보였을 것이다. 사라가 밝은 미소를 지으며 말했다.

"박사님, 이이는 늘 그렇답니다. 한시라도 제가 눈앞에서 사라지면 안 돼요."

나는 하틀리에게 물었다.

"질투심 때문에 그러시는 건가요?"

"아뇨."

그는 느릿느릿 대답했다.

"그러면 왜죠?"

"무서워서요."

"뭐가요?"

"모르겠어요. 그냥 무서워요."

사라가 끼어들었다.

"생각 때문인 것 같아요, 박사님. 여보, 박사님께 당신의 생각들을 말씀드리세요."

하틀리는 아무 말이 없었다.

"지금 부인께서 말씀하시는 생각들이란 게 무슨 뜻입니까?"

내가 하틀리에게 물었다. 하틀리는 단조로운 말투로 대답했다.

"죽인다는 생각 얘기죠, 뭐."

"죽여요? 사람을 죽이는 생각을 한단 말입니까?"

"아뇨. 그냥 죽인다는 생각, 그것뿐입니다."

"아직 잘 이해가 안 됩니다만…"

나는 어설프게 말했다.

"그것은 단지 말에 대한 생각입니다."

하틀리는 아무 감정 없이 설명하기 시작했다.

"'죽인다'라는 단어가 자꾸만 마음에 떠올라요. 마치 누군가가 그렇게 말해 주는 것처럼요. 시도 때도 없어요. 하지만 가장 많이 떠오를 때는 아침입니다. 아침에 일어나서 면도하려고 거울을 보면 거기에 그 단어가 있습니다. '죽여라.' 거의 매일 그렇습니다."

"환각 같은 것인가요? 어떤 목소리가 당신에게 죽이라고 말하는 게 들립니까?"

"아뇨, 소리는 안 들려요. 그냥 마음에 단어가 떠올라요."

"면도할 때 말인가요."

"예, 그래서 항상 아침에 기분이 가장 나빠요."

"당신은 이발소용 면도칼로 면도합니까?"

나는 갑자기 직감 같은 게 떠올라서 그렇게 물었다. 하틀리는 고개를 끄덕였다. 나는 계속해서 말했다.

"그러니까 그 면도칼로 누군가를 죽이고 싶다는 말이로군요."

하틀리는 깜짝 놀라는 표정을 지었다. 그것은 그의 얼굴에서 본 첫 번째 감정 표현이었다. 그러더니 그는 힘주어 말했다.

"아아뇨, 다른 사람을 죽이고 싶다는 생각은 없어요. 그런 감정이 아니라 그냥 단어라고요."

"그렇다면 어쩌면 자기 자신을 죽이고 싶은 것인가 보군요. 왜 그럴까요?"

"저는 너무너무 무서워요. 저는 누구한테도 좋은 사람이 못 돼요. 집사람한테도 귀찮은 짐밖에 안되는걸요."

목소리가 어찌나 무겁던지 나도 덩달아 가라앉는 것 같았다. 그는 사람들 속에 존재한다는 것이 못내 불편한 것 같았다. 나는 사라에게 물었다.

"남편이 짐으로 느껴집니까?"

사라는 명랑하게 대답했다.

"아뇨, 저는 괜찮아요. 다만 혼자 있는 시간을 조금이라도 가질 수 있으면 좋겠어요. 그리고 우리는 돈도 별로 없어요."

"그러니까 남편이 짐으로 느껴진다는 말씀이군요?"

"주님께서 저를 도와주십니다."

사라는 대답했다.

"왜 형편이 그렇게 어려워졌나요?"

"이이는 8년 동안이나 일을 못 했어요. 우울증이 너무 심해서요. 에그, 불쌍한 사람. 그저 제가 전화기 회사에서 버는 걸로 근근이 살아가고 있어요."

"저는 세일즈맨이었어요."

하틀리는 푸념조로 한마디 했다. 사라가 말을 이었다.

"결혼 후 10년까지는 그래도 출근은 했었지요. 하지만 세일즈맨으로서 빛을 본 적은 한 번도 없었어요. 안 그래요, 여보?"

하틀리는 수긍하지 않았다.

"무슨 소리야? 그래도 결혼 첫 해엔 커미션만도 2만 달러 넘게 벌었는데."

"그건 1956년이었잖아요. 그 해는 전기 스위치가 붐을 이루던 때였어요. 1956년도에 전기 스위치를 팔았다면 누구라도 그 정도 돈은 벌었을 거라고요."

사라는 차근차근 얘기했다. 하틀리는 말이 없었다. 내가 물었다.

"왜 직장을 그만두셨습니까?"

"우울증 때문에요. 아침마다 무서움이 엄습해 와서 더 이상 출근이라는 걸 할 수 없었어요."

"무엇이 그렇게 당신을 우울하게 했습니까?"

하틀리는 당황하는 듯했다. 기억이 날 듯하면서도 잘 나지 않는다는 표정이었다. 한참 후 드디어 입을 열었다.

"아마 그 단어들 때문이었을 겁니다. 분명해요."

"이를테면 '죽인다'와 같은 단어가 계속 마음에 떠올랐다 그런 말씀이십니까?"

하틀리는 그렇다고 했다.

"조금 전에 단어들이라고 복수로 말씀하셨죠? 죽인다 말고 다른 단어들도 있었습니까?"

대답이 없었다. 사라가 말했다.

"여보, 어서요. 딴 단어들도 박사님께 말씀을 드리세요."

그는 마지못해 입을 열었다.

"예, 다른 단어들이 떠오를 때도 있었지요. '칼로 그어라', '쇠망치' 뭐 그런 것들이에요."

"그 밖에는요?"

"'피'도 있어요."

"전부 다 분노와 상관 있는 말들이군요. 무척 화나지 않고서는 그런 단어들이 머릿 속으로 들어오지 않으리라고 생각됩니다."

나는 약간 설명을 해 주었다. 그러자 하틀리는 무턱대고 우겼다.

"저는 화나지 않았어요."

이번에는 사라에게 물었다.

"당신은 어떻게 생각하십니까? 남편이 화가 났다고 생각하십니까?"

그녀는 마치 이웃집 아이가 저지른 귀여운 장난 얘기라도 하듯 사뭇 쾌활한 웃음을 보이며 대답했다.

"이이는 저를 미워하는 것 같아요."

나는 놀라서 그녀를 쳐다보았다. 나는 이 말이 정말인지 의심스러웠다. 어쨌거나 그녀가 이 사실을 그렇게 태평하게 말할 수 있다는 것은 참으로 뜻밖이었다. 나는 물었다.

"남편이 당신을 해칠지도 모른다는 생각이나 걱정 같은 게 없나요?"

"아뇨, 전혀요. 이이는 파리 한 마리도 해치지 못할 걸요. 그렇죠, 여보?"

하틀리는 대답하지 않았다. 나는 사라에게 말했다.

"진지하게 말씀드리는 건데요, 남편은 죽이는 것과 피와 쇠망치를 생각하고 있습니다. 저라면 저를 미워하면서 그런 것들을 생각하고 있는 남편과 함께 산다는 사실이 말도 못하게 두려운 일일 것 같은데요."

사라는 태연하게 설명했다.

"하지만 박사님, 박사님은 모르세요. 이이는 절대로 저를 해치지 못해요. 이이는 그런 약해 빠진 사람이에요."

나는 얼른 하틀리의 얼굴을 쳐다보았지만 그에게는 아무런 표정도 없었다. 나는 1분 가량을 아연실색하여 말없이 앉아 앞으로 얘기를 어떻게 해 나가야 할지 골똘히 생각했다. 마침내 나는 그에게 이렇게 물었다.

"아내가 당신을 약해빠진 사람이라고 부를 때 느낌이 어떻습니까?"

"좀더 강해지고 싶다는 생각이 들어요."

그는 힘없이 대답했다. 그때 사라가 끼어들었다.

"이이는 차 운전도 못하는 사람이에요. 저 없이는 집 밖에도 못 나가요. 슈퍼마켓 같은 사람 많은 곳에는 아예 가질 못해요. 안 그래요, 여보?"

하틀리는 말없이 고개만 끄덕였다.

"당신은 아내의 말이라면 뭐든지 다 수긍하는 것 같군요."

내 지적에 그는 이렇게 대답했다.

"맞는 말이니까요. 저는 정말 집사람 없이는 혼자 아무 데도 못 간다고요."

"왜 그렇지요?"

"무서워서요."

"도대체 아까부터 뭐가 그렇게 무섭다는 거예요?"

내가 다그치듯 묻자 하틀리는 굽실거리며 대답했다.

"모르겠어요. 그저 말씀드릴 수 있는 것은 혼자서 뭘 해야 하는 상황만 되면 저는 겁이 난다는 거예요. 집사람만 옆에 없으면 아무튼 무서워요."

"그건 어린아이들이 하는 말 같은데요."

그러자 사라가 아주 태평하게 웃으면서 말했다.

"사실 이이는 여러 가지 점에서 어린아이예요. 여보, 당신은 아직 어른이 아니죠, 그렇죠?"

나는 그녀를 보며 얼른 한마디 던져 주었다.

"어쩌면 당신이 그가 어른이 되지 않기를 원하고 있는지도 모르죠."

사라의 얼굴에 증오의 표정이 스쳐 지나갔다. 그러더니 곧 날카로운 목소리로 말했다.

"제가 원한다고요? 도대체 제가 원하는 것이 한 번이라도 고려의 대상이 되어 본 적이 있나요? 제가 원하는지 원하지 않는지는 아무런 문제가 못 돼요. 저는 그저 해야 할 일을 할 뿐이죠. 주님께서 하라고 주신 일을 할 뿐이에요. 제가 무엇을 원하는지를 누가 압니까? 남편이 짐이라는 사실을 누가 알아줍니까? 운전이며 쇼핑이며 온갖 일들을 저 혼자 다 한다는 걸 도대체 누가 압니까? 하지만 전 불평하지 않아요. 할 수가 없어요. 제게는 그럴 권리가 없어요. 예, 사라에겐 권리가 없어요. 사라는 불평도 못해요. 남편은 우울증이에요. 남편은 인간 기생충이나 마찬가지예요. 사라를 걱정해 주는 사람은 아무도 없어요. 그저 주님께서 주신 이 짐을 지고 제 갈 길을 갈 뿐이에요."

나는 이 신세 타령에 잠깐 뒤로 주춤했다. 다시 강하게 맞부딪쳐도 될 것인지 얼른 판단이 서지 않았다. 그러나 결국 밀고 나갔다. 내게 그 상황을 도울 수 있는 어떤 방법이 있다는 생각에서라기보다는 호기심에서라는 편이 옳을 것이다.

"자녀가 없다고 하셨는데, 두 분이 자녀를 낳지 않기로 결정하신 겁니까?"

사라가 말했다.

"이이가 아이를 못 낳아요."
"아니, 그걸 어떻게 알지요?"
그랬더니 사라는 아직 그런 것도 모르느냐는 듯한 표정으로 나를 쳐다보며 말했다.
"제가 산부인과 의사한테 검사를 받아보았는데 저는 100퍼센트 정상이라고 했어요. 그러니 제겐 아무런 문제가 없을밖에요."
나는 하틀리에게 물었다.
"당신도 검사를 받아 보셨습니까?"
그는 고개를 흔들었다.
"왜 받지 않으셨습니까?"
하틀리는 그렇게 쉬운 것도 모르느냐는 듯한 말투로 반문했다.
"받아 볼 필요가 있습니까? 집사람한테 잘못이 없다니 제 잘못인 게 당연하지 않습니까?"
"하틀리, 당신은 제가 이제껏 만나 본 사람들 가운데 가장 수동적인 사람이군요. 아내가 자신이 검사받은 얘기를 할 때도 당신은 그저 수동적으로 그 말이 사실이라고 생각하는 거지요. 그리고 이제 아내가 정상이라니 마땅히 당신이 비정상이겠거니 하고 수동적으로 생각합니다. 하지만 남편도 아내도 다 정상인데 자녀를 낳지 못하는 경우들이 얼마나 많은지 아십니까? 당신도 100퍼센트 정상일 수 있습니다. 왜 그걸 검사해 보지 않은 겁니까?"

사라가 대신 대답했다.

"박사님, 그것은 소용없는 일일 거예요. 우린 둘 다 아이를 낳기엔 너무 늙었어요. 또 더 이상 검진받아 볼 돈도 없어요. 저 혼자 벌고 있다는 걸 잊으셨군요. 게다가 박사님은 이이가 아버지가 된다는 것이 상상이 되십니까? 자기 앞가림도 못하고 있는데 말이에요?"

그녀는 웃으며 말했다.

"하지만 자신이 신체적으로 아버지가 될 수 없는 사람이 아니라는 것만이라도 반드시 알 필요가 있지 않겠습니까?"

자신이 아버지로서 자격이 없다는 아내의 말에 역성이라도 들 듯이 하틀리가 말을 받았다.

"집사람 말이 옳아요. 다 부질없는 일이에요."

나는 몹시 피곤했다. 다음 환자를 볼 때까지는 20분이 남아 있었지만 여기서 면담을 끝내고 싶은 마음이 굴뚝 같았다. 변화의 가망은 전혀 없었다. 하틀리에게 도움이 될 만한 가능성은 전혀 없었다. 그는 갈 데까지 가 있는 상태였다. 그러나 도대체 무엇 때문일까? 도대체 왜, 그리고 어떻게 이런 비극이 일어났단 말인가? 나는 계속 말했다.

"어린 시절 얘기를 좀 해 주십시오."

"할 말이 없어요."

하틀리가 중얼거렸다.

"학교는 어디까지 다니셨죠?"

사라가 대신 대답했다.

"이이는 예일(Yale) 대학에 들어갔었어요. 중간에 낙제를 하긴 했지만. 그렇죠, 여보?"

하틀리는 고개를 끄덕였다. 사라가 냉정하면서도 정확하게 표현했듯이 이 '인간 기생충'이 한때는 쟁쟁한 일류 대학 학생이었다는 말이 왠지 좀 어설프게 느껴져서 나는 이렇게 물었다.

"당신은 어떻게 예일대에 가게 됐죠?"

"우리 집안은 아주 부유했습니다."

"그래도 어느 정도 실력이 있으니까 들어갔겠지요."

사라가 다시 끼어들었다.

"일도 못할 거면서 실력은 무슨 실력이에요? 늘 하는 얘기지만 하는 것이 진짜 훌륭해야 훌륭한거죠."

나는 참다 못해 그녀를 쳐다보며 말했다.

"제가 남편의 장점을 끄집어내려 할 때마다 한 번도 놓치지 않고 당신이 끼어들어서 남편을 짓밟고 있다는 사실을 지금 알고 있습니까?"

그녀는 날카로운 소리로 언성 높여 말했다.

"짓밟아요? 제가 이이를요? 의사들이란 다 똑같군요. 예, 다 제 잘못이죠. 언제나 사라의 잘못이죠. 남편은 일도 못 하고 운전도 못 하고 제 앞가림도 못 하지만, 그래도 모든 잘못은 언제나 사라에게 있죠. 저도 말 좀 해야겠어요. 이이는 저와 만나기 전부터 이미 짓밟혀져 있었어요. 이이의 어머니는 형편없는 알코올 중

독자였고 이이의 아버지도 이이 못지않게 나약한 사람이었어요. 대학도 제대로 못 마쳤지요. 그들은 날 보고 돈 때문에 이이와 결혼하는 것이라고 비난했죠.

돈? 좋아하시네. 이이의 어머니, 그 암코양이 같은 여자가 허구한 날 술을 마셔대느라 그 돈을 몽땅 까먹었다고요. 그 돈, 전 구경도 못했어요. 지금까지 저를 도와준 사람은 아무도 없었어요. 아무도 사라를 도와주지 않아요. 사라가 알아서 해야 하지요. 그런데도 제가 남편을 짓밟는다니, 말은 참 쉽지요. 당신네 의사들 가운데 한 사람이라도 저에게 관심을 가져 본 적이 있다고 생각하세요? 없지요, 예, 없고 말고요. 의사들은 모두 저를 비난하려고만 들 뿐이에요."

"사라, 전 당신에게 관심 가질 수 있어요."

부드럽게 이렇게 말하고 나서 나는 조건을 덧붙였다.

"당신이 저한테 이것만 허락한다면요. 자, 당신의 가족과 성장 과정에 대해서 좀 얘기해 주시지 않겠습니까?"

"응, 그러니까 이제 제가 환자라 이건가요?"

그녀는 비꼬는 투로 말했다.

"그렇다면 죄송하군요. 당신의 실험 재료가 되고 싶은 마음은 전혀 없으니까요. 저에겐 잘못된 게 없어요. 그러니 당신의 도움은 필요 없어요. 제가 필요한 도움은 목사님한테서 다 받을 수 있어요. 그분은 절 이해하시고 제 심정을 아십니다. 하나님은 제게 언제나 필요한 새 힘을 주십니다. 제가 여기 도움을 받으러 온 것은 남편 때문이에요. 도움을 필요로 하는 사람은 이이라고요. 그러니까 능력이 되거든 이이를 도와주셔야죠."

"사라, 정말 진지하게 말씀드립니다. 남편에게 도움이 필요하다는 당신 말은 맞습니다. 그리고 우리는 최선을 다해 남편을 도울 것입니다. 하지만 제가 보기엔 당신도 똑같은 도움이 필요합니다. 지금 당신은 엄청나게 어려운 상황입니다. 많이 상심되시는 것이 눈으로 역력히 보입니다. 제 생각엔 혹시 같이 대화를 나눌 사람이 있거나, 아니면 제가 드리고 싶은 소량의 안정제를 복용한다면 기분이 훨씬 나아지실 것 같습니다."

그러나 사라는 꿈쩍도 하지 않았다. 마치 내가 마음씨는 좋지만 뭔가 잘못 알고 있는 젊은이라도 된다는 듯한 표정으로, 그녀는 등을 의자에 기대면서 미소를 머금은 채 말했다.

"고맙군요, 박사님. 참 친절도 하시지요. 하지만 어떡하죠? 저는 상심이 안 되거든요. 이 세상에 저를 상심시키는 거라곤 아무것도 없으니까요."

나는 그녀를 설득했다.

"제 생각은 다릅니다. 제가 보기엔 당신은 이미 평정을 잃었습니다. 그것도 상당히요."

"하긴 박사님 말씀이 맞을지도 모르죠."

이렇게 대답하는 사라는 여전히 조금도 흔들리는 기미가 없어 보였다.

"이이의 병은 저한테 끔찍스러운 짐이에요. 이이가 어디로 없어져 버린다면 저로선 훨씬 살기가 쉬울 거예요."

난 속으로 은근히 겁이 났지만, 하틀리는 아무렇지도 않아 보였다. 사실 그는 너무 심하게 우울해했고 또 계속해서 짓밟혀 왔기 때문에, 그런 말에 영향을 받을 수 있는 정도는 이미 지나 있었다. 나는 물었다.

"그렇다면 왜 남편을 버리지 않습니까? 짐 없이 사는 것이 더 나을텐데요. 그리고 장기적으로 볼 때 그것이 하틀리에게도 더 나을 수 있습니다. 어떻게든 혼자 일어서지 않으면 안 될 테니까요."

"박사님, 하지만 유감스럽게도 이이는 저를 너무너무 필요로 한답니다."

사라는 얼굴에 어머니 같은 미소를 떠올리며 남편을 향해 물었다.

"여보, 당신 나 없으면 혼자 살 수 있겠어요? 없지요?"

하틀리는 곧 겁에 질린 듯한 모습을 했다.

"물론, 남편이 혼자 선다는 것은 결코 쉽지 않을 것입니다. 하지만 병원에 입원하여 장기 치료를 받도록 할 수도 있지 않겠습니까? 당신도 느끼겠지만 병원에서 남편을 잘 돌봐 줄 터이고, 그곳에서 현실 생활 적응력이 생길 때까지 의지해서 살 수 있을 것입니다."

사라는 다시 남편에게 물었다.

"여보, 어때요? 그게 좋겠어요? 나 없이 병원에 다시 가고 싶어요?"

하틀리는 신음처럼 말을 토해 냈다.

"싫어, 싫어."

그러자 그녀는 힘을 얻었다는 듯 말했다.

"박사님께 말씀드리세요. 당신에게 내가 없으면 왜 안 되는지를요."

하틀리는 훌쩍거리며 말했다.

"당신을 사랑하니까."

사라는 의기양양해했다.

"그것 보세요, 박사님. 이렇게 저를 사랑하는 남편을 제가 어떻게 떠날 수 있겠어요?"

"당신도 남편을 사랑합니까?"

"사랑요?"

그녀는 웃긴다는 듯이 되물었다.

"사랑할 게 있다고 생각하세요? 사랑보다는 의무라고 부르는 것이 낫지 않을까요, 박사님? 예, 제게는 이이를 돌봐야 할 의무가 있어요."

나는 바싹 다가서면서 말했다.

"얼마큼이 남편을 위한 의무이고 얼마큼이 당신 자신의 필요인지 모르겠군요. 제가 보기에 당신에게는 뿌리 깊은 필요가 있는 것 같아요. 그것은 바로 맡아야 할 짐에 대한 필요인데, 당신 남편 하틀리가 그 짐 역할을 해 주고 있죠. 그것은 아마 당신에게 아이가 없는 까닭에선지도 모릅니다. 당신은 남편을 어린아이로 만들려 하고 있는 것 같습니다. 그건 나도 분명히 알지는 못하지만 당신에게는 남편을 지배하고 싶어하는 강한 욕구가 보입니다. 그건 남편에게는 당신한테 의지하고 싶어하는 강한 욕구가 있는 것과 마찬가지입니다. 이 이상한 결혼 관계는 남편의 '의지 욕구'를 채워 주고 있을 뿐만 아니라 당신의 '지배 욕구'도 채워 주고 있는 것입니다."

사라는 기괴한 웃음을 흘렸다. 아주 섬뜩하고 공허해 보이는 그녀는 혼자서 낄낄거렸다. 그러더니 잠시 후 입을 열었다.

"박사님, 사과와 귤을 아시죠? 그렇다면 사과와 귤을 비교하실 수 있겠어요? 마찬가지로 어떻게 저와 제 남편을 비교할 수 있겠습니까? 우리는 사과와 귤 사이인걸요. 하지만 박사님, 누가 사과이고 누가 귤인지는 박사님도 모르실 거예요. 안 그래요? 제가 사과인가요, 귤인가요? 껍질이 오톨도톨한가요, 매끄러운가요? 아니면 밤 껍질처럼 두꺼울 수도 있겠죠?"

그녀는 연신 낄낄거렸다.

"그래요, 저는 껍질이 두꺼운가 봐요. 하지만 절 잡아먹으려 드는 사람들한테는 얼굴이 두꺼워져야 하지 않나요? 의학을 가장하여 우리를 잡아먹으려 드는 사람, 바로 당신 같은 사람 아니던가요? 하지만 괜찮아요. 저는 사과를 어떻게 깎고 귤 껍질을 어떻게 벗기는지 알고 있거든요. 주님께서는 저를 사랑하십니다. 우리의 능력은 하늘에 있어요. 당신은 맘대로 생각하고 맘대로 말할 수 있어요. 하지만 모두 쓰레기에 지나지 않아요."
그녀는 침을 뱉더니 다시 말을 이었다.
"하긴 세상 모든 게 거기서 끝나게 돼 있죠. 사과 껍질, 귤 껍질도 다 쓰레기통으로 들어가니까 말이에요. 거기서 온갖 과일 껍질들이랑 함께 있게 되겠죠."
그녀는 의기양양하게 말을 맺었다. 아예 통제력을 잃어버린 그녀의 말을 들으면서, 나는 여기서 직면한 것이 잘못이었구나 하는 생각과 함께 불현듯 두려운 마음이 들었다. 여러 번의 자살 시도, 괴로운 일상, 병적인 상태… 하틀리는 그야말로 환자였다. 이 상황에서 부부가 둘 다 병원에 입원하게 되는 것이 과연 어떤 도움이 될까? 사라는 어쩌면 코너에 몰렸다는 느낌을 받았는지도 모른다. 이제 스스로를 다시 추스를 수 있도록 그녀에게 빠져나갈 구멍을 내주는 것이 좋으리라는 생각이 들었다.
"자, 시간이 거의 다 된 것 같습니다. 이제 치료 계획을 세워야 되겠습니다. 사라, 당신은 자신에 대한 치료는 지금 필요하지 않다고 생각하시는 것 같군요. 제가 보기에도 잘해 나가시리라고 생각됩니다. 하지만 남편에게는 도움이 꼭 필요하겠지요? 어떻게 생각하십니까?"
"예, 가엾은 이이는 이대로는 힘들어요."
내 물음에 이렇게 동의하는 그녀의 태도는 마치 몇 분 전에 무슨 말들이 오갔느냐는 듯한 모습이었다.
"할 수만 있다면 어떻게든 도와주어야 해요."

나는 속으로 안도의 숨을 내쉬었다. 그들의 결혼 생활에 관여한 것이 비록 아무런 성과를 가져오지는 못했을지라도 면담 관계에 어떤 해로운 영향을 준 것 같지는 않았다. 나는 하틀리에게 물었다.

"계속해서 약을 드셔야 될 것 같습니까?"

그는 말없이 고개만 끄덕거렸다. 사라가 말했다.

"약을 안 먹으면 병이 더 악화되겠지요? 그렇죠, 여보?"

그는 또다시 고개를 끄덕거렸다. 내가 말했다.

"그러실 겁니다. 정신 치료는 어떻겠습니까? 누군가와 함께 시간을 내서 자신의 얘기를 나눠 볼 마음이 있습니까?"

하틀리는 이번엔 고개를 가로저으며 중얼거리는 소리로 말했다.

"기분이 더 안 좋아지거든요."

이때 사라가 거들고 나섰다.

"이이가 이번 말고 마지막으로 자살을 기도한 것이 병원 쪽에서 정신 치료를 시도하려고 한 직후였어요."

나는 하틀리에게 주립 병원에서 처방해 주었던 것과 똑같은 약을 똑같은 용량으로 처방해 주면서, 다른 조치가 필요한지는 3주 후에 다시 만나서 결정했으면 좋겠다고 말했다.

"그때는 오늘처럼 길게 면담하지 않을 것입니다. 아주 잠깐이면 됩니다."

나는 이렇게 덧붙여 말했고, 우리 셋은 함께 일어섰다. 사라가 말했다.

"물론이죠, 박사님. 박사님은 이미 이이에게 너무나 많은 도움을 주셨는 걸요. 아무리 감사드려도 모자랄 거예요."

3분 후 기록부에 간단하게 몇 자 적은 뒤, 나는 커피나 한 잔 마실까 해서 밖으로 나갔다. 하틀리와 사라는 창구에서 막 진료비를 지불하고 있었다. 돈을 다 낸 뒤 문 밖으로 나가면서 사라가 하는 말이 내 귀에 들려 왔다.

"여보, 이 의사는 지난번에 갔던 병원 의사보다 낫지 않아요? 그래도 이 사람은 미국인이잖아요. 지난번 그 의사는 사실 무슨 말을 하는지도 알아듣기 힘들었어요, 그렇지요?"

아마 이 경우에서 가장 재미있는 점은 사라의 악이라기보다는 그것에 대한 하틀리의 관계에 있다고 할 수 있을 것이다. 하틀리는 사라에게 얽매여 있었다. 이런 속박은 옛날 얘기나 신화에서 그리 어렵지 않게 접할 수 있는 주제다. 왕자나 공주 또는 다른 주인공이 마녀나 귀신 따위의 악의 세력에 사로잡혀 노예가 된다는 뭐 그런 내용들이다. 악과 관련된 모든 신화들과 마찬가지로 이들 부부의 경우 역시 좀더 연구가 필요하다. 하지만 그런 신화들에서 등장하는 영웅들과는 달리 나는 하틀리를 그 노예 상태에서 구출해 낼 수 없었다. 그의 경우는 스스로 원하는 자발적인 속박이었기 때문이다. 그는 자발적으로 자신의 영혼을 사라에게 팔아 버렸던 것이다. 그 이유는 무엇일까?

면담 도중 나는 하틀리에게 지금껏 만나 본 사람들 중에서 그 누구보다도 가장 수동적인 사람인 것 같다고 말한 적이 있다. 수동적인 사람이란 움직임이 없는 사람, 즉 주는 쪽이기보다는 받는 쪽의 사람, 이끄는 사람이기보다는 따르는 사람, 행위자이기보다는 수용자인 사람을 뜻한다. 그 밖에도 '의존적인 사람', '유아적인 사람', '게으른 사람' 등 다른 많은 단어들을 덧붙일 수 있다.※

하틀리는 누가 봐도 게으른 사람이었다. 부인과의 관계에서도 그의 모습은 엄마에게 매달리는 어린아이 자체였다. 심지어 내 사무실에도 혼자 들어오려 하지 않았다. 혼자 독립적으로 생각하는 데 힘을 쏟는다든가 모험을 한다든가 하는 일은 그와는 거리가 멀었다.

하틀리가 그렇게 극도로 게으르게 된 이유를 우리는 확실히 알 수 없다. 다만 그의 어머니가 알코올 중독자였고 그의 아버지도 하틀리 못지않게 나약한 사람이었다는 사라의 말을 통해서,

---

※ 에리히 프롬은 '붕괴 증후군' 또는 악한 인성 유형의 세 가지 구성 요소 가운데 하나로서 '근친 상간적 공생'이라는 용어를 사용했다. 하틀리의 경우 다른 두 구성 요소는 별로 보이지 않지만, 근친 상간적 공생에 대해서만큼은 둘째가라면 서러워할 '걸어다니는 정의(定義)'다. 이 말이 뜻하는 것은, 그가 악에 대하여 그토록 복종적인 관계에 들어가게 된 것은 그 자신이 부분적으로 악한 면을 갖고 있었기 때문이라는 사실이다. 물론 그가 그 속박 속에서 완전한 평안을 누린 것은 아니었다. 자기가 끔찍스러운 덫에 붙잡혔다는 것을 어렴풋하게나마 의식하고 있었기에, 그는 거기서 빠져 나오기 위해 두 가지의 가장 확실한 길 사이에서 끊임없이 고민했다. 그 두 가지 길이란 하나는 사라를 죽이는 것이었고, 하나는 스스로 자살을 하는 것이었다. 그리고 그는 너무도 게을러서 자기 앞에 놓여 있는 유일하면서도 정당한 탈출구에 대해서는 생각조차 하려 들지 않았다. 그 탈출구는 심리적인 독립을 선언하는, 명확하지만 훨씬 어려운 길이었다.

그가 게으름의 한 모델이 될 만한 부모 밑에서 적절한 돌봄을 받지 못하며 자랐을 것이라고 추측해 볼 뿐이다. 이제 우리는 사라를 처음 만났을 때 하틀리가 이미 정도가 심하게 게으른 사람이었고, 무의식적으로 자신의 필요를 채워 줄 강한 엄마를 찾고 있는, 어른의 옷을 입은 어린아이였을 것이라고 추측해 볼 수 있다.

사라는 그의 그런 욕구를 완벽하게 채워 주었다. 그것은 하틀리가 사라의 필요를 완벽하게 채워 주는 것과 딱 들어맞았다. 사라에게는 가상(假想) 노예를 갖고 싶은 욕구가 있었던 것이다. 이들의 관계가 일단 맺어지고 나자, 그것은 서로의 병을 점점 강화시켜 주는 하나의 악순환이 되고 말았다. 그녀의 지배욕은 그의 복종욕을 더 부추겨 세웠고, 그의 나약함은 그녀의 군림욕을 한껏 세워 주었다.

그러므로 하틀리는 사라의 악에 대한 어쩔 수 없는 피해자가 절대 아니다. 이것은 아주 중요한 사실이다. 이 경우에만 국한되지 않는 하나의 일반 원리가 그 안에 들어 있는 까닭에서다. 즉 인간은 우연히 악의 파트너가 되지 않는다. 우리는 성인이다. 우리는 운명적으로 어쩔 수 없이 악의 세력에 붙잡히는 것이 아니라, 스스로 덫을 놓는 것이다. 이 원리는 6장에서 집단 악의 현상과, 사람들이 그것도 많은 사람들이 가장 악한 행동들에 어쩌면 그렇게 쉽게 동참하게 되는지에 대해 살펴볼때 다시 한 번 구체적으로 설명될 것이다.

일단 여기서 우리가 관심을 갖고 살펴봐야 할 것은 가장 작은 그룹, 즉 둘로 이루어진 한 쌍의 사람들이며, 그들이 어떻게 악에 동참하는가 하는 점이다. 하틀리와 사라의 경우를 소개한 것은 다음과 같은 생각에도 부분적인 이유가 있다. 즉 악한 부부의 경우 어느 쪽이 정말 악한 사람인가를 결정한다는 것은 거의 불가능해 보인다는 사실이다. 바비의 부모는 둘 다 악해 보였다. R씨 부부도 로저의 영혼을 파괴하는 일에 똑같이 가담한 것 같았다. 하지만 바로 그들이 지닌 악의 본성 때문에 나는 좀더 가까이 다가가 그들을 살펴 볼 수가 없었다. 이건 순전히 추측이요 느낌인데, 내가 보기에 그들은 보기처럼 그렇게 양쪽이 똑같이 악하지는 않을 것 같다. 나는 극히 악한 두 명이 지속적인 결혼 관계 가운데 좁은 공간 안에서 함께 사는 것이 가능할까에 대하여 회의적이다. 살아가는 데 필요한 공동 노력을 하기에 그들은 너무 악하기 때문이다.

따라서 나는 바비의 부모 가운데 그래도 어느 한쪽이 그들의 공동적 악에 있어서 좀더 주도적인 위치에 있으리라고 생각하는데, R씨 부부의 경우도 마찬가지였다.

만약 모든 악한 부부들을 충분하고도 깊이 있게 조사해 볼 수 있다면, 내 생각엔 아마도 우리는 어느 한 쪽이 다른 쪽에 조금이라도 얽매여 있다는 사실을 발견하게 될 것 같다. 하틀리와 사라의 경우만 하더라도 하틀리가 사라에게 얽매여 있듯이 말이다. 물론 그것의 정도는 모두 다를 것이다.

하틀리와 사라 부부가 독자 여러분들에게 다소 이상한 관계로 보인다면, 그 점은 나 역시 마찬가지다. 내가 이들의 경우를 고른 까닭은 지금껏 나의 정신 치료 역사상 이들이 이 유형에 있어서 '가장 병세가 심한' 커플이었기 때문이다. 그들의 관계가 비록 이상해 보이기는 해도 그 관계 유형은 아주 통상적인 것이다. 결혼 관계에서의 속박 현상은 진기한 일이 아니다. 정신 치료에 종사하는 사람들이라면 매일매일 현장에서 이런 경우들을 수없이 마주할 것이다. 그리고 독자들 역시 잘 생각해 보면 주위 사람들 가운데 최소한 몇 커플은 이런 유형의 결혼 관계를 맺고 있는 커플들이었음을 발견할 것이다.

악이란 '자신의 병적인 자아의 정체를 방어하고 보전하기 위해서 다른 사람의 정신적 성장을 파괴하는 데 힘을 행사하는 것'이라고 정의할 수 있다. 간단히 말해서 '희생양을 찾는 것'이다. 희생양을 찾되 강한 자가 아니라 약한 자를 찾는다. 악이 힘을 악용할 수 있으려면 우선 행사할 힘이 있어야 한다. 그리고 힘을 행사할 영역, 즉 피해자가 있어야 한다. 그 지배 관계로 가장 흔히 나타나는 것이 부모 자식 관계다. 아이들은 약하고 방어력이 없으며 부모와의 관계에 꽉 붙잡혀 있는 존재이다. 그들은 태어날 때부터 부모에게 얽매여 있다. 그러니 악의 피해자들 대부분이 바비와 로저처럼 어린아이들이라는 사실도 이제 놀랄 만한 것이 못 된다. 그들에게는 **빠져나갈** 자유도 힘도 없기 때문이다.

어른의 경우도 악의 희생자가 되려면 **빠져나갈** 힘이 없어야만 한다. 목에 총부리가 들이밀어질 때 인간은 무력해진다. 그것이 바로 가스실에 갇힐 때의 유대인과 한 줄로 늘어서서 총살당할 때의 밀라이(MyLai) 주민들에게 일어났던 일이다. 이 일은 6장에서 다시 다루기로 하겠다. 인간은 또한 스스로 용기를 잃을 때 무력해질 수 있다. 유대인이나 밀라이 주민이나 어린아이들과는 달리 하틀리에게는 빠져나갈 수 있는 신체적인 자유가 있었다. 그러나 그는 게으름과 의존의 사슬에 자신을 감고 그녀에게 묶어 버렸다. 명목상으로는 엄연히 어른이면서도 그는 스스로 아이의 무능 속에 갇혀 버렸다. 총부리가 목을 겨누지 않는데도 악의 피해자가 된 어른이 있다면, 그는 어떤 식으로든 하틀리의 본보기를 따른 것이라 할 수 있다.

정신 질환과 악의 이름 짓기

이제 악을 어떻게 부를 것인가 하는 문제를 얘기해 보기로 하자. 이미 앞서 여러 번 이 얘기가 나왔었다. 즉 과학은 악을 하나의 연구 주제로 이름 짓지 못하고 있고, 악의 이름은 정신 의학 사전에도 나오지 않는다. 또 우리는 특정 개인들에게 악이라고 이름 붙이기를 무척 주저하며, 따라서 그들 앞에서 우리는 그저 이름 없는 두려움이나 반감만을 경험할 따름이다. 아직도 악의 이름 짓기 위험이 도사리고 있다.

어떤 현상에 대한 정확한 이름 짓기는 우리에게 그에 대한 상당량의 지배력을 가져다 준다. 우리는 이름을 통해서 현상을 규명한 것이다. 예컨대 '쌍구균 폐렴'이랄지 '폐색전(肺塞栓)'이랄지 하는 식으로 정확히 이름을 붙이기 전까지는 우리는 그 병에 대해 무기력한 상태이다. 그런 정체에 대한 이름 짓기 없이는 그 병을 어떻게 다루어야 할지 완전히 깜깜한 상태인 것이다. 어떤 한 사람의 장애를 '정신 분열증'으로 이름 붙이느냐 '정신 신경증'으로 이름 붙이느냐에 따라 치료 및 처방의 상황에는 엄청난 차이가 뒤따르게 된다. 설사 가능한 치료책을 갖고 있지 못하다 하더라도, 병명만큼은 알고 있는 것이 좋다. 비강진(粃糠疹)이라는 병은 아주 고약스러운 피부 질환인데 아직까지 적절한 치료책이 없다. 하지만 환자는 피부과 의사로부터 다음과 같은 얘기를 듣는 것만으로도 치료비를 조금도 아까워하지 않는다.

"이건 비강진이라는 병입니다. 나병은 아닙니다. 여기엔 치료책이 없지요. 하지만 걱정하실 건 없습니다. 아프지도 않거니와 두세 달이 지나면 저절로 없어져 버리니까요."

이렇듯 확실한 이름 짓기가 되지 않는 한 우리는 질병의 치료를 시작할 수 없다. 질병의 치료는 진단에서 시작되므로. 하지만 악이란 하나의 질환인가? 대부분이 그렇게 생각하지 않을 것이다. 악을 하나의 질환으로 분류하기를 망설이는 데는 많은 이유들이 있다. 거기엔 감정적인 이유들도 있다. 예컨대 아픈 사람들을 볼 때 생겨나는 감정이 대개 동정과 연민인데 반해 악한 사람들에 대해 나타나는 감정은 분노와 혐오감이다. 심지어 증오일 수도 있다.

자, 동생에게 형이 자살한 총을 크리스마스 선물로 주는 부모에 대해 우리는 동정과 연민을 느껴야 하는가? 살인자들이라 할지라도 어느 모로 보나 '제정신이 아닌' 사람이었다고 판단되는 소수를 제외하고는 우리는 그들을 너그럽게 대해 줘야 하는가? 여기서 악하다고 이름 붙인 사람들은 우리가 흔히 생각하는 것처럼 글자 그대로 미친 사람들이 아니다. 그들은 침을 질질 흘리지도 않으며 천치도 아니다. 그들은 침착하고 조리 있으며, 중요한 일자리에서 돈도 벌고 있는, 겉으로 보기에는 사회 조직 속에서 원활하게 기능하는 것 같다. 그래서 표면적 관찰만으로는 손톱만큼이라도 무슨 장애가 있다고는 거의 규명되지 않는 그런 사람들이다.

그러나 악한 사람들에게 우리가 일말의 동정심도 느끼지 않는 경향이 있다는 사실은 우리의 감정적인 반응에 대해서만 얘기해 줄 수 있을 뿐이지 악이 질병이냐 아니냐 하는 문제의 실체에 대해서는 그 어떤 영향도 미치지 않는다. 우리는 나병 환자를 볼 때 끔찍하고 혐오스럽지만 여전히 나병을 질병으로 인정하지 않는가?

이런 감정적 반응 말고도 우리가 악을 질병으로 보는 것을 주저하게 만드는 데에는 또 다른 합리적인 이유 세 가지가 있다. 이 세 가지 이유 하나하나가 나름대로 설득력이 있긴 하지만, 그럼에도 불구하고 악은 하나의 정신 질환으로 간주해야만 한다는 것이 내 입장임을 우선 밝혀 두고 싶다.

이제 그 세 이유가 각각 내재하고 있는 오류들을 파헤쳐 가면서 왜 악이 질환이어야 하는가를 살펴보기로 하겠다.

첫 번째 이유는 고통이나 장애가 따르지 않는 한 그 어떤 것도 질병으로 간주할 수 없다는 생각이다. 즉 고통 없는 질병은 없다는 말이다. 이것은 아주 오래된 주장이면서도 여전히 강력하게 지지되고 있는 입장이다. 질병(disease)이란 불편함(dis-ease)이 느껴질 때만 질병이다. 즉 편함이 없어지고 불편함이 찾아와야 하는 것이다. 물론 대부분의 사람들은 어떤 식으로든 원하지 않는 고통을 느낄 때 바로 그 때문에 자신이 지금 아프다고 생각하는 경향이 있다.

우리가 지금까지 얘기해 온 '악한' 사람들은 자신들을 아프다고 규정하지 않는다. 그렇다고 그들에게 무슨 고통이 있는 것도 아니다. 어떤 일이 있어도 그들은 스스로를 환자로 생각하지는 않을 것이다. 앞에서도 얘기했지만, 나르시시즘에 빠져서 자기 자신에게는 아무것도 잘못된 게 없고 오히려 자신은 심리적으로 완벽한 인간의 한 표본이라고 믿는 것이야말로 악한 사람들의 특징 중 하나이다. 만약 드러나는 고통과 스스로의 인정이 질병의 한 기준이 된다면, 이런 악한 사람들이야말로 정신 질환과는 전혀 무관한 사람들이 될 것이다.

그 밖에도 이 주장에는 엄청난 문제들이 있다. 신체 질병들 가운데는 초기 증상이 전혀 없는 질병들이 너무너무 많다. 어떤 사람이 정기 검진을 받았다. 혈압이 200/120으로 나왔다. 물론 본인에게는 아무런 느낌이 없었다. 이럴 때 의사는 혈압을 떨어뜨리는 약(그 약을 복용하면 어쩌면 몸 상태가 거꾸로 더 안 좋아질 것이다)을 처방해 주지 않아야 하는가? 고통이 없으니까 고혈압은 병이 아니라고 생각하면서 무슨 치명적인 병세가 나타날 때까지 그저 기다려야 하는가? 오늘날 팹테스트(자궁 경부암 조기 검사법)는 자연스럽게 여자들의 정기 검진 과정 가운데 하나가 되었다. 왜냐하면 그 검사를 통해서 아직 불편이나 장애가 있기 전, 치료가 가능할 때 자궁 경부의 암을 조기 발견할 수 있는 까닭에서다. 암이 발견됐을 경우 우리는 당사자가 고통을 느끼게 될 때까지는 수술하지 않고 기다려야 하는가? 그 사이에 환자의 수뇨관은 종양으로 막혀 버릴 것이고 마침내 신장 기능 상실로 회복 불능의 선고를 받게 되고 말 것이다. 만약 질병이 고통에 의해서만 규정되어야 한다면 우리는 대부분 고혈압과 암 따위를 사실상 질병이 아니라고 말해야만 한다. 얼마나 어리석은 얘기인가?

사실상 많은 경우 의사가 우리에게 뭔가 심각하게 잘못된 것이 있다고 얘기해 줄 때, 우리는 지금 자신에게 고통이 있든 없든 그것과 무관하게 의사의 말을 그대로 받아들인다. 우리가 병에 걸렸다고 하는 의사의 판단을 우리는 얼마든지 그대로 받아들이며, 설령 고통이 하나도 없다 하더라도 이제 자신이 병에 걸렸다고 생각하기 시작한다.

하지만 언제나 그렇지는 않은 것 같다. 여기 한 농부가 있다고 생각해 보자. 농부는 급작스런 심장 마비로 의식을 잃고 병원에 실려 왔다. 다음날 중환자실에서 의식이 깨어난 그는 다짜고짜 침상에서 내려와 가슴에 부착된 치료 기구를 떼어 내려 든다. 간호사는 그에게 그가 심장 마비를 일으켰다는 것과 지금도 상태가 좋지 않다는 것을 설명하면서 마비 증세가 재발하지 않도록 침대에 누워 푹 쉬어야 한다고 얘기한다. 그러나 농부는 더 큰소리로 거부한다.

"말도 안 되는 소리 하지 마시오. 나한텐 아무 문제도 없어요. 내 심장은 이렇게 멀쩡하지 않소? 지금까지 나를 어떻게 속였는지 모르지만 이젠 안 될 거요. 그리고 나는 집에 가서 소 젖을 짜야 한단 말이오."

의사가 달려와 계속해서 설득했으나 막무가내였다. 자, 이럴 때 우리는 이 사람을 그냥 옷입혀 집으로 돌려보내야 하는가? 아니면 그를 붙들어 급히 안정시킨 뒤 다시 기회를 보아서 실상을 알려 주고 거기에 순응할 수 있도록 해야 하는가?

이번에는 중풍성 섬망증에 걸린 알콜 중독 환자가 있다고 해 보자. 그는 사흘 동안 잠을 못 잤다. 그의 몸은 사시나무 떨듯 떨리고 있다. 체온은 42도에 맥박은 145에 이르고 있다. 그리고 탈수 현상이 아주 심한 상태이다. 그는 병원이 일본인들의 생체 실험실이라고 확신했으며 어떻게 해서든지 도망가 자기의 목숨을 건져야만 한다고 생각하고 있었다. 우리는 그가 병실을 빠져 나가 차 뒤에 몸을 숨긴 채 탈진, 경련, 과다 탈수로 마침내 죽고 말 것임을 뻔히 알면서도 길거리로 달려나가게 놔둬야 하는가? 아니면 그의 의사를 무시한 채 꽉 붙잡아서 우선 잠을 푹 자게 하고 서서히 회복이 될 수 있도록 다량의 신경 안정제를 투여해야 하는가?

말할 것도 없이 두 경우 모두 우리는 후자를 택할 것이다. 왜냐하면 그들이 자신을 환자로 생각하지 않고 또 우리의 진단을 받아들이지는 않지만, 우리는 그들 모두 아주 심한 질병을 갖고 있다는 사실을 알고 있기 때문이다. 사실 증거가 눈앞에 있는데도 자신을 환자로 생각하지 않는 그 점이야말로 질병의 한 부분이라 할 수 있다. 악한 사람들은 신체적으로 속박되어 시민으로서의 자유를 박탈당해야 한다는 얘기를 하고 있는 것이 아니다. 다만 나는 앞서도 말했듯이, 악한 사람들이 자신들을 장애가 있는 사람으로 생각하지 않는다는 그 점이 바로 그들의 상태에서 아주 본질적이고 필수적인 구성 요소라는 것을 말하고자 한다. 또한 질병이란 그것이 악이든, 일시적 정신 착란이든, 정신병이든, 당뇨병이든, 고혈압이든 그와 무관한 객관적인 실체이며, 따라서 주관적인 인정이나 인정 거부 등에 의해 규정되어서는 안 된다는 얘기를 하고 있는 것이다.

감정적인 고통의 개념을 사용하여 질병을 규정하려는 입장은 여러 다른 면을 보아도 오류임이 드러난다. 「아직도 가야 할 길」[*]에서도 말했지만 어떤 식으로든 말할 수 없는 고통, 보통 사람들이 겪는 것보다 훨씬 심한 고통을 겪고 있는 사람들이 대부분 정

---

[*] M.Scott peck, The Road Less traveled, Simon & Schuster, 1978.(「아직도 가야 할 길」, 열음사 간 (刊))

신적으로는 누구 못지않게 건강하고 진보된 사람들이다. 위대한 지도자들 중에는 보통 사람들은 잘 모르는 극심한 고통들을 견뎌 내는 이들이 많다. 거꾸로, 정서적 질환의 가장 깊은 밑바닥을 파 보면 감정적인 고통을 겪지 않으려는 소극적인 마음이 도사리고 있는 경우가 아주 많다. 우울과 회의와 혼란과 절망을 고스란히 경험하는 사람들은 일반적으로 자신감 있고 편안하고 자신에 만족하는 사람들과 비교할 수 없을 정도로 훨씬 더 건강할 수 있다. 사실 고통을 거부하는 것이야말로 보다 확실한 질병에 대한 정의(定義)다.

악한 사람들은 투사와 희생양 찾기(책임 전가)를 통하여 자신들의 고통을 남에게 떠넘김으로써 스스로 죄책감의 고통을 깨끗이 거부한다. 죄책감은 자신의 죄, 부적절성, 불완전성을 일깨워 주는 고통스러운 인식인 까닭에서다. 이로써 그들 자신은 고통이 없을는지 몰라도 대신 주변 사람들이 고통을 당하게 된다. 그들은 고통 유발자이다. 악한 사람들은 자기 지배 아래 있는 사람들에게 병 든 사회의 축소판을 만들어 내는 것이다.

사실 우리 인간이란 개인으로 존재하는 것이 아니라 사회적 동물, 즉 사회라고 하는 보다 커다란 유기적 조직체의 필수적인 구성 요소로서 존재한다. 설사 우리가 질병의 정의를 내릴 때 고통을 그 기준으로 주장한다 할지라도, 질병을 오로지 개인 차원에서만 인식하는 것은 쓸모없고 어리석은 처사이다.

앞서 살펴본 사례들에서도 고통을 당하는 사람들은 부모 당사자가 아니라 그들의 가족인 것이다. 거기에서 등장한 아이들의 우울증, 자살, 떨어지는 성적, 절도 등과 같은 가족 내 장애의 증상들도 원인을 추적해 보면 그 부모의 리더십으로 거슬러 올라간다. '조직 이론'에 따르면 아이들의 고통은 자기 병의 증상이 아니라 부모 병의 증상이라고 한다. 자, 이제 어느 한 개인에게 고통이 없다고 해서 우리는 그를 건강하다고 말할 수 있겠는가? 그가 다른 사람들에게 얼마나 끔찍한 위험과 해(害)를 가져다 주고 있는지는 상관하지 않고서 말이다.

또 한 가지, 악한 사람들에게도 진짜 고통이 있는데 그것이 무엇인지 누가 알 수 있겠는가? 악한 사람들에게는 외견상 이렇다 할 고통이 없어 보인다는 것은 사실이다. 그들은 자신의 약점과 불완전함을 결코 인정하려 들지 않아 당연히 그렇게 보일 수밖에 없다. 그들은 언제나 최고의 위치, 명령자의 위치에 있는 자로서 자신을 내보여야만 한다. 그들의 나르시시즘이 그것을 요구한다. 그러나 실제로 우리는 그들이 최고의 위치에 있지 않다는 것을 알고 있다. 앞서 등장한 부모들이 자신들을 얼마나 유능한 사람으로 생각하고 있는가와는 무관하게 우리는 그들이 부모 역할을 해 나가는 데 사실은 무능하다는 것을 알고 있다. 유능한 듯 보이는 것은 그야말로 그렇게 보이는 것일 따름이다. 위장인 것이다. 명령자의 위치에 있는 것은 그들 자신이 아니라 나르시시즘이다. 그 나르시시즘이 그들에게 끊임없이 건강하고 제대로인 모습으로 위장하도록 채찍을 휘두르는 것이다.

그러한 위장은 악한 사람들의 특징이다. 그처럼 끊임없이 위장을 유지하는 데 정신적 에너지가 얼마나 많이 소모되겠는가 한번 생각해 보라. 최소한 합리화 작업에만도 엄청난 에너지가 요구될 것은 뻔한 일이고, 가장 건강한 사람 노릇을 하느라 친절한 행동을 하는 데 드는 파괴적 보상 행위의 에너지도 적지 않다. 도대체 왜 그래야만 할까? 무엇이 그들을 사로잡고 있으며, 무엇이 그들을 충동질하고 있는가? 근본적으로 그것은 공포이다. 그들에게는 그 가면이 깨져 자신의 참모습이 자신과 세상에 드러나지나 않을까 하는 두려움이 있다. 혹시 자신의 악과 직접 마주치게 되지나 않을까 싶어 그들은 끊임없이 공포에 휩싸인다.

공포는 모든 감정 중에 가장 고통스러운 감정이다. 겉으로는 평온해 보이고 일상사에서는 틀이 잡혀 있을지 몰라도, 악한 사람들은 공포 속에서 삶을 살아간다. 그 공포 또는 고통은 너무도 만성적이고 존재 깊숙한 곳에 뿌리 깊게 얽혀 있어서, 심지어는 공포와 고통으로 느껴지지도 않을 정도이다. 설령 느낀다 할지라도 그들의 끈질긴 나르시시즘이 그들로 하여금 그것을 인정하지 못하도록 철저히 막을 것이다. 이 악한 사람들에 대하여 그들이 불가피하게 맞게 될 유령 같은 노년기나 또 죽음 후 맞이하게 될 영혼의 상태 등에서는 우리가 연민을 느끼지 못한다 할지라도, 한시도 끊이지 않는 공포 속에 살아가고 있는 그들의 삶을 보면 누구라도 연민을 느끼게 될 것이다.

악한 사람들에게 고통이 있든 없든 고통의 경험이란 너무 주관적이고 고통의 의미 자체도 너무 복합적이다. 그런 까닭에 나는 고통이라는 기준으로 질병 및 질환을 규정한다는 것은 타당하지 않다고 생각한다. 우리의 신체나 인성 구조 속에 인간으로서의 잠재력을 실천하지 못하게 하는 어떤 결함이 있어야 한다. 바로 이것이 질병이나 질환의 규정 기준이라고 나는 믿는다.

물론 인간의 잠재력이 정확히 무엇이냐 하는 것에 대해서는 다른 의견들이 있을 수 있다. 그러나 어쨌든 지구상에는 그 문화, 그 시대마다 어떤 수준의 실존의 경지에 도달하여 "이 사람은 진짜 인간이었다"고 평가받을 만한 그런 사람들이 얼마든지 많이 있었다. 그 말은 곧 그들의 삶은 거의 신적(神的)인 것에 가 닿았다는 의미다. 우리는 그 사람들과의 그들의 특성들을 연구해 볼 수 있을 것이다.▪

간략히 말하자면 그들은 현명하고 지각이 있으며, 생을 신나게 즐기면서도 죽음을 직면하고 받아들이며, 그들은 생산을 위해서 뿐만 아니라 창조를 위해 일하며, 동료를 진심으로 사랑하며, 의도에서나 결과에서나 따뜻한 마음으로 사람들과의 관계를 이끌어 간다.

그러나 대부분의 사람들은 신체와 정신이 제기능을 다하지 못하는 비건강 상태에 있어서, 강력한 치료적 지원 없이는 아무리 기를 쓰고 노력한다 하더라도 그런 높은 경지는 꿈도 꾸지 못한

▪ Abraham Maslow의 Motivation and Personality(Harper Bros., 1954)에 나타나는 '자아 실현인(self-actualized)'에 대한 묘사를 보라.

다. 이 건강치 못한 한 무리 즉 고통당하는 인류의 한가운데에 악한 사람들이 자리잡고 있다. 아마도 그들은 거기서 가장 비참한 사람들일 것이다.

두 번째 이유를 생각해 보자. 악을 질병으로 이름 짓는 일을 주저하게 만드는 이유 가운데 나머지 두 가지는 비교적 간단하게 반박될 수 있다. 우선 생각할 것은 다른 사람의 피해자만이 악한 사람이라 여겨질 수 있다는 개념이다. 갑자기 덮쳐 오는 것, 도대체 손을 써 볼 수 없는 상황, 무의미한 운명에 의해 찾아온 불행한 사고, 나와는 상관없이 생겨난 저주 등이 우리가 흔히 질병에 대해 생각하는 것들이다.

사실 많은 병들이 그렇게 보이기도 한다. 그러나 거의 모든 질병들은 그런 생각에 전혀 부합되지 않는다. 길거리에 나가지 말라고 했는데도 뛰어나갔다가 차에 친 어린아이가 있다고 할 때, 그는 과연 피해자인가? 약속 시간에 늦어서 속도 위반으로 달려가다가 아이를 치고 만 그 운전자는 어떤가? 셀 수 없이 많은 종류의 신경성 두통으로 고생하고 있는 사람들, 그들은 피해자인가? 그렇다면 무엇의 피해자인가? 자신이 무시당하거나 따돌림당하거나 중요하게 취급되지 않았다고 느껴질 때마다 천식을 일으키는 여자가 있다. 그녀는 피해자인가? 방법과 정도는 다르겠지만 사람들은 대개 자기 스스로를 피해자로 만든다. 그들의 상처와 질병이 생겨나게 된 데는 그들 자신의 동기, 실패, 선택들이 아주 깊고 밀접하게 얽히고설켜 있다. 이렇듯 이들 모두는 자신의 상태에 대하여 어느 정도는 스스로에게 책임이 있다. 그럼에도 불구하고, 우리는 여전히 그들을 병자라고 생각한다.

이 문제는 아주 최근에 알코올 중독과 관련되어 논란이 된 적이 있다. 알코올 중독이 질병이라고 강력하게 주장하는 사람들이 있는가 하면, 알코올 중독은 스스로 자초한 것이기 때문에 질병이 아니라고 주장하는 사람들도 있다. 이 논란에는 의학계뿐만 아니라 법조계도 가담이 되었는데, 결국 알코올 중독은 질병이라고 결론이 내려졌다. 때론 알코올 중독자들이 그 누구의 피해자도 아니고 자기 자신의 피해자라는 사실에도 불구하고 말이다.

악의 문제도 마찬가지다. 한 개인의 악은 어느 정도는 어린 시절의 환경, 부모의 죄, 유전적인 기질로까지 원인이 추적될 수 있다. 그러나 악이란 언제나 자신이 내리는 선택이기도 하다. 정확히 말하면 일련의 선택들의 총집합이라 할 수 있다. 우리의 정신 건강 상태에 대한 책임이 스스로에게 있다는 말은 나쁜 건강 상태가 질병이 아닌 다른 것이라는 뜻은 아니다. 나는 질병이 누구의 희생자인가, 누구 책임인가 하는 것을 기준으로 하여 규정된다고 생각하지 않으며, 그것이 안전하고 건전한 입장이라고 믿는다. 다시 한 번 반복하지만 나는 앞서 말한 정의를 지켜 오고 있다. 즉 질병 내지 질환이란 우리의 신체나 인성 구조 속에 인간으로서 잠재력 실현을 막는 어떤 결함이 있는 상태를 말한다.

세 번째 이유는 악이란 해결 불가능한 문제라는 신념이다. 알려진 처방도 치유책도 전혀 없는 그런 문제를 왜 질병이라고 이름 짓겠는가? 만약 우리에게 불로초가 있다면 늙는다는 것을 하나의 질병으로 보는 견해도 그럴듯할 것이다. 그러나 아무도 그렇게는 생각하지 않는다. 우리는 늙는다는 것을 인간의 불가피한 일부, 운명의 당연한 과정, 거스르려고 해 봤자 오히려 바보밖에 안 되는 그러한 실체로 받아들인다.

이 주장이 무시하고 있는 사실이 하나 있다. 다발성 경화증에서 정신 박약에 이르기까지, 치료책이 전혀 없는데도 주저하지 않고 질병이라 부르는 장애들이 얼마든지 있다는 사실이다. 어쩌면 대항해서 싸워 나갈 수단들을 찾기 원하는 까닭에 질병이라고 부르는지도 모르겠다. 악의 경우라 해서 이와 다르겠는가? 현재 우리에게는 증오와 파괴 성향으로 악할 대로 악해져 있는 사람들을 치료할 수 있는, 일상적으로 사용되는 효과적인 치료책이 어떤 형태로도 전혀 없는 게 사실이다. 앞서 말한 사례들을 통한 악의 분석 결과를 바탕으로, 우리는 악이 왜 그토록 접근하기 어려운 문제이며 이렇다 할 치료책은 왜 없는지에 대해 몇 가지 이유들을 살펴보았다. 치료는 정말로 불가능할까? 이것이 인류의 가장 커다란 문제임에도 불구하고 우리는 능력 밖이라고 포기하고 말아야 할까?

현재 우리가 인간 개인 안에 있는 악을 어떻게 다뤄 나가야 할지 모른다는 사실이야말로 악을 질병으로 이름 지어야 하는 가장 강력한 이유가 된다. 질병으로 이름 짓는다는 말 속에는 곧 그 장애가 피할 수 없는 것이 아니고, 치료할 수 있어야 하며 과학적인 치료 방법들을 찾아내야만 한다는 의미가 들어 있는 까닭에서다. 만약 악이 질병이라면, 이제 그것은 정신 분열증, 신경 쇠약증 같은 다른 정신 질환들처럼 공식적인 연구 대상이 되어야만 한다. 악의 현상이 과학적 연구의 대상이 될 수 있고 또 되어야만 한다는 사실을 밝히는 것이 이 책의 핵심 명제이다. 우리는 지금까지의 무지와 무기력의 수준으로부터 벗어나 진정한 악의 심리학으로 나아갈 수 있으며 또 나가야만 한다.

악을 질병으로 이름 짓게 되면 우리는 동정심을 갖고 악한 사람들에게 다가갈 수밖에 없다. 악이란 본질상 우리 속의 그것을 치료하고 싶은 마음보다는 없애 버리고 싶은 욕망, 연민보다는 혐오를 더 불러일으키게 되어 있다. 이 자연스러운 반응 때문에 미경험자들은 악을 피하게 되며 어떤 가능성 있는 결론도 이끌어 내지 못하게 된다. 나는 치료 전문가들이 그들의 책임 영역 안에서 악을 질병으로 이름 짓기 전에는 우리가 인간의 악에 대한 이해와 치료에 접근하기란 쉽지 않으리라고 생각한다.

지금은 은퇴하여 노스 캐롤라이나의 산중에서 살고 있는 지혜로운 한 노신부가 있다. 그는 오랫동안 어둠의 세력과 씨름해 온 사람이다. 내가 이 책의 초고를 주면서 검토해 줄 것을 부탁하자 그는 기꺼이 읽어 본 뒤 이렇게 말했다.

"당신이 악을 질병으로 규정했다니 정말 다행입니다. 사실 그것은 질병 정도가 아니라 가장 궁극적인 질병이거든요."

만약 악을 하나의 정신 장애로 이름 짓게 된다면, 그것만 따로 별도의 범주를 만들어야 할 만큼 독특한 것일까, 아니면 기존의 범주들 가운데 하나로 그냥 첨가만 시키면 되는 것일까? 악이 지금까지 심각할 정도로 무시되어 온 관점에서 보면 좀 놀랄 만한 내용이겠지만, 현행의 정신 질환 분류 체계는 아주 잘 돼 있어서 악을 그저 하나의 하위 범주로 첨가만 해도 적절하다고 본다.

현행의 성격 장애라는 넓은 범주 안에는 자신의 개인적 책임을 부정하는 것이 주된 증상으로 나타나는 정신 질환들도 모두 포함된다. 자신의 죄의식을 피하려 들고 자신의 불완전성을 거부하려 드는 점 등으로 보아 악한 사람들은 이 넓은 범주에 어렵지 않게 포함될 수 있다. 이 넓은 범주 안에는 '나르시시즘적 성격 장애' 라는 하위 범주가 있다. 내가 보기에 악한 사람들은 나르시시즘적 성격 장애의 한 특수한 변이(變移)로 분류되는 것이 가장 적절할 것 같다.

그러나 이와 관련해 한 가지 언급되어야 할 문제가 있다. 내가 사라에게 그들의 결혼은 본질적으로 그녀 자신의 책임이라고 정면에서 지적했을 때, 사라가 심하게 반발했던 것을 기억할 것이다. '사과' 니 '귤' 이니 또 '의학을 빙자한 탄압' 이니 하는 넋두리를 해 대던 그녀는 평정을 잃은 건 물론이고 정상적인 사고 기능마저 상실한 것 같았다. 그녀의 논리는 무너지고 말았다. 그러한 사고의 해체는 성격 장애라기보다는 정신 분열증의 특징에 더 가깝다고 할 수 있다. 그렇다면 사라는 정신 분열증이 아니었을까?

  정신과 의사들에게는 자기들끼리 '이동성 정신 분열증'이라고 부르는 증상이 있다. 바로 사라 같은 사람이 이 이름에 걸맞는 사람이다. 즉 평소에는 별일 없이 잘 지내서 정신 분열적 증세를 보이거나 입원해야 될 것 같은 일이 전혀 없다가, 스트레스를 받으면 사고가 무너져 버려 마치 '고전적인 정신 분열증'에 가까운 증세를 보이는 사람들을 일컫는 말이다. 그러나 아직 공식적인 진단 범주는 되지 못한다. 정확히 그렇다라고 규정되기 위해서는 구체적으로 어떠어떠한 모습들이 나타나야 하는지 확실히 밝혀지지 않았기 때문이다. 사실 우리는 그것이 진짜 정신 분열증과 어떤 실제적인 관계가 있는지조차 아직 모른다.*

  명확성이 좀 떨어지기는 하지만 그래도 이 문제는 제기되어야만 한다. 정신과 의사들이 만난 악한 사람들 가운데 대부분이 '이동성 정신 분열증'을 갖고 있는 것으로 진단되고 있기 때문

---

* 악과 정신 분열증 사이의 관계는 흥미로운 생각의 주제일 뿐만 아니라 매우 신중한 연구 주제이기도 하다. 정신 분열증 자녀를 둔 부모들 가운데 많은(전부는 아님) 사람들이 이동성 정신 분열증을 갖고 있거나 악한 사람들(또는 둘 다인) 인 것 같다. '정신 분열증 자녀를 만들어 내는' 부모에 대하여는 많은 글들이 발표되었는데, 대개 그들은 이동성 정신 분열증 환자나 악한 사람의 특질 보유자로 묘사되고 있다. 이것은 이동성 정신 분열증이 진짜 정신 분열증의 한 변이이며, 거기엔 단순한 유전적 전수(傳受)가 관여되는 것이라는 말일까? 아이들에게 나타나는 정신 분열증은 부모의 악한 파괴 성향의 심리적 산물일까? 대부분의 정신 분열증이 그렇게 보이듯이 악 자체도 유전적인 근거를 갖고 있는 것일까? 우리는 이에 대해 알지 못한다. 그리고 인간 악의 정신 생물학이 훨씬 많은 과학적 연구의 주제가 될 때까지는 앞으로도 그럴 것이다.

이다. 또 거꾸로, 우리가 '이동성 정신 분열증 환자'라고 부르는 많은 사람들이 악한 사람들이기도 하다. 서로 일치하지는 않지만 이 두 범주 사이에는 큰 공통 부분이 있는 것으로 보인다. 진단에 있어서는 이러한 혼돈의 요소도 소개하는 것이 보다 현실적이다. 문제는 아직도 악을 질병으로 이름 짓는 일이 원시적인 단계에 머물러 있다는 데 있다.

그렇더라도 나는 지금이야말로 정신 의학이 악한 사람들을 포함시킬 수 있는 새롭고도 구별된 성격 장애 유형을 인식해야 할 때라고 생각한다. 이 유형에는 일반적인 성격 장애 질환의 공통적 특징인 책임 기피와 아울러 다음과 같은 특징들이 나타난다.

❶ 파괴적인 행동, 희생양 찾기(책임 전가) 행동이 일관성 있게 나타나며 그 양상은 대개 아주 미묘하다.
❷ 비난이나 그 밖의 형태의 나르시시즘적 상처들을 지나치리만큼 못 견뎌 하는데 대개는 눈에 잘 띄지 않는다.
❸ 사람들 앞에서의 자기 이미지와 사람들이 자기를 존중해 주는가에 대하여 유별난 관심을 갖고 있다. 이로 인하여 생활 양식이 견고해진다는 장점은 있으나, 동시에 그것은 증오나 복수심을 부정하게 하고 위선의 정도를 심하게 만든다.
❹ 지적인 속임수를 자주 쓰게 되면 스트레스를 받게 되어 가벼운 정신 분열증적 장애와 같은 모습이 점점 많이 나

타나게 된다.

지금까지 나는 악을 정확하게 이름 짓는 일의 필요성을 역설하되 악한 사람들의 입장에서만 얘기했다. 즉 그들이 가진 고통의 본질을 더 잘 이해하려 했고, 궁극적으로는 어떻게 치료할 수 있을까에 대해 알아보려 했다. 그러나 악을 병으로 이름 지어야 할 또 하나 중요한 이유가 있다. 악의 피해자들의 치료와 관련된 문제다.

만약 악의 인식과 규명과 취급이 쉬운 것이라면, 아마 이런 책은 필요 없었을 것이다. 그러나 중요한 사실은 악이야말로 그 어떤 것보다도 다루기 어려운 문제라는 것이다. 객관적으로 보기에 독립돼 있고 성숙돼 있다고 하는 어른들한테도 악이 그렇게 다루기 어려운 문제라면, 그 한가운데서 살아가야 하는 어린아이들에게는 얼마나 끔찍한 것이겠는가를 한번 상상해 보라. 그런 아이는 그 정신을 집중적으로 강화시켜 주어야만 정서적으로 살아남을 수 있다. 그런데 그런 강화나 심리적 방어들이 어린 시절을 지내면서 그 아이가 살아 남기 위해서 필수적인 것인 반면, 이미 어른이 되고 나면 오히려 그런 것들이 불가피하게 그의 삶을 더 왜곡시키거나 손상시키게 된다.

이리하여 악한 부모 밑에서 자란 아이들은 꽤 심각한 정신과적 장애를 지닌 채 어른이 되어 버린다. 정신과 의사들은 아주 오랫동안 그런 피해자들을 상대로 '악' 이라는 단어를 사용하지 않고도 종종 성공적으로 일해 왔다. 그러나 자기 문제의 근원에 대한 명확한 이름 짓기 없이 좁은 공간에서 악과 함께 살아오면서 쌓인 그들의 상처들이 제대로 치료될 수 있을지는 회의적이다.

악을 부모와 연관시켜서 거론한다는 것은 아마 한 사람의 인간이 직면해 나가야 하는 심리적인 과업들 가운데 가장 어렵고 고통스러운 일이 아닐까 싶다. 대부분의 사람들은 그것을 잘 하지 못한다. 그래서 그냥 악의 피해자로 남아 있기 십상이다. 치료자로서 우리의 의무는 악의 피해자들이 자신들이 당하고 있는 고통의 이름을 알 수 있도록 힘닿는 대로 도와주는 것이다. 다음에 소개하는 두 가지 경우는, 만약 치료자가 악의 얼굴을 직면하지 않고 악의 이름을 거론하지 않았다면 그런 도움을 주는 것조차 거의 불가능했을 사례들이다.

안젤라의 꿈에 나타난 부두교 의식

안젤라는 말을 할 수 없었다. 치료를 시작할 때 그녀의 나이는 서른이었다. 그녀는 사람들과 친하게 지낼 수 없어서 그 문제로 찾아왔다. 그녀는 능력 있는 교사로서, 강의 시간에는 아주 유창한 달변가로 통했다. 그런 그녀가 내 앞에 앉기만 하면 꿀 먹은 벙어리가 되었다. 그 긴 침묵의 중간중간에는 거의 무슨 말인지 알아듣기 힘든 말들이 불쑥불쑥 튀어나왔다가 사라지곤 했다. 입을 열어 말하려 들다가도 몇 마디 못하고는 울음을 터뜨리고 말았다. 처음에 나는 그 흐느낌이 아주 심한 슬픔의 표현인 줄 알았다.

그러나 그것은 그녀가 말하는 것을 막기 위해 고안해 낸 하나의 수단이라는 사실을 차차 깨닫게 되었다. 마치 부모의 불공평한 처사에 반항하면서도 말대답은 하지 않고 그냥 조처를 기다리며 눈물만 흘리고 있는 어린아이를 보는 것과도 같았다. 안젤라는 친밀한 사람들과의 관계에서 이렇게 말이 잘 안 나오는 것과 같은 어려움을 겪고 있다고 말했지만, 그 문제는 왠지 내 앞에서 최고조에 이른 것 같았다. 그리고 내가 그녀에게 부모의 이미지와 같은 하나의 권위적 인물로 비쳐지고 있음이 틀림없었다.

안젤라 아버지는 그녀가 다섯 살 때 가정을 버리고 사라졌다. 안젤라의 기억 속에는 어머니밖에 없었다. 그녀의 어머니는 좀 특이한 여자였다. 이탈리아계였으므로 안젤라는 머리가 검었다. 그런데 안젤라가 열한 살이 되었을 때 그녀의 어머니는 그녀의 머리를 금발로 염색했다. 안젤라는 염색하는 것이 싫었을 뿐 아니라 검은 머리를 더 좋아했지만 무슨 이유에서인지 그녀의 어머니는 금발 아이를 원했고, 그래서 안젤라는 늘 금발이었다.

이 경우는 아주 전형적인 것이다. 안젤라 어머니에게는 딸을 자기만의 권리를 가진 한 독립된 인간으로서 인식하려는 역량과 바람이 거의 없었다. 안젤라에게는 프라이버시가 전혀 없었다. 자기 방이 따로 있었지만 어머니는 안젤라가 방문을 닫아 두는 것을 엄격히 금했다. 안젤라는 그 금지의 이유를 도대체 알 길이 없었으나 그것에 대항하여 따지지는 못했다. 열네 살 때 한 번 시도한 적이 있었는데, 그때 그녀의 어머니는 한 달 이상 깊은 우울에 빠졌고, 그 바람에 부엌일이며 동생 뒤치다꺼리를 안젤라가 도맡아 해야만 했다. 우리가 안젤라 어머니에게 갖다 붙인 첫 번째 단어는 '주제 넘는 참견형'이라는 말이었다. 참견에 대해서라면 그녀는 거의 구제 불능이었다. 그녀는 안젤라의 인격이나 프라이버시에 참견하는 일에 조금도 주저함이나 막힘이 없었지만, 자신의 그런 참견에 대해서는 눈곱만큼의 방해도 견뎌 내지 못했다.

치료가 2년째로 접어들어서야 우리는 안젤라가 말하기 어려워하는 것이 바로 그녀 어머니의 참견 성향과 관련이 있다는 사실을 알게 되었다. 안젤라에게 있어서 침묵은 어머니가 비집고 들어올 수 없는 하나의 성역과도 같았다. 어머니가 자신의 사고와 인격 속으로 집요하게 침입해 들어오려고 할 때마다 안젤라는 꿀 먹은 벙어리가 되었다.

우리가 발견한 또 한 가지 사실은, 이러한 침묵의 성은 어머니를 밖으로 몰아냈을 뿐만 아니라 안젤라 자신의 분노 또한 그 안에 묻어 두게 했다는 점이다. 안젤라는 어머니와 맞선다는 것이 어리석은 일이라는 것을 잘 알고 있었다. 그것은 하나의 범죄였고 그에 대한 형벌은 참으로 가혹한 것이었기 때문이다. 따라서 안젤라는 자신이 적개심을 드러낼 것만 같은 위험 상황에 도달할 때마다 자신의 입에 굳게 자물쇠를 채웠던 것이다.

정신 치료란 고도의 참견 과정인 탓에 치료자는 언제나 권위적인 인물이 되게 마련이다. 내가 그녀에게 부모의 역할을 하게 되었다는 점과 또 그녀 마음의 가장 깊숙한 구석으로 접근하려 하고 있다는 점을 생각해 본다면, 이번에도 역시 그녀가 어린 시절부터 쌓아 온 침묵의 성 속으로 들어가 버렸다는 점은 하나도 놀랄 일이 못 된다. 따라서 어머니와 내가 본질적으로 다르다는 사실을 깨달은 뒤에야 그녀는 이 성을 허물 수가 있었다. 내가 그녀의 생각을 알고 싶어하고 또 거기에 어떻게든 영향을 미치기 위해 노력하자 안젤라는 어머니와는 달리 내가 자신의 정체성과 독특한 개별성을 일관성 있고 진실되게 존중해 준다는 사실을 서서히 깨달아 가기 시작했다. 그녀가 나에게 자유롭게 말할 수 있게 된 것은 지금으로부터 2년 전이었다.

그러나 그때도 어머니로부터는 자유롭지 못했다. 안젤라는 결혼을 했는데 남편도 아버지처럼 그녀를 버렸다. 부양할 아이가 하나 있는 안젤라는 이따금씩 돈이 필요할 때마다 어머니한테 의존해야만 했다. 또한 그녀는 어머니가 언젠가는 변화돼어 자신을 있는 그대로의 모습으로 받아 줄 것이라는 희망에 집요하게 매달려 있었다. 이것은 아주 중요한 문제였다. 치료가 3년째로 접어들었던 바로 그 시점에서 안젤라는 나에게 꿈 이야기를 했다.

"어느 건물 안에 제가 있었어요. 그때 어느 비교(秘敎)에 속한 사람들이 하얀 예복을 입고 나왔어요. 어떻게 된 건지 저도 그들의 마술적이고 무서운 의식에 참여해야만 했어요. 갑자기 제게도 마력이 주어져 저는 천장으로 둥둥 떠다닐 수 있었어요. 하지만 의식에도 참석해야 해서 내 마음대로 떠다닐 수는 없었어요. 어쩔 수 없이 꽉 잡혀 있어야 했는데 기분이 몹시 언짢았어요."

"그 꿈을 생각하면 뭐 떠오르는 게 있습니까?"

내가 물었다.

"예, 왜 이 꿈을 꾸게 됐는지 확실하게 알고 있어요. 지난 주에 파티에 갔었는데 거기서 하이티(Haaiti) 섬에 다녀왔다는 부부를 만났어요. 부두교(서인도 제도 및 미국 남부의 흑인들 사이에 행해지는 일종의 마교[魔敎] - 역주) 집회에 갔었다는 얘기를 하더군요. 숲속에 있는 개척지였는데 피 묻은 돌들과 닭의 깃털들이 온통 널려 있더래요. 그 장면을 얘기할 때 아주 무섭고 몸이 오싹해졌어요. 아마 그래서 그 꿈을 꾸게 된 것 같아요. 꼭 부두교 의식 같았고, 제가 뭔가를 죽이지 않으면 안 되는 것 같은 그런 상황이었거든요. 그러면서도 저는 줄곧 피해자가 될 것만 같았어요. 아니 내가 지금 무슨 말을 하고 있담? 이 얘기는 더 이상 하고 싶지 않아요."

"그 밖에 그 꿈이 또 무엇과 상관 있다고 생각되십니까?"

나의 물음에 안젤라는 짜증을 내는 것 같았다.

"아무것도 없어요. 그 꿈을 꾼 이유는 단지 그날 거기서 부두교 얘기를 들었기 때문이에요."

"하지만 그 꿈은 그것만으로는 설명되지 않아요."

나는 밀고 나갔다.

"지난 한두 주일 동안 당신에게는 많은 경험들이 있었을 터인데 하필이면 당신은 그 일을 꿈과 연관시키기로 선택했습니다.

그걸 선택한 데는 틀림없이 뭔가 이유가 있을 것입니다. 부두교 의식이 당신의 관심을 끈 데는 뭔가 다른 특별한 이유가 있음이 확실합니다."

"저는 부두교 의식 따위에는 하나도 관심 없어요. 그 꿈은 사실 생각조차 하기 싫어요. 아, 그 피투성이, 모두 말도 안 돼요."

"그 꿈이 당신을 불쾌하게 만드는 이유는 무엇일까요?"

"거기엔 뭔가 악한 것이 있었어요. 그게 바로 그 얘기를 하고 싶지 않은 이유예요."

"혹시 현재 당신 삶에 뭔가 악한 것이 지나가고 있는지도 모르겠군요."

나는 살짝 덧붙여 보았다. 그러자 안젤라가 기겁을 했다.

"말도 안 돼요. 그렇지 않아요. 꿈, 그 엉터리 같은 개꿈에서나 그랬지요. 이제 이 얘기는 그만 했으면 좋겠는데요."

"당신 어머니에게 뭔가 악한 것이 있다고 생각하십니까?"

"엄마는 아픈 것이지 악한 건 아니에요."

"뭐가 다르죠?"

안젤라는 이 질문에는 대답하지 않고 대신 이렇게 말했다.

"사실 저는 엄마에게 화가 나 있어요. 아마 천만 번째는 됐을 거예요."

"그렇습니까? 그 얘기를 좀 들려주시죠."

"지난 달로 제 차가 폐기 처분됐다는 건 말씀드렸지요? 사실 새 차를 사는 데 필요한 보증금은 은행에서 얼마든지 빌릴 수 있었는데, 이자를 갚아 나갈 돈이 없었어요. 그래서 엄마한테 전화를 해 무이자로 1천 달러만 빌려 줄 수 있겠느냐고 물었죠. 이번에는 아주 쉽게 '물론이지' 그러시는 거예요. 그런데 기다려도 돈이 오질 않는 거예요. 2주 후에 다시 전화를 걸었죠. 엄마는 2주 동안 왜 돈을 빌려 줄 수 없었는지에 대해 이야기를 늘어놓았어요. 만약 빌려 줬으면 은행 이자를 못 갚을 뻔했다나요? 저는 문제가 뭔지 이해가 잘 안 됐어요. '엄마가 말은 그렇게 하지 않지만 실은 나한테 돈을 빌려 주고 싶지 않구나' 하는 생각이 들기 시작했어요. 그러다 지난 주에 남동생한테서 전화가 왔어요. 엄마는 저한테 직접 하고 싶지 않은 얘기를 늘 동생을 통해서 하곤 했다는 얘기, 지난번에 말씀드린 것 같아요. 아무튼 동생은 저한테 엄마의 유방에 혹이 생겨서 수술을 하게 될 것 같다고 말한 뒤, 엄마가 노년에 수술비가 모자라면 어떻게 하나 걱정하더라는 얘기만 하고 전화를 끊었어요. 이쯤 되자 모든 게 분명해졌어요. 마침내 사흘 전 엄마로부터 약속 어음이 한 장 날아왔어요. 돈을 빌려 줄 테니 사인을 하라는 것이었어요. 엄마는 제가 사인하지 않기를 바랐다는 것, 저는 알아요. 한두 해 전만 같았어도 사인하지 않았을 거예요. 하지만 저에게는 돈이 필요했고 달리 구할 방법이 없었어요. 사인할 도리밖에요. 그것 때문에 아직도 죄책감이 있어요."

"한 해 전만 같아도 사인하지 않았을 거라고 말씀하셨습니까?"

"죄책감이 너무 심했을 거예요. 하지만 선생님과의 치료 과정을 통해서 엄마에 대해 나눴던 모든 얘기들을 생각해 볼 때 이것은 엄마가 으레 써 먹는 게임에 지나지 않는다는 것을 떠올리게 되었어요. 엄마는 맨날 수술을 하겠다며 병원에 가겠다고 그러죠. 오른손으로는 항상 뭔가를 주면서 왼손으로는 그것을 자기 쪽으로 잡아당겨요."

"어머니가 당신과 이런 게임을 하신 게 몇 번 정도나 된다고 생각하십니까?"

"글쎄요, 수백 번? 수천 번일지도 몰라요."

"일종의 의식이 돼 버렸겠군요, 맞습니까?"

"정말 그래요."

"그러니까 당신은 최근에 악한 의식에 관여된 적이 있었던 셈 아닙니까?"

나는 환기시키는 투로 말했다. 안젤라는 어렴풋이 깨달았다는 듯 나를 바라보았다.

"그러니까 아까 그 꿈이 바로 그 얘기란 말인가요?"

"그렇다고 생각합니다. 당신이 이런 식의 의식을 수백 번도 더 거쳤음에도 불구하고, 그리고 어머니가 당신이 죄책감을 느끼기 원하신다는 것을 알고 있음에도 불구하고, 어머니는 여전히 성공하고 있고 당신은 아직도 죄책감을 느끼고 있는 것 아닙니까?"

"맞아요. 그런데 엄마 유방에 진짜 혹이 없다는 사실을 어떻게 알아 내지요? 제가 엄마에게 잔인해지고 있는 것일 수도 있잖아요."

"그러니까 당신은 꿈에서와 마찬가지로 스스로가 피해자인지 가해자인지를 도무지 알 수 없다는 얘기시군요."

"맞아요. 제겐 언제나 죄책감이 있어요."

"그 꿈에서 가장 중요한 요소는 그 의식(儀式)에 악이 얽혀 있는 것 같다는 점입니다. 당신이 어머니와 맺어 온 이런 의식적인 관계를 악한 것이 되게 하는 요소들은 무엇이라고 생각하십니까?"

안젤라는 고통스러워 보였다.

"잘 모르겠어요. 혹시 제가 엄마한테 잔인해지고 있다는 그 점일까요?"

"안젤라, 어머니는 돈을 얼마나 갖고 계십니까?"

"전혀 몰라요."

"뭐 정확한 액수를 묻는 건 아닙니다. 하지만 어머니가 시카고에 아파트 건물 세 채를 갖고 계시다는 것은 알고 있지 않습니까?"

"예, 하지만 별로 크지 않는 것들이에요."

안젤라가 변명하듯 대답했다.

"물론이죠. 고층 건물은 아닙니다. 그래도 제 기억이 정확하다면, 각 아파트마다 집이 열 채씩은 되죠? 게다가 주변 환경도 괜찮은 곳들입니다. 저당 잡혀 있는 것도 전혀 없습니다. 제 말이 맞습니까?"

안젤라는 고개를 끄덕였다.

"자, 은행에 갖고 있는 돈은 제쳐놓고 이 건물들만 한번 따져 봅시다. 값이 얼마쯤 될 것이라고 생각하십니까? 적어도 50만 달러는 되지 않겠습니까?"

"그럴 것 같아요."

안젤라는 마지못해 대답했다.

"하지만 선생님도 아시다시피 저는 돈 계산에 어두운 편이에요."

"맞습니다. 제가 보기엔 그것도 당신이 정확하게 보기를 피하는 하나의 방법인 것 같습니다. 아파트 건물이 보통 1백만 달러씩 한다는 것도 모르십니까?"

"그럴 수도 있겠네요."

"그러니 당신 어머니에게는 자기 이름 앞으로 되어 있는 돈이 최소한 50만 달러에서 많으면 1백만 달러도 넘습니다."

나는 계속해서 수학적인 논리를 갖고 말을 이어갔다.

"그런데도 어머니는 딸과 손자가 쓸 차를 사기 위해 1천 달러만 빌려 달라고 해도 마치 그 돈이 엄청난 부담이 되는 것처럼 행동하십니다. 실은 알부자면서 말로는 죽는 시늉을 하는 것입니다. 그렇다면 말로 하는 그 죽는 소리, 그것은 거짓말이 아닐까요? 어떻습니까?"

"맞아요. 제가 화나는 이유가 바로 그거예요."

안젤라는 인정했다. 나는 계속해서 말했다.

"안젤라, 악이 있는 곳 주위에는 언제나 거짓이 있게 마련입니다. 악이란 언제나 거짓과 관계를 맺고 있습니다. 당신과 당신 어머니 사이의 그 의식과도 같은 상호 관계를 악한 것으로 만드는 요소는 바로 그 관계가 거짓에 바탕을 두고 있다는 점입니다. 당신의 거짓말이 아닙니다. 당신 어머니의 거짓말입니다."

"하지만 엄마가 악하지는 않아요."

안젤라가 소리쳤다.

"왜 그렇게 말하는거죠?"

"그냥 … 그러니까 …, 아무튼 엄마가 악하지 않으니까요. 그래도 나한테는 엄마예요. 엄마가 아프다는 것은 저도 알아요. 그렇다고 악한 사람일 수는 없어요."

우리는 다시 원점으로 돌아왔다.

"아픈 것과 악한 것은 어떻게 다르죠?"

내가 물었다.

"잘 모르겠어요."

안젤라는 완전히 기분이 푹 가라앉아 보였다.

"안젤라, 저도 잘 모릅니다. 사실 저는 악이란 일종의 병이 아닌가 생각하고 있습니다. 하지만 좀 특별한 종류의 병입니다. 병이라고 부른다 해서 그것이 악하지 않은 것이 되는 것은 아닙니다. 병이든 병이 아니든 저는 악이란 아주 현실적인 것이라고 생각합니다. 그리고 당신도 그 실체와 부딪쳐야 한다고 생각합니다. 당신의 꿈이 그걸 말해주고 있습니다. 당신이 어머니와 관계를 맺을 때 동시에 악과 관계를 맺고 있다는 사실을 말입니다. 당신이 어머니와의 관계를 끝낼 수 없는 까닭에 당신은 스스로 행동하는 것을 가능한 한 많이 이해하는 것이 좋습니다. 당신과 저는 함께 어머니가 악한지 아닌지에 대한 문제에 정직하게 마주쳐야 하며, 그것이 당신에게 어떤 의미가 있는지, 과거에는 어떤 의미가 있었으며 앞으로는 어떤 의미가 있을지 알아봐야만 한다고 생각합니다."

안젤라에게(그리고 다음 사례에 나오는 젊은 여성에게도 마찬가지로) 힘을 가해 오고 있는 그 세력들을 제대로 감지해 내기 위해서 우리는 다시 한 번 나르시시즘이라는 현상에 대해 살펴볼 필요가 있다. 인간에게는 누구나 다른 사람들과의 관계에 있어서 어느 정도 자기 중심적이 되려는 경향이 있다. 주어진 상황을 바라볼 때 대개 우리는 일차적으로 그것이 스스로에게 어떤 영향을 미치는가 하는 관점에서 충분히 생각한 뒤에야 그 상황이 다른 사람들에게는 어떤 영향을 미칠지를 마지못해 생각한다. 그러나 우리가 상대방에게 특별한 관심을 갖고 있다면, 비록 그의 견해가 나의 견해와는 완전히 다르다 하더라도 먼저 그의 견해부터 생각할 수 있게 되며 또 결국 그렇게 한다.

악한 사람들은 그렇지 못하다. 전적으로 나르시시즘 일변도의 생각을 지닌 그들에게는 남에게 공감할 수 있는 역량이 아예 없거나 거의 없는 것 같다. 안젤라 어머니는 딸이 자기 머리가 금발로 염색되는 것을 싫어할지 모른다는 생각을 한 번도 해 보지 않은 것 같은 인상을 준다. 바비 부모 역시 아들이 형이 자살한 무기를 크리스마스 선물로 받게 될 때 기분이 어떨지 전혀 생각하지 않았다. 유대인들이 가스실에 처넣어질 때 어떤 기분일지 한 번도 생각해 보지 않았을 히틀러도 같은 계열이라고 생각할 수 있지 않을까?

이제 우리는 나르시시즘이 악한 사람들을 위험스럽게 만드는 이유는, 그것이 그들로 하여금 다른 사람들을 희생양으로 만들도록 충동질할 뿐만 아니라 그들에게서 다른 사람을 향한 공감과 존중에서 비롯되는 행동 구속력을 박탈해 버리기 때문이라는 사실을 알게 되었다. 악한 사람들에게는 자신들의 나르시시즘의 희생 제물이 될 피해자들이 필요하다. 게다가 그들의 나르시시즘은 그들로 하여금 그 피해자의 인간성조차 모조리 무시하도록 조장하는 것이다. 그것은 그들에게 살인 동기를 제공해 줄 뿐만 아니라, 살인 행위에 대한 불감증까지도 함께 제공하는 것이다. 나르시시즘 환자의 이러한 상태는 단순한 공감 부족의 차원을 훨씬 넘어서는 경우도 많다. 그들은 아예 다른 사람들이 전혀 보이지조차 않는 지경에 빠질 수도 있다.

사람은 하나하나가 모두 독특한 존재다. 비교(秘敎)의 주장들을 빼놓고는 인간은 모두 독립된 개별체들이다. 인간의 독특성은 각 사람에게 '나'라는 정체감을 갖게 하고 독립된 존재 의식을 심어 준다. 각 개인에게는 누구나 자신만의 영역이 있다. 그래서 다른 사람과 관계를 맺을 때 우리는 일반적으로 상대방의 고유 영역을 존중해 준다. 사실 자신의 자아 영역을 확고히 하고 남의 자아 영역을 제대로 인정해 주는 것은 정신적으로 건강하다는 것의 한 특성이자 선결 요소다. 우리는 어디까지 가야 되고 어디서 멈춰야 되는지를 알아야 한다.

안젤라 어머니에게는 그런 지식이 없었던 것이 틀림없다. 그녀가 안젤라의 머리를 염색했을 때 그녀는 마치 딸이라는 아이는 존재하지 않는다는 듯이 행동했던 것이다. 안젤라는 자신만의 의지와 취향을 지닌 독립적이고 독특한 개인이었음에도 불구하고 어머니한테만은 아무런 실존체도 되지 못했다. 그녀는 안젤라를 안젤라 자체로 보지 않았던 것이다. 그녀는 안젤라만의 자아 영역을 인정하지 않았다. 오히려 그러한 영역이 존재한다는 사실이 그녀에게는 큰 장애물이었다. 안젤라가 자기 방 문을 닫아 두지 못하게 했다는 점에서도 그것은 상징적으로 나타난다. 만약 안젤라가 침묵의 성 뒤로 숨어들 수 없었다면, 그녀는 안젤라의 자아를 자신의 나르시시즘적 자아 속으로 송두리째 삼켜 버렸을 것이다. 자라면서 안젤라는 어머니의 나르시시즘적이고 공격적인 참견 성향에 대항하여 오직 침묵이라는 방어를 통해서만 자신의 자아 영역을 보존하고 키워 갈 수 있었다. 어떤 의미에서 안젤라는 지나치게 방어적이 됨으로써 자신의 영역을 지킬 수 있었고, 그 바람에 모든 다른 사람들로부터 고립되어야 하는 대가를 톡톡히 치러야만 했다.

나르시시즘적 참견 성향이 만들어 낼 수 있는 또 다른 유형의 비참한 모습은 공생적(共生的)인 관계다. 정신과에서 쓰는 '공생'

이라는 말은 각자 독립된 상태에서 서로에게 도움을 주고받는 그런 상태가 아니다. 그것이 의미하는 바는 서로 기생(寄生)하는 파괴적인 짝의 관계이다. 공생 관계에서는 어느 한쪽도 다른 쪽으로부터 분리되어 있지 않다. 그렇게만 된다면 서로에게 틀림없이 도움이 될 경우가 많은데도 말이다.

하틀리와 사라의 관계가 바로 그런 것이었다. 약자 하틀리는 자기 대신 모든 결정을 내려 주는 사라 없이는 그 유아적인 상태에서 결코 살아남을 수 없었다. 사라 역시 자신의 나르시시즘적인 지배욕과 우월감을 충족시켜 주는 나약한 하틀리 없이는 결코 살아 남을 수 없었다. 그들의 기능은 두 독립된 개인으로서가 아니라 하나로 합쳐진 세트로서의 기능이었다. 사라는 하틀리가 자기 스스로의 의지와 정체성을 갖지 못한 부분들(사실 하틀리에게 남은 거라곤 힘없이 자살을 시도한다는 아주 작은 의지뿐이다)을 서로의 동의 아래 점령함으로써 하틀리를 삼켜 버렸다. 하틀리는 자신의 자아 영역을 몽땅 내다 버렸고, 사라는 그것을 자신의 영역 속으로 합병시켰다.

중년인 하틀리와 사라가 이런 공생 관계를 멋지게 '성공으로' 이끌었다면, 악하고 나르시시즘적인 일부 부모들이 자기의 지배 아래 있기로 운명지어진 자녀와 더불어 그런 공생 관계를 성공적으로 엮어 나갈 수 있음을 가히 짐작하고도 남는다.

다음에 제시하는 사례는 어머니와의 공생 관계에 빠져 있던 한 아이를 향한 오랜 치유의 과정 즉 심리적 이유(離乳) 과정을 보여 준다.

빌리의 거미 공포증

빌리가 어떻게 그러한 치료 관계를 계속할 수 있었는지 지금도 이해가 잘 안 된다. 그녀가 그 관계를 계속해 갔다는 것은 치료자에게나 빌리 자신에게나 놀랄 만한 이상한 힘이었고 따라서 찬사를 그 둘 다에게 돌리지 않을 수 없다. 그것은 차라리 하나의 기적이었다.

빌리는 성적이 떨어진다는 문제 때문에 어머니에게 이끌려 병원에 왔다. 빌리를 맡은 것은 나의 동료 의사였다. 당시 열여섯 살이었던 빌리는 표정이 매우 밝았다. 학교 성적은 아주 좋지 않았다. 6개월 동안 치료를 받은 후 빌리의 성적은 조금씩 올라가기 시작했다. 그녀는 또한 치료자에 대한 애착을 눈에 띄게 나타냈다. 치료자는 인내심이 많은 성숙하고 친절한 남자 의사였다. 이 시점에서 그녀의 어머니는 이제 문제가 다 해결되었다고 말했다. 치료자는 그렇잖아도 최저로 받고 있던 치료비를 면담 1회당 5달러로 낮춰 주겠다고 했다. 빌리는 주당 5달러씩 용돈을 받았고, 또 은행에 저금해 놓은 돈도 2백 달러나 있었으므로 자비로 치료비를 계속 낼 수 있기 위해서 고등 학교 3학년인데도 아르바이트를 시작했다. 그때가 7년 전이었다. 빌리는 지금도 치료를 받고 있다. 그러나 이제 서서히 끝이 보이기 시작한다.

빌리가 자기 용돈으로, 또 얼마 되지 않는 돈을 벌어서까지 치료비를 내면서 계속 치료를 받아 왔다는 것은 놀라운 일이다. 왜냐하면 처음 3년 동안만 해도 빌리는 자신에게는 아무런 문제가 없다고 생각했다. 그녀는 무의식 속에서는 자신에게 뭔가 결정적으로 잘못된 문제가 있다는 것을 분명히 알고 있었다. 그러나 의식으로 돌아오면 그녀 자신의 '문제'에 대해서 완전히 냉담한 반응을 보였다. 그녀는 성적이 올라가기를 막연히 바랐지만, 스스로도 솔직히 인정했듯이 숙제를 거의 제대로 해 본 적이 없었다. 그녀는 그것을 '게으름' 탓으로 돌렸고, 결국은 "학교 다니는 애들이 대개 게으르지 않나요?"라는 말로 은근슬쩍 넘어가려 하곤 했다.

증상이라고 규명할 수 있을 만한 유일한 사항은 그녀가 거미를 무서워한다는 점이었다. 빌리는 거미를 싫어했다. 어떤 거미든 다 마찬가지였다. 거미를 보기만 해도 겁에 질려 내빼곤 했다. 집에서 거미가 눈에 띄기만 하면 누군가 그걸 잡아 죽여 없애기 전에는 집 안에 들어가지 못할 정도였다. 그런데 이 공포증은 자아 동질적(ego-syntonic)인 것이었다. 빌리는 대부분의 사람들이 자기만큼 거미를 무서워하지 않는다는 것을 알았지만, 그것은 그들이 둔감하기 때문이라고 단정지었다. 그들도 거미가 얼마나 끔찍한 존재인지를 제대로 알면 자신처럼 거미를 무서워할 것이라고 생각했다.

이렇게 자신에게는 전혀 잘못된 것이 없다고 생각하는 까닭에 빌리가 치료자와의 면담 약속을 밥 먹듯이 어겼다는 사실도 그리 놀랄 만한 것은 못된다. 그래도 치료자는 처음 3년을 어찌어찌하여 그 상태로 이끌어 갔고, 빌리도 마찬가지였다. 이 기간 동안 빌리는 아주 강렬하게 아버지를 증오한 반면 어머니는 매우 좋아했다. 그녀의 아버지는 평생을 은행에서 일해 온 아주 수줍음 많고 과묵한 사람이었다. 빌리는 자신에게 온화하고 친절하게 대해 주는 어머니와는 달리 아버지는 냉정하고 늘 멀찌감치 있는 사람으로만 생각했다. 자연스럽게 무남독녀 빌리는 어머니와 단짝이 되었고 서로 깊은 비밀까지 모두 털어놓았다. 빌리 어머니에게는 언제나 적어도 두세 명의 외간 남자들이 있었는데, 사춘기를 지내면서 빌리는 그 어떤 일보다도 어머니로부터 혼외정사 얘기를 미주알고주알 듣는 일을 가장 좋아했다.

빌리 어머니는 자신의 외도를 남편의 고립적이고 정감 없는 성격 탓으로 돌렸다. 사실 남편이 집안에 별 관심을 보이지 않았다고 하니 그것은 어쩌면 자연스러운 반응일 수도 있었을 터이다. 빌리와 어머니는 한 편이 되어 그를 미워했다. 이제 그 둘은 신나서 그에 맞서는 공동 모의자라도 된 것 같았다.

빌리가 어머니 얘기를 들어 주었듯이, 빌리 어머니도 빌리의 삶에 찾아드는 모든 성적(性的)인 얘기, 낭만적인 스토리들을 몸이 달아서 들어 주곤 했다. 빌리는 그런 인정 많고 마음씨 좋은 어머니가 있다는 사실을 아주 커다란 행운으로 생각했다. 그녀는 어머니가 왜 치료비를 대 주지 않으려 했었는지 그 이유를 설명할 순 없었지만, 그 일로 인하여 어머니를 비난한다는 것은 있을 수 없는 일이었고 그럴 마음도 전혀 없었다. 치료자가 그 얘기를 꺼내기만 하면 빌리는 강경하게 다른 얘기로 화제를 돌리곤 했다.

빌리는 어머니에게 남자 친구들에 대해 할 얘기가 무척 많았다. 빌리의 성생활은 참으로 난잡했지만 어머니는 전혀 꾸짖지 않았다. 사실 빌리는 많은 남자친구들과 사귀면서 애초부터 그렇게 난잡하려고 했던 것은 아니다. 그녀는 한 남자와의 깊고 지속적인 관계를 갈망했다. 하지만 그런 일은 결코 일어날 것 같지 않았다. 그녀는 일단 남자가 생기면 앞뒤 분간이 안될 정도로 푹 빠져 단숨에 그 남자 아파트로 달려가 살았다. 그러고는 짧으면 이삼 일, 길면 이삼 주가 지나 예외 없이 관계가 식어져 다시 짐을 싸들고 집으로 돌아오는 일을 되풀이하곤 했다. 빌리는 얼굴도 예쁘고 지적인 데다가 매력적이었던 까닭에 새 남자를 찾기란 그리 어렵지 않았다. 일주일도 안 돼서 그녀는 다시 사랑에 빠졌다. 그러나 그 버릇이 어디 가랴? 얼마 안 있어 관계는 다시 깨지고 말았다. 이 관계를 어떻게 끝내 버릴까 하는 생각이 서서히 고개를 들기 시작하는 것이다.

빌리가 치료에 더 적극적이고 진지하게 매달리게 되었던 것은 바로 한 남자에게 오래 붙어 있을 수 없는 자신의 모습에서 오는 당혹감과 고통 때문이었다. 그러한 유형의 바탕이 되고 있는 문제가 아주 서서히 그 정체를 드러내기 시작했다. 빌리는 혼자 있는 것을 견딜 수 없어 했다. 남자와 사랑에 빠졌을 경우에도 빌리는 그가 가는 곳이라면 어디든지 따라가려고 했다. 그녀는 욕구가 느껴지든 느껴지지 않든 무조건 밤마다 관계를 가지려고 했다. 그렇게 함으로써 적어도 그날 하룻밤만은 남자가 자기와 같이 있으리라는 것이 보장되었기 때문이었다. 아침에 일어나면 그녀는 남자에게 직장에 가지 말라고 애원하면서 졸랐다. 남자는 그녀를 두고 나갈 때는 반드시 눈물을 보여야만 했다. 그러니 점점 숨이 막힐 수밖에 없었던 남자는 서서히 만남을 피하려 한다. 그럴수록 빌리는 그를 자기에게 붙어 있게 만들려고 곱절, 세 곱절 노력한다. 결국 남자는 그럴듯한 구실을 붙여 관계를 끝내 버리고 만다. 혼자 남은 빌리는 눈에 띄는 대로 최대한 빨리 다음 남자를 찾는다. 학력이나 성격 같은 그런 건 따져 볼 겨를도 없이 말이다. 혼자 있는 것을 견디지 못하는 빌리는 보다 맘에 드는 대상이 무대 위에 등장할 때까지 진득하게 기다리지를 못한다. 그저 손 닿는 데 있는 남자면 누구하고라도 사랑에 빠져 버리고, 즉각적으로 그에게 꽉 달라붙는 것이다. 이렇게 악순환은 쉬지 않고 되풀이된다.

빌리가 혼자 있는 것을 두려워한다는 사실이 밝혀지고 나자, 왜 그녀의 학교 성적이 좋지 않을 수밖에 없었는지도 분명해졌다. 책을 읽고 리포트를 쓰려면 혼자 있는 시간이 필요하다. 빌리는 사람들로부터 떨어져 혼자 있고 싶은 마음이 조금도 없었기 때문에 자연히 숙제를 제대로 할 수 없었다. 숙제하는 그 시간조차도 견뎌 내질 못했다. 특히 언제나 잡담 상대가 되어 줄 준비가 되어 있던 어머니와의 사이에서는 더더욱 그러했다.

이제 이 점이 문제라는 것이 드러났는데도 불구하고 빌리는 거기에 대해 어찌할 바를 모르는 무기력 상태에 빠져 있었다. 그녀는 혼자 있는 걸 두려워하는 까닭에 자기가 여러 모로 제약을 받게 되고 말았다는 것을 스스로 인정했다. 하지만 무엇을 어떻게 해야 하는가? 그것은 이미 그녀의 일부였다. 그러한 유형에 자기 파괴적인 요소가 있기는 하지만 어쨌든 그것이 그녀의 존재 방식이었다. 다른 방식을 취한다는 것은 그녀로서는 상상조차 할 수 없는 일이었다. 그리하여 어떤 변화도 일어나지 않았다. 거미 공포증만 더 심해졌을 뿐이다. 그녀는 자신이 모르는 상태에서 혹시 거미를 스치게 되지나 않을까 싶어 어두운 밤에는 남자와 함께 숲속이나 으슥한 거리 같은 데를 걸어다닐 수조차 없게 되었다.

여기서 치료자는 아주 대담한 행동을 취하였다. 지금까지 남자와 같이 살거나 아니면 부모와 함께 살았던 빌리에게 아파트를 구해서 혼자 살아 보라고 강력하게 권한 것이다. 그러나 빌리는 거부했다. 돈이 엄청나게 들 거라고 했다. 하지만 유익한 점도 있을 것이다. 남자들을 집에 데려올 수도 있을 것이고, 스테레오도 마음대로 크게 틀어 놓을 수 있을 것이며, 좀더 독립심을 키울 수도 있을 것이다. 그러나 우선 돈이 없었다. 그런 집을 어떻게 구할 수 있겠는가? 그녀는 이제 고정 직장을 갖게 되었던 터라 치료자는 5달러로 깎아 주었던 치료비를 다시 원래의 25달러로 받고 있었다. 그러니까 그녀는 한달에 100달러가 넘는 돈을 치료에 투자하고 있었던 셈인데 그녀 월급의 4분의 1에 해당하는 액수였다. 치료자는 치료비를 다시 5달러로 내려 주겠노라고 제의했다. 빌리는 감격했지만, 돈이 모자라기는 마찬가지였다. 게다가 어느 날 밤 그 집에서 거미가 발견되었는데 주위에 사람이 하나도 없는 상황이 발생한다면 어떻게 할 것인가? 혼자 어떻게 한단 말인가? 안 된다. 혼자 다른 집에서 살다니, 그건 말도 안 되는 이야기라는 생각에 그녀는 줄곧 매달려 있었다.

치료자는 그녀에게 다음 사항을 지적해 주었다. 즉 빌리는 혼자 있는 것에 대한 자신의 두려움에 대처하기 위해서 스스로 손가락 하나 까딱하지 않고 있다는 점이다. 치료자는 다시 말했다. 만약 빌리가 적극적으로 혼자 있는 상황을 선택하는 행동을 취하지 않는다면 치료에는 아무런 희망도 없다고 못박았다. 빌리는 다른 방법이 있을 것이라고 반박했다. 치료자는 그게 뭔지 한번 얘기해 보라고 말했지만 빌리는 아무 말도 하지 못했다. 그러면서도 그녀는 치료자가 지금 너무 강력하게 압력을 넣고 있다고 주장했고, 자기는 절대 그럴 수 없다고 말했다. 치료자는 만약 그녀가 아파트를 구하지 않는다면 다시는 얼굴을 보지 않겠노라고 말했다. 빌리는 너무 잔인하다며 날뛰었지만 치료자는 꿈쩍도 하지 않았다. 마침내 치료를 시작한 지 4년째 되던 해에 빌리는 자기 아파트를 구하게 되었다.

즉각적으로 세 가지 일이 발생했다. 첫 번째 일은 혼자 있는 것에 대한 두려움이 얼마나 강렬하고 심한 것이었는지를 좀더 깊이 인식하게 된 점이었다. 남자가 와서 함께 지내지 않을 때면 그녀는 밤마다 텅 빈 아파트 안에서 극도의 불안에 휩싸이게 되었다. 그래서 밤 9시가 채 안 돼 그녀는 어머니 집으로 잽싸게 돌아가 함께 떠들다 잠을 자곤 했다. 별다른 스케줄이 없는 주말이면 아예 부모의 집에 가서 내내 거기서 지내다가 돌아왔다. 아파트를 구한 지 처음 석 달 동안 그녀가 거기서 혼자 잠을 잔 것은 고작 다섯 손가락 안에 꼽을 수 있을 정도였다. 그녀는 꼬박꼬박 집세를 내면서도 너무 무서워 거기서 잠을 자지 못하고 있었다. 한심한 노릇이었다. 그녀는 서서히 자기 자신에게 화가 나기 시작했다. 어쩌면, 단지 어쩌면이긴 하지만 혼자 있음에 대한 이런 두려움은 정상이 아닐는지도 모른다는 생각이 들었다.

두 번째 일은 그녀의 아버지에게 변화가 생기기 시작했다는 사실이다. 빌리가 마지못해 따로 나가 살겠다는 얘기를 하자, 그녀의 아버지는 창고 안에 넣어 둔 조상대대로 내려오는 가구들을 가리키면서 필요하다면 가져가는 게 어떻겠느냐고 제의했다. 그러더니 이삿날에는 자기 친구로부터 트럭을 한 대 빌려 와서는 직접 그 가구를 실어서 날라 주고 또 내려서 들여 놔 주기까지 했다. 또 집들이 때 쓰라고 샴페인도 사 주었다. 이사한 뒤 그녀의 아버지는 다달이 빌리의 아파트에 어울릴 만한 조그만 선물들을 꼬박꼬박 보내오곤 했다. 램프, 그림 액자, 양탄자, 과일 접시, 식기 세트 등이 줄을 이었다. 그렇다고 선물을 주면서 요란을 떨거나 생색을 내려 하지도 않았다. 선물들은 그냥 평범한 두꺼운 종이에 싸여 그녀의 직장으로 조용히 배달되곤 했다. 그러나 빌리는 아주 신경을 많이 써서 고른 것들이라는 걸 느낄 수 있었다. 모두 다 빌리의 취향에 꼭 맞았다. 지금껏 한 번도 아버지에게 그런 감각이 있으리라고는 생각해 본 적이 없었다. 또한 그녀는 아버지에게는 이런 것들을 계속 사 줄 수 있을 만큼 여분의 돈이 많지 않다는 것도 알고 있었다. 아버지는 여전히 숫기없고 얌전하고 말 걸기가 어려운 사람이었지만, 빌리는 아버지가 자신에게 보여 주는 관심으로 난생 처음 감격하게 되었다. 심지어 그동안 이런 표현이 잘 되지 않았을 뿐이지 아버지 마음속에는 언제나 쭉 있어 왔던 것이 아닐까라는 생각도 들었다.

그런데 빌리의 아파트에 대한 어머니의 태도는 아버지와는 정반대였다. 빌리는 어머니 집의 여기저기 구석에 처박혀 있는 별로 쓰지도 않는 물건들을 몇 번이나 달라고 얘기했지만 그럴 때마다 어머니는 갑자기 그것이 쓸 데가 생겼다는 듯 처신하곤 했다. 어머니는 그 아파트에 대해 뭔가를 묻는 일조차 한 번도 없었다. 그리고 보니 빌리는 자기가 아파트 얘기를 할 때마다 어머니가 기분 언짢아하고 심지어는 "너 맨날 우리 아파트가 어떻고 저떻고 하는 얘기만 하는 걸 보니 요즘 좀 이기적이 돼 가고 있다고 생각지 않니?"라고 하면서 말을 잘라 버릴 때도 많았다는 것을 깨달았다. 빌리는 어머니가 자신의 본가에서 떨어져 나와 사는 것을 좋아하지 않는구나 하는 생각을 서서히 굳혀 가게 되었다.

바로 이것이 세 번째 변화였다.

사태는 점점 눈덩이처럼 불어 갔다. 맨 처음에만 해도 빌리는 자신의 독립을 어머니가 싫어한다는 사실을 은근히 즐겼었다. '어머니가 나를 얼마나 깊이 사랑하는가에 대한 좋은 증거가 아니겠어? 집에 돌아가면 언제나 반겨 주는 사람이 있다는 것, 밤늦게까지 어머니와 잡담을 할 수 있다는 것, 내 침실이 그대로 비어 있어 언제든지 가서 잘 수 있다는 것, 어둠 속에 거미가 나올지도 모르는 고독한 아파트로 돌아가지 않아도 된다는 것은 참 신나는 일 아니야?'

그러나 빌리는 바로 거기서 조금씩 조금씩 마법으로부터 풀려 나오기 시작했다. 우선 빌리와 어머니 사이엔 더 이상 빌리의 아버지를 놓고 함께 흉보는 일이 없어졌다. 어머니가 전처럼 아버지에 대해 불평을 늘어놓기 시작하면 빌리는 이렇게 말하곤 했다.

"하지만, 엄마! 아빠 그 정도로 나쁜 사람은 아니에요. 어떤 때는 아주 멋진 분이라는 생각까지 든다고요."

물론 이런 반응은 어머니의 속을 뒤집어놓았다. 숨돌릴 겨를도 없이 어머니는 빌리의 아버지에 대해 대놓고 욕을 퍼붓거나, 아니면 대상을 바꿔 전처럼 같이 동조해 주지 않는 빌리를 비난하기 시작했다. 불쾌함이 최고조에 달하는 순간이었다. 마침내 빌리는 어머니에게 앞으로는 자기 앞에서 아버지 욕을 하지 말아 달라고 말해야만 했다. 언제나 말다툼으로 끝나곤 했기 때문이다. 그녀의 어머니는 마지못해 따를 수밖에 없었다. 하지만 공동의 적이 없어지자 둘은 그다지 할 얘기가 많지 않았다. 그러던 중 수요일 밤, 드디어 취침 건이 문제로 터졌다.

빌리는 조그만 출판사의 중간 관리자였다. 그 회사에서는 목요일 새벽마다 각 지방으로 책을 배본하는 대규모 선적 작업이 있었다. 빌리는 책임감이 강한 성격이라 목요일 새벽마다 6시까지 사무실에 가야만 했다. 그런데 어머니 집에 가서 잠을 자면 거의 불가능했다. 어머니와 잡담을 늘어놓다가 밤늦게서야 잠자리에 들곤 했기 때문이다. 그 바람에 빌리는 목요일 새벽이면 항상 수면 부족으로 고생했다. 생각 끝에 빌리는 수요일 밤만큼은 아파트에서 잠을 잘 것이며, 반드시 밤 9시 전에는 아파트에 도착하겠다고 치료자와 약속했다.

처음 10주 동안 빌리는 약속을 지킬 수 없었다. 자정 전에는 절대로 아파트에 돌아갈 수 없었던 것이다. 매주 치료자는 빌리에게 약속을 지켰는지 물었고, 빌리는 매주 실패를 털어놓아야만 했다. 처음엔 치료자에게 화가 치밀어올랐다. 점점 그 화는 약속과 결심 하나 제대로 못 지키는 자기 자신에게로 향하게 되었다. 그녀는 자신의 연약함을 심각하게 고민하기 시작했다. 몇 번의 면담을 하면서 빌리는 혼자 있는 게 두렵지만 아파트에 있고 싶은 마음과 어머니 집에 가서 따뜻하게 지내고 싶은 마음이 동시에 존재하고 있음을 토로해 왔다. 이 시점에서 치료자는 빌리에게 어머니가 빌리의 약속 이행을 도와줄 방법이 없겠느냐고 물었다.

그 생각에 찬성한 빌리는 어머니에게 자신의 약속에 대해 얘기한 뒤, 수요일 밤에는 자기가 8시 30분에 본가를 떠날 수 있도록 다그쳐 달라고 부탁했다. 그러나 어머니는 단번에 거절했다.

"너와 네 치료자 사이의 일은 네 일이지 내 일이 아니야."

빌리는 그 말도 맞는 말이라고 생각했지만, 한편으로는 '어머니는 내가 이 약속을 지키지 못하기를 원하고 있으며 거기엔 뭔가 이유가 있을 거야' 라는 생각이 들기 시작했다. 그런 의심은 점점 깊어졌다. 그에 따라 빌리는 수요일 밤마다 어머니의 행동을 관찰하기 시작했다. 곧 그녀는 어머니가 언제나 예외 없이 8시 30분쯤 되면 뭔가 유난히 속을 건드리는 화제를 꺼내곤 한다는 사실을 발견했다. 일단 그것을 알게 되자 빌리는 그에 대항하려 들었다. 그런 화제로 얘기가 계속되는 와중에 8시 45분이 되자 빌리는 자리에서 일어서 이제 가야 된다고 큰소리로 말했다. 그러자 어머니가 물었다.

"너, 좀 무례하다고 생각하지 않니?"

빌리는 어머니에게 자신의 약속을 다시 떠올리게 했다. 그리고 자기가 약속을 지킬 수 있도록 도와주는 일이 어머니의 책임은 아닐지 몰라도 최소한 자기는 그 약속을 지켜야 할 책임이 있다고 말했다. 다시 한바탕 요란한 논쟁이 오고 갔다. 급기야 어머니는 울음을 터뜨리고 말았다. 빌리가 아파트에 돌아온 것은 자정이 넘어서였다.

그 후 빌리는 또 한 가지 사실을 관찰하게 되었다. 즉 어머니는 밤 8시 30분쯤에 약오르는 화제를 꺼냈다가 그 작전이 실패하면, 이번에는 스스로 싸움을 걸어서 똑같은 방해 작전을 시작한다는 사실이었다. 이런 유형이 빌리에게 분명하게 확인된 것은 아직도 약속을 지키지 못하고 있던 14주째가 되던 수요일이었다. 그날 밤도 어머니는 8시 30분이 되자 또 이야기를 꺼내기 시작했다. 빌리는 일어서면서, 시간이 다 되어 더 얘기를 들을 수 없어 미안하다고 말했다. 그러자 어머니는 시비를 걸기 시작했다. 빌리는 지금 말다툼할 시간도 없다고 선언하고는 성큼성큼 문으로 걸어나갔다. 어머니가 빌리의 옷소매를 붙잡았지만 빌리는 뿌리치고 떠났다. 아파트에 돌아와 보니 정확히 9시였다. 5분 뒤 전화벨이 울렸다. 어머니였다. 그녀는 빌리가 너무 서둘러 떠나는 바람에 의사가 자기한테 담석이 있는 것 같다고 말한 사실조차 얘기할 시간이 없었다고 말했다.

빌리의 거미 공포증은 훨씬 심해졌다. 아직도 빌리는 어머니를 좋아하고 있었다. 치료 현장에서는 맘에 있는 그대로 자유롭게 어머니를 비난할 수 있게 되었지만, 실제로 화낸 적은 한 번도 없었고, 지금도 할 수만 있으면 어떻게든 어머니 편이 되려고 했다. 이제 그녀에게는 두 개의 두뇌가 존재하는 것 같은 상황이었다. 하나는 어머니를 객관적인 눈으로 볼 수 있는 새로 생긴 뇌이고, 또 하나는 조금도 변하지 않은 원래의 뇌였다.

치료자는 바싹 몰아붙였다. 그는 빌리 어머니가 빌리에게 그렇게 달라붙는 것은 단지 수요일 밤만이 아니라고 말했다. 어쩌면 그녀의 어머니는 빌리가 집을 떠나는 것 자체를 원하지 않았을 것이며, 어떤 이유에서든 둘이 따로 떨어져 살게 되는 것을 좋아하지 않았을 것이라고 말했다. 그러면서 치료자는 빌리가 정신 치료를 받는 일이 그녀의 삶에서 아주 중요한 일이 되자마자 그녀의 어머니가 치료비 부담을 거부했던 사실을 다시 한 번 떠올리게 해 주었다. 빌리 어머니는 빌리가 정신 치료에 애착을 갖는 것에 대해 질투심을 느끼지 않았을까? 그것은 빌리가 자신이 아닌 다른 어떤 것에 애착을 느끼는 것이 될 테니까 말이다. 빌리 어머니는 빌리가 새 아파트를 얻는 것에 대해 왜 그토록 분개해야만 했을까? 빌리의 분가와 독립이 싫어서가 아니었을까? 빌리는, 그건 그렇다 치더라도 어머니는 자기가 수많은 남자들과 어울리는 것에 대해서 한 번도 반대해 본 적이 없노라고 반박했다. 그걸 보면 그녀의 어머니에게는 그녀를 자기에게 묶어 두려는 마음이 없다는 걸 알 수 있지 않느냐는 것이었다. 치료자도 일단 그럴 수 있는 가능성은 인정했다. 그러나 빌리 어머니가 빌리가 그대로 자신의 복사판이 되기를 바랐다는 것을 나타내 주는 것으로 볼 수도 있다. 어쩌면 빌리 어머니는 빌리의 난잡한 성생활을 자기 자신을 정당화하는 데 이용했을 수도 있다. 게다가 그 둘에게 비슷한 구석이 많으면 많을수록 서로 분리될 확률은 그만큼 줄어드는 것이다. 주를 거듭하고 달을 거듭하며 이렇게 똑같은 문제를 밀고 당기는 공방전이 끝없이 계속되었으나, 결론에 이르고 있다는 징조는 눈 씻고 찾아봐도 없었다.

그러나 치료 6년째에 접어들면서 아주 미묘하고도 중대한 의미가 있는 변화가 생겨 났다. 빌리가 시를 쓰기 시작했던 것이다. 처음에 빌리는 자신의 시를 어머니에게 보여 주었는데 어머니는 별 흥미를 보이지 않았다. 그래도 빌리는 자신의 시가 자랑스러웠다. 스스로에 대한 새롭고도 놀라운 발견이었던 까닭에서다. 그것이야말로 그녀 스스로에게서 나오는 자기 고유의 그 무엇이었다. 빌리는 시를 적어 나가기 위해서 고급 가죽 제본 노트를 한 권 샀다. 시상이 자주 떠오르진 않았지만, 일단 한 번 떠오르면 그 힘이란 도저히 어떻게 할 수 없는 것이었다. 시를 쓰면서 빌리는 난생 처음 자기가 혼자 있는 것을 즐기고 있다는 사실을 발견했다. 아니, 혼자 있어야만 했다. 본가에서는 어머니가 쉬지 않고 말을 걸어 오기 때문에 정신을 집중해 시를 쓸 수 없었다. 그래서 빌리는 거기 있다가도 시상이 떠오르면 벌떡 일어나 집으로 가야겠다고 말하곤 했다. 그러면 그녀의 어머니는 비명과도 같은 소리로 "오늘은 수요일이 아니잖아?"라고 말하곤 했다. 그러나 빌리는 그런 어머니를 떼 놓고 곧장 자신의 아파트로 돌아왔다. 바로 그날과 같은 사건이 있던 어느 날을 떠올리며 빌리는 치료자에게, 자기가 시를 쓰려고 그 집을 떠날 때 어머니가 얼마나 끈덕지게 자기에게 달라붙었는지 아주 의미 있는 한마디를 했다.

"그 꼴이 꼭 거미 같더라니까요."

치료자는 반갑다는 듯이 말했다.

"당신에게서 그 말이 나오기를 오래오래 기다려 왔습니다."

"그 말이라뇨?"

"어머니가 거미 같다는 말 말입니다."

"그게 뭐가 어때서요?"

"거미를 증오하고 두려워하지 않으셨던가요?"

"하지만 엄마를 증오하진 않아요. 두려워하지도 않고요."

"아마 그러실 텐데요."

"하지만 그러고 싶지 않아요."

"그래서 그 대신 거미를 증오하고 두려워하는 것 아닙니까?"

그 일이 있은 후 빌리는 다음 면담 시간에 오지 않았다. 그녀가 다시 오던 날, 치료자는 그녀가 지난번에 오지 않았던 것은 바로 그녀가 어머니와 거미 공포증을 연결시켰던 치료자에 대해 화가 나 있었기 때문이 아니냐고 넌지시 비쳐 보았다. 그 후 빌리는 두 번 더 면담 시간에 나타나지 않았다. 하지만 다시 왔을 때 그녀는 사실과 정면으로 부딪칠 준비가 되어 있었다. 그녀는 이렇게 말했다.

"맞아요. 제겐 공포증이 있어요. 도대체 공포증이란 게 뭐죠? 어떤 작용을 하는 건가요?"

치료자는 공포증이란 전치(轉置)의 결과라고 설명해 주었다. 어떤 대상에 대한 정상적인 공포나 혐오감이 전혀 다른 대상에게로 대치될 때 발생하는 것이 공포증이다. 사람들에게는 애초의 공포나 혐오감을 인정하고 싶지 않은 심리가 있기 때문에 이러한 전치라는 방어 기제를 사용하게 된다. 빌리의 경우, 그녀는 자기 어머니의 악을 인정하고 싶지 않았다. 당연한 것이다. 어느 딸이 자기 어머니를 악하고 파괴적인 사람으로 생각하고 싶겠는가? 다른 모든 자녀들과 마찬가지로 빌리도 자기 어머니가 자신을 사랑하며, 친절하고 마음씨 좋은 괜찮은 어머니라고 생각하고 싶었다. 그러나 그렇게 믿기 위해서는 어머니의 악에 대해서 본능적으로 느껴지는 공포와 혐오감을 없애 버릴 수 있는 뭔가 다른 방법이 필요했다. 그녀는 그 공포와 혐오감의 대상을 거미로 바꿈으로써 그 길을 찾게 되었다. 악한 존재는 어머니지 거미가 아니었던 것이다.

"하지만 우리 엄마는 악하진 않아요."

빌리가 강경하게 말했다. 빌리 어머니가 빌리의 독립에 아무런 관심도 보이지 않았고 또 빌리가 완전히 독립된 생활을 하는 것을 막기 위해서 온갖 술수와 책략을 다 썼던 것은 사실이다. 그러나 그것은 악의 문제는 아니다. 단지 빌리 어머니가 외로워서였다. 빌리야말로 외로움을 잘 알고 있었다. 외롭다는 것은 끔찍한 일이었다. 외로움을 느낀다는 것은 사실 인간적인 것이기도 하다. 사람은 사회적 동물인 까닭에 서로를 필요로 한다. 어머니가 외로워서 딸에게 매달렸다는 것을 악으로 보기는 어렵다. 그저 인간적인 행동에 지나지 않는다.

치료자는 대답했다.

"고독이 인간적인 것이기는 하지만, 그 고독을 참지 못하는 것을 인간이 되는 것의 필수 요소로 볼 수는 없습니다."

그는 계속하여 자녀의 독립과 분가를 도와주는 것이 부모의 책임이라고 설명했다. 이 책임을 잘해 내기 위해서는 부모가 자신들의 외로움을 견딜 수 있어야만 한다. 그래야만 자녀들이 그들을 떠나가도록 허락하고 나아가서는 격려해 줄 수 있기 때문이다. 부모가 자녀들의 독립을 오히려 막는 일은 부모로서의 책임에 실패하고 있다는 얘기는 물론, 부모 자신의 미성숙하고 자기 중심적인 욕망 때문에 자녀의 진정한 성장을 희생시키는 일이 되고 만다. 그것은 파괴적인 것이다. 그렇다. 치료자는 그것을 악한 것이라고 생각했다. 그러니 빌리가 그것을 두려워한 것은 너무나 당연한 일이었다.

빌리는 서서히 눈을 뜨기 시작했다. 사실을 보게 될수록 눈은 점점 더 크게 열렸다. 그녀는 그녀의 어머니가 수백 가지도 넘는 온갖 미묘하고 그럴듯한 방법들을 동원하여 빌리 자신의 정신을 어머니 자신의 속박 아래 가둬 두려고 끊임없이 노력해 왔다는 사실을 직시하기 시작했다. 어느 날 밤 빌리는 자신의 가죽 제본 노트에 이런 시를 적었다.

모호함
그리고 죄책감,
이것은 정말이지
사람을 미치게 만들 수 있다.
엄마는 나에게

손수 빨아 말린
깨끗한 옷가지를 보내면서
그 안에 꼭
지저분한 나뭇잎을 끼워 놓는다.
조작하는 것일까?
죄의식을?
…
엄마의 방법은
기가 막히게 먹혀들어 간다.

그런데도 달라진 건 거의 없었다. 이제 스물세 살이 된 빌리는 아직도 거의 날마다 부모의 집에 가서 잠을 자고, 자유 시간의 대부분을 어머니와 떠들면서 보내고 있었다. 밀린 치료비는 내지 못하면서도, 가장 비싼 레스토랑에 가서 어머니에게 점심을 사 주기 위해 월급의 상당량을 축내고 있었다. 남자 관계도 하나도 달라지지 않았다. 사랑에 빠지고, 죽자 사자 매달리고, 남자를 숨 막히게 하고, 관계가 깨지고, 미친 듯이 새 남자를 찾아다니다가 다시 사랑에 빠지기를 쉬지 않고 반복했다. 거미에 대한 공포도 여전했다. 드디어 고비가 다가오고 있었다.
"하나도 달라진 게 없어요."
어느 날 빌리가 투덜거리며 얘기했다.
"나도 그렇게 느낍니다."

치료자의 이 대답에. 빌리가 물었다.

"도대체 왜 그럴까요? 선생님과 면담한 지도 벌써 7년이 됐어요. 도대체 제가 무엇을 더 해야 하지요?"

"당신에게 왜 아직도 거미 공포증이 있는지를 생각해 보십시오."

"그 거미가 바로 어머니라는 사실은 이미 인정했잖아요."

"그런데도 당신은 어머니의 토굴, 그 거미집 안에 쉬지 않고 들락거리고 있습니다. 그렇죠?"

"아시잖아요. 엄마처럼 저도 외로운 거예요."

치료자는 빌리를 쳐다보았다. 그는 그녀가 준비되어 있기를 바랐다. 그리고 말했다.

"그렇다면 어쩌면 부분적으로 당신 역시 거미입니다."

남은 시간 내내 빌리는 흐느껴 울기만 했다. 그러나 다음 면담에 그녀는 정시에 왔을 뿐만 아니라 고통스러운 작업에 맞부딪칠 적극적인 자세도 갖추고 있었다. 그것은 사실이었다. 그녀는 때때로 자신이 거미처럼 느껴졌다. 사실이 그랬다. 남자들이 자신을 떠나려 들 때마다 빌리는 어머니가 그녀에게 달라붙듯이 그렇게 그들에게 달라붙었다. 그녀는 떠나가는 그들이 정말 미웠다. 그들의 느낌은 그녀에게 하나도 중요한 것이 아니었다. 그들 걱정은 해 본 적이 없었다. 그녀는 자기 자신만을 위해서 그들을 원했던 것이다. 그렇다. 그녀 속에는 뭔가 악한 것, 악한 충동, 어머니로부터 이어져 내려온 악한 부분이 있는 것만 같았다. 결국 거미 공포증은 어머니의 악을 부정하는 데만 사용된 것이 아니다. 그녀는 자기 자신 속에 있는 악을 부정하는 데에도 거미 공포증을 사용해 왔던 것이다.

이렇듯 사태는 온통 뒤죽박죽 얽히고설켜 있었다. 빌리는 자신을 어머니와 동일시해 왔었다. 그들은 정말이지 너무 똑같았다. 먼저 자신과 대항해 싸우지 못하면서 어떻게 어머니의 악에 대항해서 싸울 수 있겠는가? 자기가 외로움을 참으려 하지 않는다는 것은 문제삼지 않으면서 어떻게 어머니가 자기에게 달라붙으려 한다고 손가락질할 수 있겠는가? 이제 빌리가 남자들을 자신의 거미집 안에 가두려는 일을 어떻게 그만둘 수 있을까? 따지고 보면 그 남자들도 빌리 자신 못지않게 자유로운 독립인이 되어야만 하는 것이다. 이제 문제는 더 이상 빌리가 어떻게 어머니의 거미집에서 빠져나오느냐 하는 것이 아니었다. 어머니의 정체는 바로 자기 자신의 정체인 까닭에 이제 어떻게 자기 자신으로부터 빠져나오느냐가 문제였다. 말이 그렇지 여러분이라면 어떻게 그 일을 하겠는가?

그러나 빌리는 지금 그 일을 하고 있다. 하나님의 이름으로든 자신의 참 자아의 이름으로든 빌리는 어머니로부터 떨어져 나오는 작업, 둘 사이의 공생적 관계로부터 당당히 사슬을 끊고 걸어 나오는 작업을 시작하고 있다. 최근 그녀의 가죽 제본 시집에 이런 시가 쓰여 있다.

정말 놀라운 사실이다.

어떻게 엄마의 병(病)이
나도 모르는 사이
끊임없이 내 안에서 튀어나오는지,
어떻게 내 존재의
일부가 되었는지
그것은 보기 드물게
대항하기 어려운 적이다.
엄마가 내 안에 있다고 생각하면
정말이지 소름이 끼친다.
내 생각과 감정에
그토록 옹골지게 들러붙어 있어서
엄마와 내가
거의 분간이 안 될 정도였다니….

엄마가 나였다.

지금 나는
KKK단의 일원인
흑백 혼혈아라도 된 느낌,
내 속에 있는 엄마의 본질이 싫다.
이제 그 부분을 뿌리 뽑는 것이 나의 할 일.
어쩌면

지금까지 해 본 어떤 일보다도
가장 어려운 일이리라.
그리고 더러는
그 모두가 부자연스럽기도 하리라.

내가 엄마와 달라지게 되었다니
생각할수록 신기한 일이다.
내가 엄마와 달라지고 싶어하는
나의 의지를 갖게 되다니….

이제 빌리는 사슬을 끊기 시작한 것이다.

악의 본질적 구성요소는
자신의 죄나 불완전을 의식하지 못하는 것이 아니라
바로 그 의식을 받아들이지 않으려 드는 점이다.
악한 사람들은 자신의 악을 의식하는 동시에
그 의식을 피하고자 결사적으로 노력한다.
악은 죄책감의 결손에서가 아니라
그것을 회피하려는 시도에서 비롯된다.
그들이 참을 수 없는 고통은 자신의 양심을 직시하는 고통,
자신의 죄성과 불완전함을 인정하는 고통이다.

제4장
악의 실체에 대한 접근

악이라는 병에 걸린 사람들

악한 사람들을 깊이 있게 연구하는 것이 얼마나 어려운 일인가에 대해서는 이미 여러 차례 얘기했다. 이는 빛을 피하는 것이 악한 사람들의 본질인 까닭에서다. 악한 사람들은 자신의 불완전함을 부정하면서, 스스로의 성찰은 물론 다른 사람들이 가까이서 살펴볼 수 있는 상황들로부터도 무슨 수를 쓰든지 피해 달아난다. 그런 상황에서 장기적이고도 정신 분석적인 정신 치료에 기꺼이 자신을 내 놓았던 어느 악한 여자에 대한 이야기를 이제부터 해 보자.

드물기는 하지만 그래도 이런 유의 경우가 아주 없었던 것은 아니다. 나의 경우도 이런 환자를 한 명 더 다룰 기회가 있었고, 이와 거의 비슷한 경우를 갖고 치료하고 있는 몇몇 치료자들을 계속 감독해 오고 있다. 이 모든 경우에 치료가 오랫동안 계속되긴 했지만 결과는 언제나 실패였다.

실패한다는 것은 즐거운 일이 아니다. 그러나 실패에는 많은 교훈이 담겨 있다. 인생의 다른 부분에서도 그렇지만 정신 치료라는 분야에서도 그것은 마찬가지다. 어쩌면 성공보다 실패에서 훨씬 더 많은 것을 배우는 사람이 바로 정신 치료자들이다. 지금 얘기하고자 하는 환자보다 더 많은 것을 가르쳐 준 환자는 나에게 아직까지 없었다. 이 여자 찰린의 이야기가 다른 사람들에게도 도움이 되기를 바란다. 이제 그녀가 왜 치료를 위해 나를 찾아왔는지, 왜 400회도 넘는 면담을 계속 이끌어 갔는지, 왜 치료로부터 아무런 도움도 받지 못한 채 완전히 실패로 끝났는지 등을 검토해 보자. 이로써 우리는 궁극적으로 이 세상의 수많은 또 다른 찰린을 치료하는 데 도움을 줄 깊은 이해에 도달할 수 있을 것이다.

혼돈스러운 출발

맨 처음 찰린에게 유별나다고 생각할 만한 것은 아무것도 없었다. 서른 다섯 살의 그녀는 애인과 헤어진 뒤 우울증이 생겼다면서 나를 찾아왔다. 그렇게 심해 보이지는 않았다.

그녀는 작고 귀여운 편이었지만 썩 예쁘지는 않았다. 유머 감각도 있고 학력도 높은 엘리트였다. 그러나 인생이라는 게임에서는 성적이 떨어지는 사람이었다. 이유는 알 수 없지만 어쨌든 그녀는 별로 까다롭지 않은 대학을 다녔음에도 불구하고 F학점을 받곤 했다. 그래도 그녀는 졸업 후 1년간 자원 봉사 활동을 통해 인정받은 뒤 자신이 다니는 성공회 교회에서 종교 교육 담당자로 일하게 되었다. 그러나 6개월 후 교구 목사로부터 해고를 당했다. 그녀는 해고의 이유를 그 목사의 변덕 탓으로 돌렸다. 문제는 그런 종류의 일이 계속 반복되었다는 것이다. 그녀는 일곱 번이나 더 일자리를 잃었고, 나를 찾아왔을 때는 교환원 일자리를 새로 얻은 상태였다. 그와 비슷하게 애인과의 관계도 수없이 깨어지는 일이 되풀이되었고 그때도 애인과 막 헤어진 상태였다. 사실 찰린에게는 진짜 친구라고 할 만한 사람이 하나도 없었다.

그러나 많은 사람들이 이러한 삶의 실패 때문에 치료를 받으러 오기 때문에 찰린의 경우가 좀 심한 상태이긴 했지만 그래도 그녀의 그런 실패 경험이 아주 유별나고 독특하다고는 말할 수 없었다. 그래서 나는 지금까지 내가 만난 환자들 가운데 그녀가 가장 '이상한' 환자가 되리라고는 꿈에도 생각하지 못했었다.

배경을 조사하는 가운데 찰린에게는 부모에 대한 환상 같은 것도 별로 없다는 사실이 밝혀졌다. 충분한 돈 말고는 부모가 그녀에게 준 것은 그리 많지 않았던 것 같다. 물려받은 돈에만 정신이 팔려 있던 그녀의 아버지는 찰린과 그녀의 동생 에디스를 돌보는 일에는 전혀 관심이 없었다. 어머니는 열광적인 성공회 신자였는데 입에는 늘 예수님의 말씀을 달고 다니면서도 자기가 남편을 미워한다는 사실에 대해서는 도무지 부끄러워할 줄을 몰랐다. 그녀는 두 딸에게 적어도 일주일에 한 번쯤은 이렇게 말하곤 했다.

"네 년들만 아니었으면 난 벌써 저 남자를 버리고 집에서 나갔을 거다."

찰린은 비꼬는 듯 이렇게 말했다.

"에디스와 내가 10년도 넘게 집에 없었다 하더라도 엄마는 절대로 집을 떠나지 않았을 거예요."

그 뒤 에디스는 레즈비언이 되었다. 찰린은 자신이 양성(兩性)에 다 마음이 끌리는 사람이라고 생각했다. 에디스는 직장 생활은 잘했으나 행복해 하진 않았다. 찰린은 자신에게 무슨 문제가 있다고 생각되기만 하면 조금도 가책을 느끼지 않고 천연덕스럽게 자기 부모를 비난했다.

"나를 망쳐 놓은 건 아버지와 엄마예요. 아버지는 맨날 증권에만 온 정신이 팔려 있었고, 엄마는 그 유별난 허풍에 기도책, 그게 다였으니까요."

내가 보기에도 그녀의 부모는 아이들을 잘 돌봐 주지 않았던 것 같고 심지어는 깨끗하지 못하고 못된 구석도 있는 듯했다.

하지만 못된 부모를 가진 환자들은 너무도 많다. 찰린의 유별난 종교생활 역시 그녀를 다른 환자들과 달라 보이게 하진 않았다. 교회에서 해고당한 뒤 찰린은 힌두교, 불교, 기독교, 비교(秘教) 등이 뒤섞인 이단 종교에 빠져들게 되었고, '명상을 통한 텔레파시' 같은 것을 믿게 되었다. 그러나 그런 이단이 어디 어제 오늘 얘기인가? 게다가 찰린이 그것 때문에 광적인 사람이 되었다거나 의존적인 사람이 되었다는 증거는 아무데도 없었다. 찰린이 그 곳에 입교한 것은 기독교 신자인 어머니의 좋지 않은 본

보기에다 자기를 해고한 교구 목사에 대한 분노 등을 감안한다면 차라리 자연스러워 보일 정도였다.

찰린을 다른 사람들과 구별되게 해 준 것은 이런 것들이 아니었다. 그녀를 생각할 때마다 나에겐 그런 혼돈이 뒤따라 왔다.

일반적으로 정신과 의사들은 환자와 더불어 대여섯 시간 정도 함께 지내고 나면 그 환자의 문제가 무엇인지 대충 감을 잡는다. 최소한 잠정적인 진단은 가능해지는 것이다. 그런데 나는 찰린과 삼사십 번을 만났는데도 불구하고 그녀에게 무슨 문제가 있는지 아직 아무런 단서조차 얻지 못하고 있었다. 삶의 실패가 문제라면 그것은 밝혀졌지만, 왜 그렇게 되었는지에 대해서는 오리무중이었다.

좌절에 빠진 나는 찰린에게 아주 구체적인 여러 가지 질문을 던지면서 마음속으로 각종 질환의 진단 기준을 쭉 떠올려 보았다. 예컨대 혹시라도 찰린에게 강박 신경증이라도 있지 않을까 싶어서 그와 연관된 의식적(儀式的)인 행동 등의 증상을 물어보았다. 찰린도 내 뜻을 대충 이해했다. 그녀는 사춘기 초기에 있었던 몇 가지 사소한 반복적인 행위들을 떠올려 얘기해 주는 열성까지 보여 주었다. 하지만 사춘기의 그런 행동이란 흔히 있는 일이고 지극히 정상적인 것이었다. 밤에 자기 전에 물건을 어떠어떠한 방식으로 잘 정리해 두지 않으면 마음이 편하지 않다는 식의 얘기들이었다. 그녀의 부모는 어린 찰린에게 군인들은 침상 정리를 어찌나 칼같이 하는지 상관들이 와서 그 위에 동전을 던지면 톡 튕겨 나갈 정도라는 얘기를 해 주었다고 한다. 그래서 열서너 살이 되었을 때 찰린은 매일 아침 양치질을 하러 가기 전에 침대에 동전을 던져 보곤 했다고 한다. 그녀는 이렇게 말했다.

"그러나 열다섯 살이 되자, 그런 짓들이 다 멍청한 시간 낭비라는 생각이 들었어요. 그래서 그만뒀고, 그 후로는 그 어떤 반복적인 행위도 하지 않았어요."

그리하여 나는 또 한 번 벽에 부딪혔고, 그런 상태로 그냥 있었다. 내가 찰린의 성격적인 특성을 최초로 어렴풋이나마 눈치채게 된 것은 그 후로도 무려 서른 번의 면담을 더 하고 난 뒤였다.

치료를 시작한 지 아홉 달이 지난 어느 날, 찰린은 나에게 지난달 치료비로 수표 한 장을 내놓았다. 그런데 발행 은행이 달라졌다는 것이 눈에 띄었다. 나는 별 뜻 없이 물어보았다.

"은행을 바꾸셨습니까?"

찰린은 고개를 끄덕이며 대답했다.

"그래야만 했어요."

"그래야만 했다뇨?"

나는 귀가 솔깃해서 물었다.

"내 수표가 다 떨어졌거든요."

"수표가 다 떨어져요?"

나는 그저 되받아 물었다.

"그래요. 지금까지 몰랐어요?"

칠린은 좀 답답하다는 말투였다.

"제가 박사님께 드렸던 수표는 전부 바탕 무늬가 달랐단 말이에요."

"전혀 몰랐는데요."

나는 수긍했다.

"그런데 그것과 은행을 바꾸는 것과 무슨 상관이 있습니까?"

"똑똑하신 분인 줄 알았더니…."

찰린이 혀를 찼다.

"전번 은행에는 더 이상 새로운 무늬의 수표가 없어요. 새로운 무늬를 구하려면 새 은행과 구좌를 터야 될 게 아니에요?"

점점 더 무슨 소린지 알아들을 수 없었다.

"왜 매번 무늬가 달라야만 합니까?"

"사랑의 제사니까요."

"사랑의 제사요?"

어리둥절해진 나는 또 한 번 되받아 물었다.

"예. 저는 다른 사람한테 수표를 끊어 줄 때마다 스스로에게 묻지요. 지금 저 사람에겐 어떤 무늬를 주는 것이 적당할까? 이건 느낌의 문제예요, 아세요? 나는 사랑으로 그들의 분위기를 감지해 내지요. 그러고는 무늬를 골라요. 하지만 난 한 사람에게 똑같은 무늬를 주는 것은 딱 질색이에요. 전번 은행에서 발행하는 수표에는 무늬가 여덟 가지밖에 없어요. 사실 내가 은행을 바꾼 것도 정확히 말하자면 바로 박사님 때문이에요. 오늘이 아홉 번째 치료비를 내는 날이니까요. 실은 그렇잖아도 전기요금 지불도 아홉 번째가 돼서 어차피 은행을 바꿔야 하긴 했어요. 그래도 그건 사람 대 사람으로 내는 건 아니잖아요. 전기 회사의 느낌을 감지해 낸다는 것은 아무래도 어렵거든요."

나는 말문이 막혔다. 왜 그 시점에서 '사랑'이라는 주제를 끄집어내야 했는지도 몰랐다. 그러나 나는 그녀의 그 사소한 반복 행위가 너무도 이상해 그만 질리고 말았다. 그때 내가 할 수 있었던 최선의 말은 "마치 하나의 의식(儀式) 같군요"가 전부였다.

"예. 저도 박사님이 그것을 의식이라고 하실 줄 알았어요."

"의식이 전혀 없었다고 해서 그런 줄 알고 있었습니다만…"

"아뇨, 의식이야 얼마든지 있죠."

찰린은 뭐 어떠냐는 듯이 말했다. 그 말은 사실이었다. 다음 몇 차례의 면담에 걸쳐 그녀는 내게 수없이 많은 자신의 의식들을 털어놓았다. 그녀의 행동 하나하나는 어떤 식으로든 의식과 상관이 있었다. 이제 찰린이 일종의 강박 장애를 갖고 있다는 사실이 아주 명백해졌다. 나는 물었다.

"이렇게 많은 의식을 갖고 있으면서도 어떻게 넉 달 전 제가 물었을 때 아무 의식도 없다고 대답했었습니까?"

"그저 말하고 싶지 않았어요. 아마 그때는 아직 박사님을 충분히 믿지 못했나 보죠?"

"당신은 지금 거짓말을 하고 있어요."

"물론이죠."

"당신은 한 시간에 50달러씩을 내고 도움을 받기 원하면서 실은 내가 어떻게 도와야 할지 알아내지 못하도록 거짓말을 하고 있습니다. 도대체 왜 그러는 거지요?"

찰린은 능글맞은 표정으로 나를 쳐다보더니 서서히 말했다.

"당신이 들을 준비가 됐다고 생각되기까지 나는 박사님께 아무 얘기도 하지 않을 작정이에요."

그녀가 일단 자신의 의식을 '고백' 했으니 이제 치료 관계에 마음을 열겠지 하는 희망을 갖게 되었다. 그만큼 나의 혼돈도 줄어들었다. 그러나 상황은 나의 희망과는 반대로 되어 갔다. 오로지 그녀가 '거짓의 사람' 이라는 생각만이 내게 서서히 자리 잡아 갔을 뿐이다.

그 후 몇 달이 가고 몇 년이 가는 사이 찰린은 자신의 요모조모를 싫든 좋든 드러냈지만 그럼에도 불구하고 그녀는 여전히 수수께끼로 남아 있었다. 나의 혼돈도 여전히 계속되었다. 사실 그녀의 바람대로 된 것이었다. 그녀는 끝까지 자신에 관한 정보를 움켜쥐고 내놓지 않았다. 다른 이유가 있었다기보다는 우리의 관계를 자신이 통제하려 했기 때문이다. 그녀를 조금씩 이해하게 될수록 그녀의 본질적인 불가해성(不可解性)에 대한 나의 놀라움도 점점 더 깊어졌다.

유아냐 성인이냐

자신의 의식을 드러낸 지 얼마 안 돼 찰린은 또 한 가지 사실을 털어놓기 시작했는데, 그것은 바로 나를 향한 강렬한 욕망이었다.

처음에는 그리 놀랄 만한 게 아니었다. 나는 찰린을 돕는 입장이었고, 그녀는 면담 약속도 잘 지켰을 뿐 아니라 치료비도 꼬박꼬박 잘 냈다. 아마도 성장하고 싶은 강한 열망에서였을 것이다. 나도 나대로 그녀의 그런 노력에 부응하기 위해서 온 힘을 쏟고 있었다. 그녀가 하는 말 한마디 한마디, 그녀에게 일어나는 모든 일들은 나에게는 아주 중요하고 의미 있는 것들이었다. 치료자와 환자가 서로 성(性)이 다를 경우 치료자의 꾸준한 보살핌에 대하여 환자가 낭만적인 욕망으로 반응해 오는 일은 극히 자연스러운 일이다. 특히 환자가 어린 시절 오이디푸스 콤플렉스를 제대로 극복해 내지 못한 사람일 경우 더더욱 그러하다.

건강한 아이라면 누구나 어릴 적 이성의 부모에 대한 성적 욕망을 경험한다. 이 욕망은 대개 네댓 살 때 절정에 이르게 되는데 흔히 오이디푸스 콤플렉스라고 부른다. 여기서 아이는 궁지에 처하게 된다. 부모에게 느끼는 낭만적인 사랑은 애초부터 가망이 없는 사랑이다. 아마 아이는 부모에게 이렇게 말하고 싶을 것이다. "내가 어려서 당신의 섹스 파트너가 될 수 없다고요? 그건 그렇다고 해요. 하지만 보세요. 내 행동이 얼마나 어른스러운가. 당신도 마음을 바꾸게 될 거예요." 이 어른스러운 행동은 실로 엄청난 에너지를 요구할 뿐 아니라 결국 아이로서는 지탱할 수도 없는 것들이다. 결국 아이는 탈진하게 된다. 이 탈진한 아이가 자기는 아이이며 어른의 흉내를 낼 수 없다는 사실을 깨닫고 더 이상 그런 욕망을 키우지 않음으로써 현실을 수용하게 될 때 비로소 오이디푸스 콤플렉스는 결론에 다다르고 막을 내린다. 그러는 과정에서 아이는 부모를 성적으로 소유하면서 여전히 아이로 남아 있을 수 없다는 사실을 깨닫는다. 그리하여 아이는 아이로 남아 있는 것의 이점들을 선택하고, 성적으로 어른처럼 하는 행동은 버리게 된다.■ 이렇게 하여 오이디푸스 콤플렉스는 해결되게 된다. 모두 안도의 숨을 내쉬지만 특히 아이가 더 그렇다. 이제 아이는 눈에 띄게 밝아지고 태도도 편안해진다.

어린 시절 오이디푸스 콤플렉스를 제대로 해결하지 못한 환자는 정신 치료를 받게 될 때 필연적으로 그와 똑같은 과정을 되풀이하게 된다. 아이 대 부모의 관계가 어른 대 치료자로 바뀔 뿐이다. 환자는 이제 낭만적이고 성적인 사랑의 대상으로서의 치료자를 포기하고 상징적인 의미에서 치료자의 아이가 되는 것을 선택하는 법을 배워야만 한다. 이것만 된다면 일은 순조롭게 잘 진전된다. 환자는 쉴 수 있고 치료자의 부모 같은 돌봄을 누릴 수 있게 된다. 다른 방해 요인만 없다면 환자는 치료자의 지혜와 사랑을 금방 받아들이게 될 것이다.

그러나 찰린과 나 사이에는 일이 그렇게 잘 되어 주지 않았다.

■ 정신 치료에서 오이디푸스 콤플렉스를 아주 중요한 것으로 여기는 데는 많은 이유들이 있다. 그 가운데 하나는 그것을 잘 해결하지 못하고 자란 성인들은 대개 성인의 성공적인 사회 적응에 반드시 요구되는, 많은 것들을 포기하는 일에 있어서 대단히 어려움을 겪는다는 점이다. 그들은 꿩도 먹고 알도 먹을 수는 없다는 사실을 아직도 깨닫지 못하고 있는 것이다.

그녀의 치료에 있어서 이 단계가 제대로 진행되지 않고 있다는 것을 내가 처음으로 눈치 챈 것은 바로 내가 그녀에게 혐오감을 느끼고 있으며, 그것이 점점 커지고 있음을 감지했을 때였다. 내게는 극히 드문 경험이었다. 문제는 매력적인 여자 환자가 욕망을 비쳐 올 때 내가 어떻게 그와 똑같은 반응을 내보이지 않느냐 하는 것이었다. 나 역시 그 환자를 향한 성적인 느낌과 환상을 갖게 되었지만 그런 것으로 인해 치료자로서의 역할과 판단력에 방해받지 않도록 만반의 태세를 갖춰야만 하는 것이다. 어쨌든 나한테 사랑을 느끼는 환자들을 향하여 내 쪽에서 따뜻한 느낌이 들지 않아서 어려움을 느낀 일은 이제껏 거의 없었다.

그러나 찰린은 완전히 달랐다. 그녀에 대해 나는 아무런 성적 느낌이 없었다. 그녀와 성적 관계를 맺는다는 것은 생각하기조차 싫었다. 성적 접촉은 고사하고 그냥 그녀에게 손을 댄다고만 생각해도 조금씩 속이 메스꺼워지기 시작했다. 그런 상태는 여전히 나아지지 않았다. 시간이 흐를수록 그녀와 거리를 유지하려는 나의 욕망도 점점 커져 갔다.

그런데 나의 그런 혐오감은 일차적으로 성적인 것이 아니라는 확신을 갖게 되었다. 게다가 그것은 나만 느끼는 것이 아니었다. 찰린의 면담에 이어 나를 만나러 오는 환자가 있었는데, 꽤 센스 있고 똑똑한 그녀가 한번은 면담을 시작하기 전 이렇게 물어 왔다.

"지금 치료받고 나간 그 부인 말이에요, 아시죠?"

나는 고개를 끄덕였다. 그녀는 찰린 얘기를 하고 있었다.

"글쎄요, 왠지 그 여자를 보면 소름이 끼쳐요. 이유는 모르겠어요. 그 여자하고 한 번도 얘기해 본 적이 없는데… 그 여자는 그저 대기실로 들어와 코트를 들고 밖으로 나갈 뿐, 나한테 말을 건 적은 한 번도 없어요. 그런데 왠지 이상하게 소름이 끼치거든요."

"아마 상냥한 사람이 아니어서 그럴 겁니다."

내가 이렇게 말하자, 그녀는 내말에 수긍할 수 없다는 듯이 말했다.

"아니에요. 그건 나라도 그럴 거예요. 나도 박사님의 다른 환자들한테 쉽게 말을 걸지는 않을 것 같으니까요. 뭔가 다른 게 있는 것 같아요. 글쎄요, 뭐랄까… 이렇게 표현해도 될지 모르겠지만 그 여자 속엔 뭔가 악한 것이 있는 것 같아요."

"겉보기에 그렇게 이상해 보이지는 않는데요?"

나는 흥미를 느끼며 그렇게 물었다.

"예, 보기엔 그냥 보통 사람이죠. 옷도 잘 입은 것 같고 전문직 여성 같다는 생각도 들었어요. 하지만 그녀의 그 무엇인가가 나를 섬뜩하게 하는 건 분명해요. 딱 뭐라고 꼬집어 말하지는 못하겠어요. 만약 내가 악한 사람을 만나게 된다면 바로 그 여자 같은 사람일 거예요."

나의 혐오감이 일차적으로 성적인 것이든 그렇지 않은 것이든, 찰린이 면담 시간에 보여 주는 성적 행동들은 분명 궤도를 이

탈했다. 여자 환자가 나에게 애정을 느낄 때는 대부분 수줍어하며 처음엔 아예 비밀로 숨기려 드는 게 보통이다. 그런데 찰린은 그렇지 않았다. 다른 것에 대해서는 정보를 숨기는 데 급급해하는 그녀가 나를 유혹하려는 생각에 대해서 만큼은 아주 노골적이었다.

그녀는 비난조로 말했다.

"박사님은 냉정해요. 왜 저를 안아 주지 않으려는 건지 모르겠어요."

"만약 당신에게 위로가 필요했다면 당신을 껴안아 주었을지도 모르지요. 하지만 당신의 그 안기고 싶은 욕망은 내 귀에는 성적인 것으로 들립니다."

그러자 찰린은 더 세게 나왔다.

"그건 또 무슨 얼어죽을 구분이죠? 위로를 성적으로 받든 다른 방식으로 받든 그게 무슨 차이가 있느냐 말예요. 어떤 식으로든 내겐 지금 위로가 필요해요."

나는 거듭 애써 설명했다.

"당신이 나에게 얻을 수 있는 것은 성 관계가 아닙니다. 그것은 다른 사람에게서 얻을 수 있습니다. 당신이 나에게 내고 있는 돈은 보다 특수한 도움에 대한 것이지 성 관계에 대한 것은 아닙니다."

"하지만 박사님은 날 돌보고 있지 않잖아요? 박사님은 목석인 데다가 늘 멀리 있어요. 박사님은 따뜻하지 않아요. 나한테 따뜻한 느낌도 갖고 있지 않으면서 어떻게 날 도울 수 있다는 건지 도대체 이해가 안 가요."

그 점에 대해서는 나 역시 의아했다. 찰린은 언제나 나로 하여금 내가 그녀에게 적합한 치료자인지를 묻게끔 했다. 또한 나를 향한 찰린의 욕망에는 뭔가 부정(不貞)하고 교활하고 공격적인 구석이 있었다. 여름이면 그녀는 조금 일찍 우리 집에 도착해서 정원에 앉아 있곤 했다. 만약 그녀가 사전에 그래도 되겠느냐고 물었다면 아마 나는 그것을 못마땅해하지는 않았을 것 같다. 꽃 가꾸기는 나와 아내의 공동 취미였고, 나는 꽃을 사랑하는 사람을 좋아했다. 그러나 그녀는 묻지 않았다. 면담이 없는 날 밤에도 찰린은 우리 집 앞에 와 차 안에 앉아 있곤 했다. 따로 하는 일은 없고 그저 어둠 속에서 라디오를 통해 흘러나오는 감미로운 음악에 귀를 기울이며 앉아 있었다. 은근히 소름 끼치는 일이었다. 내가 그런 행동에 대해 묻자 그녀의 대답은 간단했다.

"박사님도 알잖아요? 박사님은 내가 사랑하는 사람이라는 것을. 사랑하는 사람과 조금이라도 가까이 있고 싶어하는 것은 자연스러운 일이에요."

어느 날이었다. 찰린과의 면담이 없는 날이었다. 서재에 들어서니 찰린이 소파에 앉아 내 책을 읽고 있는 게 아닌가. 나는 그녀에게 지금 뭐 하고 있는 거냐고 물었다. 그녀는 대답했다.

"여기가 대기실 아니던가요?"

"면담이 있을 때는 대기실입니다만, 환자를 보지 않는 날에는 우리 집의 사적(私的)인 공간입니다."

"글쎄요, 나한테는 늘 대기실인걸요."

어쩌면 그렇게 태연하게 말할 수 있는지 신기할 정도였다.

"집에다 사무실을 냈을 때는 어느 정도 프라이버시를 희생할 각오는 되어 있어야 하지 않나요?"

나를 보러 온 특별한 이유가 없다는 것을 확인했을 때 나는 거의 내쫓다시피 해서 그녀를 나가게 할 수밖에 없었다. 나는 난생처음으로, 남자한테서 원치도 않는 고백을 들으면서 강간당할 것 같은 두려움에 처한 여자의 심정을 십분 이해할 수 있을 것 같았다. 게다가 면담이 끝날 때쯤 해서 실제로 찰린은 두 번이나 나를 껴안으려 한 적도 있었다. 그때마다 나는 그녀를 밀어 내야만 했다.

아이들이 종종 오이디푸스 콤플렉스를 해결하지 못하는 가장 중요한 이유는 그들이 네 살 이전, 이른바 오이디푸스기(期) 바로 전에 부모로부터 충분한 사랑과 관심을 받지 못한 때문이다. 오이디푸스 콤플렉스의 해결은 건물을 지을 때 기초 다지기나 마찬가지다. 기초가 없이는 결코 건물을 지을 수 없다. 찰린의 경우에도 그녀가 처음부터 정서적인 박탈을 당해 왔으리라는 가능성이 곳곳에서 드러나고 있었다. 그녀의 어머니는 보나마나 주는 데 인색한 여자였음이 틀림없다. 찰린에게는 아버지든 어머니든 한 번이라도 자기를 껴안아 줬던 기억이 전혀 없었다. 그녀는 품속에 안기는 꿈을 자주 꾸었다. 그녀는 자기 종교의 이상한

식이 요법을 무슨 의식과도 같이 따르고 있었는데, 그 결과 언제나 희귀한 자연 식품들만을 찾아다니게 되었다. 다른 사람들과 함께 식사할 때도 그녀는 언제나 그들과 다른 것, 뭔가 특별한 것을 먹어야만 했다. 정신 분석적인 용어로 표현한다면 찰린의 가장 근본 문제는 해결되지 못한 오이디푸스 콤플렉스가 아니라 '전(前)오이디푸스기의 구강기 고착 현상'이라 할 수 있다.

나를 만지고 싶고 나에 의해 만져지고 싶어하는 찰린의 그 열망은 사실은 어머니에 대한 것이었다. 따뜻하면서도 아무런 조건이 따라붙지 않는 포옹, 바로 그것을 그녀는 박탈당했던 것이다. 그녀의 그 접촉 욕구가 나에게는 혐오스럽고 위협적인 것으로 느껴졌다. 하지만 그녀의 치료에 반드시 필요한 것은 바로 그 접촉이 아니었을까 싶다. 그녀를 치료하려 한다면 내가 그토록 역겹게 느끼는 바로 그 일을 했어야만 하는 건 아닐까? 나는 찰린을 무릎에 올려 놓고 어루만져 주고 키스해 주고 애무해 주어서라도 그녀의 마음을 편안하게 해 주었어야 하는 건 아닐까?

그럴 수도 있고, 그렇지 않을 수도 있으리라. 나는 그 문제를 심각하게 생각해 보았다. 그리고 그 과정에서 한 가지 사실을 깨달았다. 즉 나는 찰린을 병들고 굶주린 아기로서 잘 보살펴 키워 주려고 하는 반면, 찰린은 그런 유의 관심은 전혀 받지 않으려 한다는 사실이었다. 그녀는 나와의 관계에 있어서 아기는 물론 아이로서의 역할도 취하려 하지 않았다. 그녀를 만져 주는 것에 대한 나의 역겨움의 본질은 바로 그 접촉이 성적이어야만 한다는 그녀의 주장에 있었다. 그녀는 자신을 배고픈 아이로 여기지 않고 사랑을 눈앞에 둔 어른으로 보았다. 나는 치료를 위해 침상(couch)의 사용을 포함하여 온갖 다양한 방법들을 다 써서 그녀로 하여금 나에 대하여 보다 수동적이면서 내맡기는 아이로서의 자리에 서게끔 하려고 갖은 노력을 다 기울여 보았다. 모두 허사였다. 지금까지 4년 내내 찰린은 주도권을 쥐려고 완강히 고집해 왔다. 어린아이가 되려 했다면 그녀는 나에게 주도권을 내주면서 나로 하여금 부모의 입장에서 자신을 잘 돌볼 수 있도록 했을 것이다. 성적인 돌봄에 대한 요구 따위는 버리고서 말이다. 그러나 그건 그녀와는 상관없는 얘기다. 그녀는 순간마다 주도권이 자기 손 안에 있기를 원했다.

퇴행 과정의 경험

깊은 치유가 진행될 수 있으려면 환자는 일정 단계부터는 어느 정도 퇴행을 해야만 한다. 적어도 정신 분석적 치료 장면에서는 그렇다. 그것은 어렵고도 두려운 작업이다. 심리적인 성숙과 독립의 부속물들에 익숙해 있던 성인이 다시 스스로를 의존적이고 유약한 어린아이 상태로 돌아가게 한다는 것은 결코 쉬운 일이 아니다. 또한 장애가 심할수록 즉 환자의 어린 시절이 배고프고 고통스럽고 상처받았을수록 치료 관계 속에서 그 시절의 상황으로 되돌아간다는 것은 그만큼 더 어려워진다. 그것은 죽는 것 같은 일이다. 그럼에도 불구하고 그건 가능한 일이다. 일단 그것이 되면 치료는 따라오게 되어 있다. 그것이 안 되면 기초는 건설되지 않는다. 퇴행 없이는 치료 또한 없다. 아주 간단한 진리다.

찰린이 나와 함께 한 그 긴 시간 속에서도 치유를 얻을 수 없었던 단 한 가지 이유를 꼽으라고 한다면, 그녀가 퇴행하지 못했다는 그 점이다. 환자가 퇴행에 성공하게 되면 치료 관계에 있어서 그들의 행동에 엄청난 질적 차이를 나타내게 된다. 전에는 누려 보지 못한 깊은 평안이 찾아온다. 아주 순진한 신뢰를 보이고 자신의 필요를 내보이면서도 언제든지 본 모습으로 돌아올 수 있다. 환자와 치료자 사이의 관계는 부드러워질 뿐만 아니라 나아가 재미있고 즐거운 것이 된다. 사랑하는 어머니와 자녀 같은 이상적인 동반자 관계가 되는 것이다. 찰린과 이런 관계가 가능하기만 했다면, 그리고 그렇게 할 필요가 있어 보이기만 했다면, 나는 그녀를 내 무릎 위에 올려 놓고 그녀가 원하는 것은 뭐든지 해 줄 수 있었을 것이고 또 그렇게 했을 것이다. 그러나 찰린에게 결코 그런 일은 일어나지 않았다. 어느 모로 보나 응어리는 틀림없이 유아임에도 불구하고 그녀에게는 유아에게서 볼 수 있는 순진함이나 참된 신뢰 같은 것이 전혀 보이지 않았다. 그녀는 끝까지 사랑을 눈앞에 둔 성인 행세를 계속했다. 3년 째 된 어느 날 찰린은 이렇게 말했다.

"아직도 이유를 모르겠어요."

"무슨 이유 말입니까?"

내가 물었다.

"왜 아이가 자기 부모와 성 관계를 가질 수 없는지 말이에요."

나는 다시 한 번 인내심을 가지고 설명해 주었다. 아이가 독립하도록 도와주는 것이 부모의 책임이며, 근친 상간 관계는 부모로부터의 독립을 지연시키게 하는 것이라고 말이다.

"하지만 이건 근친 상간이 아니에요. 박사님은 나의 아버지가 아니잖아요."

"물론 실제 아버지는 아니겠지요. 하지만 치료자로서 당신에 대한 나의 역할은 부모입니다. 나의 책임은 당신의 성장을 돕는 것이지 당신을 성적으로 만족시켜 주는 것이 아닙니다. 섹스는 다른 데서 동료들과 같이 나눌 수 있는 것입니다."

"하지만 나는 박사님의 동료예요!"

그녀가 흥분해 소리쳤다.

"찰린, 당신은 나의 환자입니다. 당신에게는 도움을 받아야 할 커다란 문제들이 쌓여 있어요. 나는 그런 문제들로 당신을 돕고 싶은 것이지 당신과 함께 자고 싶은 것이 아닙니다."

"내가 박사님의 환자이긴 하지만, 그래도 나는 박사님의 동료예요."

"찰린, 분명 당신은 나의 동료가 아닙니다. 당신은 시시한 일조차도 몇 달 못 견디고 바꿔 왔어요. 당신은 밝은 대낮에 자기가 갈 길을 찾는 법조차 아직 터득하지 못했습니다. 심리적으로 볼 때 당신은 사실 유아입니다. 그건 괜찮습니다. 사실 당신의 부모는 야비한 사람이었고, 당신에게는 아직도 유아로 남아 있을 수밖에 없는 많은 이유가 있으니까요. 하지만 나의 동료인 척하는 행동만큼은 이제 그만두십시오. 왜 그냥 푹 쉬면서 부모로서의 내 관심을 즐기지 못하는 것입니까? 그런 식으로라면 나는 진정 당신을 사랑하기 원합니다. 성적으로 나를 소유하려는 태도는 이제 제발 그만두십시오. 찰린, 포기하십시오."

"난 포기 못해요. 나는 박사님을 원해요. 그리고 박사님을 갖고 말 거예요."

아마 그보다 더 노골적으로 얘기할 수는 없을 것이다. 그럼에도 불구하고 나한테는 여전히 찰린의 그런 구애가 본질적으로 부정직하게 느껴졌다. 사실 그녀는 섹스라는 미명 아래 엄마의 젖가슴을 갈망하고 있었다. 그녀는 성인 간의 섹스로 위장한 채 유아로서의 애정 어린 돌봄을 갈망하고 있었던 것이다. 사실 그 자체는 그리 이상한 현상은 아니다. 다만 찰린이 그 위장을 벗어버리기를 한사코 거부했다는 점이 좀 예외였을 뿐이다. 기회가 올 때마다 나는 이 방법 저 방법으로 계속해서 말해 주었다.

"당신은 정말 내가 엄마 노릇을 해 주기를 원하고 있어요. 그건 좋습니다. 아주 좋습니다. 나도 정말 그러고 싶습니다. 당신에겐 그게 필요합니다. 그리고 사실 당신은 그것을 받아 마땅합니다. 과거에 당신은 그것을 박탈당했습니다. 이제 그것을 스스로 구하려는 것, 어쩌면 마땅한 일입니다. 다만 섹스 운운하는 것만은 그만두십시오. 당신은 아직 그럴 준비가 안 돼 있습니다. 당신은 너무 어렵습니다. 자, 긴장을 푸십시오. 편히 누워서 내가 주는 따뜻함을 느끼고 누리십시오. 제가 애정으로 돌봐 드리겠습니다."

그러나 그녀는 내 말에 따르지 않았다. 나의 그런 제안을 그녀가 일종의 덫으로 받아들였기 때문이다. 사실 그것도 무리는 아니었다. 어린 시절 그녀가 어머니로부터 받았던 대우란 그야말로 덫이었기 때문이다. 만약 이 두려움이 그녀가 저항하는 유일한 요인이었다면, 그래도 한 번쯤 극복을 위한 시도를 해 볼 수 있었을 것이다.

그러나 더 중요한 문제가 있었다. 파워 게임이었다. 단순히 그녀가 나에게 어머니 역할로서의 파워를 넘겨 주는 것을 두려워하는, 그런 차원의 문제가 아니었다. 그녀는 어떤 이유로든 어느 정도의 파워든 남에게 양보하기를 애당초 원하지 않았다. 그녀는 한편으로는 치료를 원하면서도, 다른 한편으로는 그 과정에서 아무것도 잃지도 포기하지도 않으려 들었다. 마치 나한테 "나를 치료해 주세요. 하지만 날 바꾸려 들지는 마세요"라고 요구하는 것만 같았다. 그녀는 애정 어린 돌봄을 원했을 뿐만 아니라 스스로 그 돌보는 자의 지휘자가 되기를 원했다.▪

▪ 어머니와의 연합 상태로의 퇴행 욕구는 에리히 프롬이 그의 악한 인성 유형 혹은 '붕괴 증후군 증상'의 분석에서 발견한 세 가지 특징 가운데 하나이다(The Heart of Man: Its Genius for Good and Evil, Harper & Row, 1964). 그는 이 욕구에 '근친 상간적 공생'이라는 이름을 붙였다. 나는 바로 찰린에게서 그러한 욕구를 보았다. 사실 다른 많은 사람들에게서도 그것을 발견했었다. 내가 보기에 악의 핵심 요인은 단순히 엄마에게로의 퇴

305

찰린이 나한테 따뜻함도 없고 자기를 안아 주려는 마음도 없다고 비난할 때 그녀는 늘 이런 말을 했다.
"저는 단지 박사님이 저를 인정해 주기를 원해요. 저를 인정하지조차 않으려는 치료자에게서 제가 어떻게 치료받을 수 있겠어요?"

중요한 말이었다. 아기를 향한 어머니의 사랑의 본질은 바로 인정이다. 정상적이고 건강한 어머니라면 그 어떤 다른 이유 때문이 아니라 단지 아기가 존재한다는 그 사실만으로 자신의 아기를 사랑한다. 아기는 엄마의 사랑을 얻기 위해서 아무것도 할 필요가 없다. 아무런 조건도 없다. 사랑은 무조건적인 것이다. 엄마는 아기를 있는 그대로 사랑한다. 이 사랑은 바로 인정의 표시다. 마치 아기에게 이렇게 말해 주는 셈이다.

"너는 존재한다는 이유만으로도 놀라운 가치가 있단다."

생후 2, 3년이 되면 어머니는 아기에게 배변 훈련 등과 같은 특정한 일들을 점점 요구하기 시작한다. 그렇게 되면 어머니의 사랑은 어쩔 수 없이 어느 정도는 조건적인 것이 된다. 이제 어머니는 이렇게 말하고 있는 셈이다. "엄만 널 사랑한단다. 하지만…" "하지만 제발 책 좀 찢지 않았으면 좋겠구나" "제발 책상에서 스탠드를 잡아 내리지 좀 말거라, 응?" "네가 변기에 가서 일

행 욕구가 아니라—이것은 치료에 활용될 수 있다—퇴행 없이 엄마를 얻으려는 태도라 생각된다. 즉 성인으로서의 역할이나 그와 관련된 그 어떤 파워도 포기하려 들지 않으면서 어머니의 돌봄을 받으려는 완고한 태도인 것이다.

을 보기만 해도 엄마가 기저귀를 빠느라 이 고생은 하지 않을 텐데." 이제 아기는 '착하다'는 말과 '나쁘다'는 말을 배우게 된다. 아울러 착한 아이가 됨으로써만 계속해서 제대로 된 인정을 받을 수 있다는 사실도 터득하게 된다. 이제 아기는 인정을 스스로 얻어 내야만 한다. 그것은 앞으로도 영원히 마찬가지다. 무조건적인 인정의 시기는 아주 어렸을 때 끝나 버린다. 심리적으로 어른이 된다는 얘기는 곧 사랑을 받기 위해서 스스로를 사랑스러운 존재로 만들어야만 하는 책임이 자신에게 있다는 사실을 충분히 터득한다는 의미다.

찰린의 행동에서 나타나는 두드러진 요소는 내가 자신의 행동과 무관하게 자기를 사랑해 줄 것을 그녀가 바란다, 아니 강요한다는 점이다. 즉 자신이 미래에 달라질 모습 때문이 아니라 지금의 그 멍든 모습 그대로로 자신을 인정해 달라는 것이었다. 그러려면 나는 그녀에게 그녀가 바라는 것, 즉 아기에게 주는 어머니의 사랑, 아기 때나 경험할 수 있는 끊임없는 무조건적인 사랑을 주어야만 했다. 사실 이점에 대해서는 이상하게 생각되지 않았다. 그녀에게는 모든 아기가 유산으로 물려받아야만 하는 그 무조건적으로 인정해 주는 사랑을 자기 어머니로부터 제때에 받지 못했다는 증거가 이미 충분히 있었기 때문이다. 그녀는 이 유산을 박탈당했다. 하지만 내가 그것을 보상해 준다는 것은 불가능한 일이었다. 그녀는 내게 자기를 병든 성인 그대로 무조건적으로 사랑해 줄 것을 요구했기 때문이다. 그녀는 엄마가 아기를 사랑하듯 그렇게 내가 자기를 사랑해 줘야 한다고 주장했다. 그러면서도 그녀는 동시에 내가 자기를 성인 동료로 대해 줘야 한다고 고집을 부렸다. 단지 그런 이유만으로는 그녀의 요구는 충족이 불가능한 것이었다. 왜냐하면 그것은 자신의 병을 인정해 달라는 요구였기 때문이다.* 찰린은 치료받기를 원하지 않았다. 그녀가 원한 것은 사랑받는 것이지 변화되는 게 아니었다. 그녀는 그 신경증 상태의 자기 모습 그대로 사랑받기를 원했다. 자기 입으로 한 번도 그런 얘기를 한 적은 없었지만 이제 찰린이 치료 없는 사랑을 나로부터 얻어 내기 위해서 치료 관계를 지속하고 있는 것이라는 사실이 점점 분명하게 드러나고 있었다. 즉 그녀는 나의 사랑과 자신의 신경증을 동시에 갖고 싶어했다.

자신을 가둬 버린 성(城)

이제 찰린의 고집스런 의중은 분명해졌다. 그러나 그 의중의 깊은 속내가 확실하게 표면에 떠오른 것은 치료 3년째 되던 해, 내가 찰린에게 자폐성(自閉性)이 있다는 것을 깨닫게 된 이후였다.

인간의 의지는 뭔가 자기보다 더 높은 것한테 스스로를 굽히도록 되어 있으며, 그것은 건강한 정신의 한 요건이다. 이 세상을 제대로 살아갈 수 있으려면 우리는 그 순간 나의 생각보다 앞서

---

* 마르틴 부버의 표현을 빌면, 악한 사람들은 '자신의 그 어떤 모습과도 상관없는 무조건적인 인정'을 집요하게 요구한다(「Good and Evil [Charles Scribner's Sons, 1953]」, p. 136).

는 그 어떤 원리 앞에 우리 자신을 굴복시켜야만 한다. 종교인들에게 이 원리는 곧 하나님이다. 그들은 말한다. "내 뜻대로 마옵시고 주의 뜻대로 하옵소서." 하지만 건강한 사람이라면 종교가 없는 사람일지라도, 알고 그렇게 하든 무의식중에 그렇게 하든 간에 뭔가 '더 높은 힘'에게 자신을 굴복시킨다. 그것을 진리라고 부르는 사람도 있고 사랑이라고 말하는 사람도 있다. 그것은 또한 어려운 이웃들이 될 수도 있고 현실의 요구가 될 수도 있다. 「아직도 가야 할 길」에서도 정의한 적이 있듯이,"*정신 건강이란 어떤 대가를 치르더라도 자신을 현실에 끊임없이 헌신해 가는 과정이다."

자신을 현실에 종속시키는 능력이 전혀 없는 상태를 자폐증이라고 한다. 이 말은 '자기 자신'을 의미하는 그리스어 '오토(auto)'라는 어근에서 나왔다. 자폐성이 있는 사람은 현실을 자꾸 잊어버리는데, 그 정도가 아주 본질적인 차원에까지 이른다. 그 사람들은 글자 그대로 자신이 왕으로 군림하는 '자기 자신만의 세계 속에서' 살아가는 사람들이다.

내가 찰린에게 왜 나와의 섹스를 원하는지 물어봤을 때 그녀의 대답은 언제나 완벽하리만큼 간단했다. "박사님을 사랑하니까요." 내가 끊임없이 그 사랑의 진실성 문제를 거론했음에도 불구하고 찰린에게는 '사랑'의 실체는 의문의 여지가 없는 것이었

---

* M. Scott Peck The road Less traveled, (Simon & Schuster 1978), (「아직도 가야할 길」, 열음사)

다. 하지만 나에게는 자폐증적인 것으로 보였다. 찰린은 매달 다른 무늬의 수표를 건네면서 그것이 나를 위한 것이라고 생각했다. 그녀의 마음속에서는 그 달 수표의 특별한 무늬와 나 사이에 어떤 관계가 있었던 것이다. 하지만 그 관계는 모두 그녀의 마음속에만 있는 것이었다. 사실 나는 수표의 무늬 따위엔 아무런 신경도 쓰지 않았을 뿐 아니라, 그녀의 무늬 선택은 나라는 존재와는 아무 상관이 없었다.

찰린은 자기와 관련된 사람이라면 누구나 사랑했다. 그녀가 속해 있던 그 종교 집단의 제1원리가 바로 인류 사랑이었다. 찰린은 가는 곳마다 선물과 친절을 베풀면서 온 세계를 누비고 다니는 자신의 모습을 꿈꾸었다. 그러나 내가 경험한 바에 따르면 그녀의 사랑엔 언제나 상대의 실체가 빠져 있었다. 예를 들어 보자. 어느 겨울날이었다. 찰린과의 면담을 막 끝낸 뒤 나는 마티니 한 잔을 들고 거실로 들어갔다. 편지 더미는 잠깐 잊고 모처럼 난롯가에 앉아 쉬면서 머리를 식힐 생각이었다. 그런데 바깥에서 누군가가 계속 차에 시동을 걸려고 하는데 잘 안 되는 것 같은 요란한 소음을 내고 있었다. 밖으로 나가 보았더니 다름 아닌 찰린이었다.

"왜 이러는지 모르겠네요. 시동이 안 걸려요."

"기름이 떨어진 것 아닙니까?"

"내 정신 좀 봐. 정말 그런가 봐요."

"아니 그 생각을 못 하셨습니까? 유량계에 눈금이 얼마로 돼 있습니까?"

"예, 그건 0으로 되어 있어요."

마치 신나는 일을 얘기하는 듯한 투였다. 그때 내가 짜증만 나지 않았다면 나는 아마 웃고 말았을 것이다.

"유량계가 0으로 돼 있는데도 기름이 떨어졌다고 생각하지 않았다니, 도대체 어떻게 된 겁니까?"

"그건 항상 0으로 돼 있거든요."

"항상 0이라니 그건 또 무슨 말입니까? 고장났단 말입니까?"

"아뇨. 그렇지는 않아요. 나는 한 번에 8리터 이상은 절대 기름을 넣지 않아요. 그렇게 하면 절대 낭비할 염려가 없거든요. 게다가 언제 또 기름이 떨어질까를 알아맞추는 것도 참 재미있구요. 난 이제 도사가 됐어요."

"잘못 알아맞춰서 기름이 떨어지게 되는 일이 얼마나 자주 있습니까?"

나는 이 새롭고도 이상한 의식(儀式)에 놀라면서 이렇게 물었다.

"별로 없어요. 그저 1년에 서너 번요?"

"이번이 그 서너 번 중의 하나라고는 생각되지 않는군요. 지금 뭘 하자는 것입니까?"

나는 약간 비꼬는 투로 말했다.

"박사님 댁의 전화를 사용해도 좋다면 구급차 센터에 전화하겠어요."

"찰린, 지금은 밤 9시예요. 그리고 여기는 변두리 시골이에요.

구급차 센터가 뭘 어떻게 할 수 있다고 생각하십니까?"

"어느 때는 밤에도 부르면 와 준다고요. 그게 안 된다면 박사님께 기름을 좀 빌리는 도리밖엔 없겠네요."

"미안하지만 여분으로 사다 둔 기름이 없습니다."

"박사님 차에서 기름을 좀 뺄 수 있지 않겠어요?"

"되기야 되겠지요. 도구가 없어서 그렇지요."

"도구는 제게 있어요. 트렁크에 늘 갖고 다니거든요. 저는 준비성 있는 게 좋더라고요."

신이라도 난다는 듯한 대답이었다. 그래서 나는 들통과 깔때기를 찾아왔다. 그리고 그녀의 기름 넣는 튜브를 이용하여 우선 흡입이 쉬워지도록 몇 번을 움직여 보았다. 나는 그녀에게 4리터 정도를 주었다. 그녀의 차는 시동이 걸렸고 그녀는 곧 떠났다. 안에 들어오고 나니까 그제서야 추위가 느껴졌다. 마티니는 아직 따뜻했고 좀더 묽어져 있었다. 하지만 석유 냄새 외에는 아무런 냄새도 맛도 느낄 수 없었다. 기름 냄새, 그것은 글자 그대로 그녀가 내게 남겨 놓고 간 고약한 냄새였다.

이틀 뒤 찰린과 면담이 있었다. 그녀는 지난번 그 일에 대해서 일언반구도 없었다. 마침내 내가 물었다.

"지난번 그 일에 대해서 그간 기분이 어떠셨습니까?"

"아, 그일 말인가요? 산뜻했어요. 정말 즐거웠어요."

"즐거웠다구요?"

"예, 신났어요. 이 차에서 저 차로 기름을 옮겨 넣고 시동을 건다? 생각만 해도 얼마나 재미있는 모험이에요? 그리고 우리는 서로 기름을 나눠 썼잖아요. 그게 우리가 최초로 어떤 일을 같이한 사건이었다는 것, 알기나 아세요? 어둠 속에서 박사님과 함께 실외 작업을 하다니, 그건 정말 신나는 일이었어요."

"내 기분은 어땠으리라 생각하십니까?"

"그거야 모르죠. 박사님도 즐거웠을 것 같은데요."

"왜 그렇게 생각하시죠?"

"이유는 몰라요. 즐겁지 않으셨나요?"

"찰린, 그날 밤 내게 당신 차에 기름을 넣어 주는 일이 아닌 어떤 다른 할 일이 있었을지도 모른다는 그런 생각이 혹시 들지 않았습니까? 내게 그 일보다 더 하고 싶은 다른 일이 있었을지도 모른다는 생각 말입니다."

"아뇨, 그런 생각은 안 들었어요. 나는 사람들이 다른 사람을 돕는 일을 좋아한다고 생각하거든요. 적어도 나는 그래요. 박사님은 안 그런가요?"

"찰린, 그 일에 대해서 잠깐이라도 마음이 불편하고 당혹스러운 느낌이 든 적이 있습니까? 자신 때문에 생긴 그 궁지에서 벗어나기 위해 저의 도움을 받아야만 했다는 사실에 대해서 단 한 번이라도 민망한 기분이 든 적이 있습니까?

"무슨 소리예요? 그건 내 잘못이 아니었어요."

"당신 잘못이 아니었다고요?"

"아니고 말고요."

찰린은 거침없이 잘라 말했다.

"내가 생각했던 것보다 차 안에 기름이 적었던 것뿐이에요. 그건 내 잘못이 아니죠. 물론 당신은 나에게 좀더 신중히 계산했어야 한다고 말할지도 모르지요. 하지만 전체적으로 보면 나는 아주 잘해 내고 있어요. 전에도 말했지만 기름이 떨어지는 일은 1년에 서너 번밖에 없어요. 그 정도면 양호한 편이죠."

"찰린, 내가 아마 당신보다 운전 경력이 세 배는 더 될 겁니다. 나는 이때껏 한 번도 기름이 떨어져 본 적이 없습니다."

"그거야 기름을 안 떨어지게 하는 일이 박사님한테는 굉장히 중요한 일인가 보죠. 그러니까 그것에 대해 바싹 신경을 쓰셨겠네요. 당신이 그렇게 신경을 곤두세우는 게 내 잘못인가요?"

나는 두 손을 들고 말했다. 찰린의 그 망각 증세의 벽 앞에 자꾸 내 머리를 짓찧고 난 뒤인 만큼 그 순간 떠오른 것은 도저히 어찌해 볼 수 없는, 오로지 피곤하다는 생각뿐이었다. 찰린과 관련되어 있는 한 나의 느낌이라는 것은 아예 존재조차 하지 않았다.

자폐증은 나르시시즘의 극단적인 형태다. 완벽한 나르시시즘 환자 앞에서 다른 사람들이란 그 심리적 실체가 물건 한 조각만큼도 인정되지 않는다. 그들에게 있는 것은 마르틴 부버가 말한 대로 나와 나와의 관계(사람의 관심이 오직 자기 자신에게로만 향해 있음-역주)일 뿐이다.[*] 찰린이 진정 자신이 나를 사랑하고 있다고 믿

---

[*] Martin Buber, I and Thou, trans. Walter Kaufmann(Charles Scribner's Sones, 1970), (「나와너」 문예출판사)

었다는 데는 나도 이의가 없다. 그러나 그녀의 '사랑'은 자기 머릿속에만 있는 것이었다. 객관적인 실체로 존재하지 않았다. 스스로 보기에 그녀는 가는 곳마다 기쁨과 행복을 나눠 주는 '세상의 빛'이었다. 그러나 나를 포함한 다른 사람들이 그녀로부터 경험한 것은 그녀가 늘 자기 뒤에 흘리고 다니는 역겨운 혼돈과 무질서가 전부였다.

찰린이 망각 증세를 보인 것은 단지 나 다른 사람들한테 뿐만이 아니었다. 이를테면 그녀는 잘 아는 거리를 운전하고 가다가도 끊임없이 길을 잃곤 했다. 나를 가장 오랫동안 헷갈리게 했던 증상이다. 그것은 아마 그 해답이 너무나 명백했기 때문이 아닌가 싶다. 그녀의 자폐증을 인식하게 되자마자 나는 그 수수께끼가 아주 간단한 것임을 깨달았다. 하루는 찰린이 전날 뉴욕 시로 가려 했는데 가 보니까 뉴버그였다면서 연신 투덜거렸다. 그래서 나는 이렇게 말했다.

"84번 주간 도로에서 684번 간선 주간 도로로 빠지는 것을 미처 생각 못하셨던 모양이군요."

"아, 맞아요. 684번 도로로 갔어야 하는 건데."

찰린은 기뻐서 호들갑을 떨었다.

"하지만 당신은 그 길로 뉴욕 시까지 수없이 많이 가 봤어요. 그리고 도로엔 표지판도 분명히 있습니다. 어떻게 그것을 잊어버릴 수 있습니까?"

"아, 그때 콧노래를 부르면서 가사가 뭔지 생각하느라고 애쓰고 있었거든요."

"그러니까 집중하지 않고 있었다는 말이군요."

"글쎄 그렇다고 얘기했잖아요?"

찰린은 짜증을 부렸다. 나는 한 번 더 밀어붙였다.

"그렇게 항상 길을 잃는 걸 봐서는 문제는 언제나 한 가지가 아닌가 싶습니다. 즉 당신은 도로 표지판을 보지 않은 것입니다."

"하지만 난 한꺼번에 두 가지 일은 못해요. 노래를 부르면서 동시에 도로 표지판에 집중하지는 못한다고요."

"맞습니다. 말하자면 당신은 노래를 부르면서 도로가 당신을 따라다니도록 할 수는 없습니다. 길을 잃지 않으려면 당신이 표지판을 보아야 합니다. 당신이 환상 속에 자신을 잃어버리기를 원한다면, 당신은 필연적으로 바깥 세상에 대한 관계에서도 길을 잃고 말 것입니다. 찰린, 미안합니다만 그것이 법칙입니다."

찰린은 몸을 벌떡 일으켜 세웠다. 그러더니 나를 향해 냉정하게 쏘아붙였다.

"오늘 면담은 내 바람대로 잘 안 되고 있어요. 나는 어린애처럼 여기 누워서 설교 따위를 듣고 싶지는 않아요. 다음 주에 뵙겠어요."

찰린이 면담 도중에 뛰쳐나간 것이 처음은 아니었다. 그래도 나는 그녀를 붙잡았다.

"찰린, 아직 시간이 반도 더 남았습니다. 가지 말고 함께 잘 얘기해 보도록 합시다. 아주 중요한 문제입니다."

하지만 이미 사무실 문은 꽝 닫힌 뒤였다. 여기서 나는 또 한 가지 찰린의 증상을 이해하게 되었다. 즉 그녀는 같은 직장에서 2, 3개월을 버티지 못한다는 점이었다. 그때까지 2년 반 동안 찰린은 네 번이나 직장을 옮겼다. 물론 중간중간에 매번 장기간 무직으로 지낸 시간이 끼어 있었다. 다섯 번째 직장에 첫 출근을 하기로 한 전날 나는 그녀에게 이렇게 물었다.

"긴장되십니까?"

그녀는 진짜 놀란 표정으로 말했다.

"아뇨, 왜 그래야 하죠?"

"만약 나라면 첫 출근을 하기 전날엔 긴장이 될 것 같습니다. 특히 몇 차례 해고된 경력이 있다면 더더욱 그렇겠지요. 혹시 이번에도 잘해 내지 못하면 어떨까 하는 두려움이 있을 것 같습니다. 사실 나는 규율을 잘 모르는 새로운 상황에 처하게 될 때면 언제나 은근히 두려워지거든요."

"하지만 나는 규율을 알고 있어요."

그녀가 대들 듯이 말했다. 나는 어안이 벙벙한 채 그녀를 쳐다보았다.

"아니, 가 보지도 않은 일자리의 규율들을 어떻게 알고 있다 말입니까?"

"이번 일은 주립 정박아 학교의 보모 자리예요. 나를 고용한 그 여자가 그러는데 정박아들은 다 어린아이 같댔어요. 어린아이를 어떻게 돌봐야 하는지에 대해서는 나는 손금 보듯 훤히 알고 있어요. 내겐 여동생도 있었고, 또 교회 학교 교사도 해 봤어요."

이 문제에 대해 좀더 깊이 파고들어 가면서 나는 그녀의 문제점을 조금씩 깨닫게 되었다. 즉 찰린은 언제나 규율을 미리 알고 있었기 때문에 어떤 새로운 상황에 들어가는 것에 대해서 조금도 긴장하지 않는다는 사실이었다. 더 정확히 말하면 언제나 그녀 자신이 그 규율들을 만들어 낸 까닭에서다. 그것이 자신의 규율이지 자기를 고용한 사람의 규율이 아니라는 사실이 그녀에게는 하나도 중요한 것이 아니었다. 그러다 보니 필연적으로 혼돈이 뒤따른다는 사실 역시 그녀에겐 안중에 없었다. 그녀는 회사나 윗사람이 원하는 방식은 모조리 무시하면서 자기가 미리 정해서 갖고 있는 규율만을 따르고자 했다. 그러면서도 그녀 직장 사람들이 왜 그토록 쉽게 자기를 싫어하고 급기야는 대 놓고 분노를 터뜨리거나 완전히 등을 돌리는지 도무지 이해하지 못했다. 그녀는 늘상 "사람들이 너무 불친절하다"고만 투덜거렸다. 그녀는 나 역시 불친절한 사람이라고 계속해서 불평을 늘어놓았다. 찰린은 친절에 대단한 의미를 부여했다.

이제 왜 그녀가 대학을 제대로 마칠 수 없었는지 그 이유가 확실해졌다. 찰린은 리포트를 제 날짜에 내 본 적이 거의 없었으며, 혹시 있다고 해도 교수가 내준 주제에 관한 리포트를 쓴 적이 거의 없었다. 나는 한 심리학자에게 잠깐 찰린의 문제를 의뢰하여 자문을 구한 적이 있었는데, 그때 그는 찰린에 대해 "전투함도 격침시킬 만한 IQ를 갖고 있다"고 말한 적이 있었다. 그러나 사실 찰린은 보통 수준의 학교를 다녔는데도 그걸 마치지 못하고 성적 불량으로 퇴학당했다. 나는 그녀에게 그렇게 다른 사람들을 무시하는 행동이 그녀가 번번히 실패하는 주요인이며, 그녀의 그 극단적인 나르시시즘이 얼마나 스스로를 파괴하는지에 대해 시간 날 때마다 때론 부드럽게, 때론 강하게 몇 번이고 설명해 주려고 애썼다. 그러나 그녀는 이 문제에 있어서 오직 한 가지 사실만을 언제나 똑같이 인정했을 뿐이었다.

"세상이 너무 까다로워요. 그리고 불친절하고요."

치료가 거의 끝나 갈 무렵 이 문제는 심리학적 뿐만 아니라 신학적으로도 명료하게 드러났다. 어느 날 찰린은 이런 불평을 해 왔다.

"만사가 다 무의미해요."

나는 짐짓 순진한 태도로 질문을 던져 보았다.

"인생의 의미란 무엇일까요?"

"제가 어떻게 알겠어요?"

그녀는 몹시 짜증스럽다는 투로 대답했다.

"당신은 헌신된 종교인입니다. 당신의 종교엔 인생의 의미에 대해 뭔가 말해 주는 것이 틀림없이 있을 것입니다."

"박사님은 지금 나한테서 뭔가 꼬투리를 잡으려 하고 있어요."

찰린이 계속 경계하듯 말했다. 나도 이 점에 대해 인정했다.

"맞습니다. 나는 꼬투리를 잡아 당신이 문제를 정확하게 보게 하고 싶습니다. 당신의 종교는 인생의 의미에 대해 뭐라고 말합니까?"

"나는 크리스천이 아니에요. 우리 종교는 사랑에 대해서 말하지 인생의 의미에 대해서는 말하지 않아요."

"좋아요. 그러면 크리스천은 인생의 의미에 대해서 뭐라고 말할까요? 그것이 당신이 믿는 바는 아닐지라도 최소한 하나의 모델은 될 수 있을 테니까요."

"그런 모델 따위엔 관심 없어요."

"당신은 교회에서 자랐습니다. 그리고 2년 동안 교회 학교 교사를 한 적도 있습니다."

나는 악착같이 달라붙었다.

"그런데도 크리스천들이 인생의 의미와 인간 존재의 목적에 대해서 뭐라고 말하는지 모를 만큼 당신은 그렇게 멍청한 사람은 아닙니다."

"우리는 하나님의 영광을 위해서 존재해요."

찰린은 억양 하나 변하지 않고 마치 교리 학습 시간에 달달 외웠던 것을 기계적으로 뽑아 내는 것 같았다.

"우리 삶의 목표는 하나님을 영광스럽게 해 드리는 것입니다."

내가 물었다.

"그래요?"

잠깐 침묵이 흘렀다. 그녀는 아주 잠깐 동안 우는 것 같았다. 그녀가 우는 것은 처음 있는 일이었다. 또한 처음이자 마지막이었다. 그녀는 떨리는 목소리로 말했다.

"나는 그럴 수가 없어요. 나는 그 일에 맞지 않아요. 아마 난 죽고 말 거예요."

그러더니 느닷없이 그녀의 그 숨죽인 흐느낌은 성난 함성으로 돌변했다. 나는 깜짝 놀랐다.

"나는 신을 위해 살고 싶지 않아요. 절대 안 그럴 거예요. 나는 나 자신을 위해서 살고 싶어요. 나 자신을 위해서요."

찰린이 도중에서 뛰쳐나간 또 하나의 면담이 되었다. 나는 그녀가 가여워 못 견딜 것만 같았다. 막 울고 싶었지만 눈물이 나오질 않았다.

"오, 하나님. 그녀는 정말 혼자군요."

내 입에선 오직 그 말밖에 나오지 않았다.

꿈에 나타난 신기한 무기

치료 과정을 통하여 찰린이 시종일관 고집스럽게 주장한 것은 자기가 나를 사랑한다는 것뿐만이 아니었다. 그녀는 자기가 '나아지기를' 원하고 있다는 주장 또한 굽히지 않았다. 나는 이미 오래전부터 이 두 주장이 다 허위라는 심증을 굳히고 있었다. 물론 자기 자신은 그것이 사실이라고 믿고 있었지만 말이다.[*] 인간

---

[*] 말라기 마틴이 「Hostage to the Devil」에서 축사(逐邪)의 1단계이자 가장 오래 걸리고 가장 어려운 단계는 바로 이 '위장(pretense)'을 다루는 단계라고 말한 것에는 아주 깊은 의미가 있다 하겠다. 찰린이 귀신이 들렸는지 들리지 않았는지는 모르겠지만, 그녀의 위장은 오직 그녀 자신의 무의식에 의해서만 건드려질 수 있었다. 그녀는 의식 수준에서는 결코 그것이 위장임을 인정하지 않았다.

의 무의식에는 진실을 말하고자 하는 아름답고도 집요한 경향이 있다. 찰린의 경우도 마찬가지였다. 관계가 거의 끝나갈 무렵, 찰린의 무의식은 우리 관계의 실체를 너무도 분명하고 명확하게 나에게 드러내 주었다.

치료를 시작한 지 4년째 되던 어느 날 찰린은 꿈 이야기를 들려주었다.

"어젯밤에 꿈을 꿨어요. 지구가 아닌 다른 행성에서 일어난 일이었어요. 우리 편과 외계인 편 사이에 전쟁이 일어났어요. 아주 오랫동안 승패 없는 접전이 계속되었어요. 그런데 그때 내가 공격과 수비를 동시에 할 수 있는 기가 막힌 무기 하나를 만들어 냈어요. 그것은 여러 다른 무기 장치들이 복합된 아주 크고 복잡한 기계였어요. 그것은 물속에서도 수뢰(水雷)를 쏠 수도 있고, 장거리에도 로켓을 쏘아 올리며, 화학 무기를 뿌릴 수도 있고, 그 밖에도 여러 기능을 가진 무기였어요. 이제 그 기계만 있으면 전쟁은 우리가 이긴 거나 마찬가지였어요. 나는 내 실험실에서 그 기계의 마지막 조작 단추를 끝손질하고 있었어요. 그때 남자 한 사람이 실험실로 들어왔어요. 상대편 외계인이었어요. 나는 그가 우리 기계를 완성 전에 부숴 버리려고 거기 왔다는 사실을 알고 있었어요. 하지만 놀라지 않았어요. 아주 놀라운 자신감이 솟았어요. 아직 시간은 많았어요. 나는 우선 이 남자와 섹스를 가진 뒤 바로 살짝 해치워 버려야겠다고 생각했어요. 실험실 한켠에는 간이 침대가 있었어요. 우리는 거기 누워 정사를 벌이기 시작했어요. 그런데 이제 막 깊은 단계로 들어가려고 하는데 그 남자가 벌떡 일어나더니 기계 있는 데로 가서 그걸 공격하는 거예요. 나는 얼른 뒤따라가서 방어 장치 선택 버튼을 누르려고 했어요. 작동만 되면 그를 단번에 폭파시켜 버릴 수 있는 장치였어요. 그런데 작동이 안 됐어요. 미처 그 부분은 검사를 못했고 시험 발사도 해 보지 않았던 거예요. 나는 미친 듯이 이 단추 저 단추를 누르고 레버를 잡아당겼다 밀었다 난리를 쳤어요. 막 그러고 있을 때 잠이 깼어요. 몸이 심하게 요동치고 있었어요. 내가 그 남자의 교활한 공격을 거뜬히 물리쳤는지 아니면 그 남자가 내 소중한 기계를 다 부숴 버리고 말았는지 깨고 나서도 확실치가 않았어요."

이 꿈과 관련된 특이한 사항 중 하나는 찰린이 이 꿈의 해석에 아주 격렬한 반항을 하곤 했다는 점이다. 내가 물었다.

"그 꿈을 생각할 때 가장 강하게 드는 느낌은 어떤 것입니까? 깨어난 직후에 들었던 그 느낌을 얘기해 보십시오."

"분노, 분노가 부글부글 끓었어요."

"무엇에 대해서 가장 분노가 치밀었습니까?"

"그 교활한 협잡꾼 놈이죠. 그는 나를 속였어요. 나와 함께 성관계를 가지려는 것처럼 했었죠. 나는 그가 나에게 관심이 있는 줄 알았어요. 그런데 내 감각 기관이 막 숨이 멎어 들어가려고 하는 찰나 그는 나를 떠나 내 무기를 공격하기 시작했어요. 나를 돌봐 주는 척 해 놓고선 정작 한다는 일이 내 무기를 공격해요? 그는 사기를 쳤어요. 나를 이용해 먹은 거예요."

"하지만 당신도 똑같이 그를 이용하고 속이려 들지 않았습니까?"

"무슨 말씀이시죠?"

"사실 당신은 그 남자가 처음부터 당신의 무기 때문에 거기 들어왔다는 것을 알고 있었습니다. 그가 애초 목표하고 있던 일을 하려고 시작했을 때 그것이 왜 그리도 당신을 격노케 해야만 하는 건지 나는 잘 이해가 안됩니다. 그리고 내가 보기에는 당신이야말로 그를 침대로 유혹함으로써 속임수를 쓰려고 했습니다. 당신이 그를 성적으로 요구했을 때 당신이 그를 돌봐 주려 했다는 내용은 그 꿈 어디에도 없습니다. 사실 섹스만 끝나면 그를 해치워 버리겠다는 것이 당신의 의도였습니다. 당신은 그를 죽이는 일을 마치 아무 가책 없이 해치울 수 있는 일 정도로 표현하고 있습니다."

"아니에요. 그놈이 나를 속였어요."

찰린은 계속 우겼다.

"그는 겉으로는 나를 사랑해 주는 척하고는 실상은 그렇지 않았어요."

"그가 누구를 상징하는 것 같습니까?"

"그거야 박사님이겠죠. 큰 키에 금발 머리가 꼭 박사님 같더라구요. 그렇잖아도 나중에 잠이 다 깼을 때 이내 그것이 박사님이라고 생각했더랬어요."

"그래서 당신은 지금 내게 화가 나 있는 겁니까? 내가 당신을 속여서요?"

찰린은 마치 내가 너무나 당연한 얘기를 괜히 되풀이하고 있는 바보 멍청이라도 된다는 듯 나를 빤히 쳐다보았다.

"그걸 말이라고 하세요? 내가 박사님께 화가 나 있다는 건 박사님도 아시잖아요? 나는 언제나 박사님께 나를 충분히 돌봐 주지 않는다고 말해 왔어요. 박사님은 한 번도 나한테 동정을 보이지 않았어요. 박사님은 내 기분을 이해하기 위해서 아무런 노력도 기울이지 않고 있어요."

"나는 우리의 관계가 성적인 관계가 되기를 원하지 않고 있습니다."

"그래요. 박사님 역시 나와 함께 자 주지 않을 거예요."

"하지만 내가 당신을 속이고 있는 것은 아닙니다. 당신과 성적인 관계를 맺을 의향이 없다는 사실을 나는 처음부터 분명히 해두었습니다."

"그래도 나를 돌봐 주고 있다는 박사님의 말은 거짓말이에요. 박사님은 정말 나를 돌봐 주고 있다고 생각하실는지 모르지만, 그게 바로 스스로를 속이는 거예요. 하긴 박사님은 언제나 그런 자기 만족 속에서 살아가니까요. 만약 나를 정말 돌봐 주고 있다면 박사님은 지금과는 훨씬 달라져야 할 거예요."

"그 사람이 나를 상징한다면, 그 기계는 무얼 상징한다고 생각하십니까?"

"그 기계요?"

"예, 그 기계 말입니다."

"글쎄요, 그건 생각 안 해 봤는데요."

찰린은 다소 혼란스러운 듯 대답했다.

"나의 지능을 상징한다고나 할까요?"

"그야 물론 당신은 만만치 않은 지능을 갖고 있지요."

"그리고 제 생각에는 박사님과 박사님의 치료가 나의 그 지능을 갉아먹으려 하고 있어요."

찰린은 이 해석에 집요하게 매달렸다.

"전에도 몇 번이나 말했어요. 박사님은 심심찮게 저로 하여금 제가 믿지 않는 것들을 믿게 하려 들고 있어요. 박사님은 저에게서 제 지능과 의지를 빼앗아 가려 하는 거예요."

"하지만 꿈속에서 당신의 지능은 온통 전투에 다 바쳐지고 있었습니다. 그것은 온갖 공격 및 수비 장치로 가득 차 있었습니다. 당신의 지능은 당신에게 하나의 무기 역할밖에는 못하고 있는 것입니다."

찰린은 웃으면서 대답했다.

"오, 박사님은 만만한 상대가 아니군요. 박사님도 제법 지능이 뛰어난 걸요? 아주 만만찮은 적이라니까요."

"왜 내가 당신의 적이 되어야만 합니까?"

찰린은 말문이 막힌 듯 보였다. 그러더니 한참 있다가 이렇게 말했다.

"하지만 꿈에서 박사님은 나의 적이었어요. 박사님이 내 기계를 부수려 했단 말이에요."

"자, 한번 이렇게 생각해 봅시다. 그 기계가 당신의 지능이 아니라 당신의 신경증을 상징한다고 생각하는 겁니다. 내가 당신의 신경증을 부수려고 한다는 건 사실이거든요."

"말도 안 돼요!"

찰린이 고래고래 고함을 질렀다. 그 소리가 어찌나 크고 쩌렁쩌렁하던지 나는 그만 깜짝 놀라 뒤로 주춤했다.

"아니라고요?"

내가 낮은 소리로 되물었다.

"말도 안 돼요! 그건 신경증이 아니에요!"

또 한 번 나는 몸이 뒤로 떠밀리는 걸 느꼈다. 나는 지금까지도 찰린이 어떻게 그런 큰소리로 말할 수 있었는지 이해가 되지 않는다. 다만 인간의 목소리가 낼 수 있는 모든 소리를 젖 먹던 힘까지 모아 목구멍이 터져라 고함을 질렀겠거니 하고 생각할 뿐이다.

"왜 그것이 당신의 신경증이 아니라고 생각하십니까?"

나는 마침내 이렇게 물었는데, 그녀가 또 격노하지나 않을까 은근히 겁이 났다.

찰린은 울부짖듯 말했다.

"그 기계는 아름답기 때문이에요."

그녀는 계속해서 말했다. 마치 그 기계의 영상을 노래부르기라도 하듯이….
"내 기계는 아름다운 것이었어요. 아주 정교한 것이었죠. 믿을 수 없을 만큼 정교한 것이었어요. 기능이 엄청나게 많았어요. 내가 그것을 얼마나 심혈을 기울여 독창적이게 만들었다고요. 작동도 여러 단계로 아주 세분화되어 있었어요. 그것은 정말이지 기계 공학의 대 걸작품이었어요. 그 남자는 그걸 부수려 하지 않았어야 해요, 절대로. 그것은 그 어떤 것보다도 가장 아름다운 것이었어요."
"하지만 작동이 안 됐죠."
내가 재빨리 덧붙였다. 그러자 찰린은 다시 고함을 질렀다.
"됐어요. 작동됐다고요. 됐을 거예요. 시간이 충분하지 않았을 뿐이에요. 시험할 수 있는 시간이 조금만 더 있었어도 그러진 않았을 거예요. 아주 멋지게 작동됐을 거예요. 몇 가지 끝손질만 다 마쳤더라도 작동은 완벽했을 거라고요."
"나는 정말로 그 기계가 당신의 신경증을 상징한다고 생각합니다. 찰린, 당신의 신경증은 거대하고 복잡합니다. 당신은 그것을 아주 오랜 기간에 걸쳐서 조립해 왔습니다. 당신에게 대단히 많은 기능을 해 주고 있습니다만 그것은 무척 성가신 것이고 끊임없이 당신을 걸려 넘어뜨리고 있으며 정작 필요할 때는 작동하지 않습니다. 그리고 그것은 당신이 다른 사람들과 가까워지는 것을 극구 방해하고 있습니다. 왜냐하면 그것은 전쟁을 위해서 만들어진 것이기 때문입니다. 다른 사람들로부터 당신 자신을 보호하기 위한 것이지요. 마치 당신이 부모로부터 자신을 보호해야만 했던 것처럼 말입니다. 하지만 이제 그런 방어는 필요 없습니다. 이제 더 이상 사람들에게 전쟁을 선언할 필요도 없습니다. 이제 당신은 다른 사람들에게 당신을 열어 보여야 합니다. 당신에겐 더 이상 그 기계가 필요 없습니다. 당신에게 방해만 될 뿐입니다. 그것은 오직 전쟁을 위해서 고안된, 즉 사람들을 곁에 오지 못하게 하기 위해서 고안된 무기 장치일 뿐입니다."

"전쟁을 위해서 고안된 것만은 아니에요."

이제 찰린은 다친 야수와도 같이 울부짖고 있었다.

"거기엔 다른 기능도 많이 있어요. 평화를 위해서 여러 모로 사용될 수도 있다고요."

"이를테면 어떤 것이죠?"

찰린은 다시 한 번 혼돈에 빠진 듯이 보였다. 잠깐 동안 그녀는 기억을 더듬고 있는 것 같았다. 그러더니 아주 심각하고 진지한 듯한 말투로 이렇게 말했다.

"예를 들어, 기계 바닥에 조금 못 미쳐서 상처 난 피부를 낫게 해 주는 부분이 있어요. 발톱 같은 데 난 상처도 다 고쳐 주지요. 얼마나 유용한 기능이에요?"

본의는 아니었지만 그때 나는 해서는 안 될 일을 하고야 말았다. 웃어 버렸던 것이다.

찰린은 침상에서 벌떡 일어났다. 그러더니 아주 냉정하고 당당하면서도 분노에 찬 말투로 딱딱 잘라 말했다.

"그 기계는 신경증이 아니에요. 그렇게 부르려면 두 번 다시 거론도 하지 마세요. 오늘 면담은 이걸로 끝이에요."

채 만류해 볼 틈도 주지 않고 1초도 안 되어 그녀는 다시 한 번 사무실 문을 박차고 나가 버렸다.

찰린은 다음 면담 시간에 예정대로 나타났다. 그리고 그 후로도 6개월이나 치료를 계속했다. 그러나 우리의 치료 관계는 이 꿈 해석에서의 교착 상태 이상으로 더 진전되지 않았다. 우리는 이 문제 저 문제로 얘기를 나눴으나 다 거기가 거기였고, 내가 꿈 얘기로 돌아가려고만 하면 찰린은 강하게 거부했다. 나한테 두 번 다시 거론도 하지 말라고 했을 때 찰린은 진짜 심각했던 것이다.

이기지 못한 게임

찰린은 꿈속에서 나를 외계에서 온 자신의 적으로 배역을 정했다. 현실로 보면 나는 결코 그녀에게 낯선 사람이 아니었다. 그녀는 3년도 넘는 기간 동안 매주 2~4번씩 나를 만나러 왔다. 나는 그녀를 애정으로 대하기 위해서 최선을 다했고, 그녀가 나한테 지불하는 그 엄청난 돈이 헛된 것이 되지 않게 하려고도 십분 노력했다고 믿는다. 그녀도 나름대로 자신이 나를 사랑한다고 말했고 또 그렇게 믿었다. 그런데도 그녀의 무의식은 나를 외계인이요 적으로 이미 정해 놓고 있었던 것이다.

어떤 면에서 나 역시 그녀를 비슷하게 보고 있었다. 그녀가 나를 껴안으려고 할 때 내가 몸을 뒤로 뺐던 것은 부분적으로는 나의 안전에 대한 두려움 때문이기도 했던 것이다. 그렇다면 나 역시 그녀를 어느 정도는 적으로 간주했던 것이 아닐까? 게다가 찰린에게는 내가 도저히 이해할 수도 없고 공감할 수도 없는 뭔가가 존재하고 있었다. 내가 그녀에게 낯선 외계인이었다면 그만큼 그녀도 내겐 낯선 외계인이었던 것이다. 그녀는 내가 불친절하고 인정이 없다고 늘 불만이었는데, 나는 종종 그녀의 말이 맞았던 게 아닌가 생각하곤 했다. 그녀를 다른 치료자, 좀더 공감할 수 있는 다른 치료자에게 의뢰했어야 하는 것은 아닐까? 하지만 적합한 사람을 나는 알고 있지 않았다. 게다가 사실 그녀는 그런 치료자와도 이미 치료에 실패했었다. 내 뒤에 누가 그녀를 치료하더라도 그건 마찬가지일 것이다. 그건 그렇다 치고, 또한 찰린에게는 내 이해 영역을 넘어서는 어떤 욕망에 의해서 움직이고 있는 것처럼 보이는 시간이 여러 번 있었다. 즉 그녀는 너무 모호해서 나의 인간적인 경험의 영역을 초월해 버리는 그런 동기들에 의해서 움직이는 것 같았다. 사실 일상적인 심리 역동 이해 영역을 넘어섰던 것은 그 무엇보다도 바로 이 '비인간적인' 어떤 것, 내가 악이라고 이름 붙이는 바로 그것이었다. 그러나 그것이 악이었기 때문에 나한테 외계에서 온 것처럼 생소해 보였는지, 아니면 생소했기 때문에 내가 악으로 부르게 된 것인지는 정확히 단정 지어 말할 수 없다.

이 이해할 수 없는 외계에서 온 듯 생소한 어떤 것을 단적으로 집약해 이해하는 데는 날씨에 대한 찰린의 반응을 살펴보는 것보다 더 좋은 방법은 없을 터이다. 찰린은 봄날이나 가을날의 햇살 또는 황홀의 극치를 이루는 일몰의 장관 같은 것에 대해서는 눈곱만큼도 좋은 기색을 보이지 않았다. 그녀가 좋아하는 유일한 날씨는 흐린 날이었다. 그런 날이면 그녀는 휘파람을 불었다. 찰린은 우중충한 날을 좋아했다. 가만가만 낙엽이 춤을 추는 감미롭고 안개 낀 가을날이나, 자욱한 안개 속에 환상적인 보트 안에서 맞이하는 해변의 여름날은 그녀에겐 아무것도 아니었다. 오직 별볼일 없고 착 가라앉은 잿빛 날씨만이 그녀의 맘에 들었다. 겨울이 대지 위에 잔설을 남기고 간 3월 중순의 뉴 잉글랜드에서 볼 수 있는 그런 날씨, 그러니까 나뭇가지는 꺾어지고 부분부분 썩어 있고, 땅은 진흙으로 엉겨 붙어 있으며, 여기저기 녹다 만 눈들이 지저분한 얼룩처럼 남아 있는 그런 날씨를 찰린은 좋아했다. 단조로운 흐린 날, 음산한 날을 좋아했던 것이다. 왜일까? 왜 찰린은 남들이 다 싫어하는 추한 날들을 가장 좋아하게 되었을까? 그런 날씨가 사람들의 얼굴을 찌푸리게 만들기 때문에 그녀는 그런 날을 좋아했던 것일까? 아니면 그냥 추함 자체를 사랑하면서 그 안에 들어 있는, 너무 생소해서 뭐라 이름도 붙일 수 없는 그 뭔가를 혼자 음미했던 것일까? 나는 모른다.

그 마지막 해에 나는 그녀의 악이라고 생각했던 그것을 갖고 찰린에게 정면으로 밀고 들어갔다. 은근히 두려웠다. 어느 환자에게도 이런 시도를 해 본 적이 없던 까닭에서다. 첫 번째 시도는 찰린이 그 기가 막힌 기계에 대한 꿈 얘기를 해 주기 몇 달 전에 있었다. 나는 그녀에게 말했다.

"찰린, 당신은 세상 여기저기를 돌아다니면서 혼돈과 무질서만 만들어 내고 있고, 여기 치료실에서도 마찬가지입니다. 당신은 늘 그것이 우연이고 환경 탓이라고 우깁니다. 그러나 대부분의 경우에는 당신이 의도적으로 그렇게 하는 것이라는 사실을 알게 되었습니다. 하지만 왜 당신이 그래야 하는지에 대해서는 아직도 이해가 안 갑니다."

"그거야 재미있기 때문이죠."

"재미요?"

"예, 박사님을 헷갈리게 만드는 일이 얼마나 재미있는 일인데요. 전에 말했잖아요. 그건 제게 권력 의식을 갖다 준다구요."

"하지만 진정한 능력자가 됨으로써 권력 의식을 느끼는 것이 훨씬 더 재미있지 않을까요?"

"저는 그렇게 생각하지 않아요."

"다른 사람을 희생시켜 가면서 그런 재미를 맛볼 때 뭔가 가책이 느껴지지 않습니까?"

"아뇨, 제가 누군가를 정말로 해치면서 그런다면 또 모를까… 하지만 난 박사님을 해치지는 않았잖아요?"

찰린 말이 맞았다. 내가 알고 있는 한 찰린은 그때까지 아무도 해친 적은 없었다. 다만 모든 사람들을 지독히 괴롭히고 있을 뿐이었다. 사실 그로 인해 더 큰 상처를 입는 것은 언제나 자기 자신이었다. 그녀는 그것을 왜 즐겨야만 할까? 여기서 더 밀고 들어가야겠다는 생각이 들었다.

"찰린, 당신의 파괴성이 사소한 것일지는 모르지만 그래도 당신이 그것을 기뻐한다는 사실에는 뭔가가 있는 것 같습니다. 그러니까 뭔가 악한 구석이 있는 것 같다는 얘기입니다."

"그런 말 하실 줄 알았어요."

찰린이 짐짓 침착하게 말했다.

"찰린, 난 당신을 믿을 수가 없어요."

나는 계속 밀어붙였다.

"내가 여기서 대놓고 당신을 악하다고 하는 데도 당신은 조금도 언짢아하지 않는 것 같군요."

"그럼 제가 어떻게 하기를 원하시나요?"

"자신이 악한 사람일 수도 있다는 가능성에 우선 기분이 불쾌해지는 것에서부터 시작할 수 있겠지요."

"혹시 아는 사람 중에 괜찮은 축사자(逐邪者, exorcist, 귀신을 쫓아내는 사람-역주) 한 사람 없을까요?"

찰린은 느닷없이 이렇게 물었다. 전혀 뜻밖의 질문이었다. 나는 어설프게 대답했다.

"없는데요."

"그것도 모르면서 뭘 그렇게 길길이 날뛰세요?"

찰린이 그것 보란듯이 말했다. 머리가 어찔어찔하고 온몸에 힘이 쭉 빠졌다. 마치 권투하다가 덩치 큰 상대 선수한테 신나게 얻어맞고 탈진 상태로 한 라운드를 끝낸 기분이었다. 나는 일단 물러섰다. 그러나 내 생애 처음으로 귀신들림과 축사라는 현상에 대해서 연구하기 시작했다. 그건 진짜 괴상한 일이 아닐 수 없었다. 도대체 그 주제에 대해서는 무슨 책을 읽어야 할지조차 모르는 판이었다. 그러나 결국 내가 읽은 책을 쓴 사람들 가운데 최소한 몇 명은 아주 사상이 건전했고, 책임감도 있고, 애정도 있다는 사실을 발견하게 되었다. 넉 달 뒤 나는 다시 한 번 해 보리라 다짐했다.

"찰린, 몇 달 전 나한테 좋은 축사자가 없겠느냐고 물어본 것 기억 나십니까?"

"물론이죠. 박사님과 얘기한 것이라면 뭐든지 다 기억하고 있으니까요."

"실은 아직까지 알아낸 사람은 없습니다. 하지만 나는 그동안 그 분야에 대한 책들을 읽어 보았습니다. 원한다면 도움이 될 만한 책을 소개해 드릴 수 있습니다."

"고마워요. 하지만 난 지금은 생체 리듬 이론에 더 관심이 있어요."

나는 하마터면 폭발할 뻔했다.

"아니 뭐라고요? 찰린, 우린 지금 악의 문제를 얘기하고 있어요. 사소한 긴장이나 불안 따위를 얘기하는 게 아니란 말입니다. 이 문제는 작은 흠 정도가 아닙니다. 아주 고약한 문제란 말입니다."

그러자 찰린이 능청스럽게 말했다.

"저는 말했어요. 이제 내 관심은 생체 리듬이라고요. 이제 축사 따위엔 관심 없어요. 끝났어요. 그나저나 내가 악하다고 생각하면서 어떻게 나를 도울 수 있다는 건지 궁금하네요. 박사님이 나를 어떻게 인정해 줄 수 있겠어요? 어떻게 동정해 줄 수 있겠어요? 지금까지 수없이 해온 얘기지만 박사님은 조금도 나를 돌봐 주지 않았어요."

나는 또다시 물러섰다. 그러고는 또다시 그녀의 고집, 자기 중심성, 자기 파괴성, 실패의 요인에 대하여 그녀가 직시할 것을 되풀이해 요구했다. 그녀에게 제발 퇴행해 줄 것과 나로 하여금 그녀를 어린아이로서 사랑하고, 내가 할 수 있는 유일한 방법이자 유일한 건강한 방법을 통하여 돌봐 줄 수 있도록 나를 놓아 줄 것 등을 수없이 촉구하고 또 촉구했다. 그게 내가 할 수 있는 일의 전부였다. 그러나 아무런 변화도 일어나지 않았다. 기다리는 방법, 그것도 점점 더 줄어가는 희망 속에서 하나의 기적을 기다리는 방법 외에는 달리 어떻게 진행을 해 나가야 하는 건지 도통 알 수가 없었다.

찰린은 정신 의학적 입장에서 볼 때 환자임에는 분명하지만 그렇다고 '불안정한' 상태라고 부르기에는 어울리지 않았다. 오히려 그녀는 놀라우리만큼 안정되어 있었다. 그녀의 자폐 성향은 난공불락이었고 만고불변이었다. 그녀에게 변화되지 않았던 수많은 것 가운데 한 가지는 바로 치료의 '규율' 및 요구되는 정직 등에 조금도 따르려 들지 않는 집요한 태도였다. 물론 이따금씩 이 얘기 저 얘기 골라서 털어놓기는 했지만, 정작 진정한 치료를 가능하게 할 만한 대부분의 결정적인 정보들은 시종일관 속내에 꽁꽁 묶어 두었던 것이다. 그녀는 끝까지 거의 모든 면담 시간을 자기 마음대로 요리해 나갔다.

그러던 어느 날 완전히 상상 밖의 일이 벌어졌다. 면담 421회째 되는 어느 오후, 그녀가 면담실로 들어와 안락의자에 눕더니 장장 50분에 걸쳐 자신의 느낌과 생각 등을 아주 자세하고 유순하고 정직하게 털어놓는 것이었다. 지금까지 어느 환자도 그렇게까지 하진 못했을 것이다. 그 50분 동안 찰린은 완벽한 환자 노릇을 했다. 왜 그랬는지는 모르지만, 결정적으로 중요한 내용은 여전히 입 밖에 내지 않았다. 면담이 끝날 시간이 다 되어서야 나는 그녀에게 정말 너무너무 잘했다는 말과 함께 놀라움과 감사를 표현했다.

그러자 그녀는 말했다.

"기분 좋으셨죠?"

"매번 면담을 시비와 말다툼의 장으로 만들곤 하더니 오늘은 이렇게 완전히 달라져서 술술 얘기도 잘 털어놓으시니, 도대체 무엇이 당신을 그렇게 바꿔 놓았습니까?"

"나도 이렇게 할 수 있다는 것, 그러니까 나도 박사님이 원하는 대로 규율을 따르는 일에 자발적으로 협조할 수 있다는 것을 보여 주고 싶었어요."

"예, 아주 잘하셨습니다. 정말 멋졌습니다. 계속 이렇게 할 수 있기를 바랍니다."

"아뇨, 그건 안 될걸요."

"안 되다니요?"

"다시는 이렇게 하지 않을 거예요. 오늘로 면담은 끝이에요. 다시는 오지 않기로 마음 굳혔어요. 박사님은 나한테 적합한 치료자가 못 돼요."

남은 시간은 30초밖에 없었다. 나는 만류하려고 했지만, 소용없는 일이었다. 그녀는 그 문제는 아예 거론조차 하려 들지 않았다. 밖에선 다음 환자가 기다리고 있었다. 그래도 나는 15분을 더 끌었다. 그녀는 여전히 미동도 하지 않았다. 그녀는 자신에게 덜 '경직된' 치료자가 맞을 것이라고 생각을 굳힌 상태였고, 그것이 이 문제에 대해 거기서 매듭지을 수 있는 모든 것이었다. 그녀를 떠나 보낼 수밖에 없었다. 그 후로 나는 그녀에게 몇 차례 편지를 보냈다. 그러나 그 시간 이후로 나는 한 번도 그녀를 보지 못했다. 그렇게 하기도 힘들텐데, 정말 놀라운 재주였다.

악과 힘

찰린과의 일은 놀랍도록 시시한 종말이기도 했다. 나를 정복하고, 나를 가지고 놀고, 우리의 관계를 완전히 자기 맘대로 통제하려고 드는 찰린의 욕구는 그야말로 끝이 보이지 않았다. 그것은 순전히 '힘 자체를 위한 힘'에 대한 욕구로 보였다. 그녀가 힘을 원한 것은 가정이나 사회의 발전을 위해서라거나 자기 발전을 위해서가 아니었다. 다시 말해서 조금도 창조적인 것을 위해서가 아니었다. 그녀의 힘에 대한 갈망은 보다 더 위에 있는 그 어떤 것에게도 종속될 줄을 몰랐다.

따라서 그것은 완전히 저속한 것이었다. 사실 그녀에게는 예술적 재능이 있었다. 자기 손으로 우리 관계의 막을 내려 버린 그날, 그 기막힌 솜씨를 보라. 그러나 그녀의 그런 재능엔 작가적인 구상이 모자랐다. 그녀는 최소한 작품의 구성에조차 자기를 종속시키려 들지 않았다. 전체적인 통일성이란 아예 찾아볼 수도 없었다. 그녀의 예술 행위는 완전히 무의미한 것이 되고 말았다.

그녀 인생의 이처럼 어리석고 시시한 특징 때문에 그녀는 중요한 인물로 비쳐지지 않는지도 모른다. 그녀가 인생이라는 연극에서 맡았던 역할의 유일한 결말은 이 회사 저 회사로 돌아다니면서 애꿎은 고용주들에게 골치 아픈 존재가 되어 주는 일이 고작이었다. 만약 그녀가 직원이 아니라 고용주였다고 생각해 보자. 만약 그녀는 물려받은 재산이 은행의 돈 얼마 정도가 아니라 아주 커다란 기업체였다고 생각해 보자. 그녀는 그 회사를 그 특유의 악한 파괴성으로 운영할 것이다. 아니 보다 실감나는 예로, 그녀가 어머니가 되었다고 생각해 보자. 그래도 아직까지는 약간 우스꽝스러운 것으로 봐 넘길 수 있는 거드름에 가득 찬 그녀 인생의 희극은 갑자기 걷잡을 수 없는 비극으로 치닫게 되고 말 것이다.

나는 악을 "정치적인 힘의 행사, 즉 정신적인 성장을 피하기 위해서 공개적 또는 암암리의 강압을 통해 자신의 의지를 다른 사람들에게 부과하는 것"이라고 정의한 적이 있다. 찰린의 존재가 그래도 무시무시한 비극이기보다는 다소 익살스러운 희극일 수 있게 해 주었던 것은 그녀에게 정치적 힘을 행사할 수 있는 아무런 영역이 없었다는 단순한 사실에 그 원인이 있다. 만약 그녀에게 남편이 있었다면 그녀는 사라와 같은 사람이 되었을 것이다. 그녀에게 아이를 주어 보라. R씨 부인과 같은 사람이 되었을 것이다. 그녀에게 한 나라를 주어 보라. 히틀러나 이디 아민(Idi Amin)과 같은 사람이 되고 말았을 것이다.

이들의 자기 의지와 고집이 참으로 정도를 벗어나는 것이기에, 그리고 항상 힘에 대한 욕구를 수반하는 것이기에 나는 악한 사람들이란 그 누구보다도 정치적으로 자기 자신을 과대화시키는 일에 혈안이 되어 있다고 생각한다. 동시에 그들은 그 어느 것에도 자기를 굽힐 줄 모르기 때문에 그들의 극단적인 자기 의지와 고집은 정치적 와해로 몰아가게 되어 있다.

나는 찰린의 내면 깊은 곳에는 선을 향한 숨겨진 본능이 있었을지도 모른다는 생각을 해 본다. 그리하여 그녀는 결혼이나 다른 사람을 지배할 수 있는 권위의 자리에 대한 욕구를 스스로 피했는지도 모른다. 실제로 자신들이 무능하고 나쁜 부모가 될까 봐서, 그걸 염려해서 의학적으로 또는 사회적으로 스스로 불임(不姙) 상태에 처하게 했던 많은 사람들을 나는 알고 있다. 단지 그 이유 때문에 말이다. 그렇기 때문에 나는 찰린이 그렇게 정치적으로 무능한 사람이 된 것이 그래도 그녀가 덜 악했기 때문인지 아니면 그녀가 남들보다 더 악했기 때문인지를 아직 확실히 분간하지 못하고 있다. 그녀가 여기저기 실패하고 다니며 사실상 악한 사람이 된 것에 대해서 모든 증거는 하나같이 그녀의 극단적인 자기 의지와 고집을 그 유일한 요인으로 밝히고 있었다. 그래도 나는 그녀에 대한 두 가지 미심쩍은 생각 중에서 유리한 쪽으로 믿고 싶다.

그건 그렇다 치더라도 찰린이 실패자인 것만은 틀림없다. 그녀가 치명적으로 악한 사람은 아니라고 말한다면 거기에도 많은 타당한 이유가 있겠지만, 어쨌든 찰린에게는 창조적인 삶을 살 수 있는 능력은 조금도 없었다. 그녀의 그런 무능이 위장된 축복이었든 아니었든 간에 어쨌든 무능은 어디까지나 무능이었다. 그리고 무능이라는 것은 결코 웃어 넘길 수 있는 문제가 아니었다. 나는 앞서 그녀의 무능을 묘사하는 데 희극이라는 비유를 사용했다. 이제 그 비유가 쓸모없는 것으로 드러났으므로 이제 그 비유를 철회해야겠다. 나는 찰린이 그런 자신의 무능 속에서 재미있는 삶을 살았으리라고는 생각하지 않는다. 한 인간이 자기가 될 수 있는 것보다 훨씬 덜 인간다운 사람이 될 때, 나는 그것이 재미있는 일이라고는 생각하지 않는다. 찰린은 지적으로는 똑똑했지만 분명 되어야 할 인간의 모습에는 훨씬 못 미쳤다. 찰린이 인생이라는 밭을 갈면서 자기 뒤에 늘 크고 작은 혼돈이라는 자국을 남기는 동안, 겉으로 보기에 그녀가 얼마나 행복해 보이고 또 스스로 자신의 무능에 얼마나 놀랍도록 만족했는지는 모르지만, 내가 보기에 그녀는 아직까지 내가 만나 본 사람들 가운데 가장 비참한 사람들 중 하나가 아닌가 생각한다.

나는 그녀를 돕지 못했던 것이 지금도 마음 아프다. 그녀가 '도움을 받는다고' 나를 보러 온 것이 거짓이었을진 몰라도 어쨌든 그녀는 나를 만나러 왔었다. 그녀에게는 내가 당시 그녀에게 줄 수 있었던 것보다 훨씬 많은 뭔가가 필요했고, 또 그녀는 그것을 받아 마땅했다. 그녀의 무능과 실패는 바로 나 자신의 무능과 실패이기도 했다.

다시 한 번 기회가 온다면

찰린을 만나고 있을 당시 나는 인간의 본질적인 악에 대해서는 사실상 아무것도 아는 게 없었다. 악마의 존재도 믿지 않았었다. 그리고 축사 현장에도 가 본 적이 없었다. '구마(驅魔, deliverance)'라는 것은 아예 단어조차 들어 본 일이 없었다. 사실 악이라는 이름은 정신과 의사라는 전문인으로서 나의 어휘들 속에 아예 끼어 있지조차 않았다. 그 주제에 대해서는 아무런 훈련도 받아 본 일이 없었다. 그것은 정신과 의사에겐 공인된 연구 분야가 아니었으며, 사실 그 문제에 관한 한 다른 어떤 분야의 전문인들도 다 마찬가지였다. 내가 배운 것에 따르면 모든 정신 병리는 판명된 질환 내지는 심리 역동의 용어로 설명될 수 있어야 하며,

표준 DSM(Diagnostic and Statistical Manual의 약자로 정신 질환의 종류별 병명 및 증상에 관한 규범-역주)에 나오는 질환 이름으로 표현이 가능한 것이어야만 했다. 미국의 정신 의학이 인간 의지의 기본적인 실체를 여태껏 완전히 무시해 오고 있었다는 사실이 당시 내게는 그렇게 터무니없는 것으로 여겨지지 않았었다.

아무도 내게 찰린 같은 경우를 얘기해 준 적이 없었다. 그때 나는 그녀를 만날 아무런 준비가 되어 있지 않았다. 나는 어린아이와도 같았다. 나는 찰린을 통하여 새로운 세상에 눈을 뜨게 되었다. 더 말할 것도 없이 그녀야말로 이 책을 쓰게 된 중요한 배경 인물 가운데 하나였다. 물론 내가 찰린과 함께 보낸 시간들을 통해서 배우고 깨달은 것들은 인간의 악에 대해서 알려질 필요가 있는 것들과 관련시켜 볼 때는 그렇게 중요한 것들은 못 된다. 그러나 '만약 다시 치료의 기회가 주어진다면' 하고 생각해 볼 만큼의 무게가 있는 경우이다. 만약 그렇게 된다면 나는 찰린을 다음과 같이 완전히 다른 방법으로 접근할 것 같다. 그리고 상상컨대 치료는 성공할는지도 모르겠다.

첫째, 나는 전보다 자신감을 갖고 훨씬 빨리 찰린의 병의 원인은 악이라는 진단을 내릴 것이다. 그녀의 강박적인 모습에 오도되어 내가 지금 일상적인 신경증을 마주 대하고 있구나라고 생각하거나, 아니면 그녀의 자폐 성향에 오도되어 몇 달 동안을 정신 분열증의 한 이상한 변이 형태를 만난 것은 아닐까 하고 생각하는 일 따위는 없을 것이다. 아홉 달이나 혼돈 속을 헤매지도 않앉을 것이고, 오이디푸스 콤플렉스와 연관된 해석을 하느라 쓸데없이 1년이 넘는 시간을 허비하지도 않았을 것이다. 찰린의 가장 기본적이고도 실제적인 문제가 바로 악이라는 결론에 도달하게 되었을 때도 나는 거의 잠정적인 수준에서만 그렇게 할 수 있었고, 또 그것을 찰린에게 그 사실을 직면시킬 때도 거의 아무런 권위 의식 없이 그 일을 했었다.

나는 악이라는 진단이 가볍게 내려져도 되는 그런 진단은 아니라고 생각한다. 그럼에도 불구하고 그 후로 내가 깨달았던 모든 사실들은 하나같이 다 당시 나의 잠정적인 결론이 옳았음을 입증해 주었다. 만약 다시 한 번 그런 기회가 온다면 나는 3년이 아니라 석 달 안에 찰린의 문제에 손을 대게 될 수 있을 것 같고, 그것도 거의 치료 가능하다는 확신 속에서 그렇게 할 수 있을 것 같다.

물론 처음에는 혼돈스러울 것이다. 악의 특성들 가운데 하나가 바로 사람을 혼돈스럽게 만드는 힘이라는 것을 나는 이제 알고 있다. 그때도 나는 면담을 시작한 후 한 달이 못되어 내가 혼돈 가운데 있음을 지각했었다. 그러나 그것이 다 나의 모자람 때문이라고 생각했었다. 그 첫 해에만 하더라도 나는 찰린이 나를 혼돈스럽게 하려 하기 때문에 내가 혼돈 속에 있는 것일 수도 있다는 개념에 대해서는 전혀 백지 상태였다. 지금이라면 나는 그 개념을 실현 가능한 가정으로 세운 뒤 재빨리 검증을 시작할 것이다. 찰린에게 그런 검증 작업을 하기만 했더라도 진단은 훨씬 더 빨리 나왔을 것이다.

그렇다면 혹시 찰린의 경우를 다루는 데 있어서 그러한 냉정한 효능 위주의 접근은 찰린에게 당장 치료 관계를 그만두게 만들어 버릴 수도 있지 않을까? 맞다. 분명히 그럴 수 있다.

우선 왜 찰린이 자청하여 치료받으러 왔는지부터 물었어야 한다. 그녀는 한 번도 자기가 도움을 받고 싶어서 왔다는 얘기를 공개적으로 또 스스로 인정하지 않았었다. 반면 나를 유혹하고 나를 갖고 놀려는 욕망은 명백하게 계속 드러냈다. 그렇다면 우리는 왜 그녀가 그렇게 오랫동안 계속 치료 관계에 머물러 있었겠는지를 물었어야만 한다. 그녀를 기꺼이 있는 그대로 받아들이고자 하는 나의 순수한 마음에서 볼 때 그 질문에 대한 대답은 여전히 다음과 같은 것으로밖에 추론할 수 없다. 즉 나는 그녀에게 나와 함께 놀 수 있는 기쁨을 끊임없이 제공했고, 나를 성공적으로 유혹해서 소유하고 정복할 수 있을지도 모른다는 희망의 여지를 끊임없이 남겨 주었던 것이다. 끝으로 우리는, 그렇다면 찰린은 왜 끝내 치료 관계를 끝내 버리고 떨어져 나갔을까를 물었어야만 한다. 내가 갈수록 점점 '자기의 속셈을 꿰뚫어 보는' 것 같으니까 이제 나를 유혹할 수 있으리라는 그 가능성은 점점 더 희미해져 갔고, 나를 갖고 놀 수 있는 범주와 역량도 점점 더 제한돼 갔다. 이것이 가장 명확한 추측이리라.

만약 이런 것들이 관계 초기에 분명해졌다면, 그리하여 내가 찰린을 악하다고 진단을 내릴 수 있을 뿐만 아니라 대처하여 싸워 나갈 힘까지 갖출 수 있게 되었다면, '승산'이 없어 보인 찰린이보다 급속히 관계를 회피했을 가능성은 매우 높아진다. 그러나 설사 그렇게 됐다 하더라도 차라리 그런 결과가 기존의 결과보다는 더 낫지 않겠는가? 그렇다면 그녀는 수천 달러를 내 버리지 않아도 되었을 것이다. 4년 걸린 실패가 넉 달 걸린 실패보다 더 나으리라는 생각은 조금도 들지 않는다. 그런데 오히려 그런 식으로 했더라도 찰린이 치료 관계에 계속 남아 있었을지도 모른다는 가능성은 여전히 존재한다. 그런 가능성에는 세 가지 이유가 있다고 생각한다.

첫 번째 이유로 들 수 있는 것은 찰린이 구제 불능일 정도로 악하지 않았다는 나의 생각이다. 엄중한 정신 치료의 빛 밑에 자신을 내맡긴다는 것은 악한 사람들의 특성과는 거리가 멀다는 사실을 우리는 염두에 두어야 한다. 물론 찰린이 나를 '이기고' 싶은 욕망에서 그런 모험을 감행할 힘을 냈을 가능성도 있다. 그러나 그녀의 한 부분에서라도 정말로 도움을 원했기 때문에 그녀가 그런 모험을 감행했을 가능성도 틀림없이 존재한다. 그러니까 그녀의 악이 손 써 볼 수 없는 그런 유의 것은 아니었을 가능성도 있는 것이다. 그리고 사실 이 두 가지 가능성은 상호 배타적인 것이 아니다. 사람들에겐 대개 '두 가지 마음'이 함께 있게 마련인데, 특히 악한 사람들이라면 더더욱 그런 양쪽 감정을 갖고 있다. 가장 심증이 가는 나의 추정은 찰린이 두 가지 동기, 즉 나를 정복하고 싶은 욕망과 치료받고 싶은 욕망에서 나를 찾아왔을 것이라는 것이다.

물론 정복욕 쪽이 더 컸던 것으로 보인다. 그런데도 만약 내가 좀더 준비된 상태에서 그녀에게 응했더라면 그녀는 오히려 자기가 정복당하는 쪽을 선택했으리라고, 다시 말하면 그녀가 싸움에선 지더라도 자신의 영혼을 건질 수 있었을 것이라고 생각한다. 어떻게 그런 생각이 가능할까?

두 번째 이유는 바로 권위의 문제다. 나는 지난 세월을 통하여 악이란 그것이 악마의 악이든 인간의 악이든, 권위 앞에서는 꼼짝을 못한다는 사실을 터득했다. 왜 그런지는 아직 잘 모르겠다. 그러나 그렇다는 것만은 확실하다. 여기서 나는 악의 세력을 지배할 수 있는 권위란 그리 쉽게 주어지는 게 아니라는 사실을 강조하고 싶다. 그것은 충분한 지식을 바탕으로 한 엄청난 노력을 통해 얻어지는 것이다. 그리고 그런 노력은 오직 사랑의 마음에서만 비롯될 수 있다. 찰린을 만나고 있던 당시 내게 그런 사랑은 있었다고 믿는다. 그러나 지식이 없는 사랑은 쓸모없다. 이제 그 지식을 얻었으므로 나는 기회가 주어진다면, 기쁨으로 찰린을 다시 볼 수 있을 것 같다. 그래도 그것이 나에게 요구해 올 에너지를 생각하면 역시 몸서리가 쳐지긴 한다. 진정한 사랑은 언제나 궁극적으로는 희생을 감수한다. 이 사실에 대해서는 얼마든지 강조해도 제대로 표현될 수 없을 것이다. 나는 찰린의 악과 선한 전투를 하는 과정에 있어서 한 번도 자신감을 가져 보지 못했다. 악에 대항하여 선한 전투를 벌이려면 상황을 초월할 정도로,

어쩌면 회복이 어려울 정도로 자신이 고갈될 각오를 해야만 한다는 사실을 나는 뒤늦게야 깨달았다. 그래서 지금이라면 나는 찰린의 악에 대하여 재빨리 권위를 행사할 것이다. 새로 발견한 지식을 바탕으로 나는 예전에 하지 못했던 뭔가 다른 조치를 취할 것이다. 즉 그녀의 공포를 지적하여 다루는 것이다.

나는 앞에서 악한 사람들은 동정의 대상이어야지 미움의 대상이 되어서는 안 된다고 얘기한 적이 있다. 그들은 말할 수 없는 공포 가운데 살고 있는 까닭에서다. 물론 겉으로 보기에 찰린은 공포심이 없어 보였다. 그녀는 인간이라면 누구나 당연히 불안해하는 그런 문제에 대해서도 불안해하지 않았다. 예컨대 차에 기름이 떨어졌다든가, 도로에서 간선 진입로를 잃어버렸다든가, 새 직장에 취업이 되었다든가 하는 등에서 그러했다. 그러나 그녀의 그 피상적이고 거의 어리석기까지 한 평온의 탈 밑에는 아무도 알 수 없는 아주 깊은 공포가 깔려 있었다는 것을 나는 이제야 알 것 같다. 우리의 관계에서도 매사를 자기가 주관하려 드는 그 고집의 뿌리에는 엄청난 공포, 즉 자기가 통제권을 잃어버릴지도 모른다는 깊은 공포가 도사리고 있었던 것이다. 만약 자기가 '외계인에게 자기의 신변을 맡겨 버릴 경우 과연 무슨 일이 일어날지 누가 알랴' 하는 것이 그녀의 마음이었다. 자기를 인정해 달라고 하는 강한 요구도 자기가 인정받을 수 없는 사람은 아닐까 하는 두려움에 그 뿌리를 두고 있고, 자기를 사랑해 달라고 하는 집요한 매달림도 혹시 내가 그렇게 해 주지 않으면 어떻게 할까 하는 공포에서 비롯된 것이었다.

그러므로 나는 세 번째 이유인 그녀의 공포를 향해 직면해 들어갈 것이다. 나는 그것을 그녀에게 드러내 보여 줄 것이다. 나는 그녀의 마음을 공감할 것이다. 나는 이렇게 말할 것이다.

"찰린, 당신이 어떻게 그 엄청난 공포를 다 끌어안고 살아갈 수 있는지 모르겠습니다. 나라면 정말 그렇게 할 수 없을 겁니다. 당신의 그 끝없는 공포, 정말이지 조금도 원하지 않습니다."

당시만 해도 나는 찰린에게 그녀가 그토록 자주 요구해 왔던 동정심을 보여 줄 수 없었지만, 지금은 그럴 수 있을 것 같다. 물론 그녀가 나의 동정의 표현을 형편없이 묵살해 버릴지도 모른다. 그러나 반대로 그것은 내가 제공할 수 있는 아주 진실된 공감과 동정으로 전달될 수 있을 것이고, 그것을 통하여 그녀는 자기가 진짜 결사적으로 치료가 필요하다는 사실을 깨닫게 될지도 모른다.

마지막으로 나는 찰린에게 그 치료를 베풀 것이다. 당시만 해도 나는 찰린의 병에 거의 완전히 압도당하는 느낌이었다. 내게 그녀를 치료해 줄 힘이 있는지 확신이 서지 않았다. 사실 나에게는 그녀를 치료할 힘이 없었고 또 지금도 없으며, 내가 사용했던 정신 분석적 방법은 전적으로 그녀를 향한 올바른 접근방법이 아니었다는 사실을 이제는 알고 있다. 그땐 다른 방법을 몰랐었다. 지금은 다르다. 이제는 다른 접근방법을 알고 있는데, 그런 경우에 훨씬 더 적절하고 효과 높은 접근방법이다. 만약 지금 그녀의 건강한 부분이 자신의 모든 존재가 치유되기를 원하고 있다는 어떤 증거만 있다면, 나는 찰린에게 확신과 권위를 갖고 가능성 있는 구원의 방책을 제시할 것이다. 바로, 구마와 축사다.

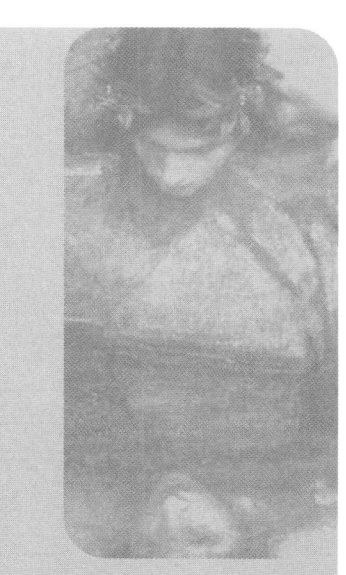

제5장
귀신들림의 진단과 치료

귀신들린 사람들과 치료하는 사람들

마귀는 존재하는가

 5년 전 이 책을 쓰기 시작하던 당시 나는 더 이상 귀신들린 사람들의 문제를 피할 수 없게 되었다. 조지와 찰린의 경우가 잠정적으로 이 문제를 제기해 준 셈인데, 두 경우 모두 당시로선 문제의 해결을 요구해 오진 않았었다. 설사 이런 배경이 있다 하더라도 악을 주제로 직접 책을 쓴다는 것은 결코 쉽지 않은 일이었다. 오랜 세월이 지나는 동안 나는 선한 영(靈) 또는 하나님의 존재와 인간 악의 실체를 믿게 되었는데, 한 가지 의문은 아직 그대로 남아 있었다. 악한 영, 즉 마귀는 과연 존재하는 것일까 하는 문제였다.

 나는 그렇지 않다고 생각했다. 정신과 의사의 99퍼센트와 대부분의 종교 인사들이 그렇게 믿듯이 나 역시 마귀란 존재하지 않는다고 생각했다. 당시만 해도 꽤 개방적 사고의 과학자로 은근히 자부하고 있던 나는 혹시라도 그때까지의 나의 그런 신념에 도전해 올 수 있는 반증들은 없는지 조사해 봐야만 할 것 같은 느낌이 들었다. 만약 내가 전형적인 귀신들림의 경우를 하나만 접해 볼 수 있다면 금방 마음이 바뀔 수 있을 것 같은 그런 심정이었다.

물론 그때 나는 귀신들림이라는 것을 믿지 않고 있었다. 그때까지 정신 치료만 꼬박 15년 했어도 귀신들림은커녕 그 비슷한 경우도 보지 못했었다. 어쩌면 처음 10년 동안은 편견 때문에 그런 경우가 스쳐 지나갔어도 내가 그걸 몰랐는지도 모른다. 그러나 최근 5년 동안은 조지와 찰린을 만난 뒤였기 때문에 그 가능성에 대해서는 조금이나마 열려 있었는데, 그래도 그런 경우는 보지 못했다. 앞으로도 과연 볼 수 있을는지에 대해서 나는 회의적인 상태였다.

그러나 내가 그런 경우를 보지 못했다는 사실만으로 그런 경우가 아예 불가능한 것이라고는 얘기할 수 없다. 나는 이 주제에 관한 책이 엄청나게 많다는 것을 알게 되었다. 그 가운데 '과학적인' 것은 하나도 없었다. 대부분이 유치하고 너무 단순하며, 겉만 그럴싸하거나 감정에 호소하는 것들이었다. 그러나 그중엔 더러 생각이 깊고 잘 다듬어진 것들도 있었는데, 그것은 한결같이 진짜 귀신들림이란 아주 드문 현상이라는 점을 지적해 놓고 있었다. 그리하여 나는 제한된 몇 가지 경험에 기초하여 귀신들림이라는 것이 전혀 비현실적인 것이 아니라는 가정을 하게 되었다.

그래서 나는 사례를 한번 찾아보리라 다짐했다. 나는 여기저기 글을 보내 연구를 위해 이른바 귀신들림이라고 알려져 있는 경우에 관심이 있다는 사실을 알렸다. 서서히 의뢰가 들어오기 시작했다. 처음 두 사례는 통상적인 정신과 장애로 인한 고통이었음이 밝혀졌다. 예상했던 대로였다. 나는 연구 자료에 표시를 해 나가기 시작했다.

세 번째로 의뢰된 사례는 진짜로 판명되었다. 그 후 나는 또 하나의 진짜 '귀신들림' 사례를 맡아 지금도 거기에 깊이 관여하고 있다. 두 경우 모두 나는 성공적인 축사 현장에 있을 수 있는 특권을 누렸다. 여러 책에 기록된 사례들은 대부분 아주 작은 귀신들에 의해 귀신들린 경우들이다. 그런데 이 두 가지 사례는 모두 사탄에 의해 귀신들린 경우였다는 점에서 매우 독특한 것이었다. 나는 사탄이 현존한다는 것을 지금은 알고 있다. 내가 그것을 만나 본 것이다.

나는 이 두 사례를 여기서 자세히 묘사하지 않을 생각인데, 독자들은 이 점에 대해 실망할지도, 심지어 의심스러운 마음까지 들지도 모르겠다. 그러나 내가 이 사례들을 묘사하는 일을 삼가려고 하는 데는 몇 가지 강력한 이유가 있다. 그 중에서 가장 강한 이유는 그런 사례들을 묘사하는 것이 이 책에는 전혀 걸맞지 않는다는 점이다. 각각의 사례는 심각할 정도로 복잡하다. 보통의 정신과 환자들과는 비교도 할 수 없을 정도다. 제대로 취급하려면 한 가지 사례만 다루는 데도 꼬박 책 한 권이 필요할 것이다.

우리가 알고 있는 한 진짜 귀신들림은 아주 보기 힘들다. 반면 인간의 악은 보편적인 것이다. 귀신들림과 일상적인 악 사이의 관계가 아직은 모호한 단계에 머물러 있는 까닭에 이 책의 절반에 해당하는 부분을 그 주제에 할애한다는 것은 매우 비현실적인 일이 될 것이다. 그럼에도 불구하고 만약 귀신들림의 사례를 다섯 가지나 잘 묘사해 주고 있는 책이 나와 있지 않았다면 나는 아마 이 책에 자세한 묘사를 하고 싶은 유혹을 느꼈을 것이다. 그 책은 바로 말라기 마틴의 「Hostage to the Devil」이다.* 마틴이 쓴 책의 정확성과 깊이는 내 모든 경험에 의해 그대로 입증되고 있어서 내가 한두 사례를 더 묘사한다 하더라도 그것이 그의 책에 나오는 내용에 특별히 어떤 것을 더 보태 주지는 못할 것이다.

좀 미심쩍은 독자는 이렇게 물을지도 모른다.

"하지만 증거도 제시하지 않으면서 어떻게 마귀의 존재를 입증하기를 바라십니까?"

나는 독자들에게 사탄의 존재를 입증하는 것이 목적이 아니라고 대답하고 싶다. 일반적으로 하나님을 믿기로 회심(回心)하는 과정에는 살아 계신 하나님과의 모종의 실제적인 만남인 개인적 체험이 요구된다. 사탄의 존재를 믿게 되는 과정도 이와 마찬가지다. 나는 처음 축사를 목격하기 전에 이미 마틴의 책을 읽은 상태였다. 호기심이 생긴 것은 사실이지만 그래도 마귀의 존재에 대해서는 거의 믿지 않았다. 내가 그것을 믿게 된 것은 개인적으

---

* Malachi Martin, Hostage to the Devil (Bantam Books, 1977.)

로 사탄을 직접 만난 후였다. 나의 체험이 여러분의 체험이 되게 할 수 있는 길은 아무것도 없다. 그러나 나의 체험의 결과로써 악한 영의 실체에 관하여 그동안 마음을 닫고 있었던 독자들이, 조금이라도 마음을 열게 되는 것이 나의 바람이다.

끝으로 당부할 것은 단 두 개의 사례를 갖고 악령, 귀신들림, 축사라는 주제들에 대해 폭 넓고 깊이 있는 과학적 제안을 한다는 것은 좀 무리가 있다는 점이다. 한 문제를 해결하면 다른 문제가 또 튀어나온다는 것은 하나의 과학 법칙과도 같다. 전에는 나에게 단 하나의 문제만이 있었다. "마귀는 과연 존재하는가?" 하지만 이 문제에 해답이 주어져 만족하게 되자 나에겐 전에 없던 문제가 수십 가지나 꼬리를 물고 튀어나왔다. 신비는 참으로 거대한 것이다.

그럼에도 불구하고 나는 이 주제와 관련한 퍽 특이한 체험들을 통해 깨달았다고 생각하는 것을 여러분과 함께 나누고 싶다. 얼마나 드물든 간에 귀신들림이라는 것이 실제로 존재한다는 사실을 믿게 되면서 나는 성직자나 정신과 의사나 그 밖의 인간을 위한 봉사 기관들도 스스로 알든 모르든 간에 그런 경우를 만나고 있다는 사실을 똑같이 확신하게 되었다. 귀신들린 사람들을 돕기 위해서 그들을 돕는 자들에게는 가능한 한 모든 지원들이 필요하다.

마틴의 책은 좋은 실마리가 되어 줄 수 있을 것이다. 하지만 그가 사례를 나 못지않게 묘사한다 하더라도 그는 분명 본업이 정신과 의사는 아니다. 그의 통찰에 뒤이어 몇 가지 보탤 만한 중요한 통찰들이 내게 있다고 생각한다. 이 통찰들은 귀신들림의 정신 의학적 측면들과 축사의 심리 치료적인 측면들을 중심으로 하여 얻어진 것들이다. 나아가 아직 모호하기는 하지만 나는 사탄의 활동과 인간의 악 사이에는 뭔가 상관이 있다고 믿는다. 만약 '거짓의 아비'(요한복음 8장 44절 참조 – 역주)에 대해서 우리가 알고 있는 것을 조금이라도 언급하지 않는다면 이 책은 뭔가 중요한 것을 빼놓은 책이 되고 말 것이다.

주의: 고압 전선

흔히 축사와 심리 치료는 전혀 다른 상호 배타적인 접근이라고 생각할 수 있다. 그러나 내가 목격한 두 건의 축사는 모두 결과는 물론 방법 면에서도 심리 치료적인 과정으로 비쳐졌다. 예컨대 축사가 끝난 지 일주일 후, 그때까지 몇 년 동안 여러 정신과 의사들을 전전했던 그 환자는 이렇게 외쳤다.

"모든 심리 치료는 일종의 축사예요!"

나의 체험을 봐도 모든 훌륭한 심리 치료는 반드시 거짓과 싸움을 벌인다.

정신 분석적 정신 치료와 축사 사이의 차이점은 크게 두 부류로 나뉜다. 하나는 개념적인 준거의 틀의 문제이고, 또 하나는 힘의 사용의 문제이다.

기독교와 정신 분석의 개념적인 준거의 틀에 관해서는 헤아릴 수 없을 정도로 많은 책들이 나와 있다. 여기서 그 주제를 깊이 파고들어 갈 수는 없을 것 같다. 지금 지적해야 할 사실은 그 두 가지 준거의 틀이 서로 배타적인 것일 필요가 없다는 점이다. 나는 몇 년 동안 일반 정신 치료 현장에서 많은 환자들을 대상으로 이 둘이 서로 다양한 형태로 섞이고 조화를 이루도록 시도했는데, 성과도 퍽 좋았다.* 다른 치료자들 사이에서도 이런 접근을 시도하는 사람들이 점점 늘어가고 있다.

힘의 사용에 관해서는 정신 분석적 정신 치료와 축사는 근본적으로 다르다. 전통적인 정신 치료에서는 그것이 정신 분석적인 것이든 그렇지 않은 것이든 간에 이른바 힘이라고 하는 것을 거의 또는 전혀 사용하지 않는다. 그것은 완전히 자유로운 분위기 속에서 이뤄진다. 환자에게는 언제든지 치료를 그만둘 수 있는 자유가 있다. 심지어 환자는 면담 중에도 치료를 중단할 수 있다. 찰린은 얼마나 자주 그랬던가. 치료자에게도 더 이상 환자를 보지 않을 수 있다는 거절의 위협 외에는 자신의 재치와 이해와 사랑에서 나오는 설득력을 초월해서 환자로 하여금 변화될 수 있도록 힘을 가할 수 있는 무기는 아무것도 없다.

축사는 전혀 다르다. 여기서는 치료자가 모든 힘을 동원한다. 환자의 병에 대항하여 싸우는 전투에서는 그 힘 모두가 온당하고 귀하며 유용하다. 축사란 내가 알고 있는 한 언제나 세 명 이상의

---

* 전문 치료자들에게 했던 나의 강연 가운데 가장 자주 요청되는 것으로는 "정신 치료에서의 종교적 개념의 사용(The Use of Religious Concepts in Psychotherapy)"이 있다.

팀 단위로 행해진다. 어떤 의미에서는 팀이 '단결하여' 환자와 맞서는 것이다. 한 사람이 한 사람을 '대항하는' 전통적인 치료와는 달리 축사에서는 치료자의 수는 복수가 된다.

축사 시간의 길이는 미리 정해져 있지 않고 팀 리더의 분별에 따라 조정된다. 정신 치료에서 한 회기는 보통 한 시간을 넘지 않으며 환자도 그것을 알고 있다. 환자들은 자신이 원한다면 어떤 특정한 문제는 얘기를 안 할 수도 있다. 그러나 축사 시간은 3시간도 좋고 5시간도 좋고, 팀이 문제 직면에 필요하다는 판단이 서기만 한다면 10시간, 12시간도 계속된다. 또한 축사 시간에는 환자는 강제적으로 구속될 수도 있으며, 그것이 바로 팀 단위로 접근하는 이유 가운데 하나이기도 하다. 여기서는 찰린처럼 제 맘에 맞지 않는다고 해서 박차고 뛰어나갈 수가 없다.

끝으로 축사 팀은 기도와 의식(儀式)을 통하여 치료 과정에 하나님의 힘을 구한다. 이것이 가장 중요한 문제다. 믿지 않는 사람들에게는 이것이 비효과적인 방법처럼 들릴지도 모르겠다. 아니면 그 효과를 그저 암시의 힘 정도로 해석할지도 모르겠다. 믿는 사람으로서 내가 여기서 말할 수 있는 것은, 내가 목격했던 그 축사 현장에서 개인적으로 체험했던 능력은 오직 하나님의 임재뿐이라는 사실을 밝힌다.* 만일 축사자가 크리스천이라면, 사실

---

* 똑같은 축사의 목격자 중에는 확고한 무신론자도 있었는데, 비록 그 축사 현상 속에 자기가 설명할 수 없는 것들이 많이 있었음에도 불구하고 그가 거기서 한 개인적 체험은 내가 한 체험과는 달랐다. 그러나 내가 체험한 그 사건들 속에서 하나님의 능력이라는 것은 너무나 명백한 것이었다.

그 치료 과정을 성공적으로 끝마치는 것은 축사자 자신이 아니다. 치료를 행하시는 분은 하나님인 것이다. 기도와 의식의 유일한 목적은 그 싸움의 현장에 하나님의 능력이 임하도록 하는 것이다.

이렇듯 축사는 그것을 행하는 사람들에게 영적 전투로 받아들여지고 있다. 그렇다고 "전쟁 때는 모든 방법이 가능하다"는 것이 그들의 전략은 아니다. 하지만 축사자들은 사랑의 방법이라면 그 어떤 것이든 모두 사용해도 된다고 믿고 있다. 즉 전투에 끌어다 쓸 수 있거나 다른 식으로 유용하게 만들 수 있는 방법으로써 사랑의 도움을 구하고 사랑의 자원을 사용할 수 있는 것이라면 무엇이든 온당한 것이다. 여기서 가장 중요한 말은 '사랑'이라는 단어다.

축사가 힘의 사용을 허용하는 정도가 아니라 그것을 주장하고 있기 때문에 나는 축사란 위험한 작업이라고 생각한다. 힘이란 언제나 잘못 사용될 수 있기 때문이다. 하지만 위험이 잠재하고 있다는 사실이 그것을 금지할 이유는 되지 못한다. 나는 3년 전에 척추와 허리 디스크의 압박감을 줄이기 위해 4시간짜리 신경외과 수술을 받은 일이 있었는데 아주 위험한 작업이었다. 그러나 그것 때문에 지금 나는 이 순간 이 글을 쓸 수 있게 되었다. 만약 그것이 없었다면 나는 지금 사지가 마비된 채로 침대에 누워있거나 만성 질환으로 제정신을 잃어버렸을 것이다. 나의 관점에 따르면 축사가 통상적인 정신 치료와 관련하여 차지하는 위치는, 근원 제거 수술을 할 때 종기를 째는 것과 같다고 하겠다. 근원 제거 수술은 치료를 가져다줄 뿐만 아니라 생명을 구해 주며, 사실 종래의 보수적인 치료로는 효과가 없는 경우에 있어서는 유일한 치료법인지도 모른다.

축사에서의 힘의 사용과 관련하여 생각해야 할 한 가지 문제는 이른바 세뇌(洗腦)의 문제다. 나는 이 문제로 고심한 끝에 축사란 일종의 세뇌라는 결론에 도달했다. 내가 목격했던 한 사람은 축사를 당한 뒤 아주 첨예한 두 가지 감정을 동시에 경험하는 것을 보았다. 즉 이제 살았다, 정말 고맙다는 느낌과 아울러 한편에서는 뭔가를 강탈당했다는 느낌이 동시에 일어났던 것이다. 물론 그 후로 감사와 구원의 느낌은 점점 커져 갔고, 강탈의 느낌은 사라져 갔다. 수술 후 통증이 사라지듯 말이다.

축사가 강탈처럼 느껴지는 것을 막기 위해서는 수술과 마찬가지로 사전에 당사자의 동의를 얻어야 한다. 축사에서의 힘의 오용을 막는 좋은 방패는 바로 이 동의의 문제가 말할 수 없이 중요하다는 사실을 늘 염두에 두는 것이다. 축사자들 가운데는 이것을 너무 가볍게 생각하는 사람들도 있다. 또한 우리 전통적인 제약(製藥) 및 시술 전문인들이 축사에 이바지할 수 있는 한 가지는 '내용을 알고 난 뒤의 동의'의 중요성을 제창하는 것이다. 즉 수술 전 환자들에게 그들의 권리를 공식적이고 법적으로 읽어 주는 것이다. 심지어 그들이 권리를 양도하는 것도 바로 그들의 권리라는 사실을 알려 준다. 축사 과정에서 환자들은 엄청난 자유를 빼앗기게 된다. 나는 이 박탈이 합법적 조건과 절차를 통하여 이루어져야 한다고 굳게 믿는다. 시행 전에 환자들은 간단한 형식적 양식이 아니라 정교하고 권위 있는 양식에 서명할 수 있어야 한다. 그들은 지금 신이 무엇을 허락했는지를 알아야만 한다. 만약 환자 본인이 의식이 없어 그런 허락이 불가능하다면 그를 위해 타당한 결정을 내려 줄 수 있는 보호자가 법적으로 세워져야 한다.*

그 밖에 다른 방패가 또 필요하다. 우선 모든 축사 과정을 객관적인 기록으로 남겨 환자나 보호자가 원할 경우 공개할 수 있어야 한다. 그 기록은 최소한 녹음 테이프 형태로는 남겨야 한다. 비디오로 녹화하면 더 좋을 것이다.** 공정한 기록을 남기기 위해서는 환자와 가까운 사람이 꼭 현장에 와야 한다.

---

* 이 마지막 의견은 요즘은 이상적이고 비현실적인 것으로 생각하는 경향이다. 아주 절망적인 상태의 경우라면 나로도 아마 축사를 안 하는 쪽을 택할 것이다. 보수적인 변호사들은 귀신들렸거나 축사가 필요한 사람이라면 아예 누구라도 정신적으로 그런 계약 행위를 할 능력이 없다고 간주한다. 판사들도 축사를 우선적인 방법으로 믿지 않는 전통적인 정신과 의사들의 진단에 근거한 것이 아니고는 축사라는 것을 공식 인정하지 않는 입장이다.

** 이 방패에는 도덕적·법적 효용만 있는 것이 아니다. 이것은 치료 과정에 있어서 그 잠재적 가치를 거의 헤아리기 어려운 보조 도구인 것이다. 축사 팀은 한창 전투가 진행되던 그 시간의 여러 사건들을 기억해 내고 또 기억을 확인하기 위해 기록, 즉 주관이 배제된 신빙성 있는 테이프 따위를 필요로 하게 될 것이다. 테이프는 또한 환자들에게도 커다란 도움이 된다. '이 모든 것이 다 자신에게 실제 일어났다'는 사실을 대개 잘 못 믿는 것이 환자들이므로 테이프는 거기에도 도움이 되며, 또 축사 뒤에 늘 따라오게 마련인 보다 통상적인 정신 치료 과정에도 테이프는 아주 효과적인 도구가 될 수 있다. 끝으로 환자의 허락만 있다면 그런 테이프는 연구와 교육 목적으로도 아주 귀중한 가치가 있다.

그러나 무엇보다도 가장 안전한 방패는 바로 사랑이다. 오직 사랑에 의해서만 축사자들은 꼭 필요한 '공정한' 개입과 조작적이고 강압적인 개입을 구분할 수 있다. 오직 사랑에 의해서만 축사자들은 언제나 환자의 유익을 최고의 목표로 유지할 수 있으며 힘으로 무장하여 내 뜻대로 휘두르고 싶은 인간의 본성적인 경향에 확신을 갖고 거부 입장을 밝힐 수가 있다. 사실 모든 중대한 일에는 지식과 기술만으로는 안 되는 그 무엇이 있다. 사람을 치료하는 것은 오직 사랑인 것이다.

사랑이 마술이 아니듯이 축사도 마술이 아니다. 정신 치료와 마찬가지로 축사도 분석, 사려 깊은 분별, 해석, 격려 그리고 사랑에서 나오는 직감을 다 사용하는 작업이다. 축사가 정신 치료와 다른 것은 심장 절개 수술이 편도선 수술과 다른 그 정도뿐이다. 축사는 집단 공략을 통한 정신 치료인 것이다.

모든 집단 공략이 그러하듯이 축사에는 위험이 퍽 많이 잠재되어 있다. 따라서 일반 정신 치료 요법들로는 도저히 안 되는 그런 중증의 경우에만 사용되어야 한다. 나아가 축사는 과학적인 연구가 이뤄질 때까지는 하나의 실험 과정으로 간주되어야 한다. 축사자는 고압 전선을 다루고 있는 것이다.

축사의 최종 목표는 환자 속에 있는 귀신들을 들춰내고 격리시켜서 결국 쫓아내는 것이다. 귀신은 엄청난 에너지를 갖고 있을 수 있다. 이 에너지가 너무 커서 환자도 축사 팀도 그것을 당해 내지 못하는 경우도 있다. 아니면 환자가 그 에너지가 빠져나가는 것을 정말로 원하지 않을 수도 있다. 그럴 때는 그 결과가 아주 치명적인 경우가 발생할 수 있다. 그런 경우에는 차라리 그 '고압의' 귀신 에너지가 아예 처음 있는 대로 건드려지거나 들춰내지지 않는 것이 더 나은 셈이 된다. 내가 참여했던 두 축사의 경우에는 모두 환자가 이 축사는 실패할 수도 있다는 것과 축사의 결과로 자신들이 목숨을 잃을 수도 있다는 사실을 인식하고 동의 양식에 서명한 뒤에 시작하였다(아마 독자들은 여기서 그들의 용기와 그 필사적인 상황을 짐작할 수 있을 것이다).

한편 축사자와 팀 안의 다른 사람들에게도 위험은 있다. 나의 얼마 되지 않는 경험으로 볼 때, 나는 마틴이 신체적인 위험을 너무 강조한 것이 아닌가 하는 생각이 든다. 사실 심리적인 위험들이 더 실제적이고 더 크다. 내가 목격한 축사는 둘 다 성공이었다. 만약 그것이 실패였을 경우 그것이 축사자나 팀 멤버들, 그리고 나에게 어떤 영향을 주었을 것인지를 생각하면 등골이 오싹해진다. 팀 멤버 하나하나가 사랑이 있는가 그리고 심리적인 힘이 있는가 등을 고려하여 아주 조심스레 선택되었지만 그럼에도 불구하고 축사 작업은 그들 모두에게 대단한 스트레스를 가져다 주었다. 그리고 비록 결과는 성공이었음에도 그들 대부분에겐 정서적 반작용이 남아 이후 몇 주간을 그것에 대항해 싸워야만 했다.

나는 여기서 축사란 사람들이 보통 생각할 수 있는 대로 '비용 효율적인' 작업이 못 된다는 사실을 덧붙이고 싶다. 첫 번째 사례는 (좀더 쉬운 것이었는데도) 7명의 고도로 훈련받은 전문가 팀이 (아무런 대가도 지불받지 않고) 하루 12~16시간씩 꼬박 나흘을 일해야만 했던 경우였다. 두 번째 경우도 9명의 남녀로 구성된 유사한 전문가 팀이 하루 12~20시간씩 꼬박 사흘을 걸려 일해야만 했다. 그렇다고 축사가 반드시 이렇게 방대한 작업이 되어야 한다는 것은 아니다. 독자들에게 다시 한 번 상기시키는데, 이 경우는 둘 다 작은 귀신이 아니라 사탄이 들렸다는 점에서 아주 특이한 것이었다.

비록 축사가 어렵고 위험한 것이긴 하지만 그래도 내가 목격한 두 경우는 다 성공적이었다. 만약 그 방법이 아니었으면 그 두 환자가 어떻게 치료될 수 있었을까를 생각하면 참으로 아찔하다. 그 둘은 지금도 살아서 아주 잘 지내고 있다. 어떤 면으로 보나 만약 그들이 축사를 받지 않았다면 지금은 둘 다 죽었을 것이라는 많은 타당한 이유들이 있다.

귀신들림의 진단과 치료

내가 목격했던 그 축사의 주인공 두 사람은 서로 완전히 다른 사람들이었다. 한 사람은 가벼운 조울증에 간헐적인 정신 착란증이 있던 사람이었고, 또 한 사람은 신경성 우울이 있긴 했지만 어느 모로 보나 정신은 멀쩡한 사람이었다. 한 사람은 학력이 평균 수준이었고, 또 한 사람은 아주 고학력 엘리트였다. 한 사람은 자녀들을 사랑했고, 또 한 사람은 아이들을 되는 대로 막 대하는 사람이었다. 그런데 더 병이 심해 보였던 사람이 정작 축사는 더 쉬웠고, 더 온전해 보이던 사람이 치료에 더 깊은 우울함과 더 많은 겁에 질린 고통을 겪었다. 아무튼 두 사람의 성격에는 각각 독특한 분위기가 있었다.

그럼에도 이들의 귀신들림과 축사에는 기가 막히리만큼 비슷한 점이 여럿 있었다. 이제부터는 바로 그러한 비슷한 점에 대해 얘기해 나가려 한다. 귀신들림과 축사의 본질을 이해하는 데 좋은 참고와 지침의 역할을 할 수 있는 까닭에서다. 그러나 이 두 경우는 과학적으로 정립된 것이 아니기 때문에 다른 사례들이 꼭 이 지침에 들어맞아야 된다고 생각하지는 말아 줄 것을 먼저 밝혀 둔다.

이 두 가지 사례를 통하여 나는 귀신들림이란 우연한 사고가 아니라는 결론을 내리게 되었다. 그러니까 어느 날 어떤 사람이 길거리를 걸어가는데 갑자기 뒤에서 귀신이 뛰어나와 그의 속으로 쏙 들어갈 리는 만무하다는 것이다. 귀신들림이란 당사자가 이런저런 이유 때문에 반복적으로 자신의 영혼을 파는(sell out) 과정을 통하여 나타나는 하나의 점진적인 과정이라고 하겠다. 이 두 환자가 자신을 귀신한테 내주게 되었던 주된 요인은 모두 외로움이었던 것 같다. 그들은 둘 다 너무너무 외로웠다. 그들은 둘 다 맨 처음엔 귀신을 일종의 상상 속의 친구로 자기 속에 들여놓았다. 그것 말고도 2차적인 이유가 있었는데, 내 생각에 이런 이유가 다른 경우에서는 1차적인 이유가 될 수도 있을 것 같다.

한 환자의 경우, 귀신들림의 과정은 열두 살 때 한 비교(秘敎)와 관계를 맺으면서부터 시작되었던 것 같다.* 다른 사람의 경우엔 다섯 살 때부터 시작된 듯했는데, 흔히 사교(邪敎)라고 생각되는 것보다 훨씬 더 끔찍스럽고 으스스한 뭔가로부터 영향을 받은 것 같았다.

두 경우 다 귀신들림은 흔히 정신과 의사들이 고착이라고 부르는 현상을 빚어 내는 것 같다. 즉 환자를 최초의 원인이 있었을 때의 그 나이로 묶어 놓는 것이다. 한 환자는 축사 도중 자아의 건강한 부분이 말할 수 있게 되었을 때, 이때껏 내가 들었던 그 어떤 표현보다도 가장 매서운 표현으로 고착을 드러냈었다.

---

* 귀신들림에 관한 여러 자료를 통하여 명백히 나타나는 사실은 대부분의 사례가 사교와 관련이 있다는 점이다. 그 비율은 일반인들의 경우보다 훨씬 더 높았다. 사교에의 개입과 귀신들림, 이 둘 가운데 어떤 것이 먼저인지는 분간하기 어렵다. 사교에 관여하는 대부분의 사람들이 다 귀신이 들리게 될 것이라는 얘기는 전혀 하고 싶지 않다. 하지간 그들에게 가능성이 많은 것은 사실이다. 전통 교회는 사교의 위험에 대해서 일반 서적들 못지않게 오래전부터 이야기를 해 왔다. 전통 교회는 어떤 인간들은 초감각적 영감이나 예언의 능력 등과 같은 '초자연적' 능력을 가질 수 있다는 사실을 처음부터 인식해 왔었다. 교회는 그런 능력에 '카리스마' 또는 은사 등의 이름을 붙었다. 이 '은사'라는 말을 통해서 교회는, 그런 능력들은 하나님의 친히 제정하시는 목표를 위해 하나님으로부터 단번에 주어지는 것이라는 사실을 의미해 왔다. 사람이 고의든 아니든 자신을 사교에 관여시키려 했을 때, 그것은 곧 자기 자신의 목적을 위해서 그런 능력을 얻고, 유지하고, 강화하려는 시도가 된다. 교회는 이것을 마술(magic)이라 부른다. 사교의 시행자들 역시 자신들의 사교를 마술이라고 부르는데, 그들은 하얀 마술과 검은 마술을 구분한다. 하얀 마술사들은 검은 마술사들이 자신들의 기술을 악한 동기로 써 먹는다고 비난한다. 그러나 자신들은 사랑의 동기로 하고 있다고 확신하기 때문에 자신들의 마술에 대해서는 아주 당연한 것으로 여긴다. 그러나 자신의 동기라는 문제는 스스로를 속이기가 매우 쉽다. 그러므로 교회가 보기에는 마술은 어디까지나 마술이며, 전부 검은 마술이거나 그렇게 될 잠재성이 있다.

"나는 지난 20년 동안 아무것도 새로 배운 것이 없어요. 나는 지금도 열두 살이에요. 그러니 귀신이 나간다 하더라도 제가 어떻게 어른 노릇을 할 수가 있겠어요? 나는 사실 결혼을 하고 아이를 갖기에도 너무 어린 상태예요. 이제 열두 살밖에 안 됐는데 어떻게 부부 관계를 갖고, 또 부모가 될 수 있을까요?"

또 다른 환자도 축사 후 다섯 살 때 형성된 온갖 종류의 공포, 오해, 사건, 전이 들을 집중적인 정신 치료를 통하여 다뤄 주어야만 했다.

두 명 다 귀신들림의 발생 안팎에 있었던 여러 스트레스로 인하여 이미 그렇게 될 수밖에 없는 원인이 많이 주어져 있었다. 둘 다 귀신의 악의 피해자일 뿐 아니라 인간의 악의 피해자이기도 했다. 특히 이 둘은 전통 교회에 의해 몇몇 사소한 방식으로 지원을 받아 오고 있었으나, 교회의 후원이라는 탈을 쓴 악한 사람들 때문에 더 중대한 방식으로 깊은 상처를 입은 경험이 있었다.

귀신들림이 하나의 과정이듯이 축사 또한 하나의 과정이다. 사실 축사는 '축사 행위 자체'가 있기 오래 전부터 이미 시작되었을 뿐만 아니라 환자가 축사자 앞에 처음 모습을 드러내기 이전부터 이미 시작되었다고 할 수 있다. 정신 치료자들은 이 말의 의미를 이해한다. 일반적으로 치료 과정의 가장 위대한 발자국은 대개 환자가 정신 치료자를 찾아가기로 처음 결정을 내리는 순간 이미 시작된다. 그 순간 사람들은 이미 자신이 아픈 사람이라고 생각하고 아울러 자신의 병과 싸울 것과 그 싸움에서 전문가의 도움을 얻기로 이미 결정한 것이다. 어느 시점에서부턴가 이 두 환자도 자신의 귀신들림에 대항해 싸우기로 다짐했다. 그들은 맨 처음에는 귀신이 친구처럼 보였지만 결국 자신들의 유익에는 하나도 관심이 없는 존재들이라는 결론을 내리게 되었다. 그리하여 전투는 시작되었다. 사실 그 귀신들림이 빛 가운데 드러날 수 있게 되었던 것은 결국 오직 그 싸움 때문이었는지도 모른다. 우리가 귀신들림이라고 부르는 모든 경우들은 브다 정확히 말해서 '부분적인 귀신들림' 또는 '불완전한 귀신들림'이라고 바꿔 불러야 한다고 마틴이 매우 합리적인 언급을 한 것도 바로 아직 손상되지 않은 인간 영혼과 어떻게든 삼키려고 물불 안 가리는 귀신의 에너지 사이에 그런 전투가 계속되고 있기 때문이다.*

귀신들림을 진단하는 것은 결코 쉬운 일이 아니다. 이 두 경우 모두 축사 행위 전에 무슨 '부어 오른 눈두덩이'가 있었던 것도 아니고 그렇다고 명백한 초자연적 현상이 나타나고 있었던 것도 아니다. 둘 다 우울증이나 히스테리나 해리(解離 인격 분열;한 사람에게서 다른 여러 인격들이 드러남- 역주) 증세 같은 여러 정신 질환의 복합적인 증상을 드러내고 있었다. 이런 경우와 마주하면 으레 이렇게 묻게 된다. "이 환자가 귀신들린 것인가, 아니면 정신 질환에 걸린 것인가?" 이것은 그렇게 바람직한 질문이 못 된다. 내

---

* Malachi Martin, Hostage to the Devil(Bantam, 1977)

가 현재까지 이해할 수 있는 바에 따르면, 귀신들림이 처음 생기려면 이미 그전에 정서상의 중대한 문제가 있어야만 한다. 한편 귀신들림은 거꾸로 그 정서 문제를 악화시키기도 하고 다른 문제를 새로 일으키기도 한다. 그러므로 보다 타당한 질문은 다음과 같다.

"이 환자가 정신 질환에만 걸린 것일까, 아니면 정신 질환에도 걸리고 귀신도 들린 것일까?"

두 가지 경우 중 처음 환자는 맨 처음 다른 정신과 의사를 찾아갔었는데, 실제로 자기가 귀신들린 것 같다는 문제를 호소하며 치료를 구했었다. 마음도 열려 있고 훈련도 받았으며 사랑을 갖고 있는 흔치 않은 의사였던 그 정신과 의사는 환자의 이 자기 진단을 믿을 수가 없어서 계속하여 약물 요법이나 정신 치료로 그 경우를 다뤄 보려고 시도했으나 아무런 성과도 없었다(축사 전이나 후에나 동일하게, 이 대단히 현명한 의사가 그 환자에게 가장 커다란 도움을 주는 사람이 되었다는 사실을 밝혀 두고 싶다). 그로부터 1년 뒤 나는 이 경우를 봐 달라는 의뢰를 받았다. 이 환자에게는 보통의 정신 병리학을 초월하는 뭔가가 있는 것 같다는 감을 어렴풋이나마 처음으로 잡은 것은 이미 그 환자와 함께 네 시간이나 보낸 뒤였다.

두 번째 경우의 환자는 경험이 많고 영적인 접근에 탁월한 한 여의사와 더불어 1년 반이 넘는 기간동안 아주 집중적인 분석 지향적 정신 치료를 받아 온 사람이었다. 치료자는 그 뒤에야 조금씩 이 환자가 귀신들렸을지도 모른다는 생각을 하게 되었다. 이 경우엔 귀신들림의 문제를 먼저 제기한 사람은 치료자였다. 사실 그 치료자는 그의 귀신들림이 발견된 것이 바로 그 환자가 정신 치료에서 얻게 된 도움 때문이라고 생각하고 있었다.

귀신들림의 문제로 정밀 평가를 하기 시작한 때로부터 축사를 시행하게 된 때까지의 시간은 한 건은 6개월, 다른 건은 9개월 걸렸다. 두 경우 다 진단은 한 가지 발견 내용에 근거하여 내려진 것이 아니라, 계속해서 드러난 많은 발견 내용의 총체적인 유형 및 종합을 바탕으로 내려졌다.

두 경우의 감별진단에서 나타난 가장 두드러진 특징은 귀신들림과 다면적 성격장애가 복합적으로 나타나고 있었다는 점이다. 이 두경우가 가지는 두가지 독특한 특질은 다음과 같다. 다면적 성격장애에서는 핵심성격(Core Personality 그 사람의 중심을 이루는 성격-역주)은 언제나 부차적 성격(Second personality 평소에는 드러나지 않은 내재된 성격-역주)의 존재를 인식하지 못하고 있는데, 적어도 장기적인 치료가 성공적으로 마무리될 때까지는 그렇다. 다시말해 진짜 해리증세가 나타난다. 그러나 이 두 경우의 환자들은 자기 속에 자기 파괴적인 부분이 있다는 것은 물론, 그 부분이 하나의 구별되고 이질적인 성격을 갖는 사실을 처음부터 인식하고 있었거나 아니면 아주 쉽게 인식하게 되었다. 그렇다고 그들이 이 부차 성격에 의해 교란되지 않았다는 이야기는 아니다. 하지만 이런 경험을 통해 이 부차적인 성격이 그들을 어떻게든 교란시키려 한다는 사실을 명확히 알게 되었다. 많은 경우 부차적 성격은 사람안에 내재된 저항심이 인격화 되어 나타나는 것처럼 보인다.

두 번째 특징은 다면적 성격 장애에 있어서 부차 성격이 '매춘부'라든지, '공격자'라든지, '독립인'이라든지 아니면 다른 숨겨진 특성들을 지닌 존재 등의 역할을 수행함에도 불구하고 부차적 성격이 "악한 것이다"라고는 한 번도 보고된 적이 없다는 사실이다. 그러나 두 사례의 경우 축사 전에 이미 부차 성격이 더할 나위 없이 악하다는 것이 드러났다.

이 진단적 진상 규명의 과정에서 없어서는 안될 중요한 부분은 구마(驅魔)의 시도였다. 구마란 일종의 '미니 축사'로서 '억압'으로 고통당하고 있는 사람들을 다루기 위해 카리스마적인 크리스천들에 의해 지난 20년 동안 자주 시도되어 온 방법이다.■ 이것은 귀신의 유혹과 본격적인 귀신들림의 중간 상태로 정의된

■ '억압'과 구마의 문제에 대해서는 많은 이견들이 있다. 귀신이 들렸다는 아무런 증거를 찾을 수 없는 경우인데도 구마를 실시하는 카리스마적 크리스천들도 많다. 사실 그들은 '알코올 귀신' '우울 귀신' '복수 귀신' 등을 쫓아내려고 시도한다. 그들은 많은 극적인 성공 사례들을 발표한다. 그러나 우리들 가운데에는 그런 '치료'가 과연 얼마나 지속될지, 발표되지 않은 실패 사례가 얼마나 많을지, 그리고 과연 그런 훈련되지 않은 마구잡이 개입이 오히려 해로운 경우가 더 많지 않은지 하는 점에 대해 회의를 품고 있는 사람들이 많다. 구마 시행자들의 작업이 과학적으로 평가되기 전까지는 알 도리가 없다. 지금으로서는 나의 좋은 조언자들 가운데 한 사람의 말에 상당히 주목해야만 할 것 같다. 즉 그는 "억압은 잘못된 범주이다. 귀신이 들렸으면 들렸고 아니면 아닌 것이다. 따라서 축사면 축사고 아니면 아니다"라고 믿고 있다. 그의 말에 따르면 "카리스마적인 크리스천들은 대개 진짜 귀신을 다루는 것이 아니라 간혹 그야말로 사람을 잡고 있는 것이다."

다. 카리스마적인 크리스천들에 따르면 이 정도는 모든 사람이 다 겪는 것이라고 한다. 첫 번째 경우에서는 구마 시도는 실패로 끝났다. 그러나 구마 팀(맨 처음엔 네 명이었다)의 일부가 환자에게 아주 강력하게 직면해 들어가자 가면 속에 가려져 있던 아주 악한 인격이 서서히 모습을 드러냈다. 두 번째 경우에는 세 명의 구마 팀이 여섯 시간 동안 노력하여 좀더 작은 귀신의 영을 밝혀 내고 그것을 분명히 쫓아내는 일에 성공했다. 조금도 히스테리 유형의 사람이 아니었던 환자는 6주 동안 극적이고 특이한 회복을 경험했다. 그러나 곧 무너지고 말았다. 밤새 환자는 숨이 넘어갈 듯한 극심한 질병 상태로 되돌아가 잠깐씩 '루시퍼의 음성'을 듣기 시작했던 것이다. 이 구마의 성공이 그렇게 단기적인 것일 수밖에 없었던 것에 대해서는 그저 추측만 할 따름이다. 결국 그것은 하나의 신비다. 그러나 그걸 통해서 좀더 확인됐던 우리의 생각은 바로 귀신이 그 환자의 병에서 가장 중요한 역할을 하고 있다는 점이었다.

이제 가장 중요한 사실을 얘기해야만 할 것 같다. 이 두 환자가 극도로 악한 성격을 보여 준 것은 사실이지만, 그들은 악한 사람이 아니었다. 내가 만난 그들은 어느 누구도 악한 사람이 아니었다. 찰린과는 달리 그들은 나에게 악하게 느껴지지 않았다. 앞서 찰린도 축사의 대상이 될 수 있을는지 모르겠다고 말했지만, 아무래도 그녀는 될 수 없을 것 같다. 설사 내가 그녀의 건강한 부분과 병든 자아를 갈라 낼 수 있었다 하더라도 그녀의 경우는 부차적 성격이 건강한 부분이고 핵심 성격이 악한 부분이었을 것이라는 회의가 든다. 주종이 그러한데도 축사가 가능할지 나는 확신할 수 없다.

하지만 이 두 경우는 그와는 매우 달랐다. 둘 다 건강한 자아가 핵심 성격을 이루고 있었을 뿐만 아니라, 그 핵심 성격은 보기 드물 만큼 선해 보였고 잠재적으로 거룩해 보이기까지 했다. 사실 축사 전 나는 이 두 사람을 퍽 좋아하게 되었다. 앞에서도 얘기했듯이 이들은 몇 년 동안 귀신들림으로 고생해 왔기 때문에 축사를 받으러 왔다. 축사 후 한 성숙한 정신과 의사인 팀 멤버는 이렇게 말했다.

"이렇게 용감한 사람을 본 적이 없습니다."

사실 내게는 그들의 그 잠재적인 거룩함이 바로 귀신이 들리게 된 이유들 가운데 하나였다고 생각할 만한 근거가 있다. 이에 대해서는 후에 좀더 자세히 얘기하겠다.

마틴은 축사의 첫 단계이자, 대개는 가장 오래 걸리는 단계를 '위장' 단계라고 불렀다. 나도 경험으로 그것을 확인했다. 그가 사용한 위장이라는 말의 뜻은 귀신이 사람 안에, 사람 뒤에 숨는다는 의미이다. 축사가 가능하려면 이 위장이 깨져야만 한다. 귀신이 밝혀져 모습을 드러내야만 하는 것이다. 그러나 마틴은 축사 과정의 본질에 대해서는 말하지 않았다. 그 두 환자를 놓고 기나긴 평가 기간에 가장 궁금한 것은 '이 사람이 정말 귀신이 들렸는가?' 하는 거였다. 이 질문에 대답하고 축사 과정을 잘 진행하기 위해서 위장은 최소한 부분적으로라도 벗겨져야만 한다. 평가 단계의 가장 중요한 것은 바로 그 부분적 침투 작업이다.

평가엔 그러한 면만 있는 것은 아니다. 평가 기간을 통하여 핵심 성격을 이끌어 내고 격려를 해야만 한다. 격려는 특히 최후의 순간까지 계속되어야 한다. 그 두 경우를 통하여 나는 축사 행위가 시작됨에 따라 귀신의 활동도 '열기를 더해 가고' 환자는 그에 따른 꽤 심한 고통을 경험한다는 인상을 받았던 까닭에서다.

축사가 갖고 있는 많은 위험 요소 가운데 하나는 축사자가 귀신들림의 진단에 대하여 절대적이고 전폭적인 확신을 갖고 축사에 들어갈 수가 없다는 사실이다. 그러나 정작 그 누구도 전폭적인 확신을 갖고 축사에 들어가서는 안 된다. 축사 행위는 귀신을 대면할 수 있게 해 주기 위해서 위장을 벗겨 내는 최후의 방법이기 때문이다. 충분히 계획된 시간, 사려 깊은 계획 등은 물론 사랑의 지원과 잘 준비된 팀이 없이 행해지는 축사를 나는 결코 보고 싶지 않다. 둘 가운데 한 환자는 축사 행위가 진행되는 두 시간 동안 팔다리를 붙잡힌 채로 있어야만 했고, 다른 한 환자는 꼬박 하루가 넘는 시간을 계속 그런 상태로 있어야만 했다. 마치 뇌종양으로 짐작되는 환자에게 중대한 뇌 수술을 시행하는 것과 비슷한 상황이다. 뇌종양이 있다는 분명한 확신이 있기 전에는 수술을 시작해서는 안 된다. 그러나 두개골 표피가 벗겨지고 수술이 시작되기 전까지는 아무도 그 안에 무슨 병이 들어 있는지 절대적으로 확신할 수 없다. 때문에 나는 이 두 경우에서의 축사 팀이 했던 것과 똑같이 하는 것이 좋다고 생각한다. 즉 그들은 귀신들림이라는 진단이 95퍼센트 확실해질 때까지 천천히 노력을 아끼지 않고 환자를 평가하되, 그 선에만 이르면 더 이상 기대하지 않고 바로 축사 행위를 시작했던 것이다.

두 경우 다 일단 충분한 기도와 예식에 의해 축사 행위가 시작되자, 위장의 최종적인 침투를 위해서 사용된 많은 방법들 가운데 가장 효과적인 방법은 침묵인 것 같았다. 팀은 환자의 건강한 핵심 성격이나 귀신과는 얘기했지만 그 밖의 그 둘의 불분명한 혼합체에게는 극구 입을 열지 않았다. 두 경우 다 팀이 이 일에 적응하는 데는 꽤 많은 시간이 걸렸다. 귀신에게는 축사자나 팀을, 하나도 소용없는 혼동스러운 대화 속으로 끌어들이는 기막힌 능력이 있는 것처럼 보였던 까닭에서다. 그러나 팀이 이런 것에 점점 더 예민해지고 거기 빨려들어 가는 것을 일관성 있게 거부하자, 두 환자는 점점 더 건강한 빛을 띠어 가는 핵심 성격과 점점 더 추해지는 부차적 성격 사이를 오락가락하기 시작했고 마침내 갑자기 부차적 성격의 비인간적인 모습을 띠더니 위장이 깨져 버렸다.

자칭 빈틈없는 과학자로서 나는 이 두 경우에서 진행된 일의 95퍼센트는 전통적인 정신 치료 역동으로 설명할 수 있다. 예를 들어 앞서 말한 '침묵 요법'의 효과는 어떤 귀신에게도 일체의 설명을 요구하지 않는다. 특히 그 환자들은 관계를 갈망하는 외로운 사람들이었기 때문에 그 기법은 여러 개의 자아들(서로 관계를 맺고 있을 수 있는)과 그 자아들 사이에서의 선택의 필요성을 부각시켜 주었다. 귀신들림에 관해서는 '분별'과 '정신적 흡입(psychic introjects: 대상의 특징·태도·속성을 무의식적으로 자기 것으로 받아들여 동화시키는 것 – 역주)'이 있는 것처럼 보여서였다. 축사에 관해서는 세뇌(brainwashing), 프로그램의 말소 및 재형성, 카타르시스, 장기 그룹 치료, 정체감 회복 등의 개념으로 설명할 수 있다. 이제 내게는 이런 식으로 설명이 안 되는 결정적인 5퍼센트가 남아 있다. 즉 초자연적인 부분, 아니 어쩌면 반(半)자연적인 부분이 남아 있는 셈이다. 마틴이 위장이라고 불렀던 그 부분이 남아 있는 것이다.

마침내 한 경우에서 귀신이 분명히 말을 하게 되자 환자의 얼굴에는 사탄적인 것이라고밖에는 표현할 수 없는 표정이 나타났다. 그것은 도저히 믿어지지 않을 정도의 경멸적인 웃음이었고 극도의 적의와 악의가 밴 표정이었다. 나는 그 표정을 흉내내 보려고 몇 시간을 거울 앞에 서서 애써 보았으나 매번 그와는 거리가 멀었다. 내 평생에 그런 표정을 본 것은 그 이후로 딱 한 번 더 있었다. 그것은 평가 단계 말기에 다른 환자의 얼굴에 나타났었는데, 아주 짧은 몇 초의 순간이었다. 이 다른 환자의 축사에서 마침내 귀신이 자신의 정체를 드러냈을 때 거기엔 훨씬 더 소름끼치는 표정이 서려 있었다. 순간 환자는 온 힘을 다하여 몸을 꿈틀거리는 뱀의 모습과도 같았으며, 마치 팀 멤버들을 물어 버리려 표독스럽게 달려들 것만 같았다. 그런데 그 뒤틀린 몸보다도 더 끔찍스러웠던 것은 그 얼굴이었다. 겨울잠에서 덜 깬 파충류의 눈처럼 둔탁스레 감겨져 있다가, 마치 먹이를 잡기 위해 이따금씩 화살처럼 튀어나갈 때 그러는 것처럼 느닷없이 타는 듯한 증오의 시선으로 눈을 번쩍 뜨곤 했다.

이런 일이 자주 있었지만 뭐니뭐니 해도 나를 가장 기겁하게 만들었던 것은 그 뱀의 모습 같은 존재로부터 다가오는 오천만 년은 묵었음직한 이상한 중압감이었다. 그걸 느낄 때마다 나는 축사의 성공에 대해서 절망하지 않을 수 없었다. 거의 모든 팀 멤버들에게 지금 자신들은 뭔가 완전히 낯설고 비인간적인 존재와 마주하고 있다는 확신이 찾아들었고, 그것은 두 경우 다 마찬가지였다. 그 존재가 환자와 그 방을 떠났을 때, 각 축사 행위의 종말을 알리는 신호가 되어 주었다.

축사에서 결정적으로 중요한 순간은 마틴이 '구축(驅逐, expulsion)'이라고 불렀던 바로 그 부분이다. 절대 서둘러서는 안 된다. 나는 두 경우 다 그것이 처음에는 아주 성급하게 시도되는 것을 보았다. 구축의 순간에 정확히 무슨 일이 일어나는지 다 설명할 수는 없다. 그러나 이 순간 축사자의 역할은 가장 덜 중요한 요소가 된다는 사실만큼은 단언할 수 있다. 더 중요한 것은 팀 전체의 결사적인 기도이다. 이 기도는 하나님께서 또는 그리스도께서 오셔서 환자를 구원해 달라는 기도였는데, 매번 나는 하나님께서 우리가 구한 대로 해 주시는 것을 느꼈다. 앞에서도 말했지만 축사를 행하시는 분은 하나님인 것이다.

하지만 그 말에도 조금의 수정이 필요하다. 그것은 인간의 자유 의지가 기본이 된다는 것이다. 치유엔 반드시 그것이 우선되어야 한다. 자신이 치유되기를 원하지 않으면 하나님도 그 사람을 치유할 수 없다. 그 두 환자들은 구축의 순간에 둘 다 자발적으로 그리스도의 수난상(像)을 꼭 붙들고 가슴에 품은 뒤 자신들의 구원을 위해 기도했다. 그들은 둘 다 그 순간 자신들의 운명을 하나님께 맡기기로 선택했다. 궁극적으로 축사자는 환자 자신인 것이다.

그렇다고 축사자라는 이름을 갖고 있는 그 사람을 경시하고 싶은 생각은 없다. 다만 그의 역할을 전체적인 시야에서 살펴보려고 하는 것뿐이다. 사실 축사자의 역할이야말로 가장 위대한 것이다. 그러나 이 역할의 진수는 구축 당시의 어떤 마술적인 힘에 있는 것이 아니다. 그가 시작부터 끝까지 전체 축사 과정을 주의 깊게 이끌어 나가는 것은 바로 그의 부드러움, 자상한 돌봄, 인내, 분별 그리고 기꺼이 고통을 함께하려는 마음인 것이다. 환자가 정말 귀신들린 것인지, 그리고 그 만만치 않은 축사 행위를 과연 착수할 것인지 등의 최종적인 결정은 오로지 축사자가 한 몸에 다 짊어지고 있다. 팀을 다 불러모아 놓고 그중 누가 적절하고 누가 적절하지 않겠는지를 결정해야 하는 것도 바로 그다. 환자는 환자대로 팀은 팀대로 신뢰와 이해를 충분히 심어 주고 최대한의 준비를 시켜야 하는 것도 바로 그다. 축사 행위가 진행되는 동안 시기와 방향에 대한 중대한 결정을 내려야 하는 것도 바로 그다. 귀신과 정면 충돌하는 극도의 고통을 짊어져야 하는 것도 바로 그고, 축사가 실패할 경우 그 책임을 다 짊어져야 하는 것도 바로 축사자다. 즉 그는 모든 팀 멤버들의 정서적인 반응을 다뤄 줘야 할 뿐만 아니라, 환자가 최종 안전 상태에 이르게 될 때까지 극도로 재발 가능성이 높아 집중 조치를 요하는 그 중요한 기간 내내 줄곧 그를 지켜봐 주어야 하는 것이다.

내가 말하고 있는 이 두 환자의 경우는 축사 행위가 있은 뒤 몇 주 동안 최소한 하루 두 시간의 정신 치료를 해 주어야만 했다. 그것은 정말이지 온 힘을 빼는 작업이었다.

사탄은 순순히 사라져 주지 않는다. 그것은 구축된 후에도 주위를 맴돌면서 어떻게든 다시 비집고 들어오려고 안간힘을 쓴다. 사실 두 경우 다 처음 얼마 동안은 꼭 축사 행위가 실패로 돌아간 것처럼 보였다. 환자들은 거의 축사 전 상태로 돌아가 있었다. 그러나 몇 시간이 지나자 변화를 뚜렷이 볼 수 있었다. 미묘한 것이었지만 아주 특별했다. 이전의 모든 콤플렉스들이 그대로 제자리에 있긴 했지만 이미 에너지가 다 빠져나간 것 같아 보였다. 변화의 내용은 이러했다. 이제 이 환자들은 남의 말을 들을 수가 있었고 그 내용이 그들에게 어떤 영향을 미칠 수 있었다. 한 경우에서는 드디어 처음으로 정신 치료가 가능해졌으며, 다른 한 경우에서는 축사가 있기 전 5백 시간의 정신 치료보다 더 많은 일들이 축사 후 50시간의 집중적인 정신 치료를 통해 일어나게 되었다. 이 환자들은 특히 더 빨리 변화된 경우들이다. 마치 잃어버린 숱한 세월을 몽땅 되찾기라도 하려는 듯이 보였다. 그러나 변화가 그토록 빨라서였던지, 그것은 치료자에게 굉장히 많은 것을 요구해 오는 엄청난 격동의 치료였다.

나는 다른 사람들에게 다음 사실을 경고해 주는 것이 아주 중요한 일이라 생각한다. 즉 내가 사탄을 경험해 온 바에 따르면 사탄은 결코 순순히 떠나 주지 않는다는 사실이다. 사탄은 환자에게 자기가 아직도 바로 곁에 건재하고 있다고 말할 뿐 아니라 자기가 아직도 환자 안에 그대로 있다고 믿도록 몇 번이고 오도(誤導)를 반복하곤 했다. 두 경우에 있어서 환자와 축사자 둘 다에게 가장 막강하고 극악한 유혹은 아마도 축사 행위가 실제의 성공과는 상관없이 실패로 돌아갔다고 믿게 만들려는 유혹이었을 것이다.

이제 축사 행위로 말미암아 그 환자들은 귀신들림의 상태에서 귀신으로부터 공격받는 상태로 옮겨진 것 같았다. 각 사람에게 들려오는 유혹과 위협과 협박의 목소리는 축사 전 못지않게 극성스러웠다. 그러나 한 환자는 이렇게 말했다.

"전에만 해도 나는 작은 태아 같았어요. 귀신의 목소리에 온통 둘러싸이고 휘감겨 결코 나 자신일 수가 없었어요. 그러나 지금은 나로 돌아왔어요. 지금도 그 목소리들이 들려 오지만 이제는 나의 바깥에서 오는 것들이에요."

또 다른 환자는 이렇게 말했다.

"이전에는 그 목소리들이 나를 지배했지만 지금은 내가 그 목소리들을 지배하게 되었습니다."

귀신의 목소리들은 아주 서서히 사라져 갔다. 하지만 그들의 상태는 좀처럼 호전될 줄을 몰랐다. 축사 전 그들의 정신 병리가 워낙 심각했던 터라 그들의 회복 속도는 보통 정신 치료 과정에서 사용하는 용어로는 설명되지 않았다.

팀에 대해서도 몇 가지 언급을 더 해야 할 것 같다. 양쪽의 경우 다 멤버 한 사람 한 사람은 호기심 때문에 참여한 사람들이 아니라 사랑 때문에 참여한 사람들이었다. 축사자와 마찬가지로 그들도 개인적 모험과 희생을 감수하고서 그 자리에 왔다. 예컨대 그 멤버들 가운데 두 사람은 자기 집을 축사의 장소로 제공했다. 축사 장소를 물색하다 보면 정말이지 "여관에는 그들이 들어갈 빈방이 없었기 때문입니다"(누가복음 2:7)라고 표현했던 의미를 실감하게 된다. 정신과 병원도 자기 병원 안에서 축사가 행해지는 것을 원치 않는 것이 요즘 실상이다. 수도원이나 기도원도 마찬가지다. 그러므로 두 용감한 사람이 자신의 몸뿐 아니라 집까지 내놓게 된 것이야말로 이 사례들을 실현 가능하게 해 준 것이다. 나는 앞에서 하나님의 임재가 그 방안에서 똑똑히 피부로 느껴질 수 있었다고 말했다. 나는 그것이 우연이 아니라고 생각한다. 일곱 내지 열 사람이 사랑과 치료의 동기로 개인적 위험을 무릅쓰고 모인 자리라면 하나님께서도 함께하시며(예수님도 그러마 하고 약속하셨다) 치료가 빛을 발하리라고 굳게 믿는다.

앞서 이 환자들이 애초에 귀신에게 팔리게 된 주된 원인은 바로 외로움이었다고 말했다. 그들은 외로울 뿐만 아니라 외로움에 길들여 있는 사람들이었으며, 축사를 받으러 왔을 때에도 기본적으로 고독한 사람의 모습을 하고 있었다. 그런데도 축사에 응했다는 것은 대단한 용기였으며, 그들이 근본적으로 사람을 믿을 줄 모른다는 사실이 밝혀지면서 더욱 명백히 드러났다. 그 두 축사에서 팀이 결정적인 역할을 할 수 있었던 가장 큰 요인은 바로 그들이 환자들에게 진실된 공동체를 처음으로 경험하게 해 주었다는 점이었다.* 이 경험이 두 축사를 성공으로 이끌었던 본질적인 요인이었다는 데 대해서 나는 전혀 이의가 없다.

이 각각의 마귀와의 전투에는 많은 기술이 요구되었다. 분석적 격리, 동조적 참여, 지적인 공식 서술, 직관적인 통찰, 영적인 분별력, 신학에 대한 깊은 이해, 정신 의학에 대한 정통한 지식, 진지한 기도의 경험 등 그 밖에도 많은 것들이 요구되었다. 이 모든 기술을 다 갖고 있는 사람은 없다. 축사가 좀 쉬운 경우라면 팀은 그저 환자를 붙들고만 있으면 될지도 모른다. 그러나 내가 지금 얘기하고 있는 경우들은 달랐다. 축사자가 총 조정을 책임지는, 진정한 집단 접근이 절대적으로 필요했던 것이다. 팀 멤버들의 재능이 다 사용되었다.

---

* 요즘 크리스천 모임들 안에서 '크리스천 공동체' 라는 말이 많이 나오고 있다. 그러나 이름이 크리스천이라고 해서 그들이 모이면 크리스천 공동체가 되는 것은 아니다. 반대로 이들 팀 멤버들 중에는 자칭 무신론자와 누가 봐도 미온적인 크리스천들도 있었지만 그럼에도 불구하고 두 경우 다 그 모인 팀들에 진정한 '크리스천 공동체' 라고 이름을 붙이는 데에 나는 조금도 이의가 없다.

나는 또한 두 경우 다 우리의 약점과 실수까지도 사용된다는 사실을 느낄 수 있었다. 그리스도는 우리의 죄까지도 사용하실 수 있다고 한다. 나는 그 방안에 하나님께서 임재하셨다고 거듭 말했다. 신비스럽게 들릴지도 모르겠지만 각 경우를 돌아볼 때 나는 하나님 또는 그리스도께서 그 전체 과정을 완전히 안무(按舞)하셨다는 생각이 든다.

축사 후 팀 멤버들한테서 나온 가장 공통적인 반응은 한 여자 멤버의 다음과 같은 말에 잘 나타나 있다.

"다시는 하고 싶지 않아요. 하지만 무슨 일이 있었어도 이것을 놓치지는 않았을 거예요."

신기하게도 축사를 통해 치료받는 것은 환자만이 아니었다. 많은 팀 멤버들도 동시에 치료를 경험한 것이다. 한 남자 멤버는 2주후 이렇게 보고했다.

"다들 잘 모르시겠지만 제 마음속 한 켠에는 언제나 아주 차갑고 딱딱한 작은 공간이 있었습니다. 그런데 그게 없어져 버렸습니다. 제 스스로 생각하기에도 저는 확실히 더 건강한 치료자가 되었습니다."

그 뿐만 아니라 축사에 직접 참여하지는 않았지만 축사의 성공을 위해 기도로 후원해 주는 사람들이 있었는데, 그들 가운데도 치유를 경험한 사람들이 있었다. 역시 신기한 일이지만 내게는 이 축사들이 그저 구별된 사건들이 아니라 어떤 면에서 거의 우주적인 사건들이 아닐까 하고 어렴풋이 느껴진다.

그래도 역시 이 사건들에서 가장 중심적인 역할을 담당한 것은 환자 자신들이 아닌가 한다. 나는 그들에게 경의를 표한다. 그들은 사탄과의 대결이 주는 그 고통을 감수하려는 용기를 냄으로써 자기 자신들은 물론 다른 사람들에게도 위대한 승리를 가져다주었던 것이다.

과학적 연구와 교육의 필요성

지금까지 귀신들림과 축사에 관한 두 사례를 소개하면서 나는 최대한 객관적 입장을 취하려고 애썼다. 하지만 그 설명이 나의 개인 경험에서 나온 주관적 설명이라는 사실은 어찌할 수 없는 것 같다. 만약 다른 팀 멤버들이 글을 썼다면 틀림없이 다른 이야기가 나왔을 것이다. 나는 귀신들림과 축사 현상에 대해 과학적인 연구가 필요하다고 생각한다. 이것은 한가한 학자의 호기심의 문제가 아니다. 그 이상이다. 진정한 귀신들림이 아무리 드문 현상이라 할지라도, 이 주제는 틀림없이 과학자들의 발굴을 기다리는 숨겨진 금광이라 할 수 있다. 혈우병은 아주 희귀한 병이지만 그것에 대한 연구는 전체적인 혈액 응고의 생리에 커다란 조명을 비춰 줄 것과 마찬가지인 것이다.

이런 과학적 연구에는 늘 저항이 있다. 정신적이고 '초자연적인' 것에 대한 과학의 보다 일반화된 저항의 단면이다. 내가 알기로 미국이나 유럽에서는 아직까지 한 번도 귀신들림과 축사에 관한 과학적 연구가 시도되지 않았으면서도, 먼 외국이나 '원시적인' 문화 속에 있는 축사와 유사한 치유 의식(儀式)들에 대해서는 서구 인류학자들에 의해 광범위한 논문이 발표되고 있다. 재미있는 사실이다. 마치 우리 집에서 일어나는 일은 안 되지만 좀 멀리 '저쪽에서' 일어나는 그런 일들을 연구해 보는 것이야 얼마든지 'OK' 아니겠느냐는 듯한 태도이다.

물론 그런 인류학적 연구들을 비난하려는 건 조금도 아니다. 오히려 우리에겐 그런 연구가 더 많이 필요하다고 생각한다. 내가 목격했던 그 두 경우들은 크리스천 문서에서 사탄이라는 이름으로 잘 알려진 그런 존재에 의해 귀신들린 경우였다. 힌두교나 호텐토트인(남아프리카의 미개 인종-역주)들의 축사에서도 그와 똑같은 존재를 발견할 수 있을까? 사탄은 유대인 및 크리스천들만 공격하는 귀신인가, 아니면 초문화적이고 범우주적인 적(敵)인가? 이것은 중요한 질문이다.

이런 문제들에 있어서 과학적 연구에 대한 저항은 과학자들한테서뿐 아니라 많은 종교인들 사이에서도 일어나고 있다. 한번은 내가 서로 사이가 좋지 않은 두 전문가 단체, 즉 과학자 단체와 종교인 단체에 각각 '구마 연구소'의 설립을 제안한 적이 있었다. 기도로부터 시작해서 구마, 축사로 이어지는 종교적 치유의 영역을 과학적으로 연구해 보자는 제안이었다. 난생 처음 이 두 단체는 같은 의견을 내게 되었다. 곧 내 제안에 반대하는 것이었다.

과학자들은 말했다.

"거기엔 변인이 아주 많아요. 당신이 사용하는 정의(定義)들은 너무 모호합니다. 그건 원래 연구가 불가능한 부분이에요."

종교인들은 이렇게 말했다.

"기도로 된다는 것은 누구나 다 알아요. 믿음을 해부하려 해선 안 됩니다."

실상 그런 연구소를 세우는 데는 더 현실적이고 걱정스러운 문제들이 있다. 축사의 과정이 과연 제도화될 수 있겠는가 하는 것에 대해 내겐 깊은 회의가 있다. 앞서도 말했지만 두 경우 다 팀 멤버들은 커다란 개인적인 모험과 희생을 안고서 모였다. 바로 그 점이 축사를 성공하게 해 준 중요한 이유가 아니겠는가 하고 나는 깊은 의미를 부여하고 있다. 축사가 과연 월급을 받으면서 아침 9시부터 저녁 5시까지 교대로 근무하는 '인력 자원' 근로자들에 의해 성공적으로 행해질 수 있을지에 대해서 나는 확신이 없다.

그뿐 아니라 축사가 정확히 얼마나 과학적으로 '연구' 될 수 있겠는가 하는 문제도 있다. 만약 내가 축사를 주도한다면, 나는 힌두교도이든 불교인이든 회교도이든 유대인이든 무신론자이든 불가지론자이든 그들이 참으로 사람을 사랑하고 성숙하기만 하다면 절대 팀 멤버에서 제외하지 않을 것이다. 하지만 이름은 크리스천이라 할지라도 앞서 말한 그런 인물이 못 된다면 주저 없이 멤버에서 제외시킬 것이다. 애정 없는 사람 하나가 방안에 존재한다는 것은 축사를 실패로 이끌 수 있을 뿐만 아니라 환자는 물론 모든 팀 멤버들에게도 커다란 해를 가져다줄 수 있기 때문이다.

만약 과학적 객관성에 애정이 병행되지 않는다면, 축사에 대한 과학적이고 현장감 있는 관찰 같은 것은 있을 수도 없고 또 있어서도 안 된다. 축사 현장에서는 환자만이 유일한 관찰자이다.

그럼에도 이러한 치료의 노력들에 최소한의 어떤 제도적인 지원이 있을 수 있다면 더없이 좋을 것이다. 앞서 말한 환자들은 둘 다 축사 전 정신 의학적 견지에서 봤을 때 아주 중증 환자들이었다. 만약 이런 공인된 귀신들림의 경우들을 돌봐 줄 수 있는 정신과 병원이 주위에 있었다면 치료가 훨씬 더 쉬웠을 것이다. 그리고 만약 교회가 정책적으로 이런 일에 후원과 축복과 봉사를 제공하는 일에 보다 개방하기만 했더라도 치료는 몇 곱절 더 쉬웠을 것이다. 두 경우 다 몇몇 교회 권위의 도움을 받긴 했지만, 교회의 보다 일반적인 반응은 일체의 개입을 회피하려는 쪽이다. 교회가 이런 경우들의 불똥을 두려워하는 것은 자연스럽기도 하고 현실적인 것이기도 하겠지만 결코 인간을 사랑하는 것이라고는 볼 수 없다.

정 안 되면 어느 한 군데에 본부로서 자료실 및 공부방이라도 있어야 한다. 그러면 각 경우의 보고와 축사를 담은 비디오 테이프가 이 본부로 모아질 수 있을 것이다. 기밀은 철저히 지키면서 권위 있는 행동 과학자들이 본부에 와서 자료를 분석할 수 있을 것이다. 물론 그런 데이터에는 그 경험 현장의 진정한 맛과 영적 에너지는 많이 빠져 있을 수도 있겠지만, 그래도 가치 있는 과학 연구들을 위한 유용한 기반이 되어 줄 수 있을 것이다.

본부는 교육도 담당할 수 있다. 충분히 발생 조짐이 있는 많은 무책임한 축사와 구마를 극소화하기 위해서 진단 및 치료의 기준 같은 것들을 개발할 수도 있다. 적절히 선택된 사람들을 위한 훈련 세미나도 개최할 수 있다. 귀신들림 자체는 드문 현상이라 하더라도 우리는 지금의 유용하고 유능한 축사자들에 의해 치료될 수 있는 더 많은 다른 경우가 있다는 사실을 잘 알고 있다.

거짓의 아비

축사가 거의 끝나갈 무렵이었다. 치료 팀이 환자에게 사탄은 예수님을 미워한다고 말해 주자 얼굴에 사탄의 표정을 잔뜩 머금은 환자가 매끈매끈하고 기름기 흐르는 목소리로 이렇게 대답했다.

"우리는 예수님을 미워하지 않아, 다만 그를 시험할 뿐이야."

또 이런 경우도 있었다. 축사가 한창 진행 중일 때 치료자가 환자에게 지금 많은 귀신들이 함께 들린 것이냐고 물어보자 아래로 내리 깐 뱀 같은 눈을 한 환자가 뱀의 시옷거리는 듯한 소리로 아주 나즈막하게 이렇게 대답했다.

"그것들? 다 나에게 속해 있지."

최근의 한 논문 제목도 이렇게 묻고 있다.

"도대체 사탄이란 어떤 존재인가?"▪

▪ Who In The Hell is Satan? U. S. Catholic, Feb. 1983, pp. 7-11.

나도 모른다. 단 두 번의 축사 경험으로 결코 영적 세계의 모든 신비를 파헤칠 수는 없다. 아마 백 번을 경험한다 해도 그것은 마찬가지일 것이다. 하지만 이제 나는 사탄에 대해 몇 가지 사실을 안다고 생각한다. 그리고 몇 가지 추측을 할 수 있는 기반도 가졌다고 생각한다.

나의 경험이 사탄에 관한 유대교와 기독교의 신화와 교리를 다 증명해 보이기에는 충분하지 않겠지만, 그래도 그것을 지지하지 않아야 할 사실을 나는 하나도 보지 못하였다. 이 신화와 교리에 따르면 태초에 사탄은 하나님 다음의 제2인자였고, 하나님의 모든 천사들 가운데 우두머리였으며, 아름답고 사랑받는 그 이름 루시퍼(Lucifer)였다. 그가 하나님을 위해서 맡은 일은 시험과 유혹을 사용하여 인간들의 영적 성장을 증강시켜 주는 것이었다. 마치 성장을 증강시켜 주기 위해서 학교에서 아이들에게 시험을 보게 하는 것처럼 말이다. 그러니까 사탄은 원래 인류의 교사였다. 이름을 '빛의 수호자' 라는 뜻인 루시퍼로 지은 것도 바로 그것 때문이다.■

그러나 시간이 지나면서 사탄은 대적자의 기능으로 지나치게 무장한 나머지 그 기능을 하나님을 위해서가 아니라 자신의 영

■ '사탄' 과 '악마 같은' 이라는 의미의 디아볼릭(diabolic)은 둘 다 단순히 '반대한다' 는 의미를 갖고 있는 희랍어 동사 diabalein에서 왔다. '사탄' 이라는 말은 본래 '적' 이라는 의미였다. 구약 민수기에 보면 하나님은 사탄(적) 발람을 친히 대적하시겠다고 말씀하고 계신다. 인류가 하나님 당신의 뜻에 반대되는 뭔가에 의해 시험과 유혹을 받아야 할 필요성이 있다고 보신 하나님은 당신의 천사장 중 우두머리에게 그 반대하는(diabolic) 기능과 적이 되는(satanic) 기능을 위임하셨던 것이다.

광을 위해서 사용하기 시작했다. 우리는 욥기에서 그것을 볼 수 있다. 그와 동시에 하나님께서는 인간의 성장 증강을 위해서는 단순히 시험하는 것보다는 뭔가 더 깊은 것이 필요하다고 결정을 내리셨다. 그것은 바로 그분의 사랑의 모본과 실제 삶의 모본이었다. 그래서 하나님은 당신의 유일하신 아들을 보내사 우리 같은 한 인간으로서 살고 또 죽게 하셨다. 이제 하나님의 마음속에서나 기능면에서나 사탄의 자리에는 그리스도가 대신 들어서게 되었다. 사탄은 스스로 너무나 무장을 했던 터라 참을 수 없는 인격적 모욕으로 받아들였다. 교만할 대로 교만해진 사탄은 그리스도를 자신보다 앞세운다는 하나님의 판단에 불복을 선언했다. 하나님께 반항했던 것이다.

  사탄은 제 손으로 하늘이 하나님과 사탄 자신이 공존하기에는 너무 좁은 곳이 되게 하는 상황을 만들어 냈다. 그리하여 사탄은 자업자득으로 즉시 불가피하게 지옥으로 쫓겨났다. 한때 빛의 수호자였던 그가 이제는 지옥에서 거짓의 아비로서 어둠 속에 살면서 하나님을 향한 그칠 줄 모르는 복수의 야욕을 불태우고 있다. 또한 그의 반역과 타락에 가담했던, 휘하의 타락한 천사들을 통하여 사탄은 하나님의 계획에 대한 그칠 줄 모르는 전쟁을 도발하고 있다. 한때 인류의 영적 성장을 돕기 위해서 존재하던 그가 이제는 우리의 영혼을 파괴하기 위해서 존재하고 있다. 우리의 영혼을 넘보는 전장에서 사탄은 사사건건 그리스도와 맞서 싸우려고 몸부림친다. 사탄은 그리스도를 자기의 적으로 생각한다. 그리스도께서 영으로 살아 계시듯이 적 그리스도 사탄도 버젓이 살아 있다.

내가 각 축사에서 보았던 그 영(spirit)은 틀림없이, 절대적으로 그리고 처음부터 끝까지 인간의 생명과 성장을 거스르는 일에 자신을 헌신하고 있었다. 그것은 두 환자 모두에게 자살할 것을 종용했다. 한번은 우리가 그것에게 왜 그리스도를 반대하느냐고 물었더니 이렇게 대답했다.

"그리스도가 사람들에게 서로 사랑하라고 가르치기 때문이지."

그러면 인간의 사랑이 왜 그렇게 못마땅하냐고 물었더니 그것에 대해 이렇게 대답했다.

"나는 사람들이 바쁘게 일하길 원해. 그러다 보면 싸움이 일어날 테니까."

계속 더 물으려 하자 그것은 축사자에게 한마디로 잘라 이렇게 말했다.

"너도 죽여 버리고 싶어."

그것에게는 창조적이거나 건설적인 것이라고는 눈곱만큼도 없었다. 완전한 파괴성 그 자체였다.

아마 신정론(神正論, 악의 존재를 신의 섭리로 봄-역주)의 가장 커다란 문제는 애초에 하나님이 사탄을 창조하셨다면 왜 반역한 그를 깨끗이 쓸어 버리시지 않는가 하는 부분일 것이다. 이 질문에는 하나님이 뭔가를 쓸어 버리시는 분이라는 것이 전제되어 있다. 거기엔 하나님이 벌하고 죽이실 수 있다는 것이 가정되어 있다. 아마 이 질문에 대한 대답은 이러할 것이다. 즉 하나님은 사탄에게 자유 의지를 주셨으며, 그분은 파괴하지 않으시고 오직 창조하실 뿐이라는 것이다.

요지는 하나님은 벌하지 않으신다는 데 있다. 하나님은 당신의 형상에 따라 우리를 창조하실 때 우리에게 자유 의지를 주셨다. 그분은 그렇게 하지 않고 우리를 꼭두각시나 속이 텅 빈 마네킹으로 만드실 수도 있었을 것이다. 그러나 우리에게 자유 의지를 주시기 위해서 하나님은 우리에게 무력을 사용하시지 않기로 결심하셔야만 했다. 만약 누가 우리 등 뒤에 총부리를 겨누고 있다면 우리에게 자유 의지는 없는 것이다. 다만 그분은 우리를 향한 사랑 때문에 아프고도 힘들게, 그 힘을 사용하지 않기로 결정하셨다. 그분은 고통을 참으시면서 그대로 서 계시며 우리를 지켜보셔야만 하는 것이다. 그분이 간섭하시는 것은 오직 돕기 위해서이지 해치기 위해서가 아니다. 기독교의 하나님은 자기 절제의 하나님이시다. 우리에게 힘을 행하시지 않기로 결심하셨기에 만약 우리가 그분의 도움을 거절한다면 그분께는 별 수 없이 우리가 스스로 벌을 부르는 모습을 눈물 흘리면서 지켜보실 수밖에 없으시다.

이 점이 구약에는 그렇게 명확하게 나타나 있지 않다. 구약에서 하나님은 벌하시는 분으로 묘사돼 있다. 그러나 이 점은 그리스도한테서 분명해지기 시작한다. 그리스도 안에서 하나님은 친히 인간의 악한 손에 무능히 죽임당하신다. 그분은 자신을 핍박

하는 사람들을 향하여 손가락 하나 움직이지 않으셨다. 그 뒷부분에서는 신약에서도 벌하시는 구약의 하나님의 목소리가 계속 메아리치는 것을 듣게 된다. 조금씩 표현은 달라도 그 메아리의 메시지는 이렇다.

"악인은 그 당할 것을 당하게 된다."

그러나 이것은 단지 메아리일 뿐이다. 벌하시는 하나님은 결코 다시는 장면에 개입하지 않으신다. 크리스천이라 자부하는 많은 사람들이 오늘날에도 하나님을 하늘에 있는 힘 꽤나 쓰는 경찰 정도로 생각하고 있지만, 실제 기독교 교리에 따르면 하나님은 경찰의 권세를 영원히 포기하셨다.

무시무시한 대학살은 물론 아주 사소한 악에 대해서도 사람들은 종종 이렇게 묻곤 한다.

"사랑의 하나님이 어떻게 그런 일이 일어나도록 내버려둘 수 있습니까?"

어리석고 무지한 질문이다. 기독교의 대답은 우리의 취향에는 맞지 않을지 몰라도 그리 모호한 것은 아니다. 하나님은 자신의 힘을 포기하셨기 때문에 우리 인간이 서로에게 행하는 악행을 막는 데 있어서도 무능하시다. 그분은 다만 끊임없이 우리와 더불어 슬퍼하실 수 있을 뿐이다. 하나님은 그분의 모든 지혜로 그분 자신을 우리에게 내주시지만, 우리가 그분과 함께 거하는 것을 선택하게 만드실 수 없다.

이렇듯 하나님은 인간의 거듭되는 악행을 보면서 당장은 고통

속에서 우리를 뒷바라지해 주신다. 어쩌면 이것은 이렇게 약함 중에서 통치하시는 하나님에 의해 우리가 운명 지어져 있는 게 아닌가 하는 생각을 갖게 할 수도 있다. 그러나 기독교의 교리에는 대단원이 있다. 즉 이런 약함 가운데서 하나님께서는 악과의 싸움에서 승리하시고야 만다는 사실이다. 사실 승패는 이미 판가름이 나 있다. 예수님의 부활은 그리스도께서 2천 년 전 그 당시에만 악의 세력을 이기셨다는 의미가 아니라 영원한 승리라는 사실에 대한 하나의 상징이다. 십자가에 못박힌 그리스도야말로 하나님의 궁극적인 무기였다. 그것을 통하여 악의 패배는 이미 완전히 확증이 된 것이다.

우리도 있는 힘을 다하여 악에 맞서 결사적으로 싸워야만 한다. 그러나 결정적인 승리는 이미 2천 년 전에 성취되었다. 만약 이 전쟁이 우리 자신의 싸움이라면 그것은 피할 수도 없고 무척 위험하거나 치명적인 것이 될 것이다. 그러나 우리가 몰라서 그렇지 이 싸움은 이미 오래 전에 패배를 당한 적, 그리하여 지금은 뒤로 내빼고 있는 적에 대한 소탕 작전에 지나지 않는다.

사탄과 그의 일들이 겉으로 어떻게 보이든 실상은 이렇게 뒤로 도망가고 있다는 이 개념에서 내가 갖고 있는 가장 중요한 질문에 대한 대답을 찾을 수 있다. 나는 앞에서 이 두 환자가 귀신 들림의 상태에 빠지게 만들었던 전제 요인들을 말한 적이 있다. 그런데 우리 주변에는 인간의 악의 외로운 희생물이요 그 결과로서 훨씬 더 심각한 인격적 결함들을 갖고 있으면서도 아직은 귀신들리지 않는 수많은 어린이들이 있다. 이 엄청난 수의 아이들은 어떻게 된 것인가? 그들이 귀신들리지 않는 이유는 무엇인가? 나는 또한 부모들의 성품 속에 거룩함의 자질이 잠재적으로 있을 수 있다는 얘기도 했었다. 내 생각에 부모의 잠재된 거룩함 때문에 그 아이들이 귀신들이지 않은 것이 아닌가 싶다. 즉 그 아이들에게는 사탄의 계획에 특별한 위협이 되는 것 (부모의 잠재된 거룩함)이 존재하기 때문에 사탄은 그들을 공격하는 일에 자신의 에너지를 특별히 쏟아붓지 않는 것이리라. 사탄에게는 인간의 약함이 존재하는 곳곳마다 빠짐없이 헤집고 다닐 만한 충분한 에너지가 남아 있지 않다. 그저 발등의 불을 끄러 다니는 데만 광적으로 푹 빠져 있는 것이다.

그건 그렇다 치더라도, 마틴의 지적과 마찬가지로 사탄이 하나의 영이라는 사실을 이해하는 것은 꽤 중요하다. 나는 앞서 사탄을 만났다고 말했다. 사실이다. 그러나 그것은 물질을 만지는 것처럼 그렇게 만져지는 존재가 아니다. 하나님이 긴 흰 수염을 날리고 있는 분이 아닌 것처럼, 사탄도 뿔이니 불룩 튀어나온 배니 구미호 꼬리 따위는 없다.* 사실 사탄이라는 이름 자체도 본래는 이름 없는 어떤 존재에다 우리가 이름을 붙여 준 것에 지나지 않는다. 하나님처럼 사탄도 물질적인 존재들을 통하여, 또는

---

* 존 샌포드(John A. Sanford)에 따르면 뿔 달린 사탄의 이미지는 기독교가 전래되기 이전의 영국의 한 뿔 달린 남신(男神)에서 유래되었다고 한다. "낡은 종교의 신들은 언제나 새로운 종교의 악마들이 된다." - Evil: The Shadow Side of Reality(Crossroad, 1981), p. 118).

물질적인 존재들 속에 들어가 자신을 드러낼 수 있다. 그러나 그 자신은 물질도 아니며 현시(顯示)된 것도 아니다. 앞서 예로 든 두 경우 중 하나에서는 사탄은 뱀처럼 뒤틀린 환자의 몸을 통해 자신을 드러냈었다. 악문 이, 움켜쥘 듯한 손톱, 껍질이 축 처진 파충류 같은 눈 따위가 다 그것의 모습이었다. 물론 송곳니나 비늘은 없었다. 환자의 몸을 통해 나타난 그 모습은 특별하리만큼, 극적이리만큼 그리고 초자연적이리만큼 뱀과 비슷했다. 그러나 그 자체가 뱀은 아니다. 그것은 영이다.

오랜 세월 거듭돼 온 "왜 귀신들은 인간의 몸에 그토록 집착을 보이는가?" 하는 질문에 대한 해답이 내가 보기엔 바로 여기에 있는 것 같다. 축사가 진행되는 동안 나는 축사자가 사탄을 자꾸 화나게 만들어 그 사탄이 꼭 붙들려 있는 환자의 몸을 떠나 축사자 자신을 공격해 오도록 시도하는 것을 목격했다. 그 시도는 실패로 돌아갔다. 축사자를 당장이라도 죽여 버릴 것 같은 분노가 뚜렷이 나타났는데도 아무 일도 일어나지 않았다. 우리는 서서히 한 가지 사실을 깨닫게 되었다. 악령은 그런 조건 아래서는 환자의 몸을 떠날 수 없거나 아니면 떠나려 들지 않으리라는 점이었다. 거기서 우리는 두 가지 결론을 이끌어 냈다. 하나는 이미 언급된 것으로서, 궁극적으로 환자 자신이 축사자가 되어야만 한다는 것이다. 다른 하나는 사탄은 인간의 몸 안에 있지 않으면 완전히 무력해진다는 것이다.

사탄은 인간의 몸을 통하지 않고서는 결코 악을 행할 수 없다.

사탄이 '처음부터 살인한 자'이긴 하지만 그것도 인간의 손을 빌지 않고는 할 수 없었다. 사탄 스스로는 인간을 죽이거나 심지어 해롭게 할 능력조차 없다. 자신의 악마성을 행사하기 위해서 사탄은 인간을 사용해야만 한다. 사탄이 환자와 축사자를 죽이겠노라고 거듭 위협했지만 사실 그것은 공허한 것이었다. 사탄의 위협은 언제나 공허하다. 그것들은 다 거짓말인 것이다.

사탄이 갖고 있는 유일한 힘은 거짓을 믿는 인간의 신념을 통해서만 나타난다. 그 두 환자가 귀신들리게 되었던 것은 둘 다 '우정'에 대한 사탄의 거짓된 유혹적 약속을 받아들인 까닭에서다. 그리고 그 귀신들림이 계속 유지되었던 것은 그들이 사탄 없이는 죽게 될 것이라는 사탄의 위협을 그대로 믿었기 때문이다. 마침내 그 귀신들림이 끝날 수 있었던 것은 그들이 더 이상 사탄의 거짓말을 믿지 않고 부활하신 그리스도를 믿음으로써 자신들의 두려움을 극복하고 또 진리의 하나님께 구마를 위해 기도하기로 선택해서였다. 축사 때마다 사탄의 거짓말은 모두 탄로가 났었다. 그리고 축사의 결과는 늘 일종의 회심(回心), 즉 믿음 또는 가치 체계의 변화에 의해 성공적인 것이 될 수 있었다. 예수께서 그토록 자주 "네 믿음이 너를 낫게 하였다"라고 말씀하셨는데 이제야 그 의미를 알 것 같다.

이제 우리는 다시 거짓의 문제로 돌아와 있다. 사탄이 '거짓의 사람들'과 어떤 상관이 있든간에, 나는 '거짓의 아비'라는 말보다 그것을 더 정확히 묘사해 주는 문구를 보지 못했다. 두 차례의 축사 과정 내내 사탄은 줄곧 거짓말을 쉬지 않았다. 심지어 자신의 정체를 나타낼 때조차도 반쪽짜리 거짓말을 함으로써 드러냈다. 즉 그것이 "우리는 예수님을 미워하지 않아. 다만 그를 시험할 뿐이야"라고 말했을 때, 적 그리스도라는 것이 드러났던 것이다. 그것은 실제로 예수님을 미워하고 있는 것이다.

그것이 했던 거짓말은 끝이 없다. 장황하고 지루한 얘기밖에 안 된다. 내가 기억하는 몇 가지 주된 거짓말은 다음과 같다.

- 인간은 자력으로 살아가야만 한다. 자기 방어를 위해 자기 자신 외에는 아무것도 의지해서는 안 된다.
- 세상 만사는 긍정적 힘과 부정적 힘의 개념으로 다 설명이 가능하며(합계는 언제나 0이다), 따라서 신비라는 것은 전혀 없다.
- 사랑이란 개념일 뿐 객관적인 실체는 없다.
- 내가 과학이라고 부르기로 하면 뭐든지 다 과학이 될 수 있다.
- 죽음은 인생의 절대 종국이며 그 뒤엔 아무것도 없다.
- 모든 인간 행동의 주요 동기는 돈이며, 만약 그렇게 보이지 않는 경우가 있다면 그것은 그가 위선을 행하고 있기 때문이다.
- 그러므로 돈을 위해 경쟁하는 것이야말로 인생을 살아가는 데 최고의 현명한 방법이다.

사탄은 인간의 죄나 연약함은 무엇이든 다 사용할 수 있다. 탐욕과 교만이 그 좋은 예다. 사탄은 유혹, 아첨, 감언이설, 지적 논리 등 그 어떤 계략이든 다 이용한다. 하지만 사탄의 첫번째 무기는 역시 공포다. 자기의 거짓말이 모두 드러난 뒤인 축사 이후에 사탄은 두 환자에게 공포를 조장하면서 계속 말도 되지 않는 위협을 하곤 했다.

"널 죽여 버릴 거야. 너를 낚아채서 쓴맛을 보여 주겠어. 죽여 버리겠다고."

사탄은 거짓의 아비일 뿐만 아니라 또한 정신 질환의 영이라고 불러도 무방하다. 「아직도 가야 할 길」에서 나는 정신 건강에 대해 '어떻게 해서든지 현실에 충실하고자 하는 지속적인 과정'[*]이라고 정의한 바 있다. 사탄은 완전히 그 반대의 것에 충실한 존재다. 나는 사탄을 '현실로 존재하는 비현실의 영'이라고 정의한다. 우리는 그것의 역설적 현실을 이해해야만 한다. 만질 수도 없고 물질도 아닌데 그것은 하나의 인격을 갖고 있는 진짜 하나의 실존이다. 우리는 지금은 버려진 성 어거스틴의 'privatio boni(라틴어로 '선(善)의 박탈'이라는 뜻-역주)'라는 교리로 다시 되돌아가서는 안 된다. 거기서 그는 악을 선의 부재 상태로 정의했다. 사탄의 인격은 단순히 부재 내지 무(無)로 특징지을 수 없다. 물론 그의 인격 속에 사랑이 존재하지 않는 것은 사실이다. 그러나 이 인격에 능동적인 증오의 실존이 스며 있다는 점 또한 사실이다.

[*] M, Scott Peck, The Road Less Traveled,(Simon & Schuster, 1978), P 51(「아직도 가야 할 길」 열음사)

오늘날 크리스천 사이언스나 기적 코스(Course in Miracles) 같은 사고 체계가 아주 인기를 끌고 있는데, 그것들은 하나같이 악을 비현실로 규정한다. 그것은 반쪽 진리다. 악의 영은 비현실의 영이지만 그러나 그것은 엄연히 현실로 존재하는 것이다. 사탄은 정말 존재한다. 이와 다른 생각은 다 잘못된 것이다. 사실 여러 사람들이 지적했듯이 어쩌면 사탄의 거짓말 중 백미는 인간의 마음에 자신의 현존성을 감쪽같이 숨겨 버리는 일이다. 사탄은 그 점에서 전폭적인 성공을 거두었다.

사탄에게 이토록 실제적인 힘이 있는 것도 사실이나 그와 더불어 뻔히 드러나는 약점도 있다. 바로 사탄을 하늘에서 추방당하게 했던 그 약점이다. 마틴은 "축사를 통해 귀신의 뛰어난 영리함뿐만 아니라 그것의 특출난 우둔함도 같이 드러난다"라고 말했다. 나의 경험도 이것을 입증해 주고 있다. 만약 사탄에게 그 특출난 교만과 나르시시즘이 없었다면 우린 아마도 끝까지 사탄의 모습을 알아볼 수 없었을 것이다. 사탄은 교만이 그 지혜보다 앞선다. 그래서 이 속임수의 영은 또한 자랑의 영이기도 하다. 만약 사탄이 정말로 똑똑했다면 축사 전에 벌써 그 두 환자를 떠나 버렸을 것이다. 그러나 자기가 지는 것을 용납할 수 없었다. 오직 이기기만을 원했고, 그래서 결국 더 비참한 최후까지 그 자리에서 버텼던 것이다. 그 덕에 나와 다른 사람들이 그 정체를 알아차릴 수 있었다.

이와 비슷하게 사탄의 지혜도 두 가지 다른 맹점으로 침식되어 있는 것을 나는 보았다. 첫째 사탄은 그 극단적인 자기 중심성 때문에 사랑이라는 현상에 대한 현실적 이해가 전혀 없다. 그것은 사랑을 싸워야 할 대상으로 보거나 흉내 낼 대상으로 볼 뿐, 아예 사랑 자체가 없기 때문에 사랑이라는 것을 털끝만큼도 이해하지 못한다. 사탄에게 사랑이라는 것은 그저 기분 나쁜 농담 정도로밖에 비쳐지지 않는다. 희생이라는 개념은 완전히 금시초문이다. 축사 때 인간이 사랑의 언어로 말하게 되면 사탄은 그 말의 의미를 전혀 이해하지 못한다. 또한 우리가 사랑의 행동을 하게 되면, 사탄은 사랑의 기본 정신이 어떤 것인지에 대해 완전 무지를 보여 줄 뿐이다.

참 재미있는 것은 사탄은 과학도 이해하지 못한다는 사실이다. 이 책의 취지에 맞춰 특히 이 점을 살펴볼 필요가 있다. 과학이란 반(反)나르시시즘적인 현상이다. 거기엔 자기 기만에 빠질 수 있는 인간의 뿌리 깊은 성향이 가정되고 그에 맞서기 위해서 과학적인 방법이 동원되며, 어떤 개인적인 욕망보다도 더 높은 진리가 우선된다. 사탄은 다른 사람들은 물론 자기 자신을 속이는 자이기 때문에, 이 세상에 자신을 속이고 싶어하지 않는 존재들이 있다는 사실을 결코 이해하지 못한다. 사탄은 진리의 빛에 대한 증오와 자기 의지로 무장되어 있어서 인간의 과학이란 그에게는 아예 이해 불가능하다.

사탄에게 이런 약점이 있다고 해서 능력을 과소 평가해서는 안 된다. 그것은 아주 특출난 능력으로 자신의 거짓말을 탁 던져

온다. 앞서 말한 두 사람이 외로운 어린아이였을 때 사탄이 그들 속에 들어갔다는 사실은 그리 놀랄 만한 일이 못된다. 심지어 그 두 번의 축사에서 나는 강하고 성숙하고 건실한 사람인 축사자마저도 일시적으로 사탄이 하는 거짓말의 위력에 밀려 한 번은 혼동에 다른 한 번은 절망에 온통 사로잡히는 것을 지켜보았다.

나는 우리가 사탄을 두려워할 뿐만 아니라 그것을 미워해야 할 필요도 있다고 생각한다. 그러나 악한 사람에 대해서는 그들에게 연민을 품는 것이 보다 근본적인 태도라고 생각한다. 기독교의 종말론에는 사탄에 대한 두 개의 시나리오가 있다. 모든 인간의 영혼은 회개하여 사랑과 빛 가운데로 이미 돌아와 있다는 것이 그 첫 번째다. 이제 그들은 미움과 거짓의 영 사탄에게도 우정의 악수를 내민다. 사탄은 궁극적으로 자신의 철저한 패배를 인식한 상태다. 이제 사람들은 모두 사탄의 능력에 면역되었으며, 이제 사탄이 들어가서 붙어 살 만한 인간 육체는 단 한 사람도 없다. 말할 수 없이 외로워진 사탄은 그만 무너져 내린 채 그 우정의 악수를 받아들인다. 그리하여 마지막에는 사탄마저도 회개한다는 것이다. 이것이야말로 내가 그렇게 되게 해 달라고 기도하고 싶은 시나리오다. 그러나 이미 말했듯이 자유 의지는 치유를 앞지르게 되어 있다.

두 번째 시나리오에서는 사탄은 끝끝내 패배를 인정하지 않고 또 우정의 손을 잡는 그 '굴욕'을 한사코 거부함으로써 영원이라는 시간 내내 얼음장같이 냉랭한 고독 속에서 고통받게 된다.

축사에 동참했던 한 친구가 나중에 나에게 이런 말을 했다.

"이봐, 스코티. 자네 나한테 악의 황량함과 적막함에 대해 얘기하면서 악은 미워하기보다는 연민을 품어야 하는 것이라고 말했었지? 하지만 난 그땐 자네 말을 믿지 않았네. 그런데 이번 축사에서 내게 가장 인상 깊었던 것 가운데 하나는 그 작업이 정말로 지루했다는 것이네. 그 밑도끝도없이 계속되는 말도 되지 않는 거짓말들…. 그러면서 그 야수가 영원히 그 지루한 고통 속에서 몸을 뒤틀며 괴로워할 생각을 하니, 그제서야 자네 말의 의미를 알 것 같았다네."

의미를 뚜렷하게 하려다 보니 지금까지 사탄에 대해서 너무 단정적으로 얘기한 게 아닌가 싶은 생각도 든다. 나는 두 건의 축사를 얘기하면서 그것을 하나의 분리 과정으로 이야기하는 입장을 더 많이 취한 것 같다. 그러나 심지어 가장 명확하다는 순간에도 그 환자의 말하는 소리가 환자 자신의 무의식에서 나오는 소리인지, 진짜 귀신의 목소리인지를 완전히 구별한다는 것은 불가능한 경우가 많다. 사실 어디서 인간의 그늘 부분이 끝나고 어디서 어둠의 왕의 통치 부분이 시작되는지를 확실하게 구분하기란 영원히 불가능할 것이다.

이제 사탄의 초자연적인 신비에 초점을 맞춰 이야기의 결론을 맺어야 할 것 같다. 축사의 여러 증거들은 나로 하여금 사탄의 존재를 믿는 사람이 되게 하기에 충분했고, 나는 또한 그 두 건의 축사에서 일어났던 그런 치료의 실재성을 부인할 수 없다. 그러나 지금 나에게는 이전보다 훨씬 더 많은 질문들이 남아 있다. 너무 많아서 전부 말할 수도 없을 정도다.

보다 중요한 질문들 가운데 하나는 하위급 귀신들의 존재 여부에 관한 것이다. 내가 목격했던 그 두 사례는 모두 환자가 사탄에 들린 경우였는데, 보통 자료에 보고되는 사례들은 대부분 그보다 세력이 약한 귀신에 들렸다. 내가 그런 사례들만 경험한 것은 그저 우연일까, 아니면 어떤 신비한 섭리에 의해서였을까? 사실 그 두 경우 모두 우리는 하위급 귀신들과 표면적으로 맞부딪쳤다. 한 경우에서 팀 멤버들은 연속 명칭을 가진 넷이나 되는 악령들(각각 거짓말 한 가지씩을 표방하고 있었다)을 거쳐서야 마침내 적그리스도의 정체와 대결하게 되었다. 다른 경우에서 환자는 우선 외관상 극적이지만 일시적인 치료에 의해 한 하위급 악령이 쫓겨나간 후에야 비로소 '루시퍼'가 기묘하게 그 자리에 등장하는 사태를 겪어야 했다. 뭐가 어떻게 된 것일까? 이 하위급 악령들은 그들 자체가 각각 별개의 정체를 갖고 있는가, 아니면 단순히 맨 밑에 도사리고 있는 사탄의 반영물에 지나지 않는가? 나도 잘 모른다. 그러나 귀신의 세계에는 인간의 세계만큼 자유가 없다고 얘기할 만한 몇몇 증거는 있다. 즉 그들 특유의 비겁함과 공포와 거짓에 대한 신념 때문에 하위급 귀신들은 상관들에게 상당히 복종적이다. 따라서 그들에게는 우리가 흔히 생각하는 것보다는 훨씬 개별성이 부족한 경향이 있다.

그러나 뭐니뭐니해도 가장 중요한 질문은 사탄이 인간의 악에 어떤 역할을 하고 있는가 하는 점이다. 바비의 부모, 로저의 부모, 그리고 사라와 찰린 같은 철저히 악한 사람들에게 사탄은 어떤 영향을 미치고 있는가? 앞서도 말했듯이 그 귀신들린 두 사람은 내가 보기에 그들만큼은 악해 보이지 않았다. 우리가 귀신들림이라고 부르는 경우 중에는 '부분적인' 또는 '불완전한' 또는 '불충분한' 귀신들림이라고 부르는 것이 더 적절할 때가 훨씬 많다는 마틴의 말은 아주 정확한 것 같다. 마틴은 '완전히 귀신들린' 인간도 존재할 수 있다는 가정을 세우고 있긴 하지만, 매우 잠정적인 가정으로 여기고 있다. 내가 얘기했던 그 철저히 악한 사람들이 완전한 귀신들림의 경우가 될 수 있을까? 나는 모른다. 어쩌면 그것은 답이 없는 질문일지도 모른다. 그들은 웬만해선 결코 자신을 정신 치료에 내놓지 않기 때문에 진짜 악한 그 사람들은 귀신의 정체가 완전히 드러나게 되는 축사 과정을 결코 경험하려 들지 않을 것이다. 만약 완전한 귀신들림이라는 것이 존재한다면, 그럴수록 귀신은 자신의 존재가 드러나는 것을 철저히 차단할 것이다.

그러므로 사탄이 자신의 일에 일반적으로 악한 사람들을 능동적으로 불러모으는지 여부에 대해서는 나는 아는 게 없다. 내 생각엔 그렇지 않을 것 같다. 죄와 나르시시즘의 역학 관계를 생각해 볼 때 악한 사람들을 불러모으는 것은 그들 자신일 것 같다. 그러나 사탄에 대해서 더 많은 것들이 알려질 때까지 나의 이해는 희미한 이 상태로 계속 남아 있을 것이다.

제6장

영혼을 잃어버린 집단의 악

집단의 이름으로 악을 자행하는 사람들

이성과 과학의 세기에 축사가 좋지 않은 것으로 평판이 나기 전만 해도(부분적으로 그렇게 되는 게 마땅한 면도 있다), 축사자들은 교회의 위계 질서에서 공적인 인정을 받았다. '소품(小品, 신품[神品] 중 위계가 낮은 것 – 역주)'이라는 이름과 더불어 축사자들은 위계 구조상 가장 낮은 자리쯤에 자리잡고 있었다. 아주 적절한 위치였고 지금도 그렇다고 생각한다. 또한 축사자의 역할은 비록 힘들고 희생적인 일이긴 해도 비교적 쉬운 것으로 나는 인식하고 있다. 악을 분리하고 내쫓을 수 있는 형태로서 마주 대한다는 것은 보람있는 흔치 않은 특권이다.

목회자들은 보통 그런 행복한 위치에 처해 있지 않다. 그들이 교회나 사회에서 일반적으로 만나는 악한 사람들은 그렇게 따로 분리돼서 표시되거나 치료 가능한 사람들이 아니다. 그들은 보다 미묘하고 까다롭고 정도가 심한 사람들이다. 그래서 그런 성직자들은 사랑과 지혜가 얼마나 많든 간에 그 어둠의 세력과 더

불어 무턱대고 싸워야만 한다. 설사 명쾌한 성공이 있다 하더라도 그건 가뭄에 콩 나는 격이다. 이제 우리의 관심을 이 사회에 만연해 있는 이런 암적인 세력들 가운데 한 실례에 돌려 보고자 한다.

전범

    1968년 3월 16일 아침, 베트남 남부 쾅가이(Quang Ngai) 지역의 밀라이(MiLai)라고 알려진 몇몇 작은 마을에 바커(Barker) 기동 타격대가 진입해 들어갔다. 전형적인 '토벌 작전'이었다. 미군들이 베트콩들을 찾아 무조건 죽이는 그런 작전이었다.
    베트남에 주둔하고 있는 다른 부대들에 견주며 바커 기동 타격대는 허둥지둥 조직되어 훈련을 받고 파견되었다. 지난달까지 그들은 아무런 전과(戰果)도 올리지 못했었다. 적과의 교전은 한 번도 없었는데 지뢰와 위장 폭탄들 때문에 많은 부상자만 냈을 뿐이었다. 그 쾅가이 지역은 베트콩의 소굴로 알려져 있었으며 그 지역의 민간인들은 주로 공산군 게릴라들의 통치와 영향 아래 살고 있었다. 민간인들이 게릴라군들을 그 상태까지 방조해 왔기 때문에 그 지역에서 전투 요원과 비전투 요원을 가려낸다는 것은 아주 어려운 일이었다. 그 바람에 미국인들은 그 지역에 사는 베트남인이라면 누구를 막론하고 미워하고 불신하는 경향이 있었다.
    정보대에서 최근 밀라이 주민들이 베트콩을 숨겨 주고 있다고 알려 왔다. 타격대는 그곳에 가면 베트콩들이 있으리라고 생각했다. 작전 개시 전날 밤, 그들 사이엔 기대하는 분위기가 감돌았다. 마침내 교전이 다가왔고 그들은 이제야 본연의 임무에 돌입하게 되었다.

그날 밤 상급 장교들이 하급 장교들과 사병들에게 내린 지시의 핵심 내용은 적의 전투 요원과 비전투 요원을 구분하는 것이었는데 아주 모호한 구석이 있었다. 모든 군인들은 제네바 협정을 숙지하도록 되어 있다. 즉 비전투 요원을 해치거나 또는 부상이나 질병으로 인해 무기를 버린 전투 요원을 해치는 군인은 전범이 된다는 협정이다. 그들 타격 대원들이 이 협정을 숙지하고 있었는지는 별문제가 되지 않는다. 문제는 적어도 그들 가운데 일부는 미 육군 야전 규범의 육지전 군법을 모르고 있는 사람들이 있을 수 있었다는 사실이다. 즉 그것은 제네바 협정에 위배되는 명령은 불법이며 따라서 그 명령에 복종하지 말아야 한다는 조항이다.

바커 타격대의 거의 모든 대원들이 그날 작전에 이런저런 식으로 개입돼 있었지만, 직접 관련된 1차 요원들은 보병 제11여단 20사단 1대대의 C중대였다. 이들 C중대가 밀라이 마을에 진입해 들어갔을 때 그들에겐 단 한 명의 전투 요원도 눈에 띄지 않았다. 보이는 베트남인들은 아무도 무장을 하고 있지 않았다. 그 누구도 대원들에게 총을 쏘지 않았다. 대원들의 눈에 띈 사람이라고는 오직 무장하지 않은 여자, 어린아이, 노인 들이 전부였다.

그 이후 발생한 일에는 명확하지 않은 부분이 있었다. 그러나

한 가지 분명한 사실은 그 C중대 요원들이 적어도 5백 명에서 6백 명의 비무장 주민들을 사살했다는 점이다. 사살 방법도 다양했다. 무턱대고 아무 집에나 들어가서 안에 누가 있든 간에 그저 소총으로 막 갈겨 버린 병사가 있는가 하면, 도망가는 주민들과 아이들을 뒤에서 무차별적으로 사격한 요원도 있었다. 가장 대규모 사살이 일어난 곳은 밀라이 제4부락이었다. 거기서 윌리엄 컬리(William L. Calley, Jr.) 소위의 지휘 아래 C중대 제1소대는 마을 사람들을 20명에서 50명을 한 단위로 모아 놓고 소총, 기관단총, 수류탄을 가리지 않고 사용해 마구 죽였다. 그러나 그날 다른 장교 휘하의 다른 소대 요원들에 의해 밀라이의 다른 마을들에서도 엄청난 수의 비무장 민간인들이 살해당했다는 사실을 간과하지 말아야 할 것이다.

이 대학살은 장 시간에 걸쳐 진행됐는데 오전 한 나절이 꼬박 걸렸다. 그걸 멈추게 하려고 했던 사람은 오직 한 사람뿐이었다. 헬리콥터 조종사로 계급은 준위였다. 그는 마침 토벌 작전 지원차 그 위를 비행하고 있었다. 공중에서도 그는 사태의 정황을 뚜렷하게 목격할 수 있었다. 그는 착륙한 뒤 대원들에게 말을 걸려고 했으나 실패했다. 다시 헬리콥터에 올라와 그는 본부와 상급 장교들에게 무전을 쳤다. 그러나 아무도 관심을 갖지 않은 것 같았다. 할 수 없이 포기하고 그는 자기 일을 수행하기 위해 돌아갔다.

그날 그 일에 가담한 병사의 수는 그저 추정 되고 있을 뿐이지만, 방아쇠를 실제 당긴 사람들 기준으로 대략 50명 정도는 되었을 것으로 추산된다. 나머지 약 2백 명의 군인들이 그 살육 장면을 직접 목격했다.* 우리는 일주일 내에 적어도 5백여 명의 바커 타격대 요원들이 이런 범죄가 저질러졌다는 사실을 알게 되었을 것이라고 상상할 수 있다.

이 범죄가 보고되지 않았다는 사실 또한 완벽한 또 하나의 전쟁범죄이다. 이듬해가 되도록 바커 기동 타격대의 어느 누구도 그날 밀라이에서 일어났던 참사를 보고하려 들지 않았다. 이 범죄는 그냥 '은폐된 상태'로 지나가는 듯했다.

미국 국민이 이 사실을 알게 된 것은 한 통의 편지 때문이었다. 사건이 발생한 지 1년도 훨씬 넘은 1969년 3월 말 론 리덴아워(Ron Ridenhour)라는 사람이 이 사실을 몇몇 국회 의원들에게 편지를 써 보냈던 것이다. 리덴아워는 타격대 요원은 아니었으나 밀라이에 주둔했던 친구들과 함께 사석에서 대화를 나누다가 그 참사 소식을 듣게 되었다. 그리하여 군복을 벗고 민간인이 된 지 3개월 뒤에 편지를 쓰게 되었다.

1972년 봄, 나는 육군 통합 병원에서 선임한 정신과 의사 위원회 회장직을 맡고 있었다. 나는 육군 참모 총장의 요청에 따라 밀라이 사태의 심리학적 요인들을 밝혀 내는 연구를 주도하게 되었는데, 앞으로 그 같은 비극을 막는 데 유용한 자료를 만들기 위한 것이었다. 그런데 이 연구는 육군 참모부에 의해서 거부되

---

* 최종적으로 문책을 당한 사람은 25명이었고, 그 중 6명만이 재판에 회부되었다. 유죄로 판결된 사람은 컬리 소위 한 명이었다.

고 말았다. 얘기인즉 연구를 하게 되면 비밀이 폭로되고 그러면 정부에 소란을 불러일으킨다는 생각 때문이었다. '더 이상의 소란은 이 시기에 바람직하지 않다'는 논리에서 그렇게 된 것이다.

   이 연구의 거부는 몇몇 문제에서 상징적인 의미를 갖고 있다. 우선 악의 본질에 대한 연구는 그 어느 것이라 할지라도 소란을 불러일으킬 수 있다는 점이다. 그것은 그 연구에서 지목된 대상자들에게 뿐만 아니라 연구자 자신들에게도 마찬가지다. 인간의 악의 본질을 연구하다 보면, 우리가 얼마나 그들을 뚜렷하게 분리할 수 있을지 회의가 찾아온다. 어쩌면 우리가 연구하려는 것은 바로 우리 자신의 본성일지도 모른다는 생각이 들게 때문이다. 의심할 것도 없이 소란의 여지야말로 우리가 지금껏 악의 심리학을 개발하는 일을 제대로 하지 못하게 했던 이유들 가운데 하나이다.

   참모부의 연구 거부를 통해 분명해진 또 하나의 사실은 밀라이의 악을 연구하기에는 우선 악의 연구 전반에 대한 과학적 지식이 너무나 부족하다는 점이다. 앞서 말한 내용만 갖고는 지금부터 할 얘기의 대부분을 추측할 뿐이다. 과학적 연구를 통하여 진정한 악의 심리학을 체계화하는 지식 체계가 개발될 때까지는 어쩔 수 없이 그 추측의 선에서 머물러야만 한다.

집단 악이란 무엇인가?

   방아쇠를 당긴 것은 개인들이었다. 명령을 하달하고 수행한 것도 개인들이었다. 최신 이론에 따르면 모든 개개인의 행동은 궁극적으로 그 개인 당사자의 선택의 결과다. 밀라이 대학살과 그 은폐에 가담했던 모든 개개인들치고 잘못이 없는 사람은 한 명도 없다. 심지어 그 헬리콥터 조종사도 그 학살을 멈추게 하려 했던 유일한 용기와 선의의 사람이었지만, 그가 목격한 것을 바로 직속 상관에게 보고하지 않았다는 점에서는 역시 잘못이 있다.

지금까지 우리는 내가 '악하다'고 이름 지은 특정 개개인들, 즉 내가 '악하지 않다'고 부르는 대부분의 다른 개인들과는 구별되는 일부 특정 개개인들에게만 초점을 맞춰 왔다. 이 둘을 뚜렷하게 구분 짓는다는 것이 약간 자의적일 수밖에 없다는 점을 인정한다 하더라도, 우리에겐 한 가지 문제가 남아 있게 된다. 어떻게 5백여 명의 사람들이, 그것도 개인들로 보면 대부분 조금도 악한 사람이 아닌 사람들이 어떻게 밀라이의 악과 같은 그런 끔찍스런 악의 행위에 가담할 수 있었는가 하는 점이다. 밀라이 사태를 이해하기 위해서는 우리의 초점이 그저 개인적인 악과 개인적인 선택에만 한정되어서는 안 된다는 것이 분명해졌다. 바로 이 장에서 우리는 개인의 악의 현상과는 엄연히 구별되는 집단 악의 현상에 대해 집중적으로 논의하려고 한다. 개인 악과 집단 악의 관계 연구는 어제 오늘 시작된 것이 아니다. 바로 이 사건을 갖고 집중 연구한 책도 이미 나와 있다.* 그러나 철학자가 쓴 책으로, 심리학적 입장에서 쓰여지지 않았다.

---

* Ed. Peter A. French, Individual and Collective Responsibility: The Massacre at Mylai, Cambridge, Mass.(Schenkman Pub. Co., 1972).

오랜 세월이 지나면서 한 가지 느낀 점은, 집단은 개인과 아주 비슷한 방식으로 행동하는 경향이 있다는 점이다. 다만 집단이 생각보다 훨씬 더 원시적이고 미성숙할 수 있다는 차원이 있다. 이것이 왜 그런지, 즉 왜 집단의 행동이 그렇게 훨씬 더 미성숙한지, 심리학적 입장에서 볼 때 왜 집단은 부분의 총합보다 항상 뒤떨어지는지에 대한 문제는 나의 대답 능력을 벗어나는 문제다.*
다만 내가 확신할 수 있는 한 가지 사실이 있다. 즉 그 대답은 꼭 하나만은 아닐 것이라는 점이다. 집단 미성숙의 현상은 정신 의학적 용어를 사용한다면 '다중 요인적인' 현상이다. 즉 복합적인 요인의 소산이라는 얘기다. 그 복합적인 요인들 가운데 하나로 전문화의 문제를 꼽을 수 있다.

전문화란 집단이 가질 수 있는 최대의 이점이다. 집단이 개인보다는 훨씬 더 효율적으로 기능할 수 있는 방법들이 많이 있다. 제너럴 모터스 사는 직원들이 업무부, 설계부, 생산부, 조립부 등으로 전문화되어 있기 때문에 그토록 엄청난 수의 자동차를 생산해 낼 수 있다. 지금 우리가 누리는 고도의 생활 수준도 그 기반은 전적으로 우리 사회의 전문화에 놓여 있다. 내가 지금 이 책을 쓸 수 있는 지식과 시간을 갖고 있다는 것도 사실은 내가 나의 복지를 위해 농부와 기술자와 출판 업자와 서점 운영자에게 전

---

* 그러나 이것은 많은 사고와 연구를 할 만한 가치가 있는 대단히 중요한 문제다. 단지 집단 악에만 해당되는 문제가 아니라 국제 관계에서 가정의 본질에 이르기까지 인간의 모든 집단 현상을 이해하는 데도 대단히 중요한 요소가 된다.

적으로 의존하고 있는 우리 사회 전문인의 하나라는 사실의 직접적인 결과다. 전문화 자체를 악한 것으로 생각할 수는 없다. 그럼에도 나는 우리 시대의 많은 악들이 이 전문화와 관련이 있다는 철저한 확신을 갖고 있다. 또한 전문화에 대한 의혹스러우리만큼 조심스런 태도가 우리에게 절대적으로 필요하다는 것도 마찬가지다. 나는 우리가 핵무기를 대할 때와 똑같은 정도의 의혹과 안전 의식으로 전문화를 대할 필요가 있다고 생각한다.

전문화가 집단의 미성숙과 집단 악의 잠재성에 이바지하는 양상은 몇 가지 기제를 통해 다양하게 나타난다. 여기서는 한 가지 기제에만 국한하여 생각하려 한다. 그것은 양심의 분해다. 만약 밀라이 사태 당시 내가 국방성의 각 방을 돌아다니면서, 네이팜탄(강렬한 유지[油脂] 소이탄 — 역주)을 제작하여 그것을 폭탄의 형태로 베트남에 수송시킨 책임자들을 찾아가 그들에게 전쟁의 도덕성과 그들이 수행한 그 일의 도덕성에 대해서 묻는다면, 내가 그들로부터 얻을 수 있는 대답은 분명 이런 유의 대답일 것이다.

"예, 이렇게 관심을 가져 주시니 정말 고맙군요. 정말 감사드립니다. 하지만 사람을 잘못 찾아오신 것 같은데요. 우리는 당신이 원하는 그 부서 소속이 아닙니다. 여기는 군수품 부서입니다. 우리는 그저 무기를 공급해 줄 뿐, 그것을 어디서 어떻게 사용하는가에는 관여하지 않습니다. 정책이 그렇습니다. 당신이 바라는 것은 정책 담당자들과 얘기해야 하는 것 아닙니까?"

좋다. 만약 내가 그 제안에 따라 정책 부서에 가서 똑같은 관심을 표명한다고 하자. 그들의 대답은 이러할 것이다.

"예, 거기엔 복잡한 요소들이 함께 얽혀 있지요. 하지만 유감스럽게도 우리 소관이 아닙니다. 우리가 결정하는 것은 단지 전쟁이 어떻게 수행돼야 할 것인가 하는 점이지, 전쟁을 일으킬 것인지 말 것인지 하는 점이 아니거든요. 당신도 알다시피 군이라는 것은 본래 행정부의 시녀가 아닙니까? 군은 그저 명령받은 것을 수행할 뿐입니다. 이 복잡한 요소들은 여기가 아니라 백악관 차원에서 결정될 문제입니다. 거기 가서 말씀하시는 게 좋을 것입니다."

왜 안 그렇겠는가? 집단 내 개인들의 역할이 전문화될수록 개인이 도덕적 책임을 집단의 다른 부분에 전가시키는 일은 가능하며 쉬워진다. 이 과정에서 개인이 자신의 양심을 버리는 것은 물론 집단 전체의 양심도 너무 분해되고 희석되어서 아예 존재하지 않는 것처럼 될 수 있다. 우리는 앞으로 이 양심 분해에 대한 이야기를 여러 다양한 방식으로 계속 언급할 것이다. 이 문제에서 한 가지 틀림없는 사실은 다음과 같다. 즉 모든 개개인이 자신을 자기가 속한 집단의 행동에 직접 책임이 있는 자로 인식할 때까지는 어떤 집단이라도 불가피하게 잠재적 무양심과 악의 상태에 빠져 있을 수 있게 된다는 점이다. 이제 천천히 하나하나 살펴보기로 하자.

집단의 심리학적 미성숙 성향을 염두에 두면서 우리는 밀라이 전범의 두 가지 측면, 즉 대학살 자체와 그것의 은폐를 함께 살펴

볼 것이다. 이 두 전범은 서로 깊이 맞물려 있다. 은폐는 학살 자체보다는 덜 잔혹해 보일지 모르지만, 그 둘은 실은 똑같은 덩어리의 일부분이다. 그렇게 많은 사람들 가운데 어떻게 단 한 명도 고백을 해야겠다는 양심의 가책을 느끼지 않고, 그런 끔찍한 악에 가담할 수 있는 것일까?

은폐는 아주 거대한 집단 차원의 거짓이다. 거짓은 동시에 악의 증상이기도 하고 악의 원인이기도 하다. 꽃이기도 하면서 뿌리이기도 한 것이다. 이 책의 제목을「거짓의 사람들」로 붙인 이유도 바로 그 때문이다. 지금까지는 우리는 거짓의 사람 개개인에 대해서만 생각해 왔다. 이제 우리는 거짓의 사람들 집단을 살펴보려고 한다. 바커 기동 타격대 요원들은 은폐 행위에 공통으로 가담했다는 그 점에서 뚜렷하게 '거짓의 사람들' 이다. 이 얘기를 끝낼 때쯤 해서 우리의 결론은 심지어 그 전쟁 당시엔 미국인 모두가 다 거짓의 사람들이었다고 내려질지도 모르겠다.

모든 거짓말이 다 그렇듯이 은폐의 첫 번째 동기는 두려움이다. 그 당시 방아쇠를 당겼든 명령을 내렸든 간에 범죄를 지은 개인들에게는 자신들의 행위를 보고하는 것을 두려워할 만한 뚜렷한 이유가 있었다. 군사 재판이 그들을 기다리고 있었던 것이다. 하지만 그 대학살을 그저 목격하기만 했던 훨씬 더 많은 사람들조차도 '뭔가 어둡고 잔인한 그 사건' ▪ 에 대하여 한마디 말도

▪ 론 리덴아워가 보낸 편지에서 사용한 표현.

없었다는 것을 어떻게 설명해야 할 것인가? 도대체 그들은 무엇을 두려워해야만 했단 말인가?

집단 압력의 본질에 대해서 잠깐이라도 생각해 본 사람이라면 바커 타격대 요원 가운데 어떤 한 사람이 그 범죄 사실을 집단 바깥에 보고한다는 것이 얼마나 큰 용기를 필요로 하는 일인지에 대해 이해가 갈 것이다. 만약 그렇게 하는 날에는, 그 사람은 '밀고자' 내지는 '내통자'의 딱지를 면하기 어려울 것이다. 사람에게 붙여질 수 있는 딱지 중에 그만큼 무서운 것은 없다. 내통자는 종종 살해당한다. 최소한 추방은 기본이다. 민간인이 보기에는 추방이 그리 끔찍한 운명으로 보이지 않을지도 모른다. "이 집단에서 쫓겨나면 다른 집단으로 가면 될 것 아니야" 하고 반응할지도 모른다. 하지만 군인은 자기 맘대로 다른 집단에 소속할 수 없다는 사실을 기억해야 한다. 군인은 계약 기간이 끝날 때까지 군을 떠날 수 없다. 탈영은 그 자체가 또 하나의 큰 범죄이다. 그러니 어쩔 수 없이 군에, 그것도 어떤 특정한 집단 속에 처박혀 있어야만 한다. 다만 상관의 자유 재량이 조금의 변수가 될 뿐이다. 뿐만 아니라 군에는 계급간의 집단 압력의 힘을 강화하기 위해 꽤 의도적으로 고안된 다른 많은 것들이 있다. 집단 역학 특히 군대라는 집단 역학의 관점에서 볼 때, 바커 타격대 요원들이 그 집단의 범죄를 보고하지 않았다는 사실은 하나도 괴상한 일이 아니다. 그리고 그나마 이 범죄를 늦게라도 보고했던 그 사람이 타격대 요원이 아니었던 것은 물론 보고 당시에는 군인 신분이 아니었다는 사실 또한 그리 놀랄 만한 게 못 된다.

그러나 밀라이에서의 전쟁 범죄가 그토록 오랫동안 보고되지 않은 채로 있었던 데는 뭔가 다른 꽤 의미심장한 이유가 있으리라고 나는 생각한다. 그 일에 가담했던 개인들을 한 번도 만나 본 적이 없기 때문에 나의 생각은 순수한 추측임을 밝혀 둔다. 하지만 그 시절 베트남에 파병됐던 사람들과는 아주 얘기할 기회가 많았고, 당시 군에 퍼져 있던 분위기에 대해서는 나도 충분히 알고 있다. 결론적으로 나의 의미 심장한 추측은 이렇다. 바커 기동 타격대 요원들이 자신들의 전쟁 범죄를 보고하지 않았던 것은 단순히 그들이 자신들이 범죄를 저질렀다는 사실을 인식하지 못했기 때문일 가능성도 퍽 높다는 것이다. 물론 그들은 자신들이 무슨 일을 저질렀는지 알고 있었다. 그러나 자신들이 한 일의 의미와 본질을 생각해 보았느냐 하는 것은 전혀 다른 문제다. 내 생각에는 그들 중 많은 사람들이 자신들이 한 일을 범죄라고 생각조차 하지 않았을 것 같다. 그들은 고백할 만한 일을 했다고 생각하지 않았기 때문에 고백하지 않았다. 물론 자신의 죄책감을 묻어 둔 사람들도 있을 것이다. 하지만 묻어 둘 죄책감조차 없는 사람들도 많았을 것이라고 짐작한다.

어떻게 이럴 수 있을까? 멀쩡한 사람이 어떻게 사람을 죽여 놓고도 자기가 사람을 죽였다고 생각하지 않을 수 있을까? 어떻게 기본이 악하지 않은 사람이 자기 행위에 대한 아무런 인식도 없이 그 끔찍스런 악의 행위에 가담할 수 있단 말인가? 개인 악과 집단 악의 관계에 대하여 앞으로 논의하게 될 내용의 가장 중요한 초점이 바로 이 부분이다. 이 문제의 답을 찾기 위해서 이제 나는 악을 개인의 차원에서 소집단(바커 기동 타격대)의 차원으로, 다시 대집단의 차원으로 사다리 식으로 올라가면서 살펴보고자 한다.

사다리 오르기 – 복합적인 책임의 소재를 찾아서

스트레스에 짓눌린 개인

나는 열여섯 살 봄방학 때 사랑니 네 개를 다 뽑았다. 그 뒤 닷새 동안 입 전체가 퉁퉁 부었었다. 딱딱한 음식은 먹을 수 없었고 먹을 수 있는 거라곤 고작 죽이나 미음, 음료수뿐이었다. 입 안에서는 계속 역겨운 피 냄새가 풍겼다. 닷새가 지났을 때 나의 정신 기능의 수준은 세 살 짜리 수준으로 내려가 있었다. 완전히 자기 중심적이 되었다. 줄곧 다른 사람들에게 앓는 소리를 하고 짜증을 부렸다. 나는 가족들이 계속 나한테 관심을 가질 줄 알았었다. 그러나 기대에 못 미치는 일이 발생하자 그 일이 아주 사소한 일이었는데도 불구하고 눈에는 눈물이 글썽이고 불쾌감은 극도에 달했다.

한두 주일쯤 심각한 만성 질환이나 심기 불편을 겪어 본 사람이라면 내 얘기에 금방 공감하리라고 생각한다. 힘든 상황이 오래 계속되다 보면 우리 인간은 자연적으로, 거의 불가피하게 퇴행하는 경향이 있다. 심리적 성장은 역류하게 되고 성숙도 온데 간데 없이 사라진다. 아주 급속도로 우리는 어린애가 되고 야만인이 된다. 힘든 상황은 곧 스트레스가 된다. 이를테면 인간이라는 유기체는 만성 스트레스에 접할 때 퇴행하려는 자연스런 성향을 가지고 있다.

전투 지역에서 사는 병사의 삶은 그야말로 만성 스트레스다. 정부가 베트남 주둔군의 스트레스를 최소화시켜 주기 위해서 유흥가를 조성해 주고 휴식과 오락 시간을 충분히 주며 그 밖에 많은 위락을 제공하는 등 갖은 노력을 기울였던 것은 사실이지만, 여기서 중요한 문제는 바커 타격대 요원들이 당시 만성 스트레스 상황에 처해 있었다는 사실이다. 그들은 집을 떠나 이역만리에 가 있었다. 먹는 것도 부실하고 여기저기 벌레가 들끓는가 하면 찌는 듯한 열기에다 잠자리는 불편하기 짝이 없었다. 게다가 곁엔 늘 위험이 도사리고 있었다. 다른 전쟁의 경우보다는 살벌하지 않았을지 몰라도 베트남엔 그 나름대로 더 무거운 스트레스가 있었다. 전혀 상황 예측이 불가능했기 때문이다. 별일 없으리라고 생각했던 날 오밤중에 박격포 사격이 퍼부어지는가 하면, 화장실 가는 길에 위장 폭탄이 장치되어 있기도 하고, 어느 병사는 주변을 얼쩡거리다 지뢰를 밟아 발목이 잘리기도 했다. 바커 타격대가 그 숙명의 날 밀라이에서 예상된 적군을 한 명도 발견하지 못했다는 사실이 베트남전의 본질을 상징적으로 보여주고 있다. 적은 언제나 전혀 예상치 못했던 곳에서 전혀 예상치 못했을 때 나타났다.

인간이 스트레스에 대응하는 기제에는 퇴행 말고도 또 다른 것이 있다. 방어 기제다. 히로시마 원폭 투하와 다른 대재난의 생존자들을 연구해 온 로버트 제이 립튼(Robert Jay Lifton)은 방어 기제를 '정신적 마비 기술'이라고 불렀다. 너무나 고통스럽거나 견디기 어려울 때 인간에게는 스스로를 마비시키는 능력이 있다. 그건 아주 간단한 것이다. 피투성이가 되어 난도질당한 시체 한 구를 보게 된다면 우리는 공포에 질리고 말 것이다. 그러나 만약 우리가 맨날 보는 게 그런 시체들이라면 그 공포는 점점 정상이 되어가고 우리는 공포 감각을 잃게 될 것이다. 단순히 공포를 몰아내는 것이다. 공포를 느낄 수 있는 힘이 무디어지는 것이다. 그러면 우리는 피를 보거나 악취를 맡아도 더 이상 고통을 느끼지 않게 된다. 무의식중에 마비가 되어가기 때문이다.

이런 감정적인 자기 마비의 능력에는 물론 이점들도 있다. 시간의 흐름에 따라 우리 안에 자리를 잡으면서 우리에게 살아남을 수 있는 능력을 더해 준다. 정상적인 감수성을 그대로 갖고 있다면 붕괴돼 버리고 말 그런 끔찍한 상황에서도 우리가 계속 제 기능을 다할 수 있게 해 주는 것이다. 그러나 문제는 이 자기 마비 기제가 특정한 것에만 국한되어 있지 않다는 데 있다. 이를테면 만약 우리가 쓰레기 더미 속에서 살다 보니까 더러운 것에 둔감해져 버렸다고 한다면, 이제 우리 자신도 아무 데나 쓰레기를 마구 버리는 사람이 될 가능성이 크다는 것이다. 자신의 그통에 둔감해지다 보면 다른 사람들의 고통에도 둔감해지는 성향을 갖게 된다는 말이다. 모욕적인 대우를 받을 때 우리는 자신의 고결성에 대한 감각을 잃을 뿐만 아니라 다른 사람들의 고결성에 대한 감각도 함께 잃어버린다. 난도질당한 시체를 보는 일이 나한테 더 이상 거슬리는 일이 아니라면, 내가 다른 사람을 난도질하는 것도 더 이상 문제되지 않게 될 것이다. 우리의 눈을 모든 형태의 잔인함에는 다 열어 두면서도 특정 형태의 잔인함에만 닫아 둔다는 것은 참으로 어려운 일이다. 잔인함에 둔감해졌다고 자처하는 사람치고 어떻게 스스로 잔인한 사람이 되지 않을 수 있겠는가?

이제 우리는 이런 가정을 해볼 수 있을 것 같다. 야전에서 한 달 동안 제대로 못 먹고 못 자고 또 동료들이 살해당하거나 부상당하는 것을 똑똑히 본 후, 바커 타격대 요원들은 훨씬 더 심리적으로 미숙해지고 유치해지고 잔인해졌을 것이다.

나는 앞서 나르시시즘과 악의 관계를 얘기하는 부분에서 "인간은 누구나 나르시시즘이라는 상태에서부터 성장을 시작한다"고 얘기했었다. 어찌 보면 악은 일종의 미성숙이라고 할 수도 있다. 미성숙한 사람은 성숙한 사람보다는 악을 저지르기 쉽다. 어린이들이 우리에게 주는 인상은 천진하다는 것만 아니라 잔인하다는 것도 같이 있다. 만약 어른이 파리의 날개를 잡아 뽑기를 좋아한다면 그 사람은 사디스트적인 사람이며 악한 사람이라는 의혹을 살 수도 있다. 그러나 네 살 먹은 어린아이가 그렇게 한다면 꾸지람을 듣기는 하겠지만, 그것 자체는 그저 호기심 정도로 받아들여질 것이다. 만약 열두 살짜리 아이가 그런 성향을 보인다면 약간 염려할 것이다.

만약 우리가 이미 자라서 악과 나르시시즘을 벗어 버렸고 또 스트레스를 받았을 때 정상적으로 퇴행하는 사람들이라면, 우리는 이렇게 말할 수 있지 않을까? 인간은 편안할 때보다는 스트레스를 받을 때 더 악해지기 쉬운 성향이 있다고 말이다. 나는 그렇게 믿는다. 우리는 50명 또는 5백명의 개인들로 이루어진 집단이 밀라이 사태 같은 끔찍스런 악을 저지르는 일이 어떻게 가능할 수 있는지 거듭 물어 왔다. 한 가지 대답은 이것이다. 즉 그들이 처해 있던 만성적인 스트레스로 인하여 바커 기동 타격대 요원들은 정상적인 상황에서 기대할 수 있는 것보다 훨씬 더 미숙해졌고 그만큼 악해져 있었다는 것이다. 스트레스의 결과로 선과 악의 정상적인 분배가 악 쪽으로 기울어지게 되었던 것이다. 하지만 계속 살펴보면 알게 되듯이, 이것은 밀라이의 악을 설명해 주는 많은 요인들 가운데 하나에 지나지 않는다.

악과 스트레스의 관계를 살펴보았으니까 이제 선과 스트레스의 관계도 짚고 넘어갈 필요가 있을 것 같다. 편안할 때 품위 있게 행동하는 사람도 위급할 때는 그 품위가 온데간데없이 사라질 수도 있다. 스트레스는 선의 시험대. 진짜 선한 사람은 스트레스를 받을 때도 자신의 성실과 성숙과 민감성을 저버리지 않는다. 품위란 삶의 하강기가 찾아와도 퇴행하지 않을 수 있는 능력, 고통에 직면하면서도 무뎌지지 않을 수 있는 능력, 극심한 고뇌를 겪으면서도 제자리에 남아 있을 수 있는 역량이라고 정의할 수 있다. 언젠가 한 번 얘기했듯이 "인간의 위대함을 재는 최선의 척도는 고난에 대처하는 역량일 것이다."▪

집단 역학 : 의존성과 나르시시즘

인간은 스트레스를 받을 때 개인적으로 퇴행할 뿐만 아니라 집단 상황 속에서도 퇴행한다. 잘 믿어지지 않는다면 라이온스 클럽 회의나 대학 동문회 같은 것을 잘 보라. 이 퇴행에서 나타나는 한 가지 태도는 지도자에 대한 의존 현상이다. 이것은 눈에 아주 잘 띄는 현상이다. 서로 잘 모르는 사람들을 12명 안팎의 소집단으로 묶어 줘 보라. 맨 처음 발생하는 일은 그들 가운데 한두 명이 재빨리 지도자의 역할을 하고 나서는 일이다. 의식 있는 선출이라는 합리적인 과정을 거쳐 일어나는 일이 아니다. 누가 뭐랄 것도 없이 무의식적으로 그저 자생적으로 일어나는 일이다. 어떻게 이 일이 그토록 빨리 쉽게 일어날 수 있을까? 물론 다음 사실도 한 가지 이유가 될 수 있다. 즉 어떤 사람이 다른 사람보다 지도하는 입장에 서기에 적합하거나, 아니면 그런 입장에 서기를 자기 스스로 원할 수 있다는 점이다. 그러나 보다 근본적인 이유는 그 정반대다. 즉 대부분의 사람들은 지도하기보다는 따르기를

▪ M. Scott peck, The Road less traveled, (Somon & Schuster, 1978), P. 78 (「아직도 가야 할 길」 열음사)

원한다는 사실이다. 여러 가지 설명이 가능하겠지만 대개는 게으름의 문제다. 지도자가 아닌 추종자가 된다는 것은 훨씬 더 쉬운 일이다. 추종자에게는 복잡스런 결정, 장래 계획, 주도권 행사, 배척당할 위험, 용기의 발휘 등을 할 필요가 전혀 없다.

문제는, 추종자 역할은 바로 어린아이 역할이라는 점이다. 사람은 성인이 되면 누구나 다 자기 배의 선장이고 자기 운명의 개척자다. 그런데도 추종자 역할을 맡는 순간 그는 자신의 힘을 지도자에게 이양하게 된다. 자신에 대한 권위와 독립 결정자로서의 성숙도를 그에게 맡겨 버리는 것이다. 마치 어린아이가 부모에게 의존적인 것처럼 그는 심리적으로 지도자에게 의존적이 된다. 이와 같은 방식으로 해서 일반적으로 개인은 어떤 집단에 소속하게 되면 정서적으로 퇴행하는 성향이 아주 강하다.

치료 집단을 주도하는 치료자의 입장에서 볼 때 이런 퇴행은 그다지 바람직하지 못하다. 그렇게 되면 치료자가 환자의 성숙을 촉진하고 개발해 주는 일을 해야 한다. 그래서 집단 치료자는 집단 안에서 환자의 의존성을 직면하고 도전함으로써 그로 하여금 지도자의 위치에 서는 모험을 하게 해서, 결국 그가 집단 상황에서 성숙한 힘을 발휘한다는 것이 어떤 것인지를 배우도록 이끌어 가야 한다. 성공적인 치료 집단은 바로 모든 구성원들이 자신들의 독특한 개인 역량에 따라 그 집단의 지도력을 동등하게 분배하는 데까지 이른 집단이라 할 수 있다. 이상적인 성숙한 치료 집단은 모두 지도자들로 구성된 집단이라고 할 수 있다.

그러나 대부분의 집단은 심리 치료나 개인 성장을 목적으로 존재하는 것이 아니다. 바커 기동 타격대 C중대 1소대의 목적은 지도자를 훈련하는 일이 아니라 베트콩을 죽이는 일이었다. 실은 바로 그 목적을 위해서 군은 치료 집단에서와는 본질적으로 정반대인 집단 지도자 유형을 개발·확립해 놓았다. "군인은 생각이 없는 인간이다"라는 말은 하나의 금언으로 받아들여지고 있다. 지도자는 집단 안에서 선출하는 것이 아니라 상부에서 지명하며 권위의 상징물 속으로 일부러 파묻히게 된다. 복종은 군 제일의 계율이다. 부하가 지도자에게 복종하는 것은 단지 격려 사항이 아니라 절대 의무다.* 사명의 본질상 군이란 고의적으로 그리고 실제적으로 집단 내 개인들의 퇴행적 의존성을 자연스럽게 유발·촉진시키게 되어 있다.

밀라이 같은 상황에서 개개 병사들은 독립적으로 사고한다는 것이 거의 불가능한 상황에 처해 있었다. 한편으로 그들은 양심을 버려서는 안 되며 독립적인 성숙한 판단력을 갖고 불법적인 명령에는 복종해선 안 된다는 내용의 이론 교육 때 들었던 얘기

---

* 민간인들도 복종 상태에 있을 때 훨씬 쉽게 악을 행할 수 있다. 이에 대해서는 데이빗 미어즈(David Myers)의 뛰어난 논문인 "A Psychology of Evil"(The Other Side[April 1982], p. 29)에 잘 나와 있다. 가장 분명한 예는 스탠리 밀그램(Stanley Milgram)의 복종 실험이다. 바로 옆에 기세 당당한 명령자가 있을 때 성인 피험자들의 65%는 명령 내용에 완전히 복종했다. 명령만 주어지면 그들은 옆방에서 소리를 지르고 있는 아무 잘못도 없는 피해자에게 전기 충격을 유발시키는 물건을 가져다 주는 일에 복종 수행했다. 피험자들은 블루 컬러, 화이트 컬러, 전문직들이 뒤섞인 일상적인 사람들이었다. 그들은 지시받는 일을 달가워하지는 않았지만, 복종이 그들 자신의 도덕관을 앞질렀던 것이다.

를 희미하게나마 떠올렸을지도 모른다. 그러나 다른 한편으로는 군 조직과 그 집단 역학이 그들이 독립적인 판단력을 행사하거나 불복종을 행하는 일을 아주 터무니없으리만큼 고통스럽고 난해하고 부자연스러운 일로 만들어 놓았는지도 모른다. C중대의 명령이 "움직이는 것은 다 죽여라"였는지, "마을을 초토화시켜라"였는지는 분명치 않다. 그러나 그중 어느 것이든 간에 요원들이 지도자의 그러한 명령에 복종했다는 사실이 놀라운 일 아닌가? 집단으로 항명했어야 되지 않겠는가?

집단 항명이 무리라면 지도자에게 반항할 만큼 용감한 사람이 적어도 몇 명은 있을 법도 하지 않은가? 물론 꼭 그래야 하는 것은 아니다. 이미 말했듯이 집단 행동의 유형은 개인 행동의 유형과 아주 비슷하다. 집단이 유기체인 까닭에서다. 집단은 단일 정체로 기능하려는 경향이 있다. 집단 응집성이라는 것 때문에 한 집단의 개인들은 한 단위로서 행동하게 된다. 집단 안에는 개개 멤버들을 하나로 묶어 두려고 하는 거대한 힘이 작용하고 있다. 그 응집성을 고수하려는 힘이 실패하면 그 집단은 분해되고 더 이상 집단일 수 없다.

아마 이런 집단 응집력들 가운데 가장 강력한 것은 나르시시즘일 것이다. 그것은 집단 프라이드라는 가장 단순하고 가장 그럴듯한 형태로 나타난다. 멤버들이 자기 집단에 자부심을 갖듯 집단도 그 자체에 프라이드를 느낀다. 다시 돌아오면, 군은 집단 안에 프라이드를 심기 위해 그 어느 조직체보다도 치밀하게 공작을 편다. 수단은 참으로 다양하다. 부대 깃발, 어깨에 단 부대 마크, 그린 베레 등과 같은 집단 특유의 표상을 만드는가 하면 부대 안 스포츠 대회에서부터 부대 간의 실력 대결에 이르기까지 집단 경쟁력을 강화하기도 한다. 집단 프라이드에 대한 가장 보편적인 용어인 '단체 정신(esprit de corps, corps는 군단이라는 뜻 – 역주)'이라는 말이 군대 용어라는 점도 우연이 아니다.

좀더 그럴듯하긴 하지만 집단 나르시시즘의 실제적이고도 보편적인 유형은 '적 만들기' 또는 '비회원에 대한 적대감'이라 할 수 있다. 어린아이들이 집단으로 노는 것을 처음 배우기 시작할 때 우리는 그들에게서 이 같은 현상을 자연스럽게 볼 수 있다.[■] 이제 집단은 파벌이 된다. 이제 이 집단(클럽이나 파벌)에 속하지 않은 사람들은 열등하거나 악하거나, 아니면 그 둘 다로 경시된다. 어떤 집단에게 아직 기존의 적이 없다면 그들은 당장 그 적을 만들어 낼 것이다. 물론 바커 타격대에는 사전에 지정된 적이 있었다. 그것은 베트콩이었다. 그러나 베트콩은 베트남 남부 사람들과 똑같이 생겼기 때문에 그 양쪽을 구분한다는 것은 거의 불가능했다. 이제 불가피하게 사전에 지정된 적은 모든 베트남인으로 일반화돼 버렸고, 그리하여 베트콩을 미워하던 보통의 미군 병사들은 모든 '노란 사람들'을 동시에 미워하게 되었다.

[■] 심리학자들이 관찰한 바에 따르면 캠프에서 열두 살 난 남자 아이들을 몇 그룹 지어 주고 서로 경쟁을 시켜 보면, 선의의 경쟁이 이내 격렬한 '열두 살 수준의 전투'로 변해 버리고 만다고 한다(Myers, "A Psychology of Evil, p. 29).

집단의 응집력을 높이기 위한 가장 좋은 방법은 외부의 적에 대하여 집단의 증오와 적개심을 계속 불붙여 주는 것이다. 집단 바깥의 결함과 '죄'들에 초점을 맞추다 보면 집단 안의 결함들은 쉽게 지나쳐 버릴 수 있다. 그런 식으로 하여 히틀러 치하의 독일인들은 유대인들을 희생양으로 삼아 공격함으로써 자신들의 국내 문제들을 모조리 무시해 버릴 수 있었다. 그리고 2차 세계 대전 당시 미군이 뉴 기니아 지역 전투에서 전과를 올리지 못하자 군 당국은 일본인들이 만행을 저지르는 영화를 보여 줌으로써 그들의 단합심을 끌어올렸다. 그러나 무의식적이든 의식적이든 이런 나르시시즘의 이용은 악한 것일 수 있다. 악한 개인들이 자신들의 잘못을 들춰내는 것이라면 누구든지 무엇이든지 다 비난하고 파괴하려 함으로써 자기 성찰과 죄책감을 피한다는 것에 대해서는 앞서도 충분히 얘기했다. 지금 우리는 그 똑같은 악독한 나르시시즘적 행동이 집단에서도 자연스럽게 일어난다는 사실을 살펴보고 있다.

여기서 한 가지 분명해지는 사실이 있다. 실패한 집단이 가장 악해질 수 있다는 점이다. 실패는 프라이드에 손상을 가져온다. 짐승도 상처를 입으면 악해진다. 건강한 유기체에서라면 실패는 자기 성찰과 비판에 자극제가 될 것이다. 그러나 악한 사람은 자기 비판을 견딜 수 없기 때문에 그가 어떤 양상으로든 불가피하게 격렬히 분노하게 되는 것이 바로 실패의 시간이다. 집단도 마찬가지다. 집단의 실패 및 자기 비판에 대한 자극은 집단의 프라이드와 응집력을 해치는 쪽으로 작용한다. 그렇기 때문에 예나 지금이나 집단 지도자들에게는 실패의 시절이 오면 다른 나라 사람이나 '적'을 향한 집단의 증오심을 한층 끌어올림으로써 집단 응집력을 강화하려 하는 것이 기본이다.

다시 우리 이야기로 돌아오면, 당시 밀라이에서의 바커 기동 타격대 작전은 실패로 돌아갔다는 사실을 떠올릴 필요가 있다. 야전에서 한 달 이상을 헤맸건만 적군은 한 사람도 눈에 띄지 않았다. 반면 아군 쪽에는 계속하여 부상자가 늘어갔다. 적군은 단 한 명의 부상자도 없었다. 적군을 사살하려는 목표의 작전에 실패하자 집단 지도자들은 너나 할 것 없이 더 한층 피에 굶주리게 되었다. 상황이 그러한지라 굶주린 이들은 분별력을 잃었고, 이제 병사들은 마음놓고 그 굶주림을 해갈할 수 있게 되었던 것이다.

작은 전문 집단 : 바커 기동 타격대

전문화가 갖고 있는 악의 잠재성에 대해서는 이미 얘기했다. 또한 전문화된 개인이란 자신의 도덕적 책임을 기계 속의 다른 전문화된 부품이나 기계 자체에 전가시키기에 너무나 쉬운 위치에 놓여 있다는 사실도 얘기했다. 그 밖에 개인이 집단 안에서나 추종자 역할을 취하게 될 때 보여 주는 퇴행 현상에 대해 얘기할 때도 나는 전문화를 언급했다. 추종자는 제대로 된 인간이 아니다. 생각하기와 주도하기를 빼놓은 역할만을 받아들이는 사람은 자신의 사고 능력과 지도 능력 행사를 이행하지 않는 사람이다. 그렇게 되면 생각하고 주도하는 일이 더 이상 그의 능력이나 의무가 안 되기 때문에, 대개 그런 사람은 자신의 양심까지도 도매금으로 팔아 넘기고 만다.

전문화된 개인으로부터 전문화된 집단으로 얘기의 논점을 바꾸면서 이제 우리는 거기에도 똑같은 종류의 위험이 도사리고 있다는 사실을 살펴보려 한다. 바커 기동 타격대는 전문 집단이었다. 어떤 여러가지 목적을 위해 존재하는 집단은 아니었다. 축구도 하고 댐도 만들고 생활비도 벌고 하는 식이 아니었다. 오로지 고도로 전문화된 한 가지 목적만을 위해서 존재했다. 바로 1968년 쾅가이 지역에서 베트콩을 수색해 사살하는, 그 한 가지 뿐이었다.

전문화를 생각할 때 염두에 두어야 할 한 가지 중요한 사실은 결코 우연이나 주먹구구가 아니라는 점이다. 대개 그것은 고도의 계산 끝에 사전에 선택된 것이다. 내가 전문 정신과 의사가 된 것은 우연이 아니다. 내가 그렇게 되기로 선택했고, 그렇게 되는 데 필요한 과제를 선택적으로 수행해 왔던 것이다. 나아가 그 역할은 내가 선택한 것일 뿐만 아니라 사회가 나를 그것으로 선택해 준 것이기도 하다. 많은 다른 단계들을 거칠 때마다 나는 그 '클럽'의 멤버가 될 만한 자질들을 갖추고 있는가에 대하여 검사를 받았던 셈이다. 어떤 전문 집단이든 다 따지고 보면 자신의 선택과 집단의 선택의 공동 결과로 생겨나는 특별한 분야라 할 수 있다. 예를 들어 여러분이 어떤 정신과 의사 회의에 참석하여 그들의 옷과 어휘와 몸가짐, 유난히 논쟁을 좋아하는 성향 등을 보게 된다면, 아마 여러분은 그들이 과연 특이한 종족이구나 하는 생각을 굳히게 될 것이다.

좀더 전형적인 다른 예 한 가지를 살펴보자. 경찰은 어떤가? 누구도 우연히 경찰이 되지는 않는다. 애당초 특별한 종류의 사람들이 그것을 직업으로 선택하는 이유는 바로 그들이 원하기 때문이다. 예컨대 공격성도 있고 인습성도 있는 중하층 출신의 젊은 남자라면 그 자리를 원할 가능성이 퍽 많다. 수줍음 잘 타고 지적인 젊은이라면 아마 원하지 않을 것이다. 경찰 일에는 법을 집행할 때 어느 정도까지는 공격적인 표현이 허용되며, 동시에 법을 존중하게 되어 있는 고도의 조직 사회를 통하여 그 공격성의 억제도 어느 정도 요구된다. 이것은 첫 번째 젊은이의 심리적 필요에는 아주 잘 들어맞는다. 아마도 그는 자연스럽게 마음이 끌리게 될 것이다. 만약 그가 훈련 기간이나 직무 초반에 이 일이 만족스럽지 못하다거나 아니면 자신은 경찰들의 그 많은 계급이며 서류 뭉치에 왠지 맞지 않는 것 같다고 느낀다면, 그는 그 일을 그만두거나 자연히 도태될 것이다. 경찰이란 반전 시위자들이나 대학의 영문과 전공자들과 같은 다른 유형의 집단과는 현격히 다르고, 자기들끼리는 커다란 공통 분모를 갖고 있는 꽤 동질성 있는 사람들의 집단이다. 바로 이것이 문제다.

이 같은 예를 바탕으로 우리는 전문 집단에 대한 세 가지 일반 원리를 간추려 볼 수 있다. 첫째, 전문 집단은 어쩔 수 없이 자기 강화적인 집단 특성을 띨 수밖에 없다. 둘째, 그렇기 때문에 전문 집단은 특히 더 나르시시즘에 빠질 가능성이 높다. 즉 다른 동질성 집단들과의 관계에서 자신들을 우월한 위치에 놓고 자신들만이 옳다는 식으로 행동하게 되는 것이다. 셋째, 사회는 전문화된 역할 수행을 위하여 특정 유형의 사람들을 고용한다. 이것은 앞서 말한 자기 선택의 과정에도 일부 기인한다. 예컨대 사회는 그 경찰 기능의 수행을 위하여 공격성과 인습성을 갖춘 사람들을 고용하는 것이다.

바커 기동 타격대가 전문 집단이었다는 얘기는 이미 했다. 그들은 오직 쾅가이 지역의 베트콩 수색 사살 작전을 수행한다는 목적을 위해 존재하는 집단이었다. 그러나 독자 여러분이 자칫 놓치기 쉬운 부분이 있다. 그 집단이 생겨나게 된 데는 엄청난 양의 선택과 자기 선택이 개입되어 있다는 사실이다. 그 당시 민간인들이 군대에 징집됐다고는 하지만, 바커 기동 타격대를 미국 국민의 한 표본 집단으로 볼 수는 없다. 당시 가장 평화주의적인 사회인들은 캐나다로 나가거나 양심적 병역 거부자로 자처하면서 징집에 끝내 응하지 않았다. 참전 의무를 피하고 싶었지만 평화주의적이진 않았던 사람들은 대개 징집되기 전에 자원하는 쪽을 택하였다. 그렇게 자원하게 되면 육·해·공군 중 소속을 자기가 고를 수 있었고 육군 중에서도 특정 비전투 주특기를 선택할 수 있었다. 그렇게만 되면 베트남 파병과는 거리가 멀어지게 된다. 바커 기동 타격대는 두 부류의 사람들로 구성되었다. 하나는 일부러 전투 부대를 지원한 고위급 직업 군인들이었고, 다른 하나는 역시 일부러 지원한 젊은 '보병들'이었다. 물론 이들 가운데는 조금만 힘쓰면 쉽게 빠져 나갈 수 있는 보병 자리를 어찌어찌하여 잘 빠져나가지 못한 사람들도 있었다.

밀라이 사태가 있은 지 한참 뒤인 1968년 말까지만 해도 베트남전에서 싸운 미군들은 대부분이 파월 지원병들이었다. 사실 장교급 직업 군인 입장에서 봤을 때 베트남에 한 번 나갔다 온다는 것은 부러움과 선망의 대상이었다. 그것은 곧 흥분과 높은 월급과 훈장과 보장된 승진을 의미했다. 또한 젊은 사병들을 위해서도 지원 제도가 있었다. 베트남에 지원해서 가기만 하면 최소한 세 가지가 확실히 보장되었다. 즉각적인 근무지 이동, 즉각적인 휴가 그리고 두둑한 상여금. 이 정도의 먹이라면 '총알받이'로 자원하는 사람들을 충분히 조달할 수 있었다. 이것은 밀라이 사태 이후 미군 개입이 점점 더 확대될 때까지 계속되었다.

전형적인 한 개인의 예가 1968년 미국 사회와 군과 베트남 전에 투입된 작은 군인 집단 사이의 관계를 여러 측면에서 상세하게 증명해 줄 것으로 생각된다. 이 전형적인 개인을 '래리'라고 부르고, 그의 출신지를 아이오와 주라고 해보자. 알코올 중독자인 품삯 일꾼 아버지와 늘 아버지에게 시달리고 찌들어 있는 어머니 사이에서 6남매 중 맏이로 태어난 래리는 사춘기 때부터 이미 문제아였다. 1965년 열여섯 살 되던 해에 고등학교를 때려친 래리는 되는 대로 이것저것 잡일을 하며 자립해 보려 했지만, 자동차 보험료와 기름 값 그리고 밥 먹듯 마셔 대는 술 값을 감당하기에도 벅찼다. 1966년 11월, 래리는 동네 주유소에서 강도 짓을 하다가 체포되었다. 동네 사람들은 래리가 없어지는 것에는 기뻐했지만 동시에 주 감옥의 인구가 늘어나 자신들의 세금 부담이 커지는 것은 조금도 원하지 않았다. 지방 판사는 래리에게 이런 판결을 내렸다. 즉 군에 가거나 감옥에 갇히거나, 둘 중 하나를 선택해야 한다는 것이었다.

그 이후의 일은 아주 간단하다. 군 징집 사무실은 판사 사무실과 같은 건물 안에 있었다. 말할 것도 없이 모자라는 것은 보병이었다. 래리는 독일을 지원했다. 거기 가면 여자들이 많다는 얘기를 들었던 까닭에서다. 일주일 후 래리는 신병 훈련을 받기 위해 미주리 주와 레오나드 우드 부대로 가고 있었다. 기초 및 전문 보병 훈련에 그는 눈코 뜰 새 없이 바빠 사고 칠 시간조차 없었다. 그러나 일단 독일에 오자 상황은 달랐다. 과연 듣던 대로 여자들은 훌륭했고 맥주도 혀 끝에서 살살 녹았다. 그런데 물가가 비쌌다. 래리는 돈을 빌렸고, 그걸 갚느라 늘 애를 먹었다. 래리는 중개업자에게 대마초를 팔고 그걸로 한 몫 잡게 되었다. 그런데 그 때 마침 감시가 심해졌다. 빚은 점점 늘어 났다. 이제 열아홉 살이나 되었으니 래리도 일이 어떻게 돌아가는지를 대충 알 수 있었다. 채권자들은 와서 래리를 거반 죽여 놓거나 아니면 군에 대마초 건을 고자질해 버릴 것이었다. 딱 한 가지 빠져나갈 방법이 있었다. 결국 래리는 베트남 파병 지원서를 냈다. 사흘 뒤 그는 미국으로 돌아가는 비행기 안에 있었다. 그야말로 구사일생이었다. 기분이 좋았다. 주머니엔 열흘 동안의 휴가 기간에 날려 버릴 수 있는 보너스가 두둑히 들어 있었다. 고향 아이오와 주에 가면 옛 친구들도 있고 여자들도 있었다. 그 이후의 일에 대해서는 조금도 생각하지 않았다. 베트남 여자가 독일 여자보다 더 낫다는 말도 들었고, 게다가 기분 전환 삼아 실전을 해본다는 것도 신나는 일일 것 같았다. 노란 사람들을 쏴 죽인다는 것은 생각만 해도 재미있을 것 같았다.

불행히도 바커 기동 타격대의 구성에 대한 사회학적 연구는 아직 하나도 되어 있는 게 없다. 만약 있기만 하다면 틀림없이 우리의 이해에 커다란 도움을 주었을 텐데 말이다. 나 역시 과학적인 얘기는 아무것도 할 것이 없다. 그리고 그 집단 모두 다 '래리' 같은 범죄자들로 이루어졌다는 얘기는 암시조차 하고 싶지 않다. 그러나 분명히 말하고 싶은 것은 바커 타격대와 또 C중대가 미국 국민의 평균 단면도는 아니었다는 사실이다. 그 멤버들은 다 개인의 역사와 자기 선택의 이유로 인하여 1968년 3월 밀라이에 도착했다. 그것은 또한 미군과 전 미국 사회가 확립해 놓은 선택 체계를 통해서이기도 했다. 그것은 그냥 무작위로 뽑힌 그런 집단이 아니었다. 그것은 사명 면에서는 물론 그 독특한 구성 면에서도 아주 고도로 전문화된 집단이었던 것이다.

바커 기동 타격대 그리고 수많은 다른 인간 집단들의 전문화된 인간 구성에서 세 가지 중요한 문제가 생겨난다.

첫째, 융통성의 문제다. 전문화된 인간한테서 우리는 융통성을 기대할 수 있어야만 한다. C중대는 살상 전문 집단이었다. 그곳에 속한 개인들은 체제에 의해 고의적으로 그 살상의 역할 속에 유인되어 버렸을 뿐만 아니라 어떤 이유에서든 자기 자신들도 그 역할 속으로 빠져들어갔다. 게다가 우리는 그 역할을 위해 그들을 훈련시켰고 그들에게 그 역할을 수행할 수 있는 무기를 주었다. 일이 이렇고 또 거기다 많은 다른 상황도 다 사태를 유발하는 쪽으로 돌아가는 상태에서 그들이 무차별 살상을 가했다고 해서 그것이 그렇게 놀랄 일이 되겠는가? 정작 우리가 그들에게 그 일을 하게 해놓고 이제 그들이 거기에 대해 죄책감을 느끼지 않아 보인다고 해서 그것이 이상한 일이 되겠는가? 인간을 전문 집단 속으로 떠밀다시피 집어넣어 놓고 동시에 아무런 특별 훈련도 없이 그들이 본연의 역할을 넘어서는 넓은 시야를 유지하기를 기대한다는 것이 과연 현실적인 일이겠는가?

둘째, 희생양 만들기의 문제다. 미묘하지만 틀림없이 개입돼 있는 문제다. 그 전형적인 인물 래리는 동정심을 갖기엔 너무 얼치기 사기꾼에 강도였고 아주 불쾌하기 짝이 없는 그런 친구였다. 그러나 자세히 보면 그 역시 하나의 희생양이었다. 그의 동네가 그를 군에 밀어넣을 때 그들이 한 것은 래리가 갖고 있는 인간적, 사회적 문제를 해결해 주려는 노력이 아니라 그저 그를 쫓아 버리려는 것이었다. 그들은 쓰레기를 군대에 치워 버림으로써,

즉 래리를 전쟁의 신(神)에게 제물로 바침으로써 자기 마을을 정화시켰다. 그들은 또한 군대도 희생양으로 만들었다. 물론 미국의 꼴사나운 문제아들을 받아 주는 쓰레기장 역할을 하는 것이 군의 불문율적인 기능 가운데 하나라는 것은 사실이다. 말하자면 '국립 재활 학교'인 셈이다. 그러나 그런 체계가 매끄럽게 잘 돌아가고 있고 또 항상 나쁜 결과만 가져오는 것이 아니라는 사실 때문에 그 과정이 본질상 '희생양 만들기'였다는 것을 놓쳐서는 안 된다.

말할 것도 없이 군은 그때 래리를 베트남으로 유인함으로써 그를 희생양으로 만들었다. 한편으로 보면 그것은 사회적으로 어쩔 수 없는 논리적 귀결이었다. 문제아요 부적응자인 래리 같은 사람이야말로 총알받이에 가장 적합한 후보가 되지 않겠는가? 누군가가 죽어야 한다면 사회적으로 가치 없는 사람이 우선 뽑혀야 되지 않겠는가? 그러나 밀라이에서의 살상 결정은 래리가 내린 것이 아니었다. 그것은 컬리 중위의 결정도 아니었다. 그것은 미국의 결정이었다. 이유야 어찌 됐든 미국은 모종의 살상이 있을 것을 결정했고, 그걸 위해서 누군가가 죽게 된다 하더라도 미국의 명령을 이행하는 것에 지나지 않았다. 래리 류의 사람들이 평균 미국인보다 좀더 지저분하고 천박한 사람들일지는 모른다. 그러나 분명한 사실은 미국이라는 사회가 자신들의 살상 작업을 대신 시키기 위해서 그들을 의도적으로 뽑아 고용했다는 점이다. 이런 의미에서 그들은 모두 미국의 희생양이었다.

이 희생양 만들기가 더욱 고조되는 모습은 반전 운동사에서 살펴볼 수 있다. 베트남전에서 미국의 역할에 대한 비판은 1965년부터 이른바 '지식인 좌익' 계열 사이에서 일기 시작했다. 그러나 그 많은 성토 대회와 시가 행진에도 불구하고 반전 운동은 1970년까지 이렇다 할 민중의 지지는 고사하고 아무런 효과도 거둘 수 없었다. 이런 시간 지체 현상은 왜 일어났을까? 물론 많은 요인들이 뒤얽혀 있을 것이다. 그러나 가장 중요한 요인, 즉 징집된 미국인들 가운데 자원하지 않았는데도 꽤 많은 사람들이 베트남으로 파병되기 시작한 것은 밀라이 사태 이후인 1969년부터였다는 점이다.

원하는 사람들이 베트남에 파병되었을 때만 해도 대부분의 미국인들은 특별히 흥분할 필요가 없었다. 아주 자연스러운 현상이다. 그에 못지않게 자연스러운 현상이 바로 자신의 아버지와 형제와 아들 들이 조금도 원하지 않았는데 베트남으로 파병되기 시작하면서 나타났다. 미국 민중들은 태도를 바꾸기 시작했고 민중들이 처음으로 반전 운동에 지지하기 시작했던 것이다. 이 역시 자연스러운 현상이다.

간단하게 말하면 이렇다. 즉 우리에게는 지난 6년 동안 전체 미국 민중 속에 개인적으로 의미 있게 소속되지 않고도 전쟁을 대신해 줄 만한 전문화된 충분한 살상자들이 있었다. 개인적으로 개입되지 않았기 때문에 민중은 자신들이 만들어 낸 그 살상자들로 하여금 '제 할 일을 하게 하는' 일에 잠자코 만족하고 있었다. 그 전문 살상가들이 바닥날 때까지만 해도 민중은 그 전쟁에 대해서 아무런 책임 의식도 느끼지 못했다. 이것이 바로 우리가 살펴보아야 할 세 번째 문제다. 여기서 우리는 절대로 무시해서는 안 될 한 가지 두려운 현실과 만나게 된다. 그것은 바로 거대한 집단이 단순히 전문화된 사람들을 기용함으로써 아무런 감정적 동요 없이도 악을 행한다는 것이 가능한 일일 뿐만 아니라 너무 쉽고도 심지어 자연스럽기까지 하다는 사실이다. 베트남에서 그랬다. 나치 독일이 그랬다. 나는 또 그런 일이 일어날까 두렵다.

여기서 우리가 알아야 할 것이 있다. 전문 집단을 만들 때마다 우리는 왼손이 하는 일을 오른손이 모르게 될 수 있는, 아주 위험한 가능성을 같이 만들어 내고 있다는 사실이다. 그렇다고 지금 전문 집단을 없애야 한다고 말하는 것은 아니다. 아기에게 목욕물을 주고 그냥 혼자 내버려 두는 것이나 마찬가지다. 그러므로 우리는 그 잠재적인 위험을 인식해야만 하며, 그것을 최소화하는 방향으로 전문 집단을 구성해야만 한다. 우리는 아직 그렇게 하지 못하고 있다. 예를 들어 미국 사회는 군의 100퍼센트 지원제를 선택해서, 지금까지 유지하고 있다. 미국인 전체에 아픔을 주지 않으려는 이유에서다. 베트남전 때 일기 시작한 반전 감정에 대한 대응책으로서, 뒤따르는 위험이야 무시하더라도 훨씬 더 철저하게 전문화된 군을 선택하고 말았던 것이다. 용병(傭兵)만 중시하고 시민 병사의 개념을 내 버린 결과 커다란 위험을 자처하게 되었다. 20년이란 세월이 흘러 베트남 전쟁에 대해선 거의 다 잊혀진 지금, 지원자들이 다시 한 번 외국에서의 크고 작은 모험에 개입되는 일은 얼마나 쉬운 일이겠는가. 그런 모험은 군을 바싹 긴장케 할 것이고, 그 무용(武勇)을 시험해 보기 위해 실제 기동 연습을 시킬 것이며, 너무 늦었다는 시점에 이르기까지는 일반 미국 시민들을 거기에 개입시키거나 피해를 입힐 일은 전혀 없게 될 것이다.

내 생각에는 징집제야말로 군을 건강하게 지킬 수 있는 유일한 길이다. 그게 아니라면 군은 필연적으로 기능 면에서 전문화될 뿐만 아니라 심리 면에서도 점점 더 전문화되어갈 것이다. 신선한 공기는 완전히 차단될 것이다. 그것은 계속해서 기존의 자기 가치관을 강화시켜 점점 자기 우물에 갇히게 될 것이고, 그러다가 다시 한 번 고삐가 풀어지는 날이면 베트남에서와 똑같이 피에 굶주려 날뛰게 될 것이다. 징병제는 고통이 뒤따르는 제도다. 그러나 그것은 보험료 지불과 다를 바 없다. 징집 복무야말로 우리 군의 '왼손'을 건강하게 지켜 주는 유일한 방법이다. 만약 우리에게 군이라는 것이 있어야 한다면 그것은 어떻게든 피해를 입히게끔 되어 있다. 국민의 한 사람으로서 우리는 대중 파괴의 수단을 갖고 놀아서는 안 된다. 그 수단을 사용하는 것에 대하여 개인적으로 책임을 분담하려는 생각은 조금도 없으면서 말이다. 우리가 누군가를 살상해야 한다고 할 때, 우리는 우리 대신 그 더러운 일을 수행해 줄 고용 살상자들을 뽑아 훈련시킨 뒤 그들이 무슨 피를 어떻게 흘리고 있는지에 대해서는 잊어버리고 마는, 그런 입장을 취해서는 안 된다. 우리가 누군가를 죽여야 한다면 떳떳하게 우리 자신을 개입시켜 그 고통을 감수해 내야 하는 것이다. 그렇지 않으면 우리는 자신을 스스로의 행동에서 절연하게 될 것이고, 그렇게 되면 한 국민으로서 우리는 지금까지 여기서 쭉 얘기해 왔던 그 개인들과 똑같은 존재, 즉 악한 존재가 되고 말 것이다. 악이란 자신의 죄악을 인정하지 않으려는 데서 비롯되는 까닭이다.

보다 큰 전문 집단 : 군(軍)

지금까지는 개개 보병들과 그들이 전투의 스트레스에 대처할 때 경험하는 퇴행에 대하여 얘기했다. 집단이라는 상황 속에서 개인이 갖게 되는 퇴행 성향에 대해서도 말했다. 또한 소집단, 특히 바커 기동 타격대 같은 준 집단 안에서 발휘되고 있는 동조(同調)와 나르시시즘의 위력들에 대해서도 알아보았다. 더 나아가 우리는 그러한 전문화된 소집단과 그 소집단을 존재케 하는 보다 큰 집단 사이의 관계를 살펴보았고, 그 관계 안에서 나타나는 희생양 만들기의 측면을 알아보았다. 지금부터는 그 큰 집단 자체에 시선을 돌려 보기로 하자. 여기서는 미국의 군이 될 것이다.

군의 핵심은 직업 군인이다. 그들은 장교든 하사관이든 대개 20대 또는 30대의 남자다. 군 조직의 본질 결정에 가장 많이 이바지하는 사람은 바로 그들이다. 그 조직은 징집병들에게 잘 맞춰 주고 지원병들의 지원을 유도하기 위해서 여러 가지 방식으로 노력하게 된다. 군은 국방부 장관으로 대표되는 민간 지도자들의 방향에도 다각적으로 반응해야만 한다. 하지만 국방부 장관은 계속해서 바뀐다. 징집병들과 4년 복무 지원병들도 계속 오고 간다. 그러나 직업 군인은 늘 남아 있다. 군에 연속성을 부여하는 사람도 그들이며, 또한 그들은 군에 그 정신을 부여하는 사람들이기도 하다.

미국의 군 정신 가운데 몇몇은 매우 중요하며, 영적 가치가 있다고까지 할 만한 것도 있다. 그러나 여기서 나의 목표는 완전히 균형을 이룬 군의 모습을 제시하려는 것이 아니라, 군의 실패한 것들 가운데 하나를 집단 악이라는 현상의 한 실례로 검토하려는 데 있다. 그러려니 자연 얘기의 초점을 군 정신의 여러 측면 가운데 보다 재미가 덜한 것으로 맞춰야 할 것 같다.

인간이란 체질상 자신이 사회적으로 중요한 사람이라는 느낌을 갈구하도록 되어 있다. 자신이 필요한 존재요 유용한 존재라는 느낌보다 큰 즐거움을 주는 것은 아무것도 없다. 거꾸로 말하면 자신이 쓸모없고 요구되지 않는 존재라는 느낌보다 더 절망을 자아내는 것은 아무것도 없다. 군이란 보통 땐 대접을 못 받는다. 기껏해야 필요악 정도로 생각되거나 그보다는 대개 국가의 한 병폐적 기생충 정도로 여겨진다. 그러나 일단 전시가 되면 군인은 별안간 아주 요긴한 존재가 된다. 역할은 유용한 정도가 아니라 이 사회에 절대적으로 필요한 것으로 여겨지게 된다. 천덕

꾸러기가 영웅으로 탈바꿈하는 것이다.

이렇듯 전시 상태는 직업 군인에게 심리적 만족의 의미를 지닐 뿐 아니라 경제적 보상도 가져다준다. 보통 때는 승진도 동결되고 게다가 군법엔 계급 강등도 있다. 따라서 이때는 단순히 경제적·심리적으로 살아 남기 위해서만도 직업 군인에게는 다른 사람들보다 훨씬 큰 정신적 힘이 요구된다. 그는 인정도 못 받고 묻혀진 채로 전시 때까지 기다려야만 한다. 전시가 돼야 날개를 한 번 펴 볼 수 있는 것이다. 책임량은 갑자기 극적으로 늘어나고 승진이 빨라진다. 봉급이 오르고 그 밖의 상여금과 복지가 쏟아진다. 훈장도 쌓여 간다. 비로소 그는 빛도 없고 절망도 없는 사람에서 '잘 나가는 사람'이 되는 것이다. 더 말할 것도 없이 그가 중요하고 의미 있는 사람이 된다는 뜻이다.

평범한 직업 군인이라면 의식적으로든 무의식적으로든 은근히 전쟁을 원한다는 얘기가 반드시 뒤따라 나온다. 전쟁이 그에게 성취감을 가져다주기 때문이다. 특별한 지위에 있는 사람들이나 정신적으로 군자 같은 사람들 가운데 자기 직업의 이러한 거대한 자연 성향을 극복하고 평화 수호의 편에서 일하고 주장을 펴는 사람들이 일부 있긴 하지만, 그러나 그러한 보기 드문 순교자들과 칭송 없는 영웅들을 일반적이라고 보기는 매우 힘들다. 오히려 우리는 아무 원한이나 악한 감정 없이 군인들이란 언제나 전쟁을 원하는 사람들이라고 충분히 예견해야만 한다.

이것이 의미하는 것 가운데 한 가지는 미국 군대의 1968년 베트남전 개입은 어쩔 수 없이 그렇게 된 것이 아니라는 사실이다. 직업 군인들의 지배적 태도는 결코 회의나 신중이나 자제 등이 아니었다. 굳이 표현을 한다면 "드디어 왔구나! 자, 다들 가서 한 판 해야지!" 하는 식의 들뜬 환호성이었다. 다만 그것이 대통령과 최고 사령관에 의해 훌륭히 미화되었을 뿐이다. 사령관만 하더라도 직접 베트남까지 가서 군대를 모아 놓고 "베트콩 머리를 많이 베어 오라"고 훈시하지 않았던가.

짚고 넘어가야 할 또 한 가지 요인은 1960년대 당시 미국 군대의 한 특징이던 '고도의 기술 공학'이다. 그렇다고 군대가 언제나 기술 지향적이었던 것은 아니지만, 당시는 기술에 대한 신념이 그야말로 절정에 달했던 시기였다. 전세계적으로는 물론이고 특히 미국에서 더했다. 이런 면에서 군은 당시 온갖 기계와 장치와 설비에 정신이 팔려 있던 미국 사회 전체를 그대로 반영해 주고 있다. 그런 것들만 있으면 모든 게 효과적이고 수월하게 수행될 것이고 거기엔 살상도 포함되었다. 실상 당시 베트남은 새 군사 기술을 시험해 볼 수 있는 이상적인 시험대로 여겨졌으며, 군 자체도 미국 사회 전반에 혁신적 신기술을 개발함에 있어서 제일선의 역할을 제때 감당해 줄 것으로 기대되고 있었다. 여기서 생겨난 결과 중 하나로, 미국은 베트남에서 그토록 기술면에서 '흥분할 대로 흥분해' 불도저니 온갖 무기 장비니 정밀 조준 폭격이니 화학 고엽제(枯葉劑)니 하는 것들을 전면 핵 전쟁이라도 일으킬 것 같은 흥분 속에서 모두 사용했던 것이다.

또 하나의 결과로 공격자와 피해자들 사이의 정서적 괴리 현상을 꼽을 수 있다. 대개 우리는 그 피해자들을 보지도 못하였다. 베트남인들의 몸에 불을 붙인 것은 미국이 아니라 소이탄이었다. 그들을 죽인 것은 비행기, 탱크, 폭탄, 박격포였지 미국이 아니었다. 물론 밀라이에서는 직접 얼굴을 맞댄 상태에서 살상이 자행되었을 것이다. 그러나 내가 믿기로는 아무래도 그런 기술의 사용이 우리의 민감성을 말살시키는 데 한몫 했으리라 생각한다. 미국과 그 피해자들 사이에 몇 년 동안을 기계 장치들만 놓고 지내다 보니 미국의 양심에 그만 마비 효과가 오고 말았다. 그런 기술의 사용은 언제라도 똑같은 결과를 가져올 것이라고 나는 믿는다.

그러나 이 모든 집결된 기술, 군의 전문성, 미국의 노하우들이 말을 잘 듣지 않고 있었다. 미국은 지상 최고의 강국이었다. 역사상 한 번도 전쟁에서 져 본 적이 없었다. 그때까지는 말이다. 그런데 당시 도저히 믿어지지 않는 일이 벌어지고 있었다. 1967년과 1968년에 실로 이상한 존재가 서서히 그 손을 뻗쳐 오기 시작했던 것이다. 바로 패전의 그림자였다. 그 조그만 약소국, 산업화도 되어 있지 않고 거의 원시적이라고까지 할 수 있을 만한 국가와의 싸움에서 그 모든 기술을 갖춘 지상 최고의 강대국 미국이 지고 있었던 것이다.

군은 그날 그 현장에 있었던 탓에 이 상상조차 못할 일을 처음 경험하는 장본인이 되었다. 또한 미국이 당한 치욕의 그 격심한 고통을 가장 선봉에서 감내해야만 했던 것도 바로 군이었다. 그 '존재 이유' 자체의 수행에서 패배의 잔을 마시고 있었던 것도 바로 군이었다. 이제 군은 그 유일한 존재 목적을 성취할 수 없게 되었다. 사상 최고의 시간이 되어야 할 그 시간이 석연찮게도 하루 아침에 그들을 외면하고 말았다. 그 정련된 단합 정신, 뽐낼 만한 전통도 이제 다 수포로 돌아가고 말았다.* 1968년 초 밀라이 사태 때의 군은 마치 갑자기 어디서 날아오는지도 모르는 수백 개의 화살에 찢기고 상해를 입게 된 거대하고 힘센 야수와도 같았다. 이 야수는 격노와 혼돈 속에서 포효를 시작하고 있었다.

동물이 궁지에 몰리거나 상처를 입게 되면 훨씬 더 사나워지고 위험스런 존재로 변한다는 것은 하나의 법칙과도 같은 사실이다. 1968년 초 베트남에서 미국은 그다지 심각하게 궁지에 몰

---

* 개인적인 얘기 한 토막이 당시 미국 군대의 심리 변화를 이해하는 데 도움을 줄 것 같다. 그보다 먼저, 패배로 생겨난 그 절망이 베트남의 국경 너머로 퍼지는 데는, 그리고 그 모욕감을 직접 표현하지 못하고 있던 직업 군인들의 심리 속으로 스며드는 데는 일정 기간의 시간이 걸렸다는 점을 밝혀 두어야겠다. 1968년부터 1970년까지 나는 가족과 함께 오키나와의 한 미군 주거 지역에서 살았던 일이 있었다. 거기는 주로 직업 군인 장교들이 거주하고 있던 곳이었다. 1968년 크리스마스 이브에 우리와 친구들 한 무리는 캐럴을 부르며 이웃집을 돌고 있었다. 그것은 아주 즐겁고 거의 환상적인 일이었다. 우리가 가서 노래를 하면 가족들은 창가로 오거나 대문을 열고 나와서 우리에게 다과를 주거나 아주 기쁜 마음으로 감사를 표현하였고 어떤 사람은 아예 우리 무리에 가담하기도 하였다. 일은 아주 성공적이었다. 그래서 우린 1969년 크리스마스 이브에도 똑같은 일을 시작했다. 우리는 한 목소리로 입을 모았고 우리의 마음은 기대감으로 가득 찼다. 그러나 뭔가 근본적으로 달라진 게 있었다. 집들이 거의 다 어둠침침했다. 창문을 여는 이도 없었다. 대문을 열어 주는 이도 없었다. 감사를 표현하는 이도 없었다. 나와서 가담하는 이도 없었다. 실망스럽게 집으로 돌아와 나는 아내와 이런 말을 주고받았다. "제기랄, 온 동네가 다 쥐 죽은 것 같군." 당시만 해도 우리는 사태를 완전히 파악하지 못했었다. 그러나 돌이켜보건대 그때 그 지역은 정말이지 우울에 푹 빠져 있었고, 왜 그랬는지를 지금은 알고 있다.

려 있다거나 위협받고 있지는 않았다. 그러나 미국의 자존심은 결정적인 급소를 한 번 찔렸고, 특히 군의 자존심은 심각하게 상처를 입었다. 우리는 앞서 악이란 나르시시즘이 위협을 받을 때 생겨나는 것이라고 되풀이해서 얘기했었다. 이제 그들 군에게 악의 조건은 제대로 무르익었다. 고도로 나르시시즘적인 (악한) 개인이 자신의 완벽한 자아에 도전해 오는 자라면 누구를 막론하고 즉각 일어나 해치우려 들 듯이, 1967년 말 미국 군대라는 조직도 자신들의 자존심에 커다란 손상을 가해 온 베트남 국민을 향하여 보통 때와 다른 사나움과 책략으로 일어나 일격을 가하기 시작했다. 간첩 혐의자는 고문을 당했다. 죽었든 아직 살아 있든 베트콩의 몸은 무장한 장교들 차량 뒤에 매달려 흙먼지 속을 질질 끌려다녔다. 할당된 적의 전사자(戰死者) 수를 채워야 하는 시기가 시작되었다. 베트남전 개입 처음부터 특징이 되어 왔던 속임수와 허위 보고가 판을 치게 되었다. 밀라이 참사가 그 규모에 있어서 엄청났다는 것은 사실이지만 당시 베트남 전역에 걸쳐 미국이 보다 작은 학살을 일삼았으리라는 것을 추측하기란 그리 어렵지 않다. 밀라이 대학살은 꼭 바커 기동 타격대뿐만 아니라 베트남에 주둔하고 있는 전 미군에 걸쳐 팽배해 있던 잔학성과 악의 분위기라는 정황 속에서 발생되었다고 해도 결코 지나친 말은 아닐 것이다.

 이 잔학성의 분위기에 대한 추측은 아주 예리한 것이긴 하지만 역시 추측일 뿐이다. 앞서도 얘기했듯이 나는 밀라이 사태의 심리적 측면들에 대한 이해를 도와줄 연구 자료를 제출하라는 요청을 받은 사람 중 하나였다. 우리 위원회는 부정적인 평가를 받게 되리라는 것을 뻔히 알면서도, 어디까지나 정직한 자료가 되어야 하겠기에 이러한 연구 자료를 제출했다. 즉 미군이 베트남의 다른 곳에서 자행한 잔학한 사태들은 가능하다면 그들이 다른 전쟁에서 다른 적들에 대하여 자행했던 잔학한 사태와 비교 검토가 되어야 한다는 것이었다.

1899년 필리핀 반란[*]으로부터 1968년 밀라이 사태에 이르기까지 미군에 의해 자행된 범죄나 학살에 관한 것은 아무런 공적인 기록도 관련 서류도 남아 있는 게 없었다. 미군들이 한국전이나 2차 세계 대전에서 과연 아무런 잔학 행위도 저지르지 않았다고 생각할 수 있을까? 수많은 의문이 꼬리를 물고 일어났다. 미군은 다른 전쟁들에서도 똑같은 빈도로 잔학 행위를 저질렀는데, 다만 각 시기의 분위기가 달랐기 때문에 보고되지 않았을 뿐일까? 베트남에서 밀라이 말고 다른 곳에서의 잔학 행위는 우리가 상상하는 것보다 잦았을까 아니면 뜸했을까? 베트남에서의 잔학성 수준은 유독 심한 것이었을까? 미국인은 독일인 같은 다른 코카서스인들에 대해서보다 동양인들에게 더 잔혹했을까?

이런 질문에 대한 대답 없이는 밀라이의 집단 악을 결코 제대로 이해할 수 없다. 대답은 오직 그 주제에 대한 과학적·역사적

---

[*] Leon Wolff의 『Little Brown Brother』(Doubleday, 1961)를 참조하라.

연구를 통해서만 제시되어야 한다. 비록 기술적으로 어려운 점이 있다 해도 그런 연구는 이론적으로는 얼마든지 실행 가능하다. 그것이 정치적으로도 실행 가능할지는 또 다른 문제다. 우리가 자료를 제출했던 1972년만 해도 그것은 정치적으로 허용되지 않았다. 내가 추측건대 이 질문들은 앞으로도 답이 주어지지 않은 채 남아 있을 것 같다. 그 답을 찾는 일이 노력할 만한 가치가 없어서가 아니라 단순히 미국이라는 나라가 그것을 벗겨 내는 따위의 일은 하지 않을 것이기 때문이다. 문제를 일으키게 될 잠재력이 너무 큰 것이다. 우리는 이 점을 놓고 우리 자신들과 우리 사회를 그렇게 밀착 검사하는 일을 단연코 꺼릴 것이다. 우리가 그것을 정면으로 들여다보기를 피한다는 사실 자체가 집단으로서 악의 잠재성에 대한 충분한 근거가 된다.

1972년 우리에게 밀라이 사태의 심리적 측면들에 대한 연구 의뢰가 주어졌던 것은 앞으로 그런 참사를 막는다는 목표 아래 도움이 될 만한 자료를 확보하려는 목적에서였다. 우리가 제시한 연구가 완전히 묵살당했기 때문에 내게는 예방의 문제로 발전시켜 나갈 만한 제대로 된 과학적 기반이 전혀 없다. 하지만 예방을 위한 한 가지 사실만큼은 아주 명확한 것 같다.

우리 사회에 군이라는 조직이 있어야만 한다면 나는 우리 사회가 그 조직을 가능한 한 최고의 수준까지 탈전문화시키는 일을 심각히 고려해야 한다고 생각한다. 몇 가지 과거의 개념들 즉 보편 병역과 의무 병역 군대가 있으면 전시에는 지금의 군처럼 군사적인 기능을 감당하지만, 보통 때에는 슬럼가 정비나 환경 오염 예방이나 직업 훈련 교육이나 다른 요긴한 대민 활동 등의 평화적 기능에 전적으로 유용하게 기용할 수 있다. 전원 지원제나 모종의 불균등한 징병제 대신에 이 제도는 남녀를 불문하고 모든 미국의 젊은이들에게 의무적으로 부과되는 국가 방의 체계가 될 수 있을 것이다. 그렇게 되면 총알받이로 징집되는 일은 없어질 것이며, 오히려 아주 다양하고 요긴한 과업들을 위해 골고루 기용될 수 있을 것이다. 이런 모든 청년 복무 의무화는 즉각적으로 그리고 동시에 군의 모험주의를 절제시켜 줄 뿐만 아니라 필요할 때 전면적인 동원도 한결 쉬울 것이다. 보통 때도 중요시된다면 징집병들은 그렇게 전시가 되기를 갈망하지 않게 될 것이다. 이런 안이 너무 광범위해 보일지는 몰라도 본질적으로 실행 불가능할 면은 하나도 없다.

가장 큰 집단 : 1968년의 미국 사회

미국 군대는 발광한 황소처럼 베트남에서 길길이 날뛰다가 박살나고 말았지만, 자의에 따라 그 곳에 간 것은 아니었다. 그 생각 없는 야수를 그 곳에 풀어 놓은 것은 미국 국민을 대표하여 존재하는 미국 정부였다. 왜, 왜 미국은 그 전쟁을 수행했나?

기본적으로 그 이유는 세 가지 입장이 합쳐진 것으로 볼 수 있다. 첫째, 공산주의는 인류 전반의 자유와 특히 미국의 자유를 적대시하는 획일화된 악의 세력이었다. 둘째, 공산주의에 대항을 주도하는 것은 세계 경제 최강국으로서의 미국의 의무였다. 셋째, 공산주의는 어느 곳에서 도발을 일으키든, 수단과 방법을 가리지 않고 대항해야만 했다.

국제 관계에서 미국의 입장을 구축해 준 이 세 가지 조합은 1940년대 말과 1950년대 초까지 거슬러 올라간다. 2차 세계 대전 직후 소련 공산주의는 폴란드, 리투아니아, 라트비아, 에스토니아, 동독, 체코슬로바키아, 헝가리, 불가리아, 루마니아, 알바니아, 유고슬라비아 등 동구 전역에 걸쳐 그 유별난 공격성과 속도로 순식간에 정치 세력을 장악하였다. 나머지 유럽은 오로지 미국의 돈과 군사력의 지도에 의해서만 공산주의의 마수에 빨려 들어가는 것에서 보호될 수 있었다. 미국이 서방에서 공산주의 물결에의 대항을 지원하고 있는 사이, 그 불똥은 난데없이 동양으로 튀었다. 1950년 중국 전체가 거의 하룻밤 사이에 공산주의 지배 아래 무릎을 꿇고 만 것이다. 그리고 공산주의 세력은 이미 베트남과 말레이시아 쪽으로 그 위협을 확장해 가고 있었다. 선이 그어져야만 하는 시점에 왔다. 이렇게 모든 방향을 향한 소련 공산주의의 폭발적인 확장이 있던 때였으므로, 1954년 미국이 그것을 획일화된 악의 세력으로 인식하게 된 것도 무리는 아니다. 전 세계를 향한 너무도 위험스런 위협이었기 때문에 미국은 이제 생사를 내걸고 그것에 대항하는 일에 개입해야만 했다. 또 그렇게 하는 데 아무런 양심의 가책도 느끼지 않게 되었던 것이다.

그 뒤 10년이 채 못되어 공산주의는 더 이상 획일화된 악의 세력이 아니라는 사실을 지적해 줄 만한 풍부한 증거들이 나타났다. 바로 그것이 문제였다. 유고슬라비아가 소련으로부터 완전 독립했는가 하면 알바니아도 그 도상에 있었다. 중국과 소련은 더 이상 동맹국이 아니라 잠재적인 적이 되었다. 베트남의 경우, 그 역사를 조금만 주의 깊게 살펴보면 중국과 늘 숙적 관계였다는 것을 알 수 있다. 따라서 역사의 그 시점에서 베트남 공산주의자들의 배후 세력은 결코 팽창되고 있는 공산주의가 아니라 식민 지배에 대한 저항과 민족주의였다.

그리고 또 한 가지 분명했던 사실이 있다. 비록 시민으로서의 자유에는 구속이 따른다 하더라도 당시 공산주의 사회에 살던 국민은 비공산주의 형태의 정부 아래 살던 때보다 일반적으로 생활이 보장되었었다. 그 밖에 많은 비공산주의 사회의 국민들, 미국과 동맹 관계 아래 있던 정부들의 국민은, 소련 및 중국의 폭력 사태에 맞먹을 만한 인권 운동의 폭력 사태로 골치를 앓고 있었던 것 또한 사실이다.

미국의 베트남전 개입은 1954년부터 1956년 사이에 시작되었다. 그때만 해도 획일화된 공산주의 위협의 개념이 아직 현실감이 있었다. 그로부터 10여 년이 지나면서 그것은 더 이상 현실감을 잃어버리게 된다. 그런데 그 현실감이 막 끝나가는 그 시점에, 전략을 재조정하고 베트남에서 철군했어야 할 그 시점에 미국은 이미 한물간 입지를 지킨답시고 오히려 군사 개입의 규모를 현저하게 늘렸다. 왜 1964년 안팎으로 베트남에서의 미국의 행동은 그렇게 눈에 띄게 비현실적이고 부적절한 것이 되고 말았는가? 거기엔 두 가지 이유가 있다. 하나는 게으름이고, 다른 하나는 나르시시즘이다.

태도에는 일종의 관성이 있다. 한 번 움직임이 시작되면 반증이 눈앞에 있어도 계속 고수하려는 성질이다. 태도를 바꾼다는 것은 꽤 많은 수고와 작업이 요구된다. 그 과정은 끊임없이 자기 회의와 자기 비판의 자세를 힘써 지키려는 것으로 시작할 수도 있고, 내가 지금껏 옳다고 생각했던 것이 모조리 그릇된 것일 수도 있다는 뼈아픈 인정으로부터 시작할 수도 있다. 처음 한동안은 혼돈의 상태가 이어진다. 이 상태는 퍽 불편한 상태다. 그러나 그것은 개방의 상태이며, 따라서 배움과 성장의 상태다. 우리가 새롭고 좀더 나은 비전으로 도약할 수 있는 것은 바로 그런 혼돈의 상태를 거치기 때문이다.

밀라이 사태 당시 미국을 다스렸던 사람들, 즉 존슨 행정부를 게으르고 자기 만족에 빠진 사람들로 봐도 별무리는 없을 것이라고 나는 생각한다. 대부분의 평범한 개인들과 마찬가지로 그들에게는 지적 혼돈에 대한 감각이 거의 없었다. '끊임없는 자기 회의와 자기 비판의 자세'를 지키는 데 필요한 노력에 대해서도 감각이 없었다. 그들은 지난 20년 동안 '획일화된 공산주의 위협'에 대하여 자신들이 지켜 왔던 태도가 아직도 옳다고 생각했다. 그들의 태도에 의문을 제기하기에 충분할 만큼의 분명한 증거들이 나오고 있었음에도 불구하고 그들은 무시했다. 그렇지 않으면 자신들은 지금까지의 태도를 다시 생각해 봐야만 하는 고통스럽고 난해한 위치에 처할 상황이었다. 그들은 그 작업을 못 본 척했다. 아무 변화도 없다는 듯이 그냥 눈 감고 앞으로 계속 가는 편이 훨씬 쉬웠다.

지금까지는 이미 한물간 태도와 '고리짝 같은 작전'에만 매달려 있던 그들의 게으름에 대해 얘기했다.[※] 이제 나르시시즘에 대해 생각해 보기로 하자. 우리의 태도는 곧 우리 자신이다. 만약 누군가가 나의 태도를 비난한다면 나는 그가 나를 비난하는 것이라고 느낀다. 만약 내 의견 중 어느 하나가 잘못된 것으로 밝혀진다면 그것은 곧 내가 잘못된 것이다. 나의 완전한 자아가 흔들리는 것이다. 개인과 국가가 한물간 낡아빠진 생각에 달라붙어 있는 것은 단지 그것을 바꾸는 데 노력이 요구되어서가 아니라 그들이 나르시시즘 속에 빠져 있어서 자신의 생각이나 견해가 잘못된 것일 수도 있음을 아예 생각조차 못하기 때문이기도 하다. 그들은 자기가 옳다고 믿는다. 아, 우리는 피상적으로 자신의 무오성을 부정하는 데는 빠를는지 모르지만, 우리 속을 깊이 들여다보면 언제나 자기가 옳다고 생각하고 있는 자신을 보게 된다. 특히 우리가 힘이 센 것 같고 성공했다는 생각이 들 대는 더욱더 그러하다. 베트남에서의 미군 행동에서 드러났던 것이 바

※ M.Scoot peck, The road Less Traveled, (Simon & Schuster, 1978), PP. 44-51 (「아직도 가야 할 길」 열음사)

로 그런 유의 나르시시즘이었다. 상원 의원 윌리엄 풀브라이트(William Fulbright)는 그것을 '힘의 오만'이라고 표현했다.

만약 우리가 모두 드러나게 창피를 당한다면 그때는 그 고통스런 나르시시즘적 상처를 견딜 수도 있고, 자신이 변화해야 한다는 필요성을 인정할 수도 있으며, 결국 자신의 생각을 고칠 수도 있다. 보통은 그렇다. 그러나 특정 개인들의 경우와 마찬가지로 국가 전체의 나르시시즘은 때때로 정상적인 한계를 넘어서는 때가 있다. 그렇게 되면 국가는 증거에 비춰 입장을 재조정하는 것이 아니라 그 증거를 말살해 버리려는 시도를 하게 된다. 이것이 바로 1960년대 미국이 처해 있었던 상황이다. 베트남의 그 상황은 틀림없이 우리에게 미국의 세계관이 잘못되었다는 증거와 미국의 힘의 한계에 대한 증거를 보여 주고 있다. 그러나 미국은 그것을 다시 생각해 보는 대신 베트남의 상황을, 필요하다면 베트남 전체를 모두 파괴해 버리려는 쪽을 택했다.

그것은 악이었다. 우리는 이미 악의 정의를 가장 간단하게 내렸다. 악이란 자신의 병든 자아를 방어하고 보전하려는 목적으로 다른 사람들을 파괴하는 데 정치적 힘을 사용하는 것이다. 이제 전체주의로서의 공산주의는 이미 시대가 지나 버렸기 때문에 공산주의를 계속 그렇게 보는 미국의 견해는 국가적으로 병든 자아의 일부가 되었다. 더 이상 적절하지도 현실적이지도 않았다. 미국이 지지하던 디엠(Diem) 정부의 실패로, 즉, 베트콩의 확장을 저지하기 위한 미국의 모든 '자문가들'과 그린 베레(미국의 대(對) 게릴라 특수부대-역주)의 지원 그리고 거대한 경제적·군사적 원조의 실패로, 이제 미국 정책의 병폐성 내지 오류성은 뚜렷하게 드러났다. 그런데도 그들은 그 정책을 바꾸기는커녕 고스란히 보존하기 위해서 전면전을 개시했다. 1964년 같으면 한 자그마한 실패에 지나지 않았을 그 실패를 인정하기는커녕, 베트남과 베트남 국민들의 큰 꿈을 희생시켜가며 미국은 자신들이 옳았다는 것을 증명해 보이기 위해 전쟁을 급속히 확대해 버렸던 것이다. 이제 전쟁은 더 이상 무엇이 베트남을 위하여 옳은 일이겠는가의 문제가 아니라 어떻게 하면 미국의 국가적 '위신'을 지키고 무오성을 입증할 것인가의 문제로 변질되고 말았다.

참 이상하게도 존슨 대통령과 그의 행정 각료들도 자신들이 하고 있는 것이 악한 일이라는 것을 어느 정도는 깨닫고 있었다. 그렇지 않다면 왜 그 모든 거짓말이 나왔겠는가?■ 그것은 너무도 이상야릇하고 격에 맞지 않는 것이어서 불과 15년 전 일인데도 그 당시의 이상한 국가적 부정직을 지금 다시 회상한다는 것 자체만도 아주 어려운 일이 되고 있다. 심지어 존슨 대통령이 1964년 베트남 북부의 폭격을 기점으로 전쟁을 전면화하기 위해 조

■ 검사들이 피고에게 책임을 물을 때 옳은 것과 그른 것의 차이를 알고 있는가를 묻는 것이 있다. 만약 범인들에게서 어떤 식으로든 자기의 범죄를 숨겨 보려고 하는 시도가 나타나면 그가 자신의 행동이 범죄라는 것, 즉 잘못된 것임을 안다고 간주된다. 존슨 대통령이 자기 행위를 덮어 두기 위해서 다양한 조치를 취하고 수많은 거짓말을 만들어 냈다는 바로 그 사실만으로도, 우리는 그가 자기 처사가 잘못되었음을 알았거나 적어도 자기가 대표하고 있는 이 사회에 받아들여질 수 없음을 알았다고 간주할 수 있다.

작했던 '통킹 만(灣) 사태' 해명 연설까지도 고의적인 사기였음이 드러날 정도였다. 이 사기를 통해 존슨은 국회로부터 국회의 공식 선포 없이도 전쟁을 일으킬 수 있는 권한을 얻어 냈다(그것은 헌법상 엄연히 국회의 책임이었다). 이어 그는 전쟁에 쓰일 돈을 '빌려 대기' 시작했다. 다른 용도로 지정된 자금을 전용하는가 하면 연방 공무원들의 월급에서 '저축 채권' 이라는 이름으로 강제 추렴하기도 했다. 이 바람에 미국 국민은 즉시 세금을 더 내야 할 일도 없었고 전쟁 전면화의 짐을 느껴야 할 일도 없었다.

이 책의 제목은 「거짓의 사람들」이다. 거짓은 악의 원인이기도 하고 악의 증상이기도 한 까닭에서다. 우리가 악을 구분하는 것은 어느 정도는 그 거짓에 의해서다. 존슨 대통령은 자신이 국민의 이름으로 베트남에서 하고 있는 일을 미국 국민이 다 알고 이해하기를 원하지 않았음에 분명하다. 그는 자신이 하는 일이 궁극적으로 국민에게 받아들여질 수 없는 일이라는 것을 알고 있었다. 존슨 대통령이 국민을 속였다는 것은 그 자체가 악일 뿐만 아니라 그가 자신의 행위가 악하다는 것을 인식하고 있었다는 좋은 증거이기도 하다. 그렇기 때문에 어떻게 해서든 그걸 덮어 보려고 했던 것이다.

그러나 그 당시의 악을 전적으로 존슨 행정부 탓으로만 돌린다면 그것은 실수가 될 것이고, 그 자체가 하나의 잠재적인 악한 합리화가 될 것이다. 이제 어떻게 존슨이 우리를 감쪽같이 속여 낼수 있었을까에 대해 물어야 한다. 우리는 왜 그토록 오랫동안 스스로 그렇게 속임 당하는 것을 허용해 올 수 있었는가? 물론 모든 사람이 그랬다는 것은 아니다. 지금 미국 국민의 눈에 막이 가려지고 '뭔가 음침하고 살벌한' 일이 미국 정부에 의해 자행되고 있다는 것을 즉각적으로 인식했던 아주 소수의 사람들이 있었다. 그러나 어찌하여 대부분의 사람들은 그 전쟁의 본질에 대하여 화가 나거나 의심을 품거나 적어도 진지한 관심을 가져 보지 않았던 것일까?

여기서 우리는 다시 한 번 모든 인간에게 내면 깊이 내재하고 있는 게으름과 나르시시즘에 부딪치게 된다. 만사 제쳐드고 우선 너무 귀찮았던 것이다. 그들한테는 날마다 일상사가 있었다. 일해야지, 차도 사야지, 집 장만도 해야지, 아이들 대학도 보내야지…. 어느 집단이든 대부분의 멤버들은 소수의 지도자들이 지도력을 행사하는 데 아주 만족스러워하듯이, 하나의 시민으로서 그들도 정부가 '제 할 일 알아서 하는' 데 매우 만족하고 있었다. 이끄는 건 존슨의 일이고 미국 국민은 그저 따르기만 하면 되었던 것이다. 미국 국민들은 흥분하기에는 너무 무디어져 있다. 게다가 미국인은 텍사스 주만큼이나 큰 나르시시즘을 존슨과 함께 공유하고 있었다. '우리 나라의 태도와 정책이 어떻게 잘못될 수 있는가? 우리 정부는 알아서 일을 처리해 나갈 권리를 위임받았지. 결국 우리가 그들을 뽑지 않았는가? 그러므로 그들은 선량하고 정직한 사람들일 수밖에 없어. 우리의 놀라운 민주주의의 산물이니까. 민주주의는 심각한 잘못을 하지 않지.

그러니 체제야 어찌 되었든 우리의 위정자와 전문가와 정부 각료들이 생각하기에 이것이 베트남을 위해 옳은 길이다 했으면 그것은 옳을 수밖에 없어. 우리는 세계 최강국이자 자유 세계의 기수가 아닌가?'

속이 뻔히 들여다보이는 그 속임수에 너무도 쉽게 자신들이 속아 넘어가는 것을 허용함으로써 한 국민으로서의 미국인은 존슨 행정부의 악에 동참하게 되었다. 속임수와 조작으로 채워진 존슨 행정부의 악은 당시 베트남에 주둔해 있던 미군에게로 급속히 파급되어 전체 분위기가 속임수와 조작과 악의 분위기로 바뀌었다. 1968년 3월 밀라이 사태가 일어났던 것은 바로 그러한 분위기에서였다. 바커 기동 타격대는 당시만 해도 자신들이 그렇게 미친 듯 날뛰었다는 사실을 거의 인식하지 못했다. 그때 1968년 초까진 미국도 자신들이 거의 되돌릴 수 없을 만큼 제정신을 잃었다는 사실을 중요하게 인식하지 못하고 있었다.

살상(殺傷)을 선택하는 인간 본성

우리가 여기서 기억해야 할 것은 미국도 하나의 집단이지 전체는 아니라는 사실이다. 구체적으로 말해 미국은 우리가 국가라고 부르는 인류의 많은 정치적 하위 집단들 가운데 하나일 뿐이다. 물론 인류도 이 지구상의 수많은 다른 생명 형태들 가운데 하나에 지나지 않는다. 이에 관해서 우리가 생각해 봐야 할 것은 우리 인간의 나르시시즘적인 성향을 전체 인류라는 틀 안에서

다시 새롭게 조명해 보는 일이다.

또 하나 우리는 악이란 살인과 관련이 있다는 사실도 떠올릴 필요가 있다. '악(evil)'이란 '살다(live)'의 철자를 거꾸로 써 놓은 것이라고 했다. 우리가 밀라이 사태를 집단 악의 한 예로 택해 살펴본 것도 거기서 특정한 형태의 살상이 일어났던 까닭에서다. 그러나 살인이라는 오명은 우리가 전쟁이라고 부르는 의식적(意識的)인 죽음의 무도회에서는 그저 하나의 과실에 지나지 않는다. 전쟁이란 일종의 대규모 살상 행위여서 우리 인간은 그것을 국가 정책상 수용 가능한 하나의 도구로 생각한다. 이제 우리는 일반적인 살상과 특별히 인간 살상이라는 주제에 관하여 살펴봐야 할 필요가 있다.

모든 동물은 다 살상을 하며, 그것은 꼭 음식이나 자기 방어를 위한 것만은 아니다. 예를 들어 우리 집에는 고양이 두 마리가 있는데 녀석들은 사냥의 즐거움을 위해 잡아 죽인 다람쥐의 시체를 입에 물고 들어와 식구들을 깜짝깜짝 놀라게 한다. 그러나 인간의 살상에는 뭔가 독특한 점이 있다. 인간의 살상은 본능적인 것이 아니다. 인간의 비본능적 본성에 대한 아주 좋은 예는 인간의 행동이 보여 주는 엄청난 다양성에서 찾아 볼 수 있다. 어떤 이는 독수리 같은가 하면 어떤 이는 비둘기와 같다. 죽이는 것과 관련해서 봐도 어떤 이는 사냥을 좋아하는 반면 어떤 이는 사냥을 혐오하고, 또 나머지 사람들은 그 문제에 그다지 관심이 없다. 고양이는 그렇지 않다. 고양이라면 어느 녀석이나 다 기회만 주어지면 다람쥐를 사냥할 것이다.

거의 전적으로 본능이 결핍되어 있다는 것이야말로 인간 본성의 가장 중요한 측면이라 할 수 있다. 우리의 본성과 행동에 그토록 엄청난 다양성과 가변성이 있다는 것도 그 본능의 결핍으로 설명된다. 인류에게 있어서 모든 종(種)에게 다 있는 그 본능의 자리를 대신 차지하는 것은 학습되는 개인적 선택이다. 우리 각자는 자신의 행동을 선택하는 데 있어서 궁극적으로 자유롭다. 우리에겐 심지어 배운 것이나 사회가 정상으로 생각하고 있는 것을 거부할 자유도 있다. 우리는 인간의 몇몇 본능마저도 거부할 자유가 있다. 예컨대 일부러 독신을 선택한다든지, 순교함으로써 스스로 죽음을 택한다든지 하는 사람들처럼 말이다. 자유의지야말로 인간의 궁극적인 실존 요소다.

이제 많은 신학자들이 숱하게 했던 얘기를 생각해 보자. 그들이 말하기를 "악이란 자유 의지의 불가피한 부산물이요, 인간의 독특한 선택 능력에 대해 지불하는 값"이라고 했다. 우리에게 있는 능력이 선택의 능력이기 때문에 우리는 현명하게 선택할 자유도 있고 어리석게 선택할 자유도 있다. 잘 선택할 수도 있고 잘못 선택할 수도 있으며, 악을 선택할 수도 있고 선을 선택할 수도 있다. 우리에게 이토록 거대한 자유가 있기 때문에 우리가 자주 그것을 남용하며, 다른 '열등한' 동물들에 비해 우리 인간의 행동이 자주 본래의 궤도에서 벗어나 보이는 것도 이해가 갈 만하다. 그러나 자기가 한 번도 본 적이 없는 멀고 먼 나라에서 자신의 '이해 관계'를 보호하기 위해 종족을 그렇게 대 놓고 대량 살상하는 것은 오직 인간뿐이다.

이렇듯 우리 인간의 살상은 선택의 문제다. 살아남기 위해서 우리는 죽이지 않을 수 없다. 그러나 언제 어디서 무엇을 죽일 것인가에 대해서는 우리가 선택할 수 있다. 그런 선택과 관련되는 도덕적 복잡성은 아주 굉장하며 종종 역설적일 때도 있다. 어떤 사람이 살상의 간접적인 책임에서조차 손을 씻기 원해 도덕적 선택을 내려 채식주의자가 되었다 하자. 그러나 살아남기 위해서 살아 있는 식물의 뿌리를 자르고 그걸 불에 올려 익히는 행위에 대한 책임에서만큼은 그도 벗어날 수 없을 것이다. 채식주의자는 알 종류를 먹을 것인가? 우유는 마셔도 될 것인가? 그러면 다시 낙태 같은 문제가 뒤따라 온다. 자신이 원하지도 않고 또 양육 능력도 없는 한 여자에게 한 태아의 생존 여부를 결정지을 수 있는 권리가 있는가? 마찬가지로 성스러운 한 태아를 죽여 버릴 권리가 있단 말인가? 많은 평화주의자들이 낙태를 찬성하고 있는 것은 참 이상한 일 아닌가? 생명이란 성스러운 것이라는 이론 아래 낙태를 반대하는 운동에 적극적인 사람들이 종종 사형에 대해서는 찬성 쪽을 지지하는 것도 이상한 일 아닌가? 사형 문제는 또 어떠한가? 살인이 도덕적으로 나쁜 것이라는 것을 사람들에게 심어 주기 위해, 그것의 한 표본으로서 살인자를 죽인다는 것에는 어떠한 도덕적 의미가 있겠는가?

죽여야 할 것인지 말아야 할 것인지를 결정해야 하는 선택의 윤리가 그토록 복잡하다 할지라도, 불필요한 죽음과 비도덕적인 죽음을 불러일으키는 한 가지 분명한 요인이 있다. 그것은 바로 나르시시즘이다. 다시 말하지만 그것은 나르시시즘이다. 나르시시즘이라 할 수 있는 아주 좋은 증거가 있다. 그것은 우리가 우리와 닮은 사람들보다는 우리와 다른 사람들을 죽이려 하는 경향이 훨씬 많다는 사실이다. 아까 그 채식주의자는 동물 형태의 생명을 죽이는 것에는 죄책감을 느끼지만 식물 형태의 생명에 대해서는 죄책감을 느끼지 않는다. 채식주의자들 가운데에는 생선은 먹지만 고기는 먹지 않는 사람들이 있고, 닭고기는 먹지만 포유 동물의 고기는 먹지 않는 사람들도 있다. 사냥이라는 것을 아예 싫어하는 어부들이 있는가 하면, 새는 사냥해도 되지만 사슴을 죽이는 것에는 치를 떠는 사냥꾼들도 있다. 이와 똑같은 원리가 인간이 다른 인간을 죽일 때도 적용된다. 백인들은 다른 백인을 죽일 때보다는 흑인이나 인디언이나 동양인을 죽일 때 가책을 덜 느끼는 것으로 보인다. 즉 '양키'보다는 '검둥이'에게 린치를 한방 가하는 것이 그들에게는 훨씬 쉬운 것이다. 마찬가지로 동양인들도 같은 동양인보다는 백인을 죽이는 것이 아마 더 쉬울 것이라고 생각된다. 물론 확실하게 알 수 없다. 이 같은 종(種) 내의 살상에 있어서 인종이라는 요소가 갖는 문제는 과학적 연구를 더 깊이 해봐야 할 또 하나의 주제다.■

■ 인종 간의 살상이라는 문제에는 많은 미묘한 요소가 개입되어 있어서 계속적으로 연구를 해 봐야 할 뿐만 아니라 아주 굉장한 매력을 던져 주기도 한다. 밀라이 사태의 심리학

적어도 오늘날의 전쟁은 인종 간의 프라이드 문제에 못지 않게 민족 간의 프라이드 문제의 성격을 띠고 있다. 그런데 우리가 민족주의라고 부르는 그것은 이제 한 문화의 성취 속에서 나타나는 건강한 민족이 아니라 아주 약한 민족적 나르시시즘이 되어 버렸다. 사실 민족 국가라는 체제를 유지하고 있는 것은 바로 민주주의다. 미국에서 프랑스에 소식이 전해지는 데 몇 주가 걸리고 중국까지 몇 달이 걸리던 1세기 전만 하더라도 민족 국가 체제는 의미가 있었다. 그러나 즉각적인 대학살은 물론 즉각적

적 측면과 관련하여 육군 참모 총장에게 제출했던 많은 연구 방안들 가운데 하나는(완전히 기각되었지만), 비언어적 행동에 있어서 인종간·문화간의 차이점에 대한 연구가 이루어져야만 한다는 것이었다.
    오키나와에 살고 있을 때 우리는 골목길로 지나다녀야 했는데, 하루는 한 꼬마가 바로 우리 차 앞으로 뛰어나왔다. 급브레이크를 밟아 가까스로 아이를 치지는 않았다. 하마터면 큰일 날 뻔했다는 생각에 우리는 불안과 공포로 떨었다. 꼬마의 어머니는 아주 젊은 오키나와 여자였는데 길 옆에 서서 우리를 바라보며 낄낄거리고 있었다. 여전히 낄낄대면서 그녀는 길로 나와 꼬마를 데려갔다. 표현할 수 없는 분노를 느꼈다. 우리는 아슬아슬한 사고의 위기로 몸을 떨고 있는데 정작 아이 엄마는 내 알 바가 아니라는 듯이 낄낄거리고 있었다. '어떻게 그렇게 무감각할 수가 있을까? 빌어먹을 동양인들 같으니라고. 도대체 인간의 생명을 뭘로 아는 거야? 자기 자식이 저렇게 되어도 태연하다니.' 우리는 정말이지 그 여자를 차로 밀어 버려 그때 그녀의 느낌이 어떤지 보고 싶을 지경이었다.
    우리가 마음의 평정을 되찾고 오키나와 사람들이 언제 당황하고 무서워하는가에 대한 사실을 다시 떠올리게 된 것은 거기서도 몇 킬로미터를 훨씬 더 지나서였다. 오키나와 사람들은 항상 웃고 낄낄댄다. 그 여자도 우리와 똑같이 무서움에 몸을 떨었다. 다만 우리가 그녀의 행동을 잘못 해석한 것뿐이었다. 밀라이에서 자기들을 향해 총부리가 겨눠졌을 때 베트남 사람들의 비언어적 행동은 어떤 것이었을까에 의문을 제기하는 연구도 있다. 백인들이 그러한 비슷한 상황에 처했다면 취했을, 땅바닥에 무릎을 꿇고 애걸하는 자세로 울며 빌었을까? 그리하여 군인들의 마음속에 연민을 유발해 내려 했을까? 아니면 그 오키나와 여자처럼 공포에 질려 웃고 낄낄거렸을까? 그리하여 미군들로 하여금 비웃음을 당하고 있다는 느낌이 들게 하고 더 분노에 불을 질렀을까? 우리는 모른다. 그러나 우리는 그런 것들을 알아야만 할 필요가 있다.

인 지구 통신 교환이 가능해진 현대에서 많은 국제 정치 체제는 이제 폐기 처분이 되어 버렸다. 그런데도 이미 한물간 단독국이라는 개념에 고집을 부리며 효과적인 국제 평화 수호 기관들의 개발을 저지하는 것은 바로 민족적 나르시시즘이다.

알고 하든 모르고 하든 우리는 사실상 아이들에게 민족적 나르시시즘을 가르치고 있다. 교실 칠판 위에 흔히 걸려 있는 세계 지도를 보면 언제나 자기 나라는 지도의 한 중앙에 와 있다. 미국 지도엔 미국이, 그리고 러시아 지도에는 러시아가 중앙에 와 있는 것이다. 이런 식의 교육은 이따금씩 아주 우스운 결과를 가져올 수 있다.

1964년 5월 1일이 떠오른다. 그날은 나의 아내가 호놀룰루 중심가에서 가족들의 축하와 고위 인사와 공직자들의 참관 아래 다른 2백여 명의 새 시민들과 함께 하와이 시민권을 수여받던 날이었다. 축제는 시가 행진으로 시작되었다. 반짝반짝 빛나는 군화를 신고 광채 나는 소총을 든 3개 중대의 병사가 연병장을 돌며 분열 했고 이어 7대의 곡사포 뒤에 본대형으로 정렬을 했다. 이어 거대한 폭죽을 스물한 번 터뜨려 행사를 경축했다. 하와이 주지사가 연단에 올랐다. 곡사포에선 아직도 연기가 피어 오르고 있었다. 주지사가 입을 열었다. "오늘은 원래 메이데이(May Day, 노동절-역주)입니다. 그러나 우리 나라는 오늘을 로데이(Law Day, 법률의 날-역주)로 지정했습니다. 여기 하와이에서는," 그는 여기서 약간 빈정대듯 말했다. "오늘을 레이데이(Lei Day, lei는 하와이 특유의 화환을 뜻하는데, 또한 메이와 로 발음의 합성음 효과를 내고 있다 – 역주)라고 부르는 게 어떻겠습니까? 어쨌든 중요한 것은 공산주의 나라들이 군사 시위로 행사를 장식하는 반면 오늘 우리는 이와 같이 꽃으로 이날을 축하하고 있다는 점입니다."

아무도 웃지 않았다. 그 앞뒤 모순을 아무도 알아차리지 못했던 것이다. 그러나 보라. 어느 모로 보나 지성인이고 또 지위도 있는 이 사람이 3개 중대의 병사를 모아 놓고 7대의 대포 연기를 머리 위로 날리면서 한다는 얘기가 "소련은 축제 때마다 군사를 동원한다" 는 비난의 말이었던 것이다.

조직적이고 집단적이고 종내(種內)에서 벌어지는 대중 살상, 즉 전쟁은 독특하게 인간에게만 있는 행동 유형이다. 이 행동이 유사 이래 모든 문화에서 하나의 본질처럼 나타났기 때문에 인간에게는 전쟁의 본능이 있다고 주장하는 사람들도 많다. 전쟁 행위는 인간 본성의 변하지 않는 한 사실이라는 것이다. 이게 바로 주전론자(主戰論者)들이 항상 자신들은 현실주의자이고, 평화주의자들은 머리만 복잡한 이상주의자들이라고 빗대는 이유인 것 같다.

이상주의자들은 인간 본성의 변화의 잠재성을 믿는 사람들이다. 앞서 말했듯이 인간 본성 가운데 가장 본질적인 속성은 바로 본능으로부터의 자유와 그 가변성이다. 즉 우리의 본성을 바꾸는 일은 언제나 우리의 능력 안에 있는 일이다. 그러므로 정말 제대로 된 생각을 갖고 있는 것은 이상주의자들이며, 현실주의자들은 궤도를 벗어나 있다고 할 수 있다. 전쟁을 수행하는 것이 선택의 문제가 아닌 뭔가 다른 문제라고 주장하는 사람이 있다면, 그는 악의 실제성과 인간의 심리라는 명백한 존재를 둘 다 무시하는 것이다. 전쟁을 일으키는 것이 반드시 언제나 악한 것이 아닐 수는 있겠지만, 그것은 언제나 선택의 문제다.

내게는 전쟁을 단순화시켜서 생각하고 싶은 아주 개인적이지만 강한 유혹이 있다. 이를테면 제6계명을 문자 그대로 받아들여서 "살인하지 말지니라"의 말뜻 그대로 믿고 싶은 마음이 있다. 또한 모든 윤리적인 원리들 가운데 가장 큰 원리인 '목표가 수단을 정당화해 주지 않는다'는 말의 보편성을 에누리 없이 믿고 싶은 유혹도 있다. 그러나 아직까지 나는 인간 역사에 더 큰 살상을 막기 위해서 사람을 죽이는 것이 필요했고, 또 그것이 도덕적으로 옳았던 순간들이 드물게 존재하고 있다는 결론을 피할 수 없다. 또한 이런 결론에 마음이 못내 불편하고 꺼림칙한 것도 사실이다.

모든 경우가 이렇게 모호한 것은 아니다. 나는 전쟁이 일어날 때마다 인간 중 누군가는 마음의 지주를 잃어버린 것이며, 누군가는 악에 굴복한 것이라고 믿는데, 이 점에 있어서만큼은 아직까지 단순주의적 입장을 지키고 있다. 전쟁이 일어날 때마다 누군가는 죄를 짓는 것이다. 적어도 한쪽이나 아니면 양쪽 다 잘못이 있게 마련이다. 어딘가에서 잘못된 선택이 내려진 것이다.

이 점을 염두에 두는 것이 아주 중요하다. 요즘은 전쟁이 났다 하면 양쪽 모두 자기네가 피해자라고 우기기 때문이다. 인간이 그렇게 용의주도하지 못했던 옛날만 하더라도 한 부족이 다른 부족을 죽이려 할 때는 터놓고 정복욕의 동기를 밝히는 것을 꺼려하지 않았었다.

그러나 요즘은 누구나 다 자기네는 잘못이 없다는 위장을 서슴지 않는다. 심지어 히틀러도 침략의 동기를 위장 날조했다. 그는 물론 대부분의 독일 국민들도 자신들의 그러한 위장을 사실로 믿었을 것이다. 그 이후로도 줄곧 마찬가지였다. 누구나 다 자기 편은 피해자이고 상대편이 공격자라고 주장했다. 이 양면 논리와 국제 관계의 복잡성에 직면하면서 우리는 두 손 번쩍 들고서 과연 전쟁은 누구의 잘못도 아닌가 보다고 생각하게 되는 경향에 빠져 드는 것이다. 즉 진정한 침략자도 없고 잘못 내려진 선택도 없으며, 전쟁은 그저 자연 발화와도 같이 어쩌다 일어난 것이라는 생각이다.

나는 이런 식의 도덕적 절망 상태, 도덕 판단을 내릴 수 있는 인간 능력의 유기를 절대 거부한다. 이렇게 인간은 악을 규명해 낼 수 없다고 하는 태도보다 더 사탄을 흡족하게 해 주고 사탄의 인류 정복의 궁극적 성공을 예시해 주는 것은 아무것도 없다고 생각한다.

베트남 전쟁은 어쩌다 일어난 것이 아니다. 그것은 1945년 영국에 의해 시작되었다.* 이후 프랑스에 의해 이어지다가 프랑스

---

* 영국은 얄타 협정에서 2차 세계 대전 후의 인도차이나 반도 남부에서 '일본군의 무장 해제 및 본국 송환' 과업을 할당받았다. 그런데 영국은 그 과업을 프랑스 식민 정부의 재수

는 1954년 패배를 맛보았다. 그때 외견상 그 전쟁은 평화로이 미국에 의해 다시 시작되어 이후 18년 동안 계속 이어졌다. 이 문제에 대해서는 아직도 많은 논란이 있지만, 나의 판단(나는 이것이 역사의 판단일 것이라고 확신한다)으로는 그 18년 동안의 전쟁에서 미국은 침략자였다. 미국의 선택은 도덕적으로 가장 비난받을 만한 선택이었다. 미국은 악한 범죄자였다.

그러나 어떻게 다른 나라도 아니고 미국 국민이 악한이 될 수 있단 말인가? 1941년 독일 국민과 일본 국민은 틀림없이 악했다. 소련 국민들도 그랬다. 그러나 미국 국민들도 그렇단 말인가? 물론 미국 국민은 악한 국민은 아니다. 만약 미국 국민이 악한이라면 자신도 모르게 그렇게 된 것임에 틀림없다. 나는 이 점을 확실히 믿는다. 미국 국민 대부분이 그것을 자신도 모르고 있었다. 그러나 어떻게 한 개인, 한 집단 또는 국민 전체가 자신도 모르는 사이에 악한이 되는 일이 벌어질 수 있을까? 이것이 가장 중요한 결정적인 질문이다. 나는 이미 여러 다양한 차원에서 이 질문에 대한 나의 생각을 얘기했다. 이제 그 얘기로 돌아가 가장 광범위

립으로 해석해 버렸다(실은 그 정부가 일본 점령군과 뜻을 맞췄던 비시 정부[Vichy, 2차 대전 중 나치 독일과 협력한 프랑스 정부-역주]였음에도 불구하고). 영국군은 이미 일본이 무장을 해제한 것과 베트남이 베트민(Vietmin, 호치민을 지도자로 하는 1941~54년의 베트남 독립 동맹군-역주)의 통솔 아래 하나로 단합된 것을 보았다. 그래서 영국은 일본군을 다시 무장시켜서 자기들 영국군이 호치민의 군대로부터 사이공의 통제권을 강권력으로 뺏는 작전을 펴는 데 그들의 힘을 이용하게 되었다. 그 후 영국은 3개월 뒤 프랑스에서 거대한 규모의 군대가 도착할 때까지 무력으로 사이공 통제권을 유지했다. 사이공을 프랑스 군에게 넘겨 준 뒤에야 그들은 본국으로 철수했다. 프랑스 인도차이나 전쟁이 발발했던 것이다.

한 차원에서 나르시시즘과 게으름의 문제를 다시 한 번 생각해 보기로 하자.

'자신도 모르게 악한이 되었다'는 얘기는 아주 걸맞는 표현이다. 미국의 악행은 그들의 무의식 속에 놓여 있었던 까닭에서다. 그들이 악한이 되었던 것은 그들이 자신에 대한 의식을 정확히 갖고 있지 않았던 까닭에서다. 여기서 '의식'이란 말은 곧 지식을 말한다. 미국 국민은 무지 때문에 악한이 되었다. 밀라이 사태가 주로 바커 기동 타격대 요원들이 자신들이 뭔가 근본적으로 잘못된 일을 저질렀다는 것을 몰랐기 때문에 이후 1년 동안 덮어질 수 있었던 것처럼, 미국도 지금 자신이 하고 있는 일이 악한 일이라는 것을 몰랐기 때문에 전쟁을 일으켰던 것이다.

나는 베트남전에 파병되었던 군인들에게 그들이 그 전쟁에 대해 무엇을 알고 있는지 또 그 전쟁이 베트남 역사와 어떤 관계가 있는지에 대해 물어보곤 했었다. 사병들은 아무것도 몰랐다. 하급 장교들 역시 90퍼센트는 아무것도 몰랐다. 얼마 되지 않는 하급 장교와 역시 얼마 되지 않는 상급 장교들이 알고 있었던 것은 주로 군에서 고도의 편파적인 정훈 자료를 통하여 배운 것이 전부였다. 어안이 벙벙해지는 일이었다. 자신의 목숨을 내걸고 갔다는 사람들의 적어도 95퍼센트가 그 전쟁에 대해서 손톱만큼의 지식도 없이 파병었던 것이다. 나는 전쟁을 지휘했던 국방부의 민간인 요원들과도 얘기를 나누었는데, 그들 역시 베트남 역사에 대해서 지독하리만큼 무지하다는 사실을 알았다. 허무한 사실은 하나의 국가로서 미국은 자신들이 왜 전쟁을 일으키는지조차 몰랐다는 점이다.

어떻게 그럴 수 있을까? 그 많은 사람들이 어떻게 이유도 모른 채 전쟁터에 나갈 수 있었을까? 대답은 간단하다. 한 국민으로서 미국 국민은 자신들이 알아야 할 필요가 있다는 사실을 배우기에는 너무 게을렀고 그런 것을 생각하기에는 너무 오만했던 것이다. 그들은 자신들이 사물을 어떤 식으로 지각하든 더 따져 볼 것도 없이 옳다고 생각했다. 자신들이 무슨 일을 하든 다시 생각해 보지 않아도 으레 옳은 일이라고 생각했다. 그들은 자신이 옳지 않을 수도 있다는 점에 대해 한 번도 심각하게 생각해 보지 않았다는 점에서 참으로 옳지 못했다. 서로 칭칭 얽혀 있는 게으름과 나르시시즘 속에서 그들은 뭐가 어떻게 되고 있는 것인지 실제로 하나도 모르는 상태에서 베트남 국민에게 피의 살상을 통해 자신들의 뜻을 부과하기 위해 진군해 갔던 것이다. 세계 최강국인 그들은 베트남인들의 손에 연신 패배의 쓴맛을 당하고 난 뒤에야 비로소 자신들이 지금껏 무슨 말을 해 왔나에 대해 배우려는 수고를 심각하게 감내하기 시작했다. 그렇게 '기독교' 국가 미국이 악한들의 국가가 되고 만 것이다. 과거에 다른 나라들이 그랬고 앞으로 다시 한 번 미국을 포함한 다른 나라들도 또 그럴 것이다. 우리가 인간 본성으로부터 악의 쌍두마차인 게으름과 나르시시즘을 뿌리 뽑는 작업에서 훨씬 더 발전된 시기가 올 때까지 미국은 한 나라로서, 그리고 한 인종으로서 전쟁에 면역이 되어서는 안 될 것이다.

집단 악의 예방

집단 악의 한 예로 거론된 밀라이 사태는 결코 설명할 수 없는 '사고'도 아니었고 예측할 수 없는 탈선도 아니었다. 그것은 전쟁이라는 상황 속에서 일어난 것이며, 전쟁은 그 자체가 악한 정황이다. 잔학 행위를 통해 이미 악에 떨어진 상태였다. 작은 집단인 바커 기동 타격대의 악은 베트남에 주둔한 전 미군의 악의 한 반영이었다. 그리고 미국의 베트남 주둔은 기만적이고 나르시시즘적인 정부에 의해 지시된 것이었다. 그 정부는 이미 방향을 잃어버린 정부요, 무감각과 자만에 빠진 국민에 의해 선출된 정부였다. 밀라이 대학살은 그렇게 되지 않는 게 오히려 이상할, 그런 사건이었다.

우리가 밀라이 사태를 집단 악의 한 사례로 거론해 왔다는 사실을 잊지 말아야 한다. 아직도 지구 곳곳에서 이런 일이 벌어지고 있다. 오늘 이 땅에서도 일어나고 있다. 개인 악과 마찬가지로 집단 악도 아주 일상적인 일이다. 실은 더 흔한 일이며, 너무 흔해서 정상이 되다시피 한 일이다.

오늘날 우리는 집단의 시대를 살고 있다. 1세기 전만 하더라도 대부분의 미국인들은 자급 자족하며 살았다. 그러나 오늘날엔 극소수를 빼고는 더 큰 조직체에 자신의 노동력을 다 바치고 있다.

나는 집단 안에서 책임 소재가 얼마나 불명확해져 버리는가에 대한 얘기로 이 장을 시작했다. 그 정도는 매우 심해서 좀 크다 싶은 집단에서는 아예 책임 소재가 없어져 버리기도 한다. 대기업을 한번 생각해 보자. 제일 높다는 회장이나 이사장마저도 이렇게 말할 것이다.

"내 행동이 전적으로 윤리적이지 않을지도 모릅니다. 그러나 이 자리에 있다 보면 그것은 그렇게 중요한 문제가 못 됩니다. 여러분도 알다시피 나는 주주들에게 뭔가를 돌려줘야만 합니다. 그들을 생각해서라도 나는 영리라는 동기에 지배받지 않을 수 없습니다."

그렇다면 기업의 행동 방향을 결정하는 것은 누구란 말인가? 기업 운영이 어떻게 돌아가는지 눈곱만큼도 아는 게 없는 소량의 투자가들인가? 아니면 완전히 다른 지방에 있는 상호 기금이라는 기관인가? 어떤 상호 기금? 어떤 거래처? 어떤 은행가인가?

이렇듯 점점 커지면 커질수록 우리 집단들은 완전히 얼굴을 잃어 가고 있다. 영혼을 잃어 가고 있다. 영혼이 없어지면 무슨 일이 벌어질까? 그냥 진공 상태일까? 아니면 한번 영혼이 살았던 곳에는 사탄이 자리하는 것일까? 나도 잘 모른다. 그러나 나는 우리 과업은 더도 말고 덜도 말고 우리의 집단을 내쫓는(은유적으로 말해서) 것이라고 말한 반전 운동가 베리건(Berrigan) 형제의 지적이 전적으로 옳다고 생각한다. 이 과업의 긴급성에 대해서는 충분히 묘사할 만한 말이 없을 정도다.

베트남에서 그토록 커다란 역할을 감당하던 군사 산업 복합체, 지금도 그 기괴한 군비 경쟁의 핵심 창출자가 되고 있는 군사 산업 복합체가 뒤쫓고 있는 동기는 영리라는 동기 말고는 아무것도 없다. 그것은 그야말로 순전히 자기 이익 추구이다. 그렇다고 나는 자본주의 부정론자는 아니다. 그러나 나는 영리라는 동기가 추구되면서도 동시에 그것이 진실과 사랑이라는 더 높은 가치에 귀속될 수 있다고 믿는다. 어렵지만 가능하다고 믿는다. 만약 우리가 어떻게든 그 귀속을 꾀하여 자본주의를 '기독교 정신에 맞추지' 않는다면 우리는 운명적으로 자본주의자 사회를 맞이하게 될 것이다. 개인과 마찬가지로 어떤 집단이나 기업체나 사회도 그 귀속을 하지 못하게 되면 언제나 악해지게 되어 있다. 못하는 것 자체가 악이다. 만약 우리가 그 정신으로의 귀속을 통해 우리 자신을 치유할 수 없다면, 죽음의 세력이 승리를 장악할 것이고 우리는 자신의 악 속에서 스스로를 소모해 버리고 말 것이다.

집단 악의 예방을 위해 철저히 과학적인 기반을 수립해 주는 연구는 시도되지 않은 상태지만, 우리는 밀라이 사태와 다른 비슷한 현상의 연구를 통해 예방의 노력이 어떤 방향에서 진행되어야 할지를 이미 알게 되었다. 밀라이 사태의 연구를 통해 우리는 각 집단 단위에서 엄청난 지적 게으름과 나르시시즘이 어떻게 작용하고 있는가를 볼 수 있었다. 전쟁을 포함한 집단 악을 예방하는 작업은 틀림없이 게으름과 나르시시즘을 뿌리 뽑는 것이며, 그게 안 되면 적어도 그것들을 상당한 정도로 감소시키는 것일 터이다.

그러면 어떻게 그것을 성취할 것인가? 집단에는 집단 정체성, 집단 나르시시즘, 집단 정신 등의 현상이 있긴 하지만 집단의 개개 구성원들에게 영향을 미치는 방법 빼고는 그런 현상에 영향을 미칠 수 있는 길은 전혀 없다. 집단 행동에 영향을 미치기 원할 때 사람들은 보통 가장 효과적인 방법, 즉 그 집단의 지도자 개개인들에게 영향을 미치는 방법을 맨 처음 선택한다. 만약 그 시도가 난관에 부딪히게 되면, 다음에는 구성원 가운데 가장 미천한 사람들에게 가서 대중의 지지를 구하는 방법을 시도한다. 어느 쪽이든 둘 다 개인에게 호소하고 있다. 그것은 '집단의 마음'이 궁극적으로 그 집단을 형성하는 개인들의 마음에 따라서 결정되는 까닭에서다. 투표 때 단 한 표가 당락을 결정지을 수 있는 것처럼, 인간 역사의 모든 과정도 고독하고 미천한 한 개인의 마음의 변화에 의해 영향받을 수 있다. 진정한 크리스천이라면 이것을 잘 알고 있다. 그 어떤 활동도 단 한 사람의 영혼을 구원하는 일보다 중요하지 않다는 이유가 바로 여기에 있다. 개인이 성스러운 이유도 바로 여기에 있다. 즉 선과 악의 전쟁이 벌어지는 곳도, 그리고 궁극적으로 승패가 결정되는 곳도 바로 개인의 고독한 마음이요 영혼인 까닭이다.

그러므로 전쟁을 포함한 집단 악을 예방하기 위한 노력은 개인을 그 대상으로 삼아야 한다. 물론 그것은 교육의 과정이다. 그리고 그 교육은 학교라는 기존의 전통적인 틀 안에서 가장 쉽게 이루어질 수 있다. 나는 이 책을 희망 가운데 쓰고 있다. 그 희망은 곧 언젠가는 기독교 학교는 물론 모든 다른 학교에서 모든 아이들에게 악의 본질과 그 예방의 원리들을 조심스럽게 가르치게 되기를 바라는 희망이다.

얼마 전 한 저녁 만찬에서 손님 가운데 한 분이 어느 유명한 영화 제작자에 대해 이런 말을 했다. "그 사람은 역사에 자기 발자취를 남겼어요." 순간 내 입에서 이런 말이 튀어나왔다. "우리도 다 역사에 자기의 발자취를 남긴답니다." 그러자 사람들이 다 나를 쳐다보았다. 마치 전혀 어울리지 않는 낡아빠진 애기를 했다는 듯한 표정들이었다. 물론 우리가 역사에 좋은 영향을 미칠지 나쁜 영향을 미칠지는 전적으로 개개인의 선택에 달려 있다. 집단 악과 역사에 대한 개개인의 잠재적인 책임에 대해 사람들에게 가르쳐 주는 아주 좋은 방법 한 가지로 예수님이 돌아가신 고난 주간의 금요일에 몇몇 교회에서 일어나는 일을 들 수 있다. 그 교회들은 복음서의 고난 장면을 연극으로 재현하면서 교인들에게 무리의 역할을 맡아 "십자가에 못박게 하소서"라고 외치라는 주문을 하는 것이다.

아직은 나의 꿈이지만 아이들은 게으름과 나르시시즘이 모든 인간 악의 뿌리라는 사실과 그것이 왜 그러한지를 배우게 될 것이다. 그들은 모든 개인은 성스럽고 소중한 존재라는 것도 배우게 될 것이다. 또한 그들은 집단 악에 있는 개인의 본성적 성향은 자신의 도덕적 판단권을 지도자에게 떠맡겨 버리는 것이라는 사실과 그러한 성향은 어떻게든 막아야 한다는 사실을 깨닫게 될 것이다. 그들은 마침내 자신의 게으름과 나르시시즘을 끊임없이 성찰하고 그에 따라 자신을 정화하는 일이 각 개인의 책임이라는 사실을 알게 될 것이다. 그러한 개인적 정화는 각 개인의 영혼의 구원을 위해서뿐만 아니라 그들이 속한 세계의 구원을 위해서도 필요하다는 것을 터득한 상태에서, 그들은 자신을 성찰하고 정화해 가게 될 것이다.

제7장
악의 심리학, 그 위험과 희망

인간 악의 근원적 치료법, 사랑

악의 심리학이 지닌 위험

악의 심리학이 아직 개척되지 않은 데는 많은 이유가 있다. 심리학 자체가 역사가 아주 짧은 학문이며, 그러다 보니 그 짧은 시간에 모든 일이 다 이루어져 있기를 기대한다는 것은 불가능하다. 그리고 심리학도 역시 과학이다 보니 과학의 전통들을 그대로 공유하는데, 그 가운데는 가치 배제적인 사고의 존중과 악이라는 개념과 같은 종교적인 개념들에 대한 배타도 포함되고 있다. 게다가 일반 대중이 악의 출현을 사회와 심각하게 연관지어 생각하기 시작한 것도 지극히 최근이었다. 노예 제도가 폐지된 것도 겨우 1세기 전 일이었다. 바로 전 세대까지만 해도 어린이 학대는 거의 당연한 일로 생각되어 왔다.

그러나 우리가 악의 현상을 과학적으로 연구하지 못하는 가장 중요한 원인은 뭐니뭐니해도 그 결과에 대한 두려움이 아닐까 싶다. 우리에게는 두려워할 만한 충분한 이유가 있다. 악의 심리학을 개척해 가는 일에는 이런저런 위험이 내재되어 있다. 이 책은 그래도 그 위험이 악의 심리학을 개척하지 않는 데서 오는 위험보다는 적으리라는 가정 아래 쓰여졌다. 그럼에도 불구하고 이 악의 현상을 정밀한 과학의 주제로 부치려는 노력에 가담하기를 원하는 사람은 우선 그 노력 자체에 악을 유발할 잠재력이 있다는 사실부터 깊이 생각해 봐야 할 것이다.

도덕적 판단의 위험

이미 말했듯이 다른 사람들을 악하다고 판단하는 것은 악한 사람들의 한 특성이다. 그들은 자신들의 결함을 인정할 수 없는 까닭에 다른 사람들을 탓함으로써 자신의 결함을 무마시키려고 한다. 그리고 필요하다면 그들은 정의의 이름으로 다른 사람들을 파괴하기까지 할 것이다. 우리는 이런 일을 얼마나 자주 봐 왔던가! 성도들의 순교, 중세의 종교 재판, 유대인 대학살, 밀라이 참사 …. 우리가 남을 악하다고 판단할 때마다 우리 자신이 악을 행하는 것일 수 있다는 사실을 알려 주기에 너무도 충분한 증거들이다. 무신론자들과 불가지론자들도 "너희가 심판받지 않으려거든 심판하지 말라"는 예수님의 말씀을 믿고 있다.▪

악이란 하나의 도덕적 판단이다. 나는 그것이 과학적 판단이기도 해야 하지 않을까 생각한다. 그러나 그 판단을 과학적인 것

▪ 마태복음 7:1.

이 되게 한다고 해서 도덕적 측면이 없어지는 것은 아니다. 악이란 그 말 자체에 이미 경멸의 의미가 담겨 있다. 우리가 어떤 사람을 악하다고 부를 때, 단순한 내 의견으로 그렇게 하는 것이든 아니면 표준 심리 검사에 근거하여 그렇게 하는 것이든 어쨌든 우리는 그 사람에게 도덕적 판단을 전해 주고 있는 것이다. 그렇다면 과학적 판단과 도덕적 판단 중 어느 것도 하지 않는 것이 가장 현명하지 않을까? 과학적 판단에도 위험이 있고, 도덕적 판단에도 위험이 있다. 예수님의 그 경고 말씀을 생각할 때 우리가 어떻게 감히 그 둘을 연계시킬 수 있을 것인가?

그러나 이 문제를 조금만 더 깊이 생각해 보면 도덕적 판단을 완전히 버린다는 것은 불가능할 뿐만 아니라 그것 자체가 악이라는 사실을 금방 알게 된다. '나도 OK 너도 OK' 하는 태도는 인간 관계 발전에는 도움이 될지 몰라도 하나만 알고 둘은 모르는 것이다. 히틀러, OK인가? 컬리 중위, OK인가? 독일 수용소에서 유대인에게 행해졌던 생체 실험도 OK인가?

우리 일상생활도 한번 생각해 보자. 만약 내가 사람 하나를 고용한다고 할 때 아무나 맨 처음 오는 사람을 써야 할 것인가, 아니면 지원자들을 다 면접한 뒤 그 가운데 판단을 내려야 할 것인가? 만약 내 아들이 커닝을 하고 거짓말을 하고 슬쩍슬쩍 물건을 훔치는 데도 그냥 놔둔다면 나는 어떤 아버지가 되겠는가? 자살을 계획하고 있는 친구나 마약을 판매하려고 하는 정신과 환자에게 나는 뭐라고 말해 줘야 하는가? "괜찮아"라고? 세상엔 동정이나, 용납, 허용의 한계를 넘어서는 일이 실재한다.

중요한 사실은 일반적인 판단과 특히 도덕적 판단을 내리지 않고는 건전한 삶을 살아갈 수 없다는 점이다. 환자들이 나를 만나러 올 때는 그래도 괜찮은 판단을 나로부터 얻을까 해서 돈을 쓰는 것이다. 만약 내가 법률 자문을 구하고 있다면 내가 관심 있는 것은 내 변호사의 건전한 판단이다. 5천 달러라는 돈을 여름 가족 휴가에 써 버릴까, 아니면 아이들 교육비로 저축해 둘까? 소득세를 제대로 낼 것인가, 속여서 적게 낼 것인가? 여러분과 나는 날마다 결정을 하면서 살아가고 있다. 그 결정들은 곧 판단이며, 그 판단의 대부분은 도덕적 의미를 동시에 담고 있다. 우리는 판단으로부터 피할 길이 없다.

"비판받지 아니하려거든 비판하지 말라"는 말씀은 대개 콘텍스트를 떠나서 인용되곤 한다. 예수님은 우리에게 절대 판단해서는 안 된다고 말씀하시고 있는 게 아니다. 이후에 오는 네 절에서 예수님이 계속 말씀하셨던 것은 남을 판단하기 전에 먼저 자기 자신을 판단해 보아야 한다는 것이지 결코 아무도 판단해서는 안 된다는 것이 아니었다. 그분은 말씀하신다. "이 위선자야! 먼저 네 눈에서 들보를 빼어라. 그런 후에야 네가 정확히 보고 형제의 눈 속에 있는 티를 빼낼 수 있을 것이다."■ 도덕적 판단에 담겨 있는 악의 잠재성을 알고 계신 예수님은 우리에게 항상 판

■ 마태복음 7:5.

단을 피해야 한다고 말씀하시는 것이 아니라 판단하기 전에 먼저 자신을 깨끗하게 하라고 말씀하고 계신다. 거기서 악은 맥을 못 추게 된다. 악은 자기 성찰을 무서워한다.

우리는 또한 무엇 때문에 판단하는지, 그 판단의 목표를 잊지 않아야 한다. 치료를 위한 것이라면 좋다. 내 자존심을 세우기 위한 것이라면 그 목표는 잘못된 것이다. "오직 하나님의 은혜만이 나를 살게 한다"는 태도야말로 다른 사람의 악에 대한 모든 판단에 뒤따라야 할 모습이다.

나는 인간의 악에 대한 과학적 연구는 그 모습의 진실성을 한층 밝혀 줄 것으로 믿고 있다. 지금껏 과학이 제기해 온 몇 가지 문제들을 상상해 보라. 예컨대 유전적 인과 관계 또는 유전적 소질 전수의 가능성, 부모의 무정한 양육과 어린 시절의 지나친 고생이 인성 발달에 미치는 영향, 인간 선(善)의 신비스러운 본질 등이 있을 것이다. 이런 주제들은 깊이 연구하면 할수록 우리에게 사람이 교만해질 이유가 없구나 하는 것을 가르쳐 준다.

어떤 사람들은 "오직 하나님의 은혜만이 나를 살게 한다"는 이 모습의 진실성을 놓고 그것을 운명론의 한 근거 이유로 해석하기도 한다. 즉 하나님이 저 사람이 아니라 이 사람을 구원하시고, 우리의 구원에 자신의 노력이 무슨 영향을 미칠지 확실치 않은데, 수고할 필요가 있느냐는 것이다. 그러나 운명론(fatalism)은 글자 그대로 치명적인(fatal) 결과를 낳는다. 우리가 포기하는 순간 우리는 죽는다. 비록 우리가 왜 이 사람은 선하고 저 사람은 악한가 하는 문제를 포함한 인간 실존의 의미를 궁극적으로 분별해 내지 못한다 할지라도, 할 수 있는 한 최선의 삶을 살아야 한다는 것은 여전히 우리의 책임으로 남아 있다. 그것은 또한 삶을 지탱하는 데 필요한 도덕적 판단들을 계속해서 내려야 한다는 의미이기도 하다. 우리에게는 좀 덜 무지한 상태에서 살 것인가, 좀 심한 무지 상태에서 살 것인가를 선택할 재량이 주어져 있다.

그렇다면 이제 문제는 판단할 것이냐 말 것이냐가 아니다. 우리는 판단해야만 한다. 다만 언제 어떻게 지혜롭게 판단할 것이냐 하는 것이 문제다. 많은 위대한 영적 지도자가 우리에게 기본 지침들을 가르쳐 주었다. 그러나 결국에 가서 우리가 내려야 하는 것은 도덕적 판단인 까닭에 적절한 시기가 오면 악에 대한 과학적 방법과 지식을 적용해, 그런 기본 지침들을 염두에 두면서 우리의 지혜를 보다 세밀하게 다듬어 가는 일이 진지하게 이뤄져야 할 것이다.

과학의 권위 밑에 도덕적 판단을 묻어 두는 위험

이것이 가장 커다란 함정이다. 이것이 함정이 되는 것은 우리가 과학에 정도 이상의 지나친 권위를 부여한 까닭에서다. 그렇게 된 데는 두 가지 이유가 있다. 첫째, 우리 가운데 과학의 한계를 이해하고 있는 사람은 극소수다. 둘째, 일반적으로 우리는 권위라는 것에 지나치게 의존적이다.

우리 자녀들이 갓난아이였을 때 우리는 소아과 의사가 해 주는 말에 울고 웃었다. 의사는 놀라운 학식을 갖춘 친절하고 헌신적인 사람이었다. 첫애를 낳고 한 달 뒤 그를 찾아가자 그는 우리한테 아이에게 바로 고체 음식물을 먹이기 시작하라고 말했다. 모유를 먹는 아이에게는 그런 보완이 필요하다는 것이었다. 1년 후 우리는 둘째 애를 낳고 역시 한 달 뒤에 그 의사를 찾아갔더니 그는 이번에는 딱딱한 음식물을 좀 늦추라고 말했다. 모유가 워낙 영양이 뛰어나서 엄마 젖을 빨리 멈출 필요가 없다는 것이었다. 이른바 '과학'의 사정이 바뀌었던 것이다. 내가 의학 공부를 할 때만 해도 내장 종양의 기본 치료법은 영양가가 낮게 조절된 식이 요법이었다. 그러나 요즘 의대생들은 영양가가 높게 조절된 식이 요법이 그 병의 기본 치료법이라고 교육받고 있다.

이런 경험들을 통해 배운 것은 과학적 사실이라고 제시된 것들이 사실은 일부 과학자들의 당시의 신념일 뿐이라는 점이었다. 우리는 과학을 그냥 진리(truth)가 아니라 대문자를 쓰는 진리(Truth)로 여기는 데 아주 익숙해 있다. 그러나 사실 과학적 지식이란 관련된 특수 분야에서 일하고 있는 대다수 과학자들의 판단에 의해 진리에 가장 근접한 것이라 여겨지는 것에 지나지 않는다. 진리란 우리가 갖고 있는 것이 아니라 우리가 희망을 갖고 추구해 나가는 목표다.

이런 것을 생각할 때 한 가지 염려되는 것은 과학자들이나 심리학자들이 특정 인물이나 사건이 악하다고 공적인 선언을 해 버릴 가능성이 있다는 점이다. 불행히도 우리 과학자들은 근거가 확실치 못한 결론으로 비약하는 데 있어서 다른 사람들보다는 조금 더 면역이 되어 있다. 1964년 많은 정신과 의사들이 배리 골드워터(Barry Goldwater)를 한 번도 만나 본 적이 없으면서 그에게 대통령이 되기에는 '심리적으로 부적합한' 사람이라는 딱지를 붙였다. 구소련의 정신과 의사들은 야당 정치인들에게 '정치적으로 이상한' 사람들이라는 진단을 내림으로써 아주 체제적으로 자기들의 전문성을 남용하고 있다. 즉 그들은 진리와 치료라는 권익이 아닌 당 지도자들의 권익을 두둔하게 된 것이다.

이 문제는 대중이 과학자들의 선언을 지침으로 삼고자 한다는 사실에 의해 한층 더 악화 일로로 치닫게 된다. 집단 악의 문제와 관련해서 앞서도 말했듯이 이끌기보다는 따르려고 하는 것이 무리의 생리다. 우리는 권위자들이 우리 대신 생각해 주는 것에 만족해하며 심지어 간절히 바라기까지 한다. 우리에게는 과학자들을 '철학 왕' 으로 만들려는 성향이 짙다. 우리는 그들에게 지적인 미로(迷路)를 통하여 우리를 이끌고 갈 수 있는 권한을 부여한다. 그러나 그들도 실은 우리만큼이나 자주 길을 잃곤 하는 사람들이다.

지적 게으름에 빠져 우리는 과학적 사고라는 것이 입맛만큼이나 변덕스러운 것이라는 사실을 잊어버린다. 과학이 세워 놓은 현재의 이론은 가장 최근의 것일 뿐이지 결코 궁극적인 결론이 아닌 까닭에, 우리는 대중으로서의 안전을 위하여 과학자들과 그들이 내놓는 선언에 회의를 품어야 하는 책임을 마땅히 짊어져야만 한다. 달리 표현하면 우리는 자신의 개인적인 지도자 권한을 결코 내버려서는 안 된다. 좀 많은 노력을 필요로 하는 일이긴 하겠지만, 우리는 적어도 선과 악의 문제에 있어서 스스로 판단을 내릴 수 있을 정도까지는 각자가 다 과학자가 되려고 노력해야 한다. 선과 악의 문제는 너무 중요하여 과학적 연구의 대상에서 제외시킬 수 없는 것도 사실이지만, 그것은 역시 너무 중요하여 전적으로 과학자들에게만 맡겨 둘 수 없는 것 또한 사실이다.

다행히도 우리 문화에서 과학자들은 서로 반박하기를 좋아하는 사람들이다. 선과 악의 본질 문제를 결코 토론에 부칠 수 없게 하나의 '과학적인' 복음으로만 버티고 서 있게 하는 곳과 그런 때를 생각하면 나는 전율이 느껴진다. 여기서 '과학적인' 이라는 말에 따옴표를 붙인 이유는 토론이야말로 진정한 과학의 초석이며, 그런 토론과 충분한 회의(懷疑)가 제기되지 않는 과학은 결코 과학이라 할 수 없는 까닭에서다. 과학자들에 의한 악의 개념의 오용에 대해 우리가 갖고 있는 가장 확실한 방어책은 개방적인 토론이 보장되는 민주주의적 문화 안에서만 과학이 기반을 갖출 수 있고 과학으로 남을 수 있다는 사실을 분명히 확신하고 지키는 것이다.

과학의 오용의 위험

과학이 잘못 쓰여지는 가장 큰 책임은 과학적 진리라는 미명 아래 자신들의 개인적 의견을 선언해 대는 과학자들에 있기보다는 그런 과학적인 자료와 개념을 애매한 목적을 위해 갖다 쓰는 대중에 있을지도 모른다. 이를테면 산업체나 정부 혹은 잘 알지도 못하는 개인들 말이다. 과학자들의 연구를 통해 원자 폭탄이라는 것이 가능해진 것은 사실이지만, 정작 그것을 만들기로 결정내린 것은 정치가들이였고 그것을 실제 투하한 것은 군이었다. 과학자들의 연구 결과가 어떻게 사용되든 과학자들에게는 아무 책임도 없다고 말하려는 것은 아니다. 적어도 그들에게는 상황에 대한 통제력이 없다는 얘기다. 어떤 과학적 연구 결과가 일단 인쇄되면 이제 그것은 대중(大衆)의 소관이 된다. 누구나 그것을 사용할 수 있다. 다만 과학자들에게는 다른 어느 공익 집단보다도 그 연구 결과에 대해서 할 말이 좀더 많을 뿐이다.

심리학이라는 과학적 지식 체계는 이미 일반 대중에 의해 여러 다양한 방법으로 잘못 쓰여지고 있다. 사법부의 심리학 원용은 구소련뿐 아니라 미국에서도 논쟁의 여지가 있었다. 여러 심리 검사가 교사들한테는 종종 유용한 가치를 지니지만, 그 검사에 의해 잘못 진단되고 잘못 분류되는 아이들도 많이 있다. 또한 그 비슷한 검사들이 진학이나 취직 시험에서 사람들을 떨어뜨리는 데에도 제대로 사용되기도 하고 또 잘못 사용되기도 한다. 칵테일 파티 같은 데 가면, 자신들이 지금 무슨 얘기를 하고 있는지도 잘 모르면서 그리고 그런 잡담이 어떤 결과를 낳을 수 있을지에 대해 아무 생각 없이 '남근 선망'이니 '거세 공포'니 '나르시시즘'이니 하면서 아주 쉽게 뒷말을 하는 사람들이 종종 있다.

그러니 대중이 악에 관한 과학적 정보를 손에 쥐게 될 때 어떤 일이 일어나게 될까에 대한 시나리오를 상상해 본다면 다소 두렵지 않을 수 없다. 예를 들어 악한 사람을 가려내 주는 심리 검사가 개발된다고 해보자. 많은 사람들이 학문적 목적에서가 아니라 다른 목적으로 그런 검사를 사용하고자 할 것이다. 학교는 입학 부적격자를 가려내는 데 사용하려 들 것이고, 법정에서는 유죄와 무죄를 판가름하는 데 쓰려 할 것이며, 변호사들은 변호전(戰)에서의 승리를 위해 그것을 사용하려 할 것이다. 어찌 그뿐이겠는가. 사람들은 일상생활 속에서 시어머니와 직장 상사와 원수 같은 사람 안에서 악의 징표와 증상들을 찾느라 안달할 것이고, 그런 오점을 찾게 되면 공식적·비공식적으로 자기 적들의 명성을 깎아 내리는 데 써 먹느라고 정신을 못 차릴 것이다.

    대중에게 악에 관한 과학적 정보를 완전히 차단한다는 것은 불가능하다. 그러나 사태가 얼른 보는 것처럼 그렇게 어둡지만은 않다. 개인들에 관한 정신과 의사의 정보는 비밀이 유지될 수 있다. 악에 대한 공식적 진단 기준도 심리학자들과 정신과 의사들에 의해 만들어지는 것인 까닭에 엄격히 통제된 과학적 연구라는 목적에만 사용하도록 제한할 수 있다. 일반적 심리학 정보가 일반 대중에 의해 자주 잘못 쓰이고 있는 것은 사실이지만 그렇다고 해서 전체로 따져 볼 때 그런 정보 때문에 사회가 더 좋아지지 않았다고는 볼 수 없다. 사실 지난 수 십 년 동안 일반 대중에게 심리학에 대한 인식이 높아지면서 그들의 도덕적·지적 수준이 극적으로 향상되었다고 나는 굳게 믿는다.* 어떤 사람들은 프로이트에 대해서 부정적으로 말하지만 그러나 많은 사람들이 우리 마음에 무의식이 존재한다는 사실을 인식하게 되었다는 사실과 이제 그것에 대한 책임을 지기 시작했다는 사실은 우리가 구원받게 되는 밑거름이 될 수도 있다. 우리에게 편견, 숨은 적대감, 비합리적인 공포, 지각의 맹점, 정신적 강박 그리고 성장에 대한 저항 같은 실재성과 그 근원에 대한 관심들이 싹트기 시작하면서 진보와 도약은 가능해지는 것이다.

끝으로, 악의 심리학에 대한 대중의 인식이 늘어가는 것 자체가 그것의 남용을 막아 주는 역할을 할 수 있다. 우리에겐 악에 대한 훨씬 더 많은 연구가 필요하긴 하지만, 그래도 우리는 이미 의심의 여지가 없는 몇몇 사실들을 알고 있다. 그 가운데 하나가 악한 사람들에게는 자신의 악을 다른 사람들에게 투사하려는 성향이 있다는 것이다. 자기의 죄성을 직면할 줄 모르거나 직면할 마음이 없는 까닭에 그들은 다른 사람들의 결함을 꼬투리 잡아 그것을 해명하여 모면하려 한다. 악의 심리학을 개발함에 있어서 우리는 이 사실을 훨씬 광범위하고 확실하게 공표해야 할 것이다. 그렇게 되면 우리는 돌을 던지는 사람들에 대해 보다 깊은

---

* 어떤 이는 심리학적 심성에 대한 요즘의 강조를 개탄하기도 한다. 「The psychological Society」(Random House, 1978)를 쓴 Martin N. Gross도 그들 중 하나다. 그러나 그들은 남용에 대해서는 열심히 강조하지만 그 유익성은 모조리 무시한다. 그들은 전체 그림을 보지 못하며, 균형 잡힌 시각을 제시하지 못하고 있다.

분별력을 갖게 될 것이다. 악의 현상에 대한 과학적 관심이 대중에게로 스며들어 가는 점을 생각할 때, 악의 현상에 대한 우리의 사고는 훨씬 더 신중해져야 할 것이다.

과학자와 치료자에게 오는 위험

지금까지 우리는 악이라는 주제에 대한 과학자들의 연구 결과가 대중에게 위험을 가져다줄 수 있는 여러가지 방법들에 대해 이야기했다. 그렇다면 과학자들 자신은 어떨까? 그들의 연구가 그들 자신에게는 위험을 가져다주지 않을까? 나는 가져다 주리라고 생각한다.

악을 과학적으로 연구할 가장 만만한 연구자들은 언제나 치료자들이 될 것이다. 한 인간 존재의 핵심을 들여다볼 수 있는 길이란 전혀 없지만, 정신 분석은 그 깊이와 분별력 면에서 그래도 어느 정도는 가능하다. 치료자의 역할로서가 아니고는 위장된 악을 파헤칠 방도가 없다. 여기서 치료자란 정신 치료자로서 악한 인성과 기꺼이 싸우고자 하는 사람일 수도 있고, 축사자로서 위장 뒤에 가려진 귀신과의 씨름을 감당하려는 사람일 수도 있다. 어쨌든 치료를 목표로 하는 사람들이다. 악의 본성에 대한 가장 기본적인 데이터는 악 자체와 일대일로 맞대면하는 상황을 통해서 얻어지게 될 것이다.

축사에 관한 몇몇 책을 보면 이 싸움에서 축사자가 겪게 되는 위험이 많이 강조되어 있다. 대개 신체적인 용어로 묘사되곤 하는데, 아무래도 그런 말들이 구체적으로 와 닿고 또 얘기하기도 쉬운 까닭에서다. 그러나 내 생각에 죽음의 위험이나 장애인이 되는 위험보다 더 큰 위험은 바로 축사자의 영혼이 손상을 입거나 오염되는 것이다. 악한 환자와 참으로 치료를 위해 씨름하고자 하는 사람이라면 정신 치료자들도 그와 비슷한 위험들에 부딪히게 되리라고 생각한다. 요즘에는 악한 사람이 정신 치료에 의뢰하는 경우가 아주 드물어 그런 위험들에 대해서는 우리도 많이 알고 있지는 못하다. 그러나 만약 이 책이 정신과 의사들의 악에 대한 관심을 자극시키는 일에 성공한다면, 훨씬 더 많은 치료자들이 악의 취급을 실험해 보게 되리라 생각한다. 나는 그들에게 조심하라고 충고하고 싶다. 엄청난 위험을 자처하는 것일 수도 있으니까. 나는 젊은 치료자들이 그런 실험을 시도하는 것은 바람직하지 않다고 생각한다. 그들에게는 일상적인 저항과 역전 이외의 싸움에 대하여 배워야 할 것들이 아직 많다. 또한 그런 실험은 아직 자기 눈의 들보를 완전히 빼내 버리지 못한 사람들에 의해 시도되어서도 안 된다. 약한 심령의 치료자는 악에 가장 취약한 사람이 될 수 있는 까닭에서다.

위험은 정신 치료자와 축사자와 치유자에게만 있는 것이 아니라 악의 주제에 마음이 가 있는 사람이라면 누구에게나 있다. 언제 어떤 방식에 의해서든 오염의 위험은 있다. 우리가 악에 더 깊이 접촉하게 될수록 우리 자신이 악하게 될 가능성은 그만큼 커진다. 과학자들이라면 누구나 연구를 시작하기 전 앨더스 헉슬리(Aldous Huxley)의 「The Devils of Loudon」*(아래 인용구의 출전)을 읽어 보는 것이 도움이 될 것이다. 우리가 악의 심리학의 개발을 통해 좀더 많은 것을 알게 되기까지는, 악의 오염이라는 주제에 대한 작품 가운데 17세기 프랑스의 한 마을에서 있었던 악의 그 역사적 분석보다 더 좋은 작품은 없을 것이다. 연구자나 치료자가 기억해 둘 만한 부분 두 군데를 옮겨 본다.

악에 너무 끈질기고 강렬하게 집착하게 되면 언제나 비참해진다. 자기 속에 있는 하나님을 위해서가 아니라 남들 속에 있는 악마에 대항해서 싸우는 사람은 세상을 개혁하는 일에 결코 성공하지 못한다. 잘해야 현상 유지이고 잘못하면 전보다 상황이 악화될 수도 있다. 의도가 아무리 훌륭하다 할지라도 주로 생각하는 주제가 악이 된다면, 우리는 악의 경우들을 만들어 냄으로써 그 자체를 증명해 보이는 성향을 띠게 되고 말 것이다(p. 192).

악 또는 악의 개념에 집중하고도 영향받지 않을 수 있는 사람은 아무도 없다. 하나님을 위하기보다 악마를 대적하게 된다는 것, 그것은 엄청나게 위험한 일이다. 모든 개혁가들은 제정신을 잃어버리기 딱 알맞다. 그들은 자신들이 적의 것이라고 분별하곤 하는 그 사악함에 계속 영향을 받으며 어물어물

---

* Aldous Huxley, The Devils of Loudon, Perennial Library Edition (Harper & Row, 1952).

하는 사이에 그들의 일부가 되어 버리기 때문이다(p. 260).

전체로 본 위험들

인간 악의 과학적 연구에 대하여 우리가 갖게 되는 마지막 관심사는 그것이 과학의 본성 자체에 위험을 가져다줄 수 있다는 사실이다. 가치 배제라는 과학의 전통이 심각한 위협을 받게 되리라는 점이다. 만약 우리가 이 전통을 과학의 기초로 생각한다면, 악의 '과학'은 선험적인 가치 판단에 기초하고 있기 때문에 우리가 알고 있는 과학의 그 기초를 훼손하게 되는 것이 아닐까?

그러나 어쩌면 과학의 이 특정 기초는 바뀌어야 할 필요가 있는지도 모른다. 아주 드물게 예외는 있지만 이제 과학적 연구는 더 이상 간단한 실험실에서, 한 사람의 고독하고 독립적인 진리의 추구자에 의해 시도되지 않는다. 치밀한 실행 일정을 따라 집단 연구의 형태로 정부나 업체의 재정 지원 아래 실시되는 것이 대부분이다. 현대에는 연구에 요구되는 기술 자체가 워낙 복잡해서, 심지어 위험할 수도 있다. 현대 과학은 정부와 산업계와 설명할 수 없을 정도로 깊이 맞물려 있는 까닭에 이제 더 이상 '순수' 과학이란 것은 존재하지 않는다고 보는 것이 옳다. 또한 종교적 통찰과 진리로부터 격리돼 있는 과학의 최종 결과라는 것은 군비 경쟁을 일삼는 전면 핵 전쟁 추진론자의 광기로 나타날 것이다. 마치 과학적 자기 회의와 성찰이 뒤따르지 않는 종교의 최종 결과가 존스타운(2장의 역주 참조)에서 집단 자살의 광기로 나타났던 것처럼 말이다.

가치 배제적인 전통적 과학이 더 이상 인류의 필요를 채워 주지 못한다고, 생각하는 데는 몇몇 중요한 이유가 있다. 즉 과학이 이제 더 이상 가치의 문제를 무시할 수도 없고 무시해서도 안 된다. 그 가치들 가운데 가장 명확한 것은 역시 악의 문제다. 우리가 숲속의 야수, 홍수와 가뭄, 기근과 전염병 앞에서 무력하게 살았던 시대에는 그런 광대한 외부 세력들을 통제하려는 우리의 노력 여하에 따라 우리의 생존이 달려 있었다. 우리에게 있어서 내성(內省)이라는 것은 필요도 없고 또 그럴 시간도 없었다. 그러나 우리가 전통적으로 가치 배제적인 과학으로 그런 외적 위협을 길들이게 되자, 이제 우리에게는 그만큼 빠른 속도로 내적 위험이 머리를 들게 되었다. 이제 생존에 대한 가장 커다란 위협은 더 이상 바깥의 자연으로부터 찾아오는 것이 아니라 우리 안에 있는 인간 본성으로부터 찾아오고 있다. 지금 세상을 위험에 몰아넣고 있는 것은 우리의 부주의, 적대감, 이기심, 교만, 고집, 무지 등이다. 만약 지금 우리가 자신의 영혼 속에 있는 이 악의 잠재력을 길들이고 바꿀 수 없다면, 우리는 파멸하고 말 것이다. 그런데 만약 우리가 외부 세계를 연구의 주제로 삼을 때와 똑같은 철저함과 공평한 분별력과 정확한 방법론 들을 갖고 자신의 악을 들여다보려 하지 않는다면 어떻게 악의 잠재력을 길들이고 바꾸는 작업을 할 수 있겠는가?

과학적인 악의 심리학을 개척하는 데 내재해 있는 위험들은 아주 현실적이다. 결코 과소 평가되어서는 안 된다. 도덕적 판단을 내리는 일, 과학적 사실에 대한 의견의 난립, 악한 사람들과 무지한 사람들에 의한 과학적 정보의 오용, 악을 연구하기 위해서 그 곁으로 가까이 다가가는 위험 등은 단순히 이론적인 함정만이 아니다. 악의 심리학을 개발해 가는 과정 가운데 우리 중 일부는 거기에 빠지게 될 것이다. 물론 그 함정을 피해 가는 일이 여러 가지 방법으로 꽤 가능하겠지만, 희생자가 생길 것이라는 데는 의심의 여지가 없다. 그러나 이 중성자탄의 세상, 핵무기의 세상, 유대인 대학살의 세상, 밀라이 참사의 세상에서 우리의 갈 길은 분명해졌다. 악의 심리학을 개발하는 위험이 아무리 크다 해도 인간의 악을 과학적 연구의 주제로 부치지 않는 위험에는 미치지 못한다. 악의 심리학에 위험이 뒤따르는 것은 사실이지만 악의 심리학이 연구되지 않는 것은 훨씬 더 큰 위험을 초래하고 말 것이다.

사랑이라는 방법론
악이란 추한 것이다.

지금까지 우리는 악의 위험성과 파괴성에만 거의 초점을 맞춰왔다. 그러나 악의 추함에는 또 다른 측면이 남아 있다. 악의 음울함, 즉 저속하고 하찮고 천박한 음울함이다.

시몬 베유(Simon Weil)는 그의 수필집 「지혜의 기준(Criteria of Wisdom)」에서 이렇게 말한다.

"상상 속의 악은 낭만적이고 다채롭지만, 실제 행하는 악은 음울하고 단조롭고 쓸쓸하고 지루하다."

C.S. 루이스가 지옥을 묘사할 때 아주 음울한 영국 중부 지방의 한 도시로 묘사한 것도 우연은 아니다.* 최근에 라스베이거스를 방문한 적이 있었는데 거기서 본 지옥에 대한 나름대로 가장 최근의 모습은, 동전 넣는 도박 기계가 끝도 없이 이어져 있는 시장판이다. 거기엔 낮과 밤이라는 질서가 따로 없다. 단조로운 소음, 반복되는 떠드는 소리, 아무 의미도 없는 돈내기, 빽빽이 들어찬 초점 없는 눈을 가진 사람들, 쉬지 않고 기계 손잡이를 휙 잡아당기는 손놀림…. 사실 라스베이거스의 그 살벌한 풍경은 그 모든 소름 끼치는 음울함을 감추기 위해서 고안된 위장이다.

만약 우리에게 행운이 주어져 살아 있는 성인(聖人)을 직접 만나 보게 된다면, 그가 절대적으로 독특한 사람이라는 것을 우리는 곧 알게 될 것이다. 성인들이 보는 것은 우리와 그렇게 다를 바가 없어도, 그들의 인격이라는 것은 비교가 되지 않을 정도로 다르다. 이유는 간단하다. 그들은 그들 자신이 되었던 것이다. 하나님은 모든 영혼을 다 다르게 빚으신다. 그래서 마침내 이 육체의 진흙이 다 벗겨지는 날, 하나님의 빛은 각자의 영혼을 정말 아름답고 생기 있는 전혀 새로운 빛으로 비추실 것이다. 시인 키츠(Keats)는 이 세상을 '영혼을 빚어 내는 골짜기' 라고 묘사했다. 정

---

* C.S. Lewis The Great Divorce(New York: Macmillan, 1946).

신 치료자들은 환자들이 진흙을 빚는 것을 도와줌으로써 알고 하든 모르고 하든 '성인(聖人)을 빚는' 활동에 참여하고 있는 것이다. 분명 정신 치료자들은 환자들이 자기 자신이 되도록 자유롭게 해 주는 것이 자신들의 역할임을 잘 알고 있다.

인간을 하나의 스펙트럼으로 놓고 보았을 때, 한쪽 끝에 성인이 있다면 다른 한쪽 끝에는 가장 자유롭지 못한 악인이 있다. 악한 사람들에게서 볼 수 있는 것은 진흙뿐이다. 그리고 그들은 모두 똑같아 보인다. 3장에서 나는 악한 인성에 대한 임상적, 질병 분류학적 묘사를 제시한 적이 있다. 만약 여러분이 악한 사람을 보았다면 본질적으로 악한 사람들 모두를 본 것이나 마찬가지다. 우리가 흔히 가장 심각한 장애를 입은 사람들이라고 여기는 정신병 환자들의 경우는 한층 더 흥미롭다.

그렇다면 정신과 의사들은 어떻게 지금까지 하나의 유형으로 그토록 표나고 굳어져 있는 악을 알아보지 못했을까? 그들이 체면의 위장에 말려들었기 때문이다. 그들은 하비 클레클리(Harvey M. Cleckley)가 '온전한 척하는 가면'이라고 불렀던 것에 계속 속아 왔다.[*] 목사인 내 친구의 말처럼 악이란 '가장 근원적인 질병'이다. 비록 정상인 척 하고 있지만 실은 악한 사람들이야말로 이 세상에서 가장 비정상적인, 제정신을 잃은 미친 사람들이다.

한나 아렌트(Hannah Ahrendt)가 '악의 진부함'을 얘기하면서

---

[*] Harvey M. Cleckley, The Mask of Sanity, 4th ed.(St. Louis: C. V. Mosby, 1964).

예로 들었던 것은 세상에 도무지 믿을 수 없을 만큼 음울했던 아돌프 아이히만(Adolf Eichmann)가(家)의 정신 이상이었다. 토마스 머튼(Thomas Merton)은 그것을 이렇게 표현했다.

아이히만의 재판에서 드러난 가장 혼돈스러운 사실 가운데 하나는 한 정신과 의사가 그를 진단하더니 완전히 이상 무라고 공포했다는 사실이었다. 정신이 온전하다고 할 때 우리가 뜻하는 바는 정의감, 인간의 도리, 신중한 사고, 다른 사람을 이해하고 사랑할 수 있는 능력 등이다. 우리는 이 세상의 정신이 온전한 사람들이 야만성이나 광기나 파괴성으로부터 자신들의 온전한 정신을 보전하기를 기대한다. 그런데 이제 어처구니없는 일이 벌어지기 시작했다. 그 정신이 온전하다는 사람들이 바로 가장 위험한 사람들이라는 사실이다. 양심의 가책이나 마음의 불편함 없이 미사일을 조준하고 단추를 눌러서 자기들이 준비한 위대한 파괴의 축제를 개막할 수 있는 사람들이, 바로 그 정신이 온전하다는 사람들인 것이다.*

악한 사람들이 온전한 정신의 탈을 쓰고 벌이는 가면 무도회가 이토록 성공 가도를 달릴 때, 그들의 파괴성이 이토록 '정상적인' 것이 되어갈 때, 우리는 이 악한 사람들에 대하여 무엇을

---

* Thomas Merton, Raids on the Unspeakable(New Directions Publishing Corp., 1964, paperback edition) pp. 45–46.

어떻게 해야 할 것인가? 첫째, 우리는 이 가면 무도회를 멈추게 하고 더이상 그 위장에 속지 않도록 해야 한다. 이 책이 그 목표로 나아가는 데 도움이 되기를 바란다.

그리고 나선 무엇을 해야 할까? 아주 오래된 격언에서 우리는 그 대답을 찾을 수 있다. "적을 알라." 우리는 이 가련하고 어리석고 공포에 사로잡혀 있는 사람들을 단지 가려내는 데서만 그칠 것이 아니라 그들을 연구해야만 한다. 그리고 치료 쪽이든 견제 쪽이든 우리가 그들에 대하여 할 수 있는 바를 시도해야만 한다.

악의 심리학에 그토록 중대한 위험이 있다는 점을 생각할 때, 어떻게 그런 일이 시도될 수 있을까? 도중에 우리 자신이 오염돼 버릴 수 있는 가능성도 충분히 있는데, 내가 믿기로는 선험적으로 부정적 가치를 부여하는 주제를 과학적으로 연구함에 있어서 안전하게 할 수 있는 방법은 거꾸로 긍정적 가치를 갖고 있는 방법론을 사용하는 길뿐이다. 구체적으로 말해서 나는 사랑이라는 방법을 통해 악을 안전하게 연구하고 취급할 수 있다고 믿는다.

몇 년 동안 나에게 치료를 받으러 왔던 스물여덟 살의 남자가 있었다. 그는 어린 시절 자기 아버지가 자기에게 했던 악에 대항하여 싸웠다. 어느 날 그는 꿈을 꾸었다. 그 꿈은 그의 치료 과정에서 전환점의 물꼬를 터 주었다. 꿈의 내용은 다음과 같다.

전쟁 중이었습니다. 나는 전투복을 입고 있었어요. 나는 코리스타운의 우리 집 앞에 서 있었습니다. 선생님도 아시다시

피 거기는 어린 시절 제가 최악의 시간을 보낸 곳이었습니다. 아버지는 집 안에 계셨습니다. 나는 무전기를 갖고 박격포 소대와 교신하고 있었습니다. 나는 소대장에게 우리 집의 정확한 위치를 알려 준 뒤 거기에 융단 폭격을 가해 달라고 요청했습니다. 그 폭격에 나도 아버지와 집과 함께 박살날 것이라는 사실을 알았지만 그게 나한텐 하나도 중요하지 않았어요. 그런데 소대장이 딴소리를 했어요. 전투 지역 여기저기서 폭격 요청이 너무나 많이 들어와 있다는 거였어요. 계속 간청했습니다. 위스키 한 상자를 사 주겠다고까지 해보았습니다. 결국 그는 마음을 돌리는 것 같았습니다. 한번 해보자고 얘기하더군요. 이젠 됐다 싶었습니다. 그런데 그때 아버지가 밖으로 뛰어나오더니 나한테 뭐라고 얘기를 하는 거예요. 내용이 정확하게는 기억이 안 나지만, 아마 손님이라든가 뭐라든가 아무튼 누군가 다른 사람에 대한 얘기였습니다. 그러더니 다시 집 안으로 들어갔습니다. 길가를 쳐다보니까 과연 한 무리의 사람들이 우리 집으로 걸어오고 있더군요. 모르는 사람들이었어요. 우리 식구는 아니었습니다. 진짜 손님들이었어요. 갑자기 내겐 폭격 탓에 이 사람들도 다 죽겠구나 하는 생각이 퍼뜩 들었습니다. 나는 부리나케 다시 소대장을 불렀습니다. 이번엔 폭격을 하지 말아 줘야겠다는 내용이었죠. 약속한 위스키 한 상자는 어쨌든 주겠다고 말했습니다. 그는 명령을 취소하겠다고 하더군요. 그러고는 깨 보니 꿈이었어요. 천만다행이었다

싶더군요. 조금만 늦었어도 큰일 날 뻔했으니까요.

이 꿈을 꾼 환자처럼 우리도 다 악과 싸움을 하고 있다. 싸움의 열기에 빠져 있다 보면 우리에게는 아주 간단한 결론을 취하고 싶은 유혹이 찾아온다. 즉 '저 작자들 머리 위에 지옥 같은 폭탄을 떨어뜨리면 되지 않을까' 하는 것이다. 그러다가 열정이 너무 뜨거워 우리는 악을 '무찌르는' 중에 자기 자신마저도 없어져 버리고 싶어질 수 있다. 그러나 그것은 목적이 수단을 정당화할 수 없다는 오랜 문제에 정면으로 대치하여 치닫는 것이다. 살인자가 되는 것이다. 만약 우리가 악에 대하여 파괴라는 작전을 펴 나간다면 우리는 자신까지도, 신체적으로가 아니라면 영적으로도, 파괴하는 것으로 끝을 내고 말 것이다. 우리는 또한 자신뿐 아니라 다른 죄 없는 사람들까지도 해치게 될 것이다.

그렇다면 어떻게 해야 할 것인가? 아까 그 환자와 마찬가지로 우리 역시 파괴로 악을 정복할 수 있다는 단순한 생각을 버림으로써 시작해야만 한다. 그렇게 되면 우리는 일종의 허무주의적인 진공 상태에 빠지게 된다. 두 손을 들어야 한단 말인가? 악을 본질상 해결할 수 없는 문제로 제쳐 둬야 한단 말인가? 그럴 수는 없다. 그건 무의미한 것이다. 인생이 의미를 갖는 것은 선과 악 사이의 싸움 속에서이고, 나아가 선이 이길 것이라는 희망 속에서다. 그 희망이 바로 우리의 대답이다. 선은 이길 수 있다. 악은 선에 의해 패배를 당할 수 있다. 이 말을 좀 다르게 바꿔 써 본다면, 우리는 그것이 희미하게나마 이미 알고 있었던 것이라는 사실을 깨닫게 된다. 즉 악이란 사랑에 의해서만 정복될 수 있다는 것이다.

그러므로 악에 대한 우리의 공격 즉 과학적 공격은 물론 다른 공격들까지도 그 방법론은 바로 사랑이어야만 한다. 너무나 간단한 얘기로 들린다. 왜 이것이 보다 분명한 진리가 되어 있지 않은 것일까 하고 의아하게 생각될 정도다. 중요한 사실은 그것이 비록 듣기에는 그렇게 간단한 얘기 같을지 몰라도, 사랑의 방법론이란 실행하기엔 너무도 어려워서 우리는 되도록 사용하지 않으려 한다는 것이다. 맨 처음에는 불가능해 보이기까지 한다. 어떻게 악한 사람을 사랑할 수 있을까? 그러나 바로 그것이 정확히 우리가 해야만 하는 일이라고 나는 힘주어 말하고 싶다. 구체적으로 말해서 만약 우리가 악한 사람들에 대한 연구를 안전하게 해내기를 원한다면 우리는 사랑 속에서 그렇게 해야만 한다. 그들을 사랑한다는 출발선에서 시작해야 하는 것이다.

내가 찰린을 만나면서 부딪혔던 그 딜레마로 다시 한 번 돌아가 보자. 그녀는 내가 자신을 무조건적으로 사랑해 줄 것을 주장했다. 그녀는 자기가 흠 없는 어린아기인 줄로 알았다. 그러나 그녀는 아기가 아니었다. 그리고 나는 그녀가 그토록 결사적으로 원했음에도 불구하고 악에 빠져 있는 그녀를 긍정해 줘야겠다는 마음을 내 안에서 조금도 발견할 수 없었다. 악을 사랑한다는 것은 그 자체가 악이 아닌가?

이 딜레마의 결론은 하나의 역설이다. 사랑의 길이란 반대되는 것들에 대한 역동적인 균형의 길이요, 불확실한 것들에 대한 고통스러우면서도 창조적인 긴장의 길이며, 극단적이면서도 더 빠지기 쉬운 행동 노선 사이의 쉽지 않은 줄타기 곡예의 길인 것이다. 아이를 키우는 일을 생각해 보자. 잘못된 행동을 모두 거부하는 것은 사랑이 아니다. 그렇다고 잘못된 행동을 모두 묵인해 주는 것도 사랑이 아니다. 우리는 어떻게든 참아 주기도 하지만 참아 주지 않을 때도 있어야 하고, 받아 주기도 하지만 요구하기도 해야 하며, 엄하기도 하지만 부드럽기도 해야 한다. 거의 하나님 같은 긍휼의 마음이 필요한 것이다.

어떤 목사는 사람을 향한 하나님의 그런 긍휼의 마음을 다음과 같이 묘사했다. 그는 하나님이 우리에게 이렇게 말씀하실 것이라고 한다.

나는 너를 안다. 내가 너를 지었다. 나는 네가 어머니의 태 속에 있을 때부터 너를 사랑했다. 너도 지금은 알고 있다시피 너는 나의 사랑을 버리고 도망갔다. 그럼에도 불구하고 나는 너를 사랑한다. 네가 얼마나 멀리 도망갔든 그건 하나도 문제가 안 된다. 너에게 도망갈 힘을 준 것이 바로 나다. 그러나 결코 네가 아주 가게 하지는 않을 것이다. 나는 너를 있는 그대로의 네 모습으로 받아들인다. 너는 용서받았다. 너의 모든 괴로움을 내가 다 안다. 이미 알고 있었다. 너는 도저히 이해할 수 없겠지만, 네가 괴로워할 때면 나도 같이 괴로워한다. 나는 또한 네가 스스로 또는 다른 사람들 때문에 만들어 왔던 네 인생의 추함들을 어떻게든 숨겨 보려고 하는 그 모든 작은 기술들도 다 알고 있다. 그러나 너는 아름답다. 너는 스스로 볼 수 있는 것보다 훨씬 더 속사람이 아름답다. 너는 아름답다. 왜냐하면 오직 너뿐인 그 독특한 인격으로서의 너 자신을 통하여 이미 영원히 없어지지 않는 방식으로 나의 거룩함의 아름다움이 조금씩 흘러나오고 있기 때문이다. 너는 또한 내가, 오직 나만이 앞으로 되어질 너의 아름다움을 보고 있기 때문에 아름답다. 약함 중에서 온전해지는, 사람을 바꾸는 내 사랑의 능력을 통해서 너는 완벽하게 아름다워질 것이다. 너는 변경될 수 없는 독특한 방법으로 완벽하게 아름다워질 것이다. 그것은 너 혼자서 하는 일도 아니고 나 혼자서 하는 일도 아니며, 너와 내가 함께 해 나가는 일이다.*

뭔가 알려지지 않은 방법을 통해 아름답게 변화되는 일이 일어날 것이라는 희망만을 유일한 동기로 삼고서 추함을 부둥켜안는다는 것은 쉬운 일이 아니다. 그러나 개구리한테 키스를 하자 왕자로 바뀌었다는 신화는 아직도 건재하고 있다. 키스를 한다고 어떻게 개구리가 왕자로 변할 수 있을까? 사랑이라는 방법론

* Charles K. Robinson 목사의 글 「Known」에서 발췌했다. (Duke Divinity School Review, Winter 1979) Vol. 44, p. 44.

이 정말 그런 일을 해낼 수 있을까? 어떻게 사람을 치유할 수 있을까? 나도 정확히는 모른다.

사랑이란 여러 다양한 방법으로 그런 일을 할 수 있으며, 그 방법들 가운데 어떤 것도 예견할 수 없는 까닭에 나는 정확히 알지 못한다. 다만 사랑의 첫 번째 작업이 자기 정화라는 것은 알고 있다. 사람이 하나님의 은혜로 말미암아 적을 진심으로 사랑할 수 있게 될 때까지 자신을 정화하게 되면, 비로소 아름다운 일은 벌어지기 시작한다. 마치 그의 영혼의 경계선은 투명하다 할 만큼 깨끗해져서 독특한 빛이 그 개인으로부터 흘러나오는 것만 같다.

이 빛의 효과는 엄청나게 다양하다. 어떤 사람은 거룩함으로 향하는 자신의 길목에서 이 빛의 격려를 받아 발걸음이 더 가벼워질 수도 있다. 어떤 사람은 악으로 가는 길목에 있다가 이 빛의 비춤을 받고 방향을 바꿀 수도 있다. 빛을 내고 있는 그 사람 자신은 대개 그러한 효과들을 잘 모른다. 그는 사실 빛의 통로에 지나지 않는다. 그 빛은 하나님의 것이기 때문이다. 마지막으로, 그 빛을 미워하는 사람들은 그것에 공격을 가해 올 것이다.

그러나 그들의 악한 행동들은 빛 앞에 드러나 다 태워져 버리는 것 같게 된다. 그리하여 악한 에너지는 소모되고 견제되고 중화된다. 이 과정이 빛을 발하고 있는 사람한테는 아주 고통스러울 수 있고, 때에 따라서는 치명적일 수도 있다. 그러나 그렇다고 악이 이기는 것은 결코 아니다. 오히려 악은 반드시 소멸하고 말 것이다. 「아직도 가야 할 길」에서도 말했듯이 "악은 그리스도를 십자가에 못박았지만, 그 덕분에 우리는 멀리서도 그분을 볼 수 있게 되었다."*

몇 년 동안 전쟁터에 나가 있었던 한 노신부의 말을 인용하는 것보다 사랑이라는 방법론에 대해 더 구체적으로 말할 수는 없을 것 같다.

"악을 다루는 데는 여러 가지 방법이 있고 그 악을 정복하는 데도 몇 가지 방법이 있다. 그런데 그 모든 방법들은 한 가지 진리의 여러 다른 측면들에 지나지 않는다. 즉 악을 정복하는 유일하고 궁극적인 방법은 그 악이 인생을 자발적으로 생명력 있게 살아가는 인간 안에서 그냥 질식당해 버리도록 하는 것이라는 진리다. 스폰지에 피가 흡수되고 가슴에 창이 날아와 박히듯 악이 거기에 흡수되어 버리는 날, 그 악은 힘을 잃어버리게 되고 더 이상 앞으로 나갈 수 없게 될 것이다."**

악의 치유, 그것이 과학적이든 아니든 모두가 오직 개인의 사랑을 통해서만 이루어질 수 있다. 거기엔 자발적 희생이 요구된다. 치유자 개인은 자신의 영혼이 전투장이 되도록 허락해야 한다. 그는 희생적으로 악을 흡수해야 한다.

그러면 무엇이 그 영혼의 파멸을 막아 줄 것인가? 만약 누군가가 창이 심장에 와 꽂히듯 악 자체를 자기 마음에 들어오도록 허

---

* M. Scott peck, The road Cess Traveld, (Simon & Schuster, 1978) (「아직도 가야 할 길」 열음사)
** GaleD. Webbe, The Night and Nothing(New York: Seabury Press 1964), p. 109.

용한다면, 어떻게 그의 선(善)이 계속해서 살아남아 있을 수 있을까? 설사 악이 정복되어 무릎을 꿇는다 하더라도, 선마저도 그렇게 되는 것은 아닐까? 그런 무의미한 맞바꾸기식 거래 말고는 어떤 일이 성취될 것인가?

이 물음에 대해서 나는 아주 신비적인 용어로밖에는 대답할 수 없다. 피해자가 승리자로 바뀌게 되는 신비스러운 비법이 엄연히 존재한다는 말밖에는 할 수가 없다. C. S. 루이스는 이렇게 말했다.

"결코 배반하지 않는 사람이 자발적으로 피해자가 되어 배반자 대신 죽임을 당하게 되면, 법률은 효력을 잃고 죽음마저도 방향을 반대로 돌릴 것이다."■

이것이 어떻게 일어나는지는 나도 잘 모른다. 그러나 그것이 일어난다는 것만큼은 확실히 알고 있다. 나는 알고 있다. 선한 사람들이 다른 사람들의 악이 자기 속으로 뚫고 들어오는 것을 허용할 수 있고, 그래서 자기가 부서지는 것을 허용할 수 있으며, 심지어는 죽임당하는 것을 허용할 수도 있다는 사실을 말이다. 그러나 그들은 부서진 것도, 죽임을 당한 것도, 결코 무릎을 꿇은 것도 아니다. 이런 일이 일어날 때마다 이 세상의 세력 균형에는 조금씩 변화가 일어나게 될 것이다.

■ The Lion, the Witch and Wardrobe(Collier/Marmillan, 1970), p. 160.

이 책이
나와 다른 사람들 안에 들어 있는
거짓의 실체를 바라보고
거기에서 벗어나는 길을
발견하는데 도움이 되었길 바랍니다.

행복한 성공자를 위한 출판-
비전과리더십